Thinking
Without a Banister

1953–1975

Essays in
Understanding
1953-1975

阿伦特作品集

无扶手的思考：理解集

〔美〕汉娜·阿伦特 著

〔美〕杰罗姆·科恩 编

石国辉 许罗兰 陈高华 译

上海人民出版社

还有另一件事，德拉诺思(Draenos)提出的……"无根基思考。"对此，我有一个不那么无情的隐喻，它从未在公开发表的著作中出现但一直萦绕在我心头。我称之为无扶手的思考——用德语来说即 Denken ohne Geländer。就是说，上下楼梯时你总是可以抓住扶手以免摔倒，但我们失去了这样的扶手。我就是这样给自己讲这个隐喻的。而这确实是我力图实现的思考方式。

——汉娜·阿伦特

目录

导　言
杰罗姆·科恩

如果说美利坚合众国的衰落从 1961 年在猪湾(the Bay of Pigs)入侵古巴的失败算起，那这种状态已经持续五十多年了。在此之前的一个多世纪，约翰·昆西·亚当斯(John Quincy Adams)就已经对他所谓的"高贵实验"(noble experiment)绝望，当时主要是因为在奴隶制问题上公众意见形同水火。

如今，所有党派的政治家、所有政治派别的专家，为了各自的权力，都一致谴责公众意见的冷漠。但对于人民而言，沉迷于民意调查而不顾其结果如何荒唐，除了意味着沉溺于公众意见，还能是什么呢？对于熟悉汉娜·阿伦特思考方式的人而言，这一点也不奇怪，因为她认为民意调查就像毫无意义的捐款呼吁一样，所意味的要么是失败，要么是被骗了。1963 年在芝加哥与一群学生的谈话中，阿伦特说我们每一个人都"被迫下定决心，然后与他人交换意见。你们要记住"，她说，"建国之父们对公众意见极不信任，因为它有违公共精神。没有公共精神的地方，就会有公众意见取而代之"。在阿伦特看来，这是一个"曲解"，对于所有共和国而言都是一种危险，特别是那些自认为是民主国家的共和国。因为(援引麦迪逊的《联邦党人文集》第 50 页)"当人们在各种截然不同的问题上冷静、自由地运用自己的理性时，他们不可避免地陷入不同意见……当他们为一种共同激情所支配时，他们的意见，若可以这么叫的话，也会一样。"[1]

托马斯·杰斐逊(Thomas Jefferson)是个"一人党"，尽管这不是在《孤独者宣言》(*The Loner's Manifesto*)[2]的意义上说的，他把孤独者，无论是政治上的孤独者还是别的孤独者，转变成了一个群体身份！

---

[1] 值得注意的是，阿伦特**听了**建国之父们的话，这些话缓和了他们行动中的偶然因素。偶然性是自由行动的 conditio sine qua non(必要条件)，也是职业政治科学家和历史学家多重解释的必要条件。因此，阿伦特指出没有言说的行动是徒劳的。

[2] Cf. A. Rufus, *A Party of One：The Loner's Manifesto*(2003).

在 1789 年 3 月从巴黎写给弗朗西斯 · 霍普金森(Francis Hopkinson)的一封信中，杰斐逊写道："我不是一个联邦党人，因为在我能够独立思考的地方，我从未让自己的整个意见体系服从于任何党派的信条，无论这个党派的人们拥有何种宗教、哲学、政治或者其他方面的内容。这样一种沉溺是一个自由的道德能动者的最后堕落。如果我不能去天堂，而只能参与一个政党，那我就根本不会去那里。因此，我要向你抗议，我不是联邦党人。但我离反联邦党人更远。"

　如果美利坚合众国失败了，谁来承担责任？ 这个问题可以从经济上解释，或——以各种各样的形式——从心理学上解释，在阿伦特看来，这只会带来社会性的回答，而不会有政治性的答案。要在政治上给出回应，就需要有一个观察者，他与男男女女那个确定又含混的社交圈保持一定距离。政治性的回应所针对的是一个稍有不同，但更为准确的问题：**合众国的公民是如何耗尽共和国的权力的？** 阿伦特在她生命的最后一年，也即 1975 年，发表的那个公开演讲，就是为了庆祝即将到来的美利坚合众国二百周年，其中就包含了她在今天可能会说些什么的线索。在那里她强调了"这个国家的权力受侵蚀，以及自信心的最低点，当对一个最弱小的、最无助的国家的胜利就能让这个国家的居民欢呼雀跃，而仅仅在数十年前，它确实是'地球上最强大的国家'"[1]（指的是二战中盟军胜利后 20 世纪 40 年代中后期的美利坚合众国）。紧接着，她(1975 年)提到了 50 年代"由乔 · 麦卡锡(Joe McCarthy)引发的小型危机"，它预示了"一支可靠忠诚的公务员队伍的败坏……这可能是漫长的罗斯福政府最重要的成就"。从那时起，"事件如同灾难一样此起彼伏"，用常被引用的话来说，"就像历史的尼亚加拉瀑布一样倾泻而下，其横扫一切的力量让每一个人，无论是力图加以反思的旁观者，还是试着让它慢下来的行动者，都同样地麻木不仁、瘫在原地"。在阿伦特发表这一演讲四十多年后的今天，我们还能经常听到这个国家被誉为世界上最强大的国家，或是唯一的超级大国吗？ 其正当性甚至还比不上 1975 年。更令人困惑的是，今天这种炫耀自夸伴随着政治上空洞的经

---

　[1] *Responsibility and Judgment*(New York：Schocken Books，2003)，257—275.

济警告，即美国必须通过某种方式恢复往日的"富足"和"伟大"。

不管怎样，阿伦特政治思想和言说的基础、滋养它的土壤，都异常肥沃。在今天，她几乎一定想要去处理的事情，涉及的是美国政府最高行政部门——当然不只是行政部分——看似顽固的政治谎言。就像把我们的时代描述为"后真相"时代这种自相矛盾的不当用语所暗示的那样，尽管这种谎言不会危及真相，但会抽掉我们相信政治事务本身的实在性的能力。如果实在感的丧失也会导致了政治权力的丧失，那么公民如何运用自由来**产生**权力就是更关键的问题。正如在本文集中强有力地表明的那样，在阿伦特看来这就是"变得自由的自由（freedom to be free）"是政治革命的目的或**终极目的**的原因所在。当然，这一切都不能否认自我驱动的金融失衡、致命的种族不平等，以及其他形式的残酷、官僚腐败和社会不公正，以越来越明显的方式剥夺我们的自由。这些都是一种不断逼近的社会**总体论**（totalism）的信号，比如，一个官僚体制的共和国或多或少都会完全压制政治自由。这种总体论无需达到或导致被阿伦特理解为 20 世纪总体主义（totalitarianism）本质的那种恐怖，但我认为，它的信号正是她提醒我们要谨防的"我们时代以本真的形式呈现出来的真正困境"[1]的东西。

什么是**政治**自由？ 独自在投票亭进行无记名投票是自由吗？ 教书、写作或阅读是自由吗？ 在阿伦特看来，最简洁的答案显然如下，即行动和言说——有别于纯粹闲谈的言说——能力是政治自由的必要条件。因而我们所面临的问题是，行动和言说在何处以及如何一起产生权力的？ 不同于军事力量——包括持续至今的第二次世界大战式的大型军队和新型武器——，阿伦特所谓的政治权力，至少在消极的意义上并不产生于相互谈论着自己、家庭和职业生涯的男男女女。关涉权力的乃是公民的谈论，他们公开雄辩地论争，以说服其他公民接受自己的意见。那是服从的对立面。公民们用词语描述那些按定义不属于他们自己的事件：没有人说"我的事件"，因为事件是客观的，它面对着许多人，其结果影响到许多**不同的**人。一个事件中所包含的权力就是公民

---

[1] *The Origins of Totalitarianism*（New York：Schocken Books，2004），593.

的潜能，他们认识到自己的能力让事件多多少少变得可处理。这种可驾驭性的条件就是政治**平民**（commonalty），人类不平等的印记或模子由此就被抹掉。政治平民**是**公共空间即阿伦特所谓的"自由岛屿"的现实化。这样一个岛屿极为罕见，因为这个世界的绝大部分历史被比作是一个充满不信任、不法行为和罪恶的海洋。

本文集收录了阿伦特写给罗伯特·哈钦斯（Robert Hutchins）的信，其中有大量她所谓的共同的政治关切的例子。对一些读者而言，这或许就意味着一个共同世界的可能性。这个世界会如何发展，最适合它的是什么样的政府，是力图理解这样一个世界所提出的基本问题。对于这样一个共同世界的实现，阿伦特从不乐观，而且她也几乎不讨论此前在世界上几乎从未出现，而后也只是短暂出现的政府形式。此外，有一次，当被问及政府委员会制度的前景时，她回答道："即便有，也是前途渺茫。然而，或许还是有的——在下一次革命之后。"[1]

她的治理委员会制度概念没有得到详细说明，因为它们是无法预先得到充分把握的**新开端**。尽管如此，她的构想极为广阔。阿伦特认为总体主义是"一种新的政体形式"，一种总体摧毁的政体，它没有积极的对立面，比如君主制是暴政的对立面，贵族制是寡头的对立面，民主制是暴民政治的对立面。这些对立面自古代以来从未有过实质性的改变，直到阿伦特把委员会制度增列为总体主义乃至于所有形式的总体论（totalism）的积极对立面。她对这种治理制度的最广泛论述体现在她论匈牙利革命的文章中，这里是它的第一次全文发表。在基层（这也是权力的基础），委员会由这样一些男男女女构成，他们有共同关心的问题，比如工资公平和充足住房、中小学教育、个人安全和公共安全。然后，这些地方基层的委员会选举出更高、较小的地区委员会，这些委员会的成员将研究解决这些问题的具体措施。处于金字塔塔尖的政府委员会或指导委员会，也是由下面选举出来的，将在其管辖范围内指导和组织共同利益集团。

在这里，或许值得一提的是，阿伦特极力反对任何形式的"世界政

---

[1] *Crises of the Republic*（New York：Harcourt Brace Jovanovich，1972），233.

府"观念，认为它是可以想象得到的最大暴政。在政府委员会制度中，移动、思考和行动的自由可见于每个层面，但只有在基层履行其对上级的义务和承诺时，**权力**才会得到实现。委员会政府会产生一个共同世界，那里真正充满了位于世界上多样的男男女女们之间的利益（inter esse），它在把行动和言说的个体联系在一起的同时，又在他们之间为每一个人保留了充分的空间，以使他们从各自独一无二的观点出发向他人表达自己。这种**之间**（in-between）的空间只存在于委员会制度以及多数类似的治理制度之中。还可以补充说，在委员会制度中，公民不仅被当作观念市场的平等者，而且也是消费用品市场上的平等者。政治平等的感性意识不仅通过法律禁止不平等，而且自下而上地确保其不会出现。有一件事是确定的，那就是治理的委员会制度压倒了传统的国家主权观念。

这部文集的题目，即《无扶手的思考》，是阿伦特——在"汉娜·阿伦特论汉娜·阿伦特"中——对自己思考经验的描述：一种除自己之外无需任何他人同意的从世界退隐的活动。易言之，当在思考的**对话**中退隐时，主体一分为二，阿伦特称之为"一中之二"（two-in-one）。在她看来，经验这种"一中之二"**就是**思考，如同柏拉图、亚里士多德、康德以及她提及的其他人所认为的那样。就像在黑格尔那里一样，思考活动使得阿伦特与世界之所是**和解**。然而，希特勒的总体主义政权史无前例的残暴和破坏性，前所未有地剥夺了阿伦特从世界退隐、独自思考所依赖的一切宗教、道德和历史传统。正是在反思中，她遭遇到了自己时代最沉重的负担。

对阿伦特而言，进行思考类似于上下楼梯，在两边都无扶手的情形下关照自己所承受的巨大负担。无扶手的思考，是对阿伦特的另一个隐喻的补充：当跨越时间、连接着过去与未来的传统规范这座桥梁，因迄今为止无法想象的总体主义政治罪行的嘲弄而不复存在时，过去与未来之间的深渊就陡然耸现。这个深渊没有任何空间的维度，也没有任何深度，因为它是无底的。多么令人眩晕？ 阿伦特最为推崇的爱尔兰诗人叶芝（W. B. Yeats）说得好：

盘旋着、盘旋着越来越远

> 猎鹰再也听不到放鹰人的呼唤；
>
> 万物分崩离析；中心无法维系······

若今天汉娜·阿伦特在这里，她可能也会与我们一样预感到自然危机和政治危机的来临。不过，她会像其他人那样，通常以她的名义，与20世纪的总体主义运动或总体主义要素作比较吗？阿伦特在文章《20世纪的权威》中回忆和描述了总体主义政权，她认为这个政权终结于斯大林之死。我相信，她在那里清楚地向读者表明，我们今天没有任何可与之相比之物。另一方面，**革命**是贯穿整部文集的主旨，它至少是六篇文章的主题，而且在许多其他文章中有呼应。阿伦特关于革命的评论在今天很及时，因为兴盛于18世纪末法国和美国的革命精神，恢复了蛰伏已久的、在行动和作为行动的言说中体验到的自由。我相信，赠予古代世界以自发的新颖性的行动、神样的惊异(thaumadzein)，最初产生了常常与阿伦特联系在一起的"爱这个世界"(amor mundi)的观念。

用阿伦特的话来说，唯当行动的男男女女走上"不归路"，即当不再可能像可以重置的时钟一样回头时，革命精神才在世界上得到充分实现。相反，某种全新之物将会诞生于世界，还是叶芝说得好，1916年他就爱尔兰独立斗争的一次失败行动写道：

> 即便是过度的爱
>
> 让他们迷乱致死又怎样？
>
> 我要在诗歌中写道——
>
> 麦克唐纳和麦克布莱德
>
> 还有康诺利和皮尔斯
>
> 今天和未来的日子，
>
> 凡着绿色之处，
>
> 都变了，完全变了：
>
> 一种可怖的美已经诞生。

迄今为止，18世纪两次伟大革命中更具历史影响力的是法国革命。与美国革命不同，尽管法国革命的失败达成了三重目标，即自由（liberté）、平等（égalité）与博爱（fraternité），却是一场彻底的灾难。阿伦特极为详细地阐述了法国革命失败、美国革命成功的原因，但我在这里想强调的是，她关于爱这个世界（amor mundi）所说的恐怖，恰恰出现在颠倒了目标的法国革命自身："最困难的是爱这个世界之所是，包括其中发生的所有罪恶和苦难。"

如叶芝所说，当个体行动者为了他们的事业而牺牲，一种**可怖的**美就已经诞生。无疑，失败的人类事业能够令汉娜·阿伦特**满意**，据说这并没有令古代的诸神满意，不过这与**爱这个世界之所是**是一回事吗？众所周知，阿伦特说过自己不爱世界上的任何民族，而只爱具体的个人。这与它的对立面相应：如我将在这个导言的第二部分所表明的那样，阿伦特主张个人要对哪怕是最极端的政治罪行负责，包括反人类罪。在她生命的尽头——其时海因里希·布吕希尔（Heinrich Blücher，她丈夫）和卡尔·雅斯贝尔斯（Karl Jaspers）已逝，在他们之后她最依赖的人，她的密友 W. H.奥登（W. H. Auden）也将走在她前面，还有马丁·海德格尔（Martin Heidegger），在见他最后一面时已经觉得他身心俱疲——阿伦特说她感觉"像风中树叶一样自由（Frei wie ein Blatt im Wind）"，一幅无力的形象触目惊心。既然经由思考与世界达成和解与爱不是一回事，那这就让人们对世间智者汉娜·阿伦特晚年所谓的爱这个世界产生了一些怀疑。

在这一点上，我认为关键是聚焦于阿伦特诸多革命论述中常常被忽视的一面。这部文集的革命主旨乃是在现代恢复政治自由和公共幸福，这一点响彻于阿伦特独一无二的强调之中，即革命有两种截然不同的类型：在世界寻求一个**新开端**的革命，与寻求**重启一个过去的开端**的革命。对阿伦特而言，后者就是维吉尔所描述的埃涅阿斯对罗马的创建，即重建被洗劫殆尽的特洛伊城；前者的主要例子则是美利坚合众国的绝对新开端。阿伦特想要她的读者看到这里头的差异。她自己感觉到了这一差异，她把维吉尔的 ab integro saeclorum ordo（重启过去的时代秩序）改成了如今在我们的一美元钞票上的话，即 novus ordo seclorum（新时代秩序），这意味着时代秩序的完全断裂。

在这部文集的最后一篇文章即对奥登的赞词中，阿伦特引用了他为纪念叶芝所写的诗，这首诗的结尾写道：在他的监狱里/教导自由的人如何赞美。她继续说：

> 赞美是这些诗句的关键词，但是赞美并非对"最好的可能世界"的赞美——就好像要由诗人(或哲学家)来证明上帝的创造是正当的似的——而是足以对这个世界上、在人类境况中最不令人满意的东西相抗衡的最强者的赞美，并以此从伤口中汲取自己的力量。

在阿伦特看来，奥登是他那个时代最伟大的英国诗人[1]，之所以这样说，"是因为他带着放弃抵抗的意愿屈服于'人类徒劳'的'诅咒'——容易遭受欲望的扭曲、内心的不忠以及世界的不公。"听起来，这也与爱这个世界不和谐。然而，阿伦特在所有伟大诗人身上找到的，正是人类决心的勇气。这再一次让我们想起了维吉尔，他把罗马的创建歌唱为被毁祖国的复兴。在今天的美国，随着其荣耀的新开端过去了两百多年之后，那几乎是最后的智慧话语。

* * *

克劳迪奥：……死是件可怕的事情。

伊莎贝拉：羞耻的生命尤其可憎。

——莎士比亚，《一报还一报》第三幕，第一场

汉斯·约纳斯(Hans Jonas)在谈及汉娜·阿伦特这位大学时代的朋友时说，无论她将来会得到怎样的评判，她在有生之年提升了政治话语的水平。从她的大量作品来看，这一点毋庸置疑，当然目前还没有迹象表明它在美国选民、公共领域部门或如所期望的那样在职业的政治作家中间传播开来。我们看到的是一度可靠的报纸的浅薄无聊、花言巧语取代了周刊的机智，最好的情况也无非是一度装腔作势的书评所提出的烧

---

[1] 这使她不用在奥登与叶芝(爱尔兰人)或艾略特(美国人)之间权衡。

脑话题。大多数更有能力的专业人士似乎都同意，他们的受众无异于在半文盲大众社会这个退潮的海岸上乱爬的螃蟹。

除了提升当今政治话语的质量之外，阿伦特的思想深入了政治事件，因而在政治生活中获得了新的意义。或许，更为贴切的说法是，阿伦特作品的标志在于，它证明了思考活动乃理解那些在世界表层的显象中越来越没有意义的事件的必要条件。阿伦特因震惊于表层现象而进行思考，因而其思考始终保持着与现象的关联，周而复始，从远处穿透它们，最终在内部照亮它们。然而，思考活动本身位于事件之下，如我们所想的那样，基于坚实的地基。T.S.艾略特曾充满智慧地写到亨利·詹姆斯（Henry James），说他头脑极佳，任何观念都无法**逃过**它。这样的观念不会逃过心灵，然而各种意识形态或偏见却分散了政治思想家对政治事件的关注，正是在这个意义上，最好的政治作家，从柏拉图到霍布斯再到阿伦特，像詹姆斯积极地发挥了生产想象力一样，积极地发挥了再生想象力——这可能是艾略特一直寻求的东西。

依我看，可以毫无偏颇地将阿伦特于 1961 年在耶路撒冷参加的艾希曼审判视作是本文集所涵盖的时期，也就是 20 世纪 50 年代中期到 1975 年间发生的最重大的事件，本文集所收录的，都是这一时期内阿伦特未发表、未整理收集的作品，其副标题是《理解集（1953—1975）》（*Essays in Understanding，1953—1975*）。用我所能最清楚的表达来说，阿伦特一生前半段即《理解集 1930—1954》（*Essays in Understanding，1930—1954*）这一卷所反映的时期对她最有影响的事件，无疑是两千年来第一次在世界上出现了一种新型政体：总体主义。力图理解总体主义——希特勒认为他的目标就是自然的目标或历史的目标，或是自然和历史目标的某种结合——，以及达到这些目标所必需的恐怖和毁灭，完全改变了阿伦特立于其上的道德、法律和哲学传统的根基——她在这一传统根基下成长和受教育。数年后，阿道夫·艾希曼在耶路撒冷法庭上的表现，即五十年前人们对他在二战期间所犯下的反人类罪进行的审判，简直让她窒息。[1]导言的这一部分将对此加以论述，因为艾希曼

---

[１] 阿伦特自己围绕艾希曼事件所撰写的绝大多数文章收入在《责任与判断》（*Responsibility and Judgment*）中。她最后未完成的、难解的巨著《心灵生活》（*The Life of the Mind*，New York：Harcourt Brace Jovanovich，1978），也是受同一事件启发。

事件几乎是道德、政治和法律困境的蓝图，今天，不仅美国人，而且欧洲，乃至世界大多数国家的公民都发现自己深陷其中。

最直接的问题可能不是行动的逐渐丧失，阿伦特认为这是法国革命后首先加速、随后又极大固化的现象。[1]相反，可能是我们思考能力的石化，它非常类似于她首次在艾希曼身上看到的情形，当时他被控以前所未见的规模把无辜的男人、女人和孩子送上死亡之路。不过，这个问题绝不只涉及阿伦特的批评者，他们想方设法指控阿伦特为一个纳粹谋杀犯开脱罪责。更不协调的是，还包括她的那些辩护者，他们有时似乎并不清楚自己在为谁或为什么进行辩护。在阿伦特看来，**已**发生之事的意义在于促进对**正**发生之事的理解。不仅如此，一个感受到的现在——不只是短暂的瞬间——提供了某种稳定性，男男女女们**可以**借此一起向着未知的未来行动。但是，一旦过去的意义难以辨认，可以说对它的理解消失在智识的迷雾中，那它如何能够在当前得到铭记——或判断呢？为什么今天还有那么多知识分子哪怕承认艾希曼的平庸，仍相信他是一个坚定的反犹主义者或种族灭绝意识形态的拥护者？阿伦特自己早在这作为一个自明的事实加以争论或假定之前，就已经把它看作一个**道德**问题。审判结束之际，在她的著作《艾希曼在耶路撒冷》（*Eichmann in Jerusalem*）于1963年出版后不久，阿伦特写道，她有"一种感觉，即这个道德问题处于休眠状态，因为它被某种实际上极其难以言说、几乎无法理解的东西所掩盖——如同赤裸怪物的恐怖本身"。阿伦特所谓的**恶的平庸**（她关于艾希曼一书的副标题），完全被欧洲犹太人——作为一个民族是从古代幸存下来的唯一民族，尽管历尽千辛万苦——的毁灭这一**事件**的恐怖所淹没，与此相比，没有什么能够经受住因思考能力的丧失而导致的，或与思考能力丧失一样的正直的丧失，这一事实在很大程度上仍处于阴影之中。

这里她所说的极为重要。首先，她发现，在面对总体主义政权下的总体支配恐怖上，知识分子中间确实存在着一种困难——而不只是不愿意的问题。正是这一点使得他们无视由艾希曼这位暴行的参与者的平庸

---

[1] 早前提及法国革命的影响要远远大于美国革命，原因就在于此。在藏于国会图书馆的一份绝大部分尚未发表的草稿中，阿伦特对法国革命后行动的失败做了考量。

所引发的道德问题，讽刺的是这并没有蒙蔽阿伦特。其次，她发现艾希曼所戴的面具背后没有——根本没有——任何东西，无论他是在德国、奥地利、匈牙利、阿根廷，还是在耶路撒冷佩戴面具。这就说明了他所犯下的极端恶为何没有任何心理学上的根源或深度，也解释了这种恶为何能够像野火或风中孢子一样在人类世界蔓延开来。这种"赤裸的怪物"难以"对付"，因为它需要人们付出精神上的挣扎。在阿伦特看来，这个难以捉摸的道德问题要求看到并理解无底的恶，这种恶没有可理解的目的，只是纯粹的毁灭，此外，这种恶在本质上与反犹主义或任何其他意识形态都没有关联。[1]

在纯粹毁灭的深渊，没有任何和解的可能。这种恶抵制思考，或许还无法想象，因为没有深度——"只有善拥有深度"——，它不仅没有可以紧握的支撑和根基，也没有可以指责的魔鬼、腐败甚或愚蠢和疯狂。有一种令人窒息的平常性（ordinariness），让阿伦特很难不去怀疑艾希曼是一个小丑！尽管这样的怀疑对于审判而言是"致命的"，而且这种怀疑鉴于"他及其同类对数百万人造成的苦难也难以维持……[此外]然而他最小丑的方面却未曾得到注意，甚至几乎从未得到报道"。甚至在今天，德国人也很少谈及艾希曼所说的荒谬性——玛格丽特·冯·特洛塔（Margarethe von Trotta）在这一点上就像在其他许多方面一样是一个例外。无疑，艾希曼这个罪犯犯了反人类罪，在他的盖世太保办公室中，他没有能力认识到自己在做什么。正是因为他犯下的恶没有被他理解为恶，所以它是平庸的。他是一个"办公室杀手"，他比自己的同事更勤奋地展开工作，相信自己会被上级注意而得到晋升。人们可以说，他之所以没有被自己的所作所为恶心到，是因为他没能想象到那些因自己的工作而致死、毒杀和焚烧的生命。他甚至无法记起他们！一个值得考量的问题是，这种厌恶感的缺乏如何与思考的无能联系在一起。那是一个道德问题，它可能开启了一个对于阿伦特自1933年以来一直在

---

[1] 这并不是要否认纳粹政权的自然意识形态和历史意识形态，对此阿伦特在《总体主义的起源》和其他地方做了详尽分析。不过，她进一步认为，一个"完美的"总体主义国家会把"信念当作对体制极不可靠的支撑"加以废除，从而表明"这种体制有别于其他一切体制，在于让人变得多余，即让人作为一种有着自发思想和行动的存在者变得多余"。*Essays in Understanding*，I（New York：Schocken Books，1994），353—354。

寻求之物的富有成效的探究，当时她在国会大厦的大火中第一次注意到恶的存在，而她的寻求在整个战争中变得日益复杂，并且于听取艾希曼在耶路撒冷审判时的所言中达到顶峰。[1]

无论艾希曼是否相信欧洲犹太人毁灭的必然性，可以肯定的是，他参与其中。阿伦特的支持者们今天还会严肃地认为**相信**和**参与**是一回事吗？ 为什么不把这两种情形区分开来，就像这些支持者们乐意把艾希曼对数百万犹太人的死亡负责与他的平庸和无思性区分开来一样？ 许多倾向于支持阿伦特的人虽然从未见过艾希曼，却描述了一幅他的肖像，认为他是一个种族屠杀者、偏执狂**和**平庸的人。但那就是阿伦特在耶路撒冷法庭上看到的那个受审的人吗？ **尽管**艾希曼是平庸的，但他仍然要为这种恶负责，而不是克里斯托弗·布朗宁（Christopher Browning）所说的"普通人"？ 艾希曼是一个心理上正常、只是为了好相处的人吗？ 还是说这不过是阿伦特从一开始就反对的旧浪潮的新版本？ 这有助于我们设想，或者更好地说，把握她的如下判断吗？ 即艾希曼之所以应该被绞死，不是因为他那扭曲的野心，而是因为他要为毁灭世界的一个不可分割的部分负责。

阿伦特的朋友和支持者们在处理艾希曼的"良知"问题时，想方设法倾向于认为他把良知"归给了"他的偶像希特勒。希特勒是获得巨大成功的小人物，这足以让艾希曼在自己晋升的道路上亦步亦趋地追随这位领袖。相反，阿伦特反讽地看到，艾希曼的良知习惯性地运行了好些星期，随后突然地颠倒了过来，按照纳粹的方式运行，在作为希特勒灭绝欧洲犹太人计划的后勤专家期间就这样雷厉风行地工作。良知的这种改变意味着什么？ 良知几乎总是被理解为一种从内部向我们说话的声音，告诉我们**不要**做什么。这难道不就是我们问一个为某只股票提供内幕消息的金融交易员时所指的意思："你能问心无愧吗？"当过了很短的一段时间，在他此前生活的回声逐渐消逝之后，艾希曼听到的只是与他从事同样工作的同事的声音。艾希曼不再有内部的声音；用阿伦特的术

---

[1] 这一点并不因艾希曼在别的地方带着不同面具、在不同环境下所说的任何东西而被否定。在 aisthēsis 这个词的希腊意义上——对具体事物的感官知觉，艾希曼作为盖世太保官员所说的话，并不比他在法庭上所说的话更具有优先性，至少对于那些能够听到他庭审时所说的话的人而言是这样。

语来说，他不再是一中之二，这就意味着他没有思考的同伴，不再有人用快得听不见的语词跟他说话，至少在思考者作为**一**重新出现于世界、对他人而非对自己说话之前是如此：**艾希曼能够计算，但他无法思考。**

人们想知道，艾希曼为何没有在党卫军中获得晋升？ 他为何被他的同僚称作"小人物"，被他的上级认为不重要、低级和粗俗？ 这就是他所渴望的同伴吗？ 他最想归属于这些自认为远高于他的人，并与他们分享友谊。无论是在德国还是在别的地方，这样一种欲求都非常普遍，但阿伦特自始至终的观点是，艾希曼不像"他数百万的同胞"（在这一点上她赞同布朗宁，尽管出于相反的理由）。他是一个具体的个人，由于自己的所作所为而接受终身审判。反思良知在这样一个问题上的作用，就是认识到这个唯一的良知是一个坏良知，它只对体面的男男女女说话。实际上，一个坏良知是人类尊严的必要条件，而一个清白的或干净的良知则没有声音，也不需要声音。

或许最重要的是，根据阿伦特的一些粉丝所说，屠杀犹太人的纳粹凶手相信自己的所作所为不仅合法，而且正确（recht），不管怎样，或许是因为这样的想法极为困难。希特勒相信大屠杀的"正当"或"善"吗？ 不可否认，希特勒有毁灭欧洲犹太人的"政治理由"——raisons d'état，阿伦特用相当讽刺的口吻这样称呼它们——，但他认为那些理由**道德上**可证成吗？

或者，相反，希特勒一贯鄙视"道德善"吗？ 为什么有人会相信大规模灭绝的凶手相信自己所作所为在道德上是正直的？ 在《总体主义的起源》中阿伦特写道："总体主义统治的理想臣民不是坚定的纳粹，而是不再有事实与虚构、真与假之分的人民。"她是在马克斯·韦伯（Max Weber）的"理想型"意义上使用"理想"一词，不是指她去耶路撒冷亲眼看到的那个具体的人。然而，根据她的叙述，把艾希曼描述为一个理想型，不是因为他是一个坚定的纳粹[1]，也不是因为他无法区分事实与虚构。上述这种无能至为关键。因为不能区分事实与虚构，

---

[1] 艾希曼曾表示自己理解或相信以灭绝欧洲犹太人为**目标**的纳粹"意识形态"吗？

与无法区分对错根本不是一回事。无需任何经验，我们就知道做对的事是对的，做错的事是错的。然而，判断一个具体行动是错的，并不是一个先天知识的问题。那**是**区分事实与虚构的能力，它与每个人都认为天空是蓝的相反，因为无论是事实还是虚构，天空**都是**蓝的。如果我们拒不送犹太人去死，原因在于他们事实上并没有污染人类种族，那我们的判断就没有依赖于任何标准，而是基于我们自己与一个或一群犹太人认识或生活的经验。艾希曼可能曾经是一个"理想的"总体主义臣民，他无法区分事实与虚构，**而且**对一种史无前例的反人类罪负责。这是阿伦特关于他的说明中最困难的方面之一，对于这一困难，阿伦特自己比她的评述者理解得更好，无论这些评述者是反对她的还是支持她的。

当阿伦特说到恶的平庸性或无思性时，她改变了自己在《总体主义的起源》中的看法，在那里，她把死亡工厂称作地球上罕见的根本恶。此外，情形也不是那么简单，即她关于恶的两个概念可以这样来调和：那些构成平庸或无思的恶的行动无非是根本恶理论的付诸实践。阿伦特最为信任的当属玛丽·麦卡锡(Mary McCarthy)，她曾向后者坦承自己**已然**改变了对于恶的看法，即她现在认为恶绝不是根本的，因为恶没有根基。这样绝没有限制恶，相反，它消除了恶的限制，扩大了它的范围。正是因为平庸或无思的恶没有根基，它才能在整个地球表面广泛传播开来。根本恶在康德那里可以有一个"理论"——无疑他没有发展出来——，但在阿伦特那里从来没有。[1]

在去耶路撒冷之前，阿伦特在写作中提到了根本恶，"其性质几乎不为人知，甚至对于我们这些曾遭受过[它]在公共场域罕见爆发的人来说也是如此。我们所知的是，针对这些罪行，我们既无法惩罚也无法宽恕，因此它们超越了人类事务领域和人类权力的潜能，而且后两者无论何时出现都会被它们完全摧毁"[2]。艾希曼反人类罪之根基的消失，似乎对阿伦特的支持者比对她的驳斥者来说更成问题。在阿伦特看来，艾希曼必须绞死的原因不在于他犯下了"反人性的罪"，尽管有许多人

---

[1] "根本的"一词并不意指依附于一种意识形态，而只是说找到问题的根据，比如政治反犹主义。"根本的"(radical)和"根基"(root)这两个词都源于拉丁名词 radix，意思是根源。

[2] *The Human Condition*(Chicago：University of Chicago Press，1958)，241.

这样认为，甚至包括以色列的法官，而非难以置信。不过在阿伦特看来，艾希曼反人类复多性——每一个人包括他自己的独一无二性本质——的罪，证实了阿伦特此前关于人性只能为上帝所知，而永远无法为有死者所知的主张。艾希曼被判处死刑，不是惩罚他的所作所为（什么样的惩罚可以与他的罪行相配？），而是因为他未能思考他作为盖世太保官员、战后逃至阿根廷或从阿根廷被带到耶路撒冷受审时的所为。阿伦特对艾希曼的判断是，人类世界没有这样一个人的位置。他无法从任何别人的观点来看这个世界，尤其是无法从他所崇拜和共事过的犹太人的观点来看这个世界。那就是平庸，那就是他作为**一个人**而非魔鬼要负责的极端恶的平庸性（这是最难的部分）。

如阿伦特所说，这些行为极其可怕，把人像货物一样装进车厢，"挑选"一些立即处死，另一些像奴隶一样劳作，一步一步地榨干他们的人性，直至成为活死人；折磨与饥饿、毒气装置与焚烧炉、沟渠里随意堆积的尸体，等等。艾希曼自己没有做这些事，但他为这些事的发生做了准备，因此他甚至比做了这些事更要对这些事负责。法官们认为，阿伦特也极力赞同，艾希曼离那些使用死亡工具的人越远，他的责任就越大。确实如此，因为他并不受集中营里盛行的生存必然性所迫。[1]把艾希曼的恶视为全人类所面临的问题，就是把它看作希伯来圣经所谓的 skandalon（希腊文译本），即绊脚石。它有点类似于阿伦特所谓的平庸性，但它们之间的差异也显而易见：我们不再指责撒旦——最聪明的天使——他**被选中**逐出天堂，我们可以看到，艾希曼唯一的语言，即他所谓的"公文用语"，使他头脑迟钝、良知麻木。阿伦特清楚地看到并且断定，人对人能够做的远远超出了古代的 homo homini lupis（人对人是狼）观念。政治上来说，艾希曼的平庸表明在他所戴的面具背后没有决定性的要素，无论选择或机遇的狂风把他带向何处，他的改变都没有一致性或可预期性。

---

[1] 那些进行实际杀戮的突击队员要是有所迟疑，自己就会被杀死，而那些算计着犹太人问题"最终解决"的方方面面的党卫军官员则完全不同。类似地，普利莫·莱维（Primo Levi）说到了那些"最终被抛入难以理解的地狱之墙的人。在我看来，这是真正的 Befehlnotstand，一种遵从命令的紧急状态……一种严酷的或此或彼，要么立即服从要么去死。"*The Drowned and the Saved*，"The Gray Zone," Chapter 2.

　　我们不得不赞同阿伦特的如下做法，即阿伦特把艾希曼对自己不肯承认的可怕罪行的责任称为"恶的平庸性"。不过，可能尚未完全搞清楚的是，艾希曼早年在维也纳给了约瑟夫·卢温赫兹(Josef Löwenherz)博士一巴掌，后者是颇为庞大的维也纳犹太社区的一个领袖。[1]后来两人合作，而且艾希曼为卢温赫兹提供保护，让后者在整个战争期间可以待在维也纳生活。尽管如此，艾希曼似乎真的很后悔打了卢温赫兹一巴掌，用阿伦特的话说，甚至在很久之后，特别是在后者成了"第一个把整个犹太社区组织成服务于纳粹当局的机构的犹太官员"后。但为何要搞清楚这个故事呢？是为了看看这是否表明艾希曼身上毕竟还是有那么一丝体面，至少讲一点交情？还是恰恰相反，是为了通过理解卢温赫兹的故事，来强调卢温赫兹和艾希曼两人所展现的那种对于反人类罪的受害者的**漠不关心**与**冷漠**。对阿伦特来说，这种冷漠是"最大的危险"，甚至比完全拒不"判断"[2]更危险，至少对那些认识到判断之力量的人而言是这样。没有交情，只有冷漠。

　　在本书收入的与约阿希姆·菲斯特(Joachim Fest)的访谈中，阿伦特把艾希曼之恶的平庸性描述为"一种不容忽视的现象"，因为他没完没了地重复着"难以置信的"陈词滥调，仿佛在背诵。随后她非常突然地说道："我来告诉您我说的平庸是什么意思，因为在耶路撒冷，我想起了恩斯特·荣格(Ernst Jünger)曾经说过的一个故事，而我后来忘记了……"这个故事如下：战争期间，荣格遇到乡下的一些农民。其中一位农民曾收留过一些从集中营逃出来几乎饿死的俄国囚犯。这个农民告诉荣格说，这些俄国囚犯"不像人了……他们吃的是猪食"。阿伦特随后说道："这个故事有一些愚蠢至极的地方。我是说这个故事本身就很愚蠢。……这个人看不出这是饥肠辘辘的人会干的事。……艾希曼相当聪明，但在这方面他很愚蠢。……这正是我所说的平庸的真正含义。它没有任何深奥的东西——没有任何魔鬼般的东西！想象别人正在经历的事情向来会有些许阻力，不是吗？"这里要注意的是，阿伦特认为"愚蠢至极"的不是艾希曼——如最初的标题《愚蠢至极的艾希曼》(*Eichmann*

---

[1] 在本书中，可见于阿伦特与罗杰·埃雷拉(Roger Errera)最后访谈的结尾。
[2] *Responsibility and Judgment*，146.

war von empörender Dummheit)所表明的那样——，而是这个故事。阿伦特通过自己的再造想象力发现，试图与艾希曼交流无异于对"砖墙"说话。

按照阿伦特的说法，要是基督教信仰盛行于 20 世纪，那对地狱的恐惧会阻止总体主义统治的恐怖。但是她也发现，基督教信仰仍会是我们认识自身及其能力的一个障碍。阿伦特区分了教条信仰与真正对创造之意义的宗教信任。在主祷文中，紧接着"今日赐予我们日用饮食"的是"宽恕我们的罪过，如同我们宽恕侵犯我们的那些人的过错"。现在我们可以问，若这两个恳求之间没有一个句号，那它们是如何关联的？若被赐予每日的饮食不只是消费和维持生存，而且是掰开面包与他人分享——如果法国人准确地表述那样，copains（分享面包）——，那人类的社交能力不仅会导向和平，也会导致冲突吗？ 用约翰·加尔文（John Calvin）常被误解的话来说，难道"对人类自由的每一个主张，同样地也是对人类束缚的主张"？

在地狱最深处的冰层里，但丁展示了圣餐这一最神圣的圣礼是如何变成食人的。[1]在第 33 篇中，朝圣者看见乌格里诺（Ugolino）伯爵贪得无厌地啃食着大主教鲁吉艾里（Ruggieri）的颅骨，他称后者为 vicino（邻居），因为他们永远被锁在一起：

Con li occhi torti

Riprese 'l teschio misero co'denti,

Che furo all'osso, come d'un can, forti

（歪斜着眼睛

他又用牙齿啃咬那可悲的颅骨，

那牙齿一直啃到骨头，如犬牙一样坚硬。）II，76—78。

---

[1] See "Dante: He Went Mad in His Hell" by Robert Pogue Harrison, *New York Review of Books*，October 27，2016.我一点也不相信但丁（Dante）在《地狱篇》（*Inferno*）的结尾疯了，就此而言我也不认为巴赫（Bach）曾表现出"对于上帝难以控制的迷恋"（cf. Alex Ross, "Bach's Holy Dread," *The New Yorker*, January 2，2017）。人们不妨说《奥赛罗》（*Othello*）的作者是偏执狂。这三种崇高的诗意之声——但丁、莎士比亚、巴赫——彼此相隔数世纪，他们所塑造的形象在各自生活的世界中是不可毁灭的。

鲁吉艾里谋杀了乌格里诺，但他没有预先看到他的邻居通过啃食自己孩子的尸体活了下来。鲁吉艾里所犯的罪行无法言说。就报应正义而言，有什么罪行与这种永无休止的、被上帝抛弃的惩罚（**出自但丁笔下充满爱意的上帝**）相称吗？ 在论及艾希曼时，阿伦特径直援引了经文，不过她强调的重点在于："**对他而言最好没有出生。**"

阿伦特思想的许多评述者区分了反人类罪与犯下这种罪的罪犯。[1]但这与区分行迹的恶魔性与恶的平庸性根本不是一回事，阿伦特正是根据后者，认为艾希曼应受审判和被绞死。她在主要与尼采展开的一次思考对话中，阐明了她的所指。尼采一开始就指出，一个行动的"价值"取决于意识中先行于它的东西，这样的观念"非常错误"，因为它把行动变成了"主观现象"。一个行动的"价值"也不同于它的结果，"结果是未知的"。那么，行动本身的"价值"是未知的吗？ 尼采接着谈到了"道德的去自然化"，他这样说意指的是行动与行动者的分离，由此通向了蔑视"罪"的观念，而相信存在着"好的行为和坏的行为本身"。尼采反对他所谓的对"自然"的恢复，因为这意味着任何行动"本身完全没有价值"。至此，这让人想起大卫·休谟（David Hume）无可挑剔的怀疑论证，即好与坏都不是"事实"。同样的行动，在一种情形下可以是特权，在另一种情形下则成了耻辱，在今天的政府事务和金融事务中，我们有太多这样的例子。在尼采看来，评判者的**自相关性**解释了一种行动，以及完成这一行动的行动者，即"把它的利害与他们自己联系起来"。[2]

这与阿伦特的经验相符吗？ 首先，对她而言，总体主义政府的总体统治，即消除人的自由，就是根本恶在世界上的出现。因此，她的判断得到普遍的认同和赞成。其次，她对反人类罪之恶惊人的新颖理解，以及她对犯下这种恶的行凶者艾希曼的判断，则受到普遍的否定和谴责。这里没有相对主义的可能。复多性本身，包括人类的复多性，在阿伦特看来是一条普遍法则，无论有意与否，任何违背这一点的人都没有

---

[1] 我清楚地记得一位杰出的阿伦特思想的研究者大声宣称："阿伦特从未说恶是平庸的"，那"恶的平庸性"是什么意思呢？

[2] See "Some Questions of Moral Philosophy," in *Responsibility and Judgment*.

生活于其中的权利。不过，与此同时这完全不是绝对的。要是没有判断史无前例之事的标准，那判断能力就会在自利问题上出错；这种能力只有在评判者群体中才是可能的，这个公共实体能够辨识公共**精神**产生的公共关切，并由此产生公共精神。多位评判者唯一有效的标准是他们全都知道和承认的范例，它们常常被误解为先例。圣方济各(St. Francis)是一个范例，波拿巴(Bonaparte)和蓝胡子(Bluebeard)也是，最后，阿伦特对艾希曼的判断也可以成为范例。

致　谢

对于在汉娜·阿伦特前几卷未出版、未选编作品——像这一卷一样由丹尼尔·弗兰克（Daniel Frank）出版——中已经致谢的诸多师友、助手，就不再表示感谢了，这里只提及几个新的名字。这绝不是说我对此前提及的那些人的感激之情有所减少；相反，这种感激之情日益浓烈，特别是对从我们共享的世界消逝的那几个人。

在开明、慷慨和不知疲倦的罗杰·贝尔科维奇（Roger Berkowitz）领导下，巴德学院汉娜·阿伦特政治与人文中心（The Hannah Arendt Center for Politics and Humanities at Bard College）是一个充满活力的组织。中心吸引了来自世界各地的学者和学生，由此创造了一个国际性的公共场域，使得当今的问题和困境能够从各种不同的视角加以讨论和解释。中心的活动常常基于阿伦特在四十多年前所撰写和警告的内容。

卡尔·雅斯贝尔斯协会位于德国北部，他的出生地奥尔登堡（Oldenburg）。气势恢宏的雅斯贝尔斯故居的管理人马蒂阿斯·博姆特（Matthias Bormuth），跟雅斯贝尔斯一样，也是一位心理学家和哲学家。马蒂阿斯·博姆特曾撰文论及雅斯贝尔斯与阿伦特之间的深度理解，并探讨了他们俩所展示的友谊对于世界上数百万——今天比以往更多——被拔根的无家可归者的特别意义。因此，我们都受惠于他。

汉娜·阿伦特通过言说和写作发出的声音，既吸引了学者，也吸引了那些在世界舞台上更加活跃的人。当然，没有人比她更清楚，那是两个截然不同的阶层。非常幸运的是，阿伦特所启发的这两类人我都遇到了，一个是托马斯·维尔德（Thomas Wild），在我看来他主要代表学者，另一个是弗雷德·杜威（Fred Dewey），他主要代表行动派。托马斯·维尔德是我这多么年来所遇见的最敏锐的阿伦特研究者；他的教学和写作对阿伦特的所说所写提供了新的视角，这一视角揭示了她的思考方式与她所反思的世界之间迄今为止意想不到的关联。弗雷德·杜威是美国著名哲学家的曾孙，他对阿伦特情有独钟，这是很罕见的，他认为迫

1

切需要把她的思想付诸行动，不是在想象的未来，而是在我们今天生活于其中的这个不安全、不稳定的世界之中。为此，他向那些被他看作城邦公民的这个国家以及整个西欧的观众，展示了阿伦特的思考——这不是件容易的事。本书献给托马斯·维尔德和弗雷德·杜威，以示我最深的谢意。

杰罗姆·科恩

发 表 情 况

以下是此前发表过的材料的最初发表信息和此前未发表的材料的出处列表：

《卡尔·马克思与西方政治思想传统》最初发表于 *Social Research*，volume 69，no.2(Summer 2002)。

《伟大的传统》I.《法律与权力》最初发表于 *Social Research*，Volume 74，no.3(Fall 2007)。II.《统治与被统治》最初发表于 *Social Research*，volume 74，no.4(Winter 2007)。

《20世纪的权威》最初是阿伦特为1955年9月在意大利米兰召开的"自由的未来"会议的投稿。这次会议由文化自由大会(the Congress for Cultural Freedom)主办。

《致罗伯特·M.哈钦斯》可见于 the Hannah Arendt Papers，Manuscript Division，Library of Congress，Washington，D.C.。

《匈牙利革命与总体主义的帝国主义》最初以稍作修改的形式发表在《总体主义的起源》一书的第二版(Cleveland：Meridian，1958)。

《总体主义》最初发表于 *The Meridian*(Fall 1958)。

《文化与政治》可见于 the Hannah Arendt Papers，Manuscript Division，Library of Congress，Washington，D.C.

《对传统伦理学的挑战：回应波兰尼》可见于 the Hannah Arendt Papers，Manuscript Division，Library of Congress，Washington，D.C.。阿伦特在1960年代举办的第十六届科学会议"哲学与宗教及其与民主生活方式的关系"上汇报了这篇论文，以回应波兰尼的"超越虚无主义"。

《对1960年全国代表大会的反思：肯尼迪 vs.尼克松》可见于 the Hannah Arendt Papers，Manuscript Division，Library of Congress，Washington，D.C.。

《行动与"追求幸福"》最初发表于 *Commentary*(Fall 1960)。

《自由与政治：一个讲座》以稍作修改的形式最初发表于 Chicago

Review，volume 14，no.1（Spring 1961）。

《冷战与西方》最初发表于 *Partisan Review*（Winter 1962）。

《民族国家与民主》可见于 the Hannah Arendt Papers，Manuscript Division，Library of Congress，Washington，D.C.。

《肯尼迪及其后》最初发表于 *The New York Review of Books*（December 26，1963）。

《娜塔丽·萨洛特》最初发表于 *The New York Review of Books*（March 5，1964）。

《"如同对着一堵砖墙说话"——与约阿希姆·费斯特的对话》最初发表于 *The Last Interview and Other Conversations* by Hannah Arendt（New York：Melville House，2013）。

《劳动，制作，行动》最初以英文发表于 *Amor Mundi*，ed. J. W. Bernauer（Dordrecht，Netherlands：Martinus Nijhoff Publishers，1987）。

《政治与犯罪：一次书信往来》可见于 the Hannah Arendt Papers，Manuscript Division，Library of Congress，Washington，D.C.。

《关于格伦·格雷〈战士〉一书的导言》最初发表于 the Torchbooks edition of *The Warriors*（New York：Harper & Row，1967）。

《论人的境况》最初发表于 *The Evolving Society：First Annual Conference on the Cybercultural Revolution*，ed. Alice Mary Hilton（New York：Institute of Cybercultural Research，1966）。

《现代社会的危机特征》最初发表于 *Christianity and Crisis*，volume 26，no.9（May 30，1966）。

《革命与自由：一个讲座》可见于 the Hannah Arendt Papers，Manuscript Division，Library of Congress，Washington，D.C.。

《美国本质上是一个暴力的社会吗?》稍作修改后最初以 "Lawlessness Is Inherent in the Uprooted" 为题发表于 *The New York Times Magazine*（1965）。

《群魔》可见于 the Hannah Arendt Papers，Manuscript Division，Library of Congress，Washington，D.C.。

《"变得自由的自由"：革命的条件和意义》可见于 the Hannah

Arendt Papers，Manuscript Division，Library of Congress，Washington，D.C.。

《想象力》最初发表于 *Lectures on Kant's Political Philosophy*，ed. Ronald Beiner（Chicago：University of Chicago Press，1989）。

《他就是德怀特》最初发表于 *The New York Review of Books*（August 1，1968）。

《爱默生-梭罗奖章获奖感言》可见于 the Hannah Arendt Papers，Manuscript Division，Library of Congress，Washington，D.C.，1969 年 4 月 9 日发表于美国艺术和科学学会。

《阿基米德点》最初发表于 *Ingenor* 6，College of Engineering（University of Michigan：Spring 1969）。

《海德格尔八十岁了》英文发表于 *The New York Review of Books*（October 1971）。最初是以德文为马丁·海德格尔的八十岁生日所撰写和发表的。也见于 *Letters*，*1925—1975*，*Hannah Arendt and Martin Heidegger*，ed. Ursula Ludz；trans. Andrew Shields（Orlando：Harcourt，2004）。

《关于马丁·海德格尔》可见于 the Hannah Arendt Papers，Manuscript Division，Library of Congress，Washington，D.C.。

《战争罪和美国的良心》最初发表于 *War Crimes and the American Conscience*，ed. Ervin Knoll and Judith Nies McFadden（New York：Holt，Rinehart，Winston，1970）。

《致〈纽约书评〉编辑的信》最初发表于 *The New York Review of Books*（November 6，1970），以回应卡梅隆（J. M. Cameron）对《过去与未来之间》和《黑暗时代的人们》的评论。

《当代社会的价值观》可见于 the Hannah Arendt Papers，Manuscript Division，Library of Congress，Washington，D.C.，July 13，1972。

《汉娜·阿伦特论汉娜·阿伦特》最初发表于 *The Recovery of the Public World*，ed. Melyvn A. Hill（New York：St. Martin's Press，1979）。

《评论》可见于 the Hannah Arendt Papers，Manuscript Division，

Library of Congress，Washington，D.C.。

《在普林斯顿大学哲学指导委员会上的演讲》可见于 the Hannah Arendt Papers，Manuscript Division，Library of Congress，Washington，D.C.。

《罗杰·埃雷拉采访》，1973 年，它的一个版本发表于 *The Last Interview and Other Conversations*，trans. Andrew Brown（New York：Melville House，2013）。

《公共权利与私人利益——对查尔斯·弗兰克尔的回应》最初发表于 *Small Comforts for Hard Times：Humanities on Public Policy*，ed. M. Mooney and F. Stuber（New York：Columbia University Press，1977）。

《关于心灵生活的初步评论》可见于 the Hannah Arendt Papers，Manuscript Division，Library of Congress，Washington，D.C.。

《过渡》可见于 the Hannah Arendt Papers，Manuscript Division，Library of Congress，Washington，D.C.。

《缅怀于 1973 年 9 月 28 日晚去世的威斯坦·H.奥登》最初发表于 *The New Yorker*（January 20，1975）。

卡尔·马克思与西方政治思想传统

I. 断裂的传统之线

就卡尔·马克思进行思考和写作，从来不是件易事。他对现存工人政党——它们只是近来才在民族国家中获得完全的法律平等和政治投票权，有着直接且深远的影响。此外，他死后不过二十几年，学术界就再也无法对他熟视无睹了，自此之后他的影响飙升，从严格的马克思主义到整个社会科学和历史科学，都遍布着他的影响。最近，他的影响常常被否认。然而这不是因为人们抛弃了马克思的思想及其引入的方法，相反，恰恰是因为他的思想和方法成了公理，以至于人们忘了它们的起源。不过，此前论述马克思所存在的困难，与我们如今所面对的困难相比，无非是一些学术方面的问题罢了。在某种程度上，这些困难类似于我们在论述尼采时所面对的困难，或者差不多是处理克尔凯郭尔时面对的困难：赞成与反对的斗争过于激烈，造成的误解过深，以至于很难说清彼此在思考什么、谈论的是谁。至于论述马克思，人们所面临的困难显然要大得多，因为这些困难关涉政治：从一开始，赞成与反对的立场就掉进了党派政治的传统路线。

随着某个马克思主义政党的兴起，马克思主义成了（或者说，似乎成了）某个大国的支配性意识形态，这一情形就变得更糟了。现如今，论述马克思不仅与政党关系密切，而且与强权政治紧密相连，不仅关系到国内政治，而且影响到世界政治。与以往相比，马克思本人的形象更为频繁地被拽上了政治舞台，同时他对现代知识分子的影响也达到了一个新的高度：在他们看来，一个绝不会错的重大事实是，历史上第一次有一个思想家，而不是现实的政治家或政客，影响着一个大国的政策，让整个政治活动领域感受到思想的分量。马克思的合法政府观念第一次勾勒了无产阶级专政(紧接着则是一个没有阶级、没有国家的社会)，它如今成了某个国家以及世界范围的政治运动的正式目标，因此可以肯定地说，柏拉图那个让政治行动服从严格的哲学思想原则的梦想已经变成现实。尽管是在死后，但马克思毕竟实现了柏拉图在西西里的狄奥尼修斯(Dionysios in Sicily)的宫廷里没能实现的梦想。[1]马克思主义及其对现代世界的影响之所以能有今天的样子，在于两个方面的表现及其作用，首先是工人阶级的政党，其次则是知识分子的赞美，不是对苏联本身的赞美，而是对布尔什维克主义是或自称是马克思主义的赞美。

正是在这种意义上，可以说马克思主义不仅宣传了马克思的真实学说，也同样遮蔽和抹灭了他的真实学说。如果我们想搞清楚马克思是谁？他思考了什么？以及他在政治思想传统中位于何处？那马克思主义就很容易显得是一个大麻烦——这一点与黑格尔主义或任何以某个作者的作品为基础的"主义"没有什么本质上的不同，当然还不只是如此。正是由于马克思主义，马克思本人因为许多他自己完全不知情的东西而受到称颂或责难；比如，数十年来马克思一直被当作"阶级斗争的发明者"而备受尊重或深受怨恨，实际上，他既不是阶级斗争的"发明者"(事实无需发明)，甚至也不是它的发现者。最近，为了与马克思这个名字保持距离(尽管难以摆脱他的影响)，有些人一直忙于证明马克思有多少东西是他从自己承认的前辈那里拿过来的。这种对影响的寻求甚至变得有点儿滑稽(以阶级斗争为例)，因为我们不需要 18 或 19 世纪的经济学家，也不需要 17 世纪的政治哲学家来发现一个早在亚里士多德那里已经呈现的东西。亚里士多德把民主政体的实质定义为穷人统治，把寡

---

[1] 阿伦特指的是传说中的柏拉图的叙拉古之行，正如第七、八封信所表述的。——编者注

头政体的实质定义为富人统治，为了强调这一点，他甚至抛弃了这些传统术语的既有内容，即民主政体乃多数人统治，寡头政体是少数人统治。他坚持认为，所谓民主就是穷人治理，所谓寡头就是富人治理，哪怕富人远多于穷人也是如此。[1]毫无疑问，要说阶级斗争的政治相关性，莫过于说它奠定了这两种截然不同的政体。同样地，我们也不能说马克思的贡献在于把这个政治和经济事实提升到历史领域。因为这种提升在黑格尔遭遇拿破仑·波拿巴时就已经出现了，黑格尔称拿破仑是"马背上的世界精神"。

然而，马克思今天让我们面对的挑战，要比受谁影响、谁更优先这些学术争论严重得多。有一种总体主义统治运用了马克思主义并且显然是直接从马克思主义发展而来，这一事实无疑是迄今为止针对马克思最可怕的指控。而且，这一指控恐怕无法轻易就与其他类似性质的指控混为一谈——比如尼采、黑格尔、路德或柏拉图，这些人以及更多的其他人全都在某个时候被指控为纳粹主义的祖先。在今天，人们很容易忽视这样一个事实，纳粹形态的总体主义的发展路线与苏联的总体主义的发展路线类似，尽管所采用的意识形态截然不同。而且同样真切的是，人们很容易就能够证明，他的学说是经由马克思主义和列宁主义的解释，进而通过斯大林对马克思主义和列宁主义的决定性转换，才变成了一种意识形态的。尽管如此，马克思与布尔什维克主义以及非总体国家的马克思主义总体运动之间的关系，要比纳粹主义与其所谓的先驱之间的关系更为直接，这一点也是事实。

过去的这些年里，不假思索地认定马克思、列宁与斯大林之间存在着一条不曾中断的发展线，已经成了流行看法。然而，在持这种论点的人中，似乎极少有人意识到，指控马克思要为总体主义负责就等于指责西方传统本身必然以这种怪物般的新型政府告终。论述马克思必然要论及西方思想传统；因此，我们许多马克思的新批评者引以为豪的保守主义，通常与普通马克思主义者的革命热情一样，都是巨大的自我误解。因此，只有少数马克思的批评者，他们意识到了马克思思想的根源，力

---

[1] *Politics* 1279b11—1280a3.——编者注

图去分析传统中的一个特殊的思潮，那就是我们如今有时称之为诺斯替主义的西方异端，显然这是想起了天主教最古老的异端。然而，为了限定总体主义的毁灭性而把它解释为直接源自西方传统中的这样一个思潮，这种做法注定失败。马克思的思想无法局限于这种"内在论"——似乎只要我们把乌托邦留给后来的世代，认为世上一切无需以世俗尺度来衡量判断，一切就会恢复正常。因为马克思的思想在传统中的根源，甚至比他自己承认的要深得多。我可以表明，与从马克思到斯大林的发展线相比，从亚里士多德到马克思的发展线更少中断，而且仅有的中断也更无关紧要。

因此，这一情形的严重方面不在于马克思可以随意诽谤，他的学说以及问题常常被曲解。当然，后一个问题也很糟糕，因为如我们将要看到的那样，马克思乃是第一个甄别出工业革命引发的问题的思想家，对其学说的歪曲意味着，我们随即就丧失了应对我们依然面对的日益紧迫的真实困境的一个重要资源和可能帮助。但是，比上述这一切要严重得多的乃是如下事实：马克思的思想不同于纳粹种族主义意识形态那真实而非想象的来源，它显然属于西方政治思想传统。毫无疑问，作为意识形态的马克思主义乃是把总体主义政体与传统直接相连的唯一环节；除此之外，任何试图从某一西方思想潮流直接推出总体主义的做法，甚至连表面上的合理性都没有。

因此，对于马克思本身的严肃考察，它截然不同于那种一方面草率地无视马克思的名字另一方面又无意识地保留其学说所产生的结果的做法，存在着两个方面的危险：一方面，人们不得不怀疑社会科学中除了名称之外无一不是马克思主义的社会科学思潮以及马克思自己思想的深度；另一方面，必须审视马克思本人也与之搏斗纠缠的我们自己传统的真正问题和困境。易言之，考察马克思就必须考察仍应用于现代世界的传统思想，这个世界一方面可以回溯到工业革命，另一方面可以追溯到18世纪的政治革命。现代为现代人呈现了两个问题，在严格的意义上来说，这两个问题独立于一切政治事件：**劳动**问题与**历史**问题。马克思思想的重要性既不在于其经济理论也不在于其革命内容，而在于他固执地专注于这两个最重要的新困境。

　　人们可能会认为，我们的传统之线已经断裂，因为在我们的历史上政治平等第一次被扩展到劳动阶级，我们传统的政治范畴再也不能用来描述这种情形了。马克思起码是明白这一事实的，而且觉得劳动阶级的解放唯有在一个发生了根本变化的世界才可能，这一点使得他的思想有别于乌托邦社会主义，后者的主要缺陷不在于它是非科学的（如马克思所以为的那样），而在于它的如下假设：劳动阶级是一个被剥夺了权利的群体，为劳动阶级的解放而斗争就是为社会正义而斗争。在一个财富用以终结各种悲惨处境如此显而易见的时代，基督教古老的仁慈信念应该发展成为对于社会正义的强烈激情，这是完全可理解的。然而，这样的激情已然"过时"，因为它们不再应用于任何社会群体，而只能应用于个体。马克思所理解的是，劳动本身在现代世界经历了决定性的变迁：它不仅成了一切财富的来源，因而也是所有社会价值的来源，而且所有人，无论其阶级出身为何，迟早注定要成为劳动者，那些未能调整以适应这一劳动过程的人，就会被社会看作纯粹的寄生虫。换句话说：当其他人关注劳动阶级的这种或那种权利时，马克思已经预见了这样一个时代的到来，在那里，不是劳动阶级，而是与这一阶级相应的意识及其对于社会整体的重要性，将判定一个人若不是劳动者就没有任何权利，哪怕生存权都没有。当然，这一过程的结果不会消灭所有其他职业，但是，人的所有活动都要被重新解释为劳动活动。

　　从观念史的观点来看，人们几乎有同样的权利认为，传统之线在历史不仅进入人类思想而且成为其**绝对**原则之际就断裂了。实际上，这一断裂并非随着马克思而是通过黑格尔发生的，黑格尔的整个哲学可以说是历史哲学，或者更确切地说，他把前此的所有哲学以及其他思想都融入了历史。在黑格尔甚至把逻辑都历史化了之后，在达尔文通过进化观念把自然历史化之后，可以说没有什么还能够抵挡得住历史范畴的强力冲击了。马克思十分合理地从这一精神（geistliche）处境得出的结论，就是力图完全消除历史。在黑格尔看来，从历史的角度来思考，故事的意义只有在其终结之际才会呈现。终结与真理合一；真理在万物终结之际呈现，这就是说，当且仅当临近终结之际我们才能发现真理。易言之，我们必须为真理付出激发一个时代的生机的代价，当然这并不一定包括我们自己的生命。生命与精神之间对抗的各种现代形式，尤其是尼采的形式，在我们的一切精神范畴的历史化中，也即在生命与真理的对抗中有其根源。

黑格尔关于一般哲学的陈述，"密涅瓦的猫头鹰只有在黄昏降临之际才会展翅起飞"[1]，只适用于历史哲学，也就是说，历史才是如此，因而它符合历史学家的观点。当然，黑格尔之所以敢于持有这一观点，是因为他认为哲学真正发端于古希腊的柏拉图和亚里士多德，他们创作之际正是城邦和古希腊历史的荣耀终结之时。今天我们知道，柏拉图和亚里士多德处在古希腊哲学的高峰而非开端，它的第一次起飞则是在古希腊达到或接近于达到其鼎盛之时。然而，依然正确的是，柏拉图和亚里士多德成了西方哲学传统的开端，而这一开端，它不同于古希腊哲学思想的开端，确实发生在古希腊政治生活临近终结之际。那么问题就来了，人若要在城邦之中生活，怎能生活在政治之外；这一问题，有时与我们自己时代的问题有着奇怪的相似，随即就变成了不属于任何政体的生活如何可能的问题，也就是说，在**无政治组织**(apolity)的状态下或我们今天所谓的无国籍状态下生活如何可能。

可以说，在 18 世纪末萌发、19 世纪中叶完全呈现的困境中，劳动问题标示了它们的政治面向，历史问题标示了它们的精神面向。就我们仍伴随着这些困境而言，实际上它们如今变得更加尖锐而且更少理论表述，我们依然是马克思的同时代人。马克思仍对世界的几乎所有领域有着巨大影响，就是明证。然而，若想让这种观点站得住脚，我们就要在某种程度上不去考虑 20 世纪的事件；那些事件最终导致了一种全新的政体形式，即我们所谓的总体主义统治。我们的传统之线，在历史延续的意义上来说，只是随着总体主义制度和政策的出现才断裂的，因为它们不再能够通过传统思想来理解。这些前所未有的制度和政策所造成的

---

　　[1] 这里有必要完整援引出自黑格尔《法哲学原理》"序言"中的这句话，它呈现了这一著名的形象："当哲学用灰色来描绘自己的灰色的时候，这一生活形态就变老了。用灰色描绘灰色，不能使生活形态变得更年轻，而只能成为认识的对象。密涅瓦的猫头鹰只有在黄昏降临之际才会展翅起飞。"（Wenn die Philosophie ihr Grau in Grau malt, dann ist eine Gestalt des Lebens alt geworden, und mit Grau in Grau lässt sie sich nicht verjüngen, sondern nur erkennen；die Eule der Minerva beginnt erst mit der einbrechenden Dämmerung ihren Flug. ）——编者注

罪行，也无法用传统的道德标准来评判，或者说，在既有文明的法律框架下无法惩罚，因为其法律基石一直都遵从**不可杀人**（Thou shalt not kill）的命令。

可以与不可以的区分，若根据传统来理解，可能显得过于学究气。在诸多有关当前世纪之危机的醒目反思中——其中一个显著的表征就是实际上都涉及传统的崩溃——，有许多博学的学者追溯了这场危机的起源。然而，把在公元前 4 世纪到公元 19 世纪之间的任何一个历史时刻看作起源，几乎都有同样的合理性。与种种这般理论不同，我认为总体主义无疑是一种全新的政体，它的兴起作为一个事件至少从政治上来说显然关涉到我们所有人的生活，而不是少数几个人的思想，又或者某些特定民族或社会群体的命运。正是这一事件，由于它改变了前此存在于地球上的所有政治境况和政治关系，使得如今回头来看那些随之发生的各种"断裂"不可修复、无法补救。总体主义作为一个事件，让我们传统的断裂成了一个既成事实，而且它也无法被哪一个人预见或预想，更不要说什么预测或"推出"了。我们完全无法从过去的精神或物质"原因"推出实际发生的这一事件，所有原因只有根据这一事件所投射的光芒才呈现出来，它照亮自身也照亮它的过去。

因此，在这个意义上，我们不再是马克思的同时代人。也正是从这一观点出发，马克思对于我们而言获得了全新的意义。他不仅是过去时代唯一一位已经关注到我们如今仍身处其中的困境的伟大人物，而且其思想被某种总体主义运用和滥用。因此，马克思看起来为我们提供了回到传统的可靠环节，因为他自己深深地植根于传统之中（哪怕他认为自己一直在反抗传统，倒转了传统，摆脱了理论性-解释性分析的优先性而推崇历史的-政治的行动），而我们再也无法如此了。对于我们而言，总体主义必然已经成了我们时代的中心事件，因此，传统的断裂是一个既成事实（a fait accompli）。由于马克思自己关注的，是传统本身无法为之提供一个范畴框架的少数全新的基本事实，因此，甚至在传统的道德、法律、理论和实践标准，连同它的政治制度和组织形式轰然崩塌之前，他在评断这些事实上的成败让我们能够去判断传统本身的成败。马克思依然耸立在我们当前的世界，这是他伟大的明证。而他被证明能够为总体主义所用（当然我们决不能说他是总体主义的"原因"），则表明了他思想的现实相关性。马克思生活在一个变化的世界，他的伟大在于准确地抓住了变化的中心。我们生活在一个变化作为主要特征的世界，在这个世界中，变化本身变得理所当然，以至于我们处于完全忘了什么发生了变化的危险之中。

　　传统遭遇的第一个大挑战来自黑格尔对世界的解释：世界在历史运动中不断变化。马克思自己对传统的挑战——"哲学家们仅仅**解释**世界……然而问题在于**改变**世界"[1]——是从黑格尔的体系中推出的诸多可能结论之一。在我们看来，这听起来马克思好像是在说：过去的哲学家所解释的世界，被这些哲学家中最后的那位理解为连续的、自我发展着的历史的世界，事实上正变得面目全非了。让我们试着依照传统来掌控这一过程、改变世界吧。马克思所说的"传统"一直是指哲学传统，那个代表整个人类继续存在的阶级最终将成为它的继承人。马克思自己认为，不可阻挡的历史运动会有一天停下来，也就是说，当世界经历决定性的最后改变之后，就不会再有进一步的改变了。马克思学说的这一面通常被斥为其乌托邦因素：根据无阶级社会的目的来看，历史的动力——阶级斗争——一旦停止，历史本身也会终止。事实上，这一点表明马克思在某些基本方面比黑格尔更受传统束缚。因此，马克思学说中的革命因素只是在表面上包含在他那经由现实革命达成目的的构想之中，根据他的说法，革命的结果将与古希腊城邦的理想生活惊人一致。他思想中真正反传统、前所未有的一面，是他对劳动的颂扬，以及他对哲学自发端以来就鄙视的阶级——工人阶级——的重新解释。哲学向来认为劳动，即这个阶级的人类活动，是微不足道的，以至于一直以来没有费神去解释和理解它。为了把握劳动解放以及马克思相应地赋予劳动最基本的人类活动的地位在政治上的重要性，那么最好在对它们进行反思之前说说劳动与制作之间的区别，尽管这一区别向来没得到阐明，但对于整个传统具有决定作用，而且它们之间的区别只是在近来才变得模糊不清，其中部分还是由于马克思的学说。

---

[1] *Theses on Feuerbach*，XI.——编者注

马克思是 19 世纪唯一一位用哲学术语认真地对待那一世纪的中心事件即工人阶级解放的思想家。马克思在今天的巨大影响仍要归于这一事实，当然，在很大程度上，也正是这一事实说明了他的思想为何能为总体主义的统治目的所用。苏联，在其成立的那一刻起就自称是工农共和国，它可能剥夺了工人们在自由世界享有的一切权利。它的意识形态主要是一种为劳动者规划的意识形态，而劳动有别于其他一切人类活动，也是它唯一承认的活动，保有着最高"价值"。此外，在这一意义上，它只是我们社会最激进的样式，因为我们社会也越来越倾向于变成一个劳动者社会。另一方面，苏联的统治手段，它们在政治史上前所未有、政治思想中闻所未闻，常常被称作"奴隶社会"的手段（这并非完全不恰当）。尽管这一术语未必考虑到了总体统治的非功利特征，但它确实表明了服从本身的总体特征。而且，当保障奴隶生命这一主要的功利动机都不再存在时，这一服从就更为深重、愈益明显了。就算奴隶制，至少在西方社会中，也从未成为一种政体，因而严格来说它从不属于政治领域。在正常的、非暴政的政体下，惟有那些并非奴隶的人们才能参与政治生活。但是，哪怕是在暴政下，私人生活领域也保持着完整，也就是说，那里还留存着一种奴隶无法享有的自由。

不过，马克思尽管对政治影响巨大，但他自己是否对政治本身真正产生过兴趣，那是完全可以怀疑的。然而，他对劳动的解释或毋宁说颂扬，尽管无非是紧随事件的发生，本身却成功地引起了所有传统价值的彻底倒转。至为关键的，不是工人阶级的解放，不是历史上第一次包括下层工人在内的所有人平等，而是从今往后劳动作为人的活动不再属于严格的私人生活领域：劳动成了第一等的公共的政治事实。这并不是指生活的经济领域；这一领域作为整体向来是一项政治关切。但它很难说是劳动领域。

劳动必然先于一切经济活动，也就是说，人们有组织地在一起生活、管理和保障生活所需和生活奢侈品，都得从劳动开始并且需要劳动，哪怕社会的经济已经发展到了最高程度。作为保障人的纯粹生命所必需的基本活动，劳动向来被认为是一个诅咒，因为它让生活变得艰辛、不让生活变得轻松，从而让人的生活与奥林匹亚诸神的生活截然有别。[1]人的生活并不轻松，这无非是说，人在最基本的方面要服从必然性，人不能而且永远无法摆脱这种强制，因为强制首先来自我们身体那不可抗拒的冲动。那些只去满足这些基本强制的人，传统上被视为天性不自由——也就是说，他们并没有准备好去发挥自由公民的作用。因此，那些为他人承担这类劳动，因而让他人从生命的必然性中摆脱出来的人，就是所谓的奴隶。

在每一个文明中，劳动都是让公共领域能够将我们消费之物交由我们处置的活动。劳动作为人与自然的新陈代谢活动，主要不是生产性的，而是消费性的。然而即使它毫无生产性，不会对共同世界有任何增益，它的必要性仍不可置疑。正因为一切劳动活动与我们身体严格的生物需要关联在一起，它在传统上才被认为属于人的生活中较低的、几近于动物的功能，而且完全是一个私人问题。公共政治生活始于私人领域终结之处，或者换句话说，公共政治生活始于超越这些需要而进入共同世界之际，这是超越每一个个体与自然的新陈代谢活动而存在于人们之间的世界。在古希腊的原初意义上，政治始于对劳动的摆脱，而且近三千年来尽管有种种变迁，这一点始终未曾改变；如我们所知，这一点正是通过奴隶制才得以可能。因此，奴隶制并非古希腊政治生活的组成部分，而是 politeuein(政治活动)的条件，是希腊人过上公民生活的所有活动的条件。可以说，这种活动基于对奴隶的统治，但是政治活动本身没有统治者与被统治者之分；对于早期的希腊人而言，对奴隶的统治乃是政治活动的前政治条件，即政治性的前政治条件。这种原初的政治在古希腊城邦衰败时期经历了一次决定性的变化，它恰好与古希腊哲学的

---

[1] 在阿伦特的《思想日记》(即将在 Piper Verlag 出版)中，1953 年部分有如下一个条目："布克哈特[《希腊文化史》(*Greichische Kultrugeschichte*) I，355—356]清楚地表明，希腊诸神无需仆人；人才需要奴隶；诸神尽管服从命运，却不受世俗必然性束缚。这种自由与其不朽有关吧？ 总之，希腊诸神生活'轻松'，它们的生存毫不费力。"["Burckhardt(Greichische Kultrugeschichte I，355—356)，macht aufmerksam, dass die grichischen Götter keener Dienershaft bedurften；nr die Menschen brauchen Sklaven；die Götter waren frei von irdischer Notdurft, wenn auch dem Schicksal unterworfen. Diese Freiheit hängt mit ihrer Unsterblichkeit zusammen? Jedernfalls sind die griechischen Götter gekennzeichnet durch das 'leichte' leben, ihr Dasein ist mühelos."]这一思想链重现于阿伦特 1975 年为她"论判断"的书所选的一条题词中，这本书她未能活着写完。在《浮士德》第二部分的后面，歌德写道，如果人能够放弃魔力，作为人立于自然面前，那么作为人的痛苦、辛劳和劳动就是值得的："做人，值得为之付出艰辛。"("Da wär's der Mühe wert ein Mensch zu sein.")——编者注

高峰同时发生，而后者是迄今为止所有时代的权威。哲学家的怀疑和轻蔑涉及的是政治活动本身，而不是它所依赖的基础。取代政治活动（它只有摆脱生物生命的必然性才可能）的，是哲思活动（philosophein）理想，即哲学思考活动。从那时起，统治与被统治的区分就直接侵入了政治领域；对生命必然性的统治不再是政治的前提条件，而成了哲学的前提条件，也就是说，对所有物质必需品的统治让人得以过一种更高的哲学生活，它取代了政治活动。在这两种情形中，过一种公民生活的早期活动经验就差不多在传统中消失殆尽了。若不是政治的原初意义——政治领域围绕劳动打转，这本身就存在着术语上的矛盾——消失殆尽，劳动解放，无论是对劳动活动的颂扬还是工人阶级的政治平等，就绝无可能。

当马克思让劳动成为人最重要的活动，根据传统来理解，这无异于在说让人成为人的是强制而非自由。当他补充说统治他人的人无法自由时，从传统来理解，他就是在说无人能自由，不仅那些受必然性奴役的人不自由，那些受统治的必然性奴役的人也不自由。其实这一点在他之前的黑格尔那著名的主奴辩证法中已经有所表述，只是没那么强烈而已。如此一来，马克思不仅显得自相矛盾，因为他在承诺所有人自由的同时又否定了所有人的自由，而且倒转了自由的含义，仿佛自由向来基于对我们在人的境况下自然地、原初地遭受的强制的摆脱。

让工人平等，赋予劳动活动以尊严，之所以具有如此巨大的革命意义，正是因为西方人对于劳动的态度向来与他们对于纯粹生物意义上的生命的态度紧密相关。这种理解在马克思自己的劳动定义——劳动作为人与自然的新陈代谢——中甚至得到了比以往更为强烈的凸显。劳动者不仅被自由人统治（后者为了不被纯粹的生命必然性奴役而进行统治），从心理学上来说，他们也被指责为 philopsychia（苟活），即为生命而爱生命。事实上，苟活乃是奴隶不同于自由人的区别性特征。在古代，阿基里斯是自由人的楷模，他以短暂生命成全永久的伟大声名；公元前 4世纪后，自由人成了愿意为了 theōrein（理论）、为了"沉思"永恒真理或中世纪为了拯救自己的永恒灵魂而献出生命的哲学家。就政治领域乃是由自由人构成的领域而言，劳动被排除在政治领域之外；而且在所有以往的情形中，哪怕是政治行动的价值极其受限的情形，劳动都被看作是一种其本身没有任何尊严的活动。

II. 现代对传统的挑战

与上述观点相反且乍一看显得截然相对的，是如下三个命题，它们是马克思整个理论和哲学所依赖的三大支柱：第一，**劳动创造人**；第二，**暴力是历史的助产婆**（由于历史在马克思看来就是过去的政治行动，这意味着暴力产生行动）；[1]第三个命题，则看似与前两个命题相矛盾，即**奴役他人的人无法自由**。每一个命题都是对我们时代借以开端的决定性事件的精炼表达。首先，作为工业革命的结果，是工人阶级完全的政治解放，而不论其财产和技术资格。此前没有任何政治组织设法把实际上生活于其中的所有人全都包括进来。如果用17、18世纪的语言来转述这一事件，那我们就要说人——哪怕在自然状态之中，除了制作或劳动能力一无所有——被接受为完全的公民。

确实，在欧洲的民族国家，这一无所不包的原则完全可行：惟有在国境内出生的人或本国国民的后代才被承认为公民。然而，这一资格条件与新的革命原则本身没有关系，比如，它并不适用于美国，这是唯一一个其工业革命没有受到从封建社会向阶级社会转型阻碍的国家，因此，美国的工人阶级解放一下子就得到了完全实现。马克思只了解欧洲的工业革命，他高估的阶级制度实际上是封建残余，在革命彻底的地方，它很快就被清算殆尽。美国劳动解放的政治后果，就几乎实现了所有人之间的社会契约，而在17、18世纪的哲学家看来，这要么是文明社会开端处的史前事实，要么是为了表明政治权威正当性所必需的科学虚构。

工业革命，由于其对纯粹劳动力的无限需求，导致了对劳动闻所未

---

[1] 在这些手稿的其他地方，阿伦特认为马克思是第一个把政治的历史看作"由作为劳动动物的人所创造的……因此，在劳动和生产的过程中创造历史是可能的，创造历史如同制作产品一样……马克思的历史理论在生产力的发展中看到了自身的决定性运动，而生产力最终奠基于作为一种力量的劳动之上。"——编者注

闻的重新解释：劳动是人最重要的性质。劳动解放，在工人阶级解放和赋予劳动活动尊严的双重意义上，实际上蕴含了一种新的"社会契约"，即人们之间一种新的基本关系，它基于的是为传统所鄙视的人最低贱的共同特性：拥有劳动力。马克思运用了这一解放的后果，他说，劳动，具体而言即人与自然的新陈代谢，是人最基本的特征，它使得人与动物有着本质的区分。

其次，是法国革命和美国革命的大量事实。在这两个事件中，暴力带来的不是任意的屠杀（其意义只有后来世代的人们才明白，或者，只有从相关当事人的观点来看才能理解），而是一种全新的政体。大体上，或者从美国的许多细节来看，这一政体已经由 18 世纪的**启蒙运动者**（philosophes）和意识形态家勾画出来，即那些拥有观念且只欠暴力予以实现的人。

最后，是法国革命和美国革命最具挑战性的后果，即平等观念：社会中不应有主人和奴隶。所有针对这一观念的现代以及不那么现代的反对理由——比如平等与自由互不相容、自由以对他人的统治为前提、所有人的平等无异于众所周知的暴政或导向暴政的境况——，都忽视了 18 世纪革命的巨大激情及其对于此前所有自由概念的挑战。如前所示，马克思说统治他人的人无法自由，无非是用一个伟大的命题总结了他之前的黑格尔在著名的主奴辩证法中意图证明的观点：每一个主人都是其奴仆的奴隶，而每一个奴仆最终都成了他主子的主人。

马克思从早期作品到《资本论》第三卷的全部著作，其基本的自相矛盾（这一自相矛盾可以有不同的表达方式，比如他需要用暴力来消除暴力、历史的目标就是终结历史、劳动是人唯一的生产性活动但人的生产力的发展最终将导致劳动的废除，等等）就源于对自由的主张。因为，当马克思说劳动是人最重要的活动时，从传统的角度来看，他就是在说让人成为人的是必然性而非自由。而且，他全部的历史哲学始终坚持这一思路，据此，人类的发展由历史运动规律支配，历史的意义也包含在这一规律之中，阶级斗争是这一历史运动的政治发动机，人的劳动能力的发展则是其不可抗拒的自然驱动力。在法国革命的影响下，他还补充说，暴力是历史的助产婆，从传统的角度来看，他这样说就否定了包含在人的言说能力中实质性的自由。他自始至终把这一思路贯彻到他的意识形态理论中，根据他的意识形态理论，人以言辞表达自身的一切活动，从法律、政治制度到诗歌、哲学，无非是在无意识地为暴力行为找借口或提供正当理由。（根据马克思的说法，意识形态阐述的是一个人为了自己在世界中的积极作用而声称的东西。过去的所有法律、宗教和哲学都是这样的意识形态。）

由此可以说，作为过往政治行动的记录，历史只有在战争和革命中呈现自己未被扭曲的真正面目（这一点已经清楚地体现在马克思自己的历史作品中，甚至更为显然地体现在所有严格的马克思主义史学编纂之中）；政治活动，若不是直接的暴力行动，那必定要么是在为未来的暴力做准备，要么是过往暴力的结果。资本主义的发展本质上就是原始积累暴力的结果，而工人阶级的发展本质上是在为革命做准备。（列宁后来说 20 世纪很可能变成一个战争与革命的世纪，同样是指在这个世纪中历史将走向成熟、呈现它的真正面目。）在这里，马克思至少又一次倒转了我们的传统。因为自柏拉图以来，"praxis(实践)就其本性不如言说分有更多真理"已成了自明之理。然而按照马克思的说法，不仅 praxis 本身比言说表明了更多真理，而且有一种 praxis 切断了与言说的一切关联。因为暴力有别于一切其他的人类行动，它在定义上来说就是无声的。此外，言说不仅被认为比行动更少分有真理，而且如今被认为无非是纯粹的"意识形态"话语，其主要功能就是隐藏真理。

从传统的角度来看，马克思的暴力观与他的劳动观一样是异端，而且两者紧密相连。**劳动创造人**——这一陈述显然针对的是**上帝创造人**这一传统教义——与对暴力揭示的肯定相关，后者无疑针对的是上帝之言乃启示这一传统观念。犹太-基督教对上帝之言(logos theou)的理解从来就与古希腊的 logos(逻各斯)观念相合，这在我们的整个传统中让人的言说保有揭示能力，因此它可以用作人们之间交流的工具，以及"理性"即探寻真理的思想的工具。马克思的意识形态理论——在此之前有笛卡尔的可怕怀疑：可能有一个恶灵对人隐藏真相——所体现的这种对言说的不信任，表明它是对宗教的一次根本的、有效的攻击，而这正因为它也是对哲学的攻击。

当然，马克思认为这一立场是现代科学的基础；根据他的说法，科学"是多余的，若事物的现象与本质一致"。现象不再被认为能够揭示本质，或者（本质上一样），现象本身已经变得无声，不再向那些怀疑自己的感官以及一切感官知觉的人发声，这一点与对无声暴力的颂扬紧密相关。就像对劳动的颂扬一样，政治上来看这是对自由的攻击，因为它意味着对强制和自然必然性的颂扬。然而，由此得出结论说马克思渴望"自由领域"完全是伪善，或者说，他那个统治他人的人无法自由的陈述完全是矛盾，那就不仅低估了马克思著作的重要性，而且低估了一切所谓的传统价值在现代世界遭遇的客观困难和障碍。

马克思的自相矛盾最醒目地体现在勾勒未来理想社会的几段话中，然而它们通常被当作乌托邦而置之不理。它们不可如此轻易被打发，因为它们构成了马克思著作的核心，最为清楚地表达了马克思著作的原初动力。此外，如果乌托邦指的是这个社会不在任何 topos（空间），在地球上没有地理空间和历史空间，那它显然并非乌托邦：它的地理空间是雅典，它的历史空间是公元前 5 世纪。在马克思的未来社会中，国家已经消亡；那里不再有统治者与被统治者的区分，因此不再存在统治者。这相当于古希腊的城邦生活，尽管后者基于对奴隶的统治，把它当作城邦生活的前政治条件，但它在自由公民的相互交往中排除了统治者。根据希罗多德的伟大定义（马克思的陈述几乎与它一模一样），人是自由的，"既不想统治，也不想被统治"。与这一陈述一道，一切形式的暴力都消失了，行政取代了警察和军队的位置；警察是多余的，因为立法者成了"自然科学家，他不再制作或发明法律，而只是阐述法则"，因此人只能根据自己的天性生活，从而处于法则的领域之内。在一个没有财产冲突的社会中，人们很容易遵守数千年来发现和奠定的少数几条基本法则，若说这样的期望是"乌托邦"，那就是认定人性是堕落的，或者说，人的法则并不是源自自然法则。然而在这一点上，它又显示了与城邦的惊人相似，在这个城邦中，公民被认为自己会去执行根据法律宣判的对于自己的死刑，因此，他们不是被受训使用暴力工具的专门部门杀害，而是在护卫者的帮助下自杀。此外，只要我们像马克思一样，认定雅典城邦的那种生活如今不再局限于城邦而囊括整个世界，就可以逻辑地推出军队也是多余的。

当然，最引人瞩目的是马克思强调他不是要"解放劳动"，劳动在所有文明国家中已经是自由的了，而是要"完全消除劳动"。而且在这里，马克思所说的劳动不仅是指属于每一个人的自然境况的必要的"与自然的新陈代谢"，而且还有需要专门训练的整个制作领域(技艺与艺术领域)。在我们的整个传统中，这一领域从未像劳动苦役那样受到普遍鄙视，它的败坏是公元前 5 世纪的雅典生活所特有的。只有在那里，我们才发现一个几乎完全闲暇的社会，可以说，用以谋生的时间和精力，是在重要得多的 agorein(广场)活动之间挤出来的，比如在市场散步交谈、去体育场、出席会议或参加剧场，以及对公民之间的冲突进行裁判。马克思在他的未来社会中不仅消除了古代由奴隶承担的劳动，而且取消了 banausoi(匠人)活动，即工匠和艺术家的活动："共产主义社会没有画家，只有在别的活动之外也画画的人。"确实，雅典生活的贵族标准否认那些从事费力工作的人是自由的。(费力而非专业化是主要标准，这一点可以从如下事实中看出来：雕刻匠和农民被认为是不自由的，画家和牧羊人则不同。)易言之，如果我们坚持用始于古希腊的传统来考察马克思的思想，坚持用源自且阐述了雅典城邦生活的主要经验的政治哲学(无论赞成还是反对它)来考察马克思的思想，那我们就清楚地理解了马克思著作本身的核心指示。

马克思学说的"乌托邦"面向构成一个基本的自我矛盾，就像所有伟大作家的作品中那些显而易见的内在不一致一样，它显示并阐明了作者的思想核心。就马克思而言，这种基本的内在不一致甚至不是他自己的内在不一致，而是早就清晰地体现在让整个 19 世纪黯然失色的三大核心事件之中：法国革命和美国革命、西方世界的工业革命，以及内在于前两种革命中的所有人对自由的要求。不再与我们政治思想传统一致的，是这三个事件，而不是马克思的著作，正是在这三个事件之后，与此前的任何时代相比，我们的世界由于其残酷的事实已经变得面目全非。甚至在马克思开始写作之前，暴力就已经成了历史的助产婆，劳动就已经成了社会的核心活动，普遍平等也正成为一个既定的事实。然而，若离开这些革命性事件所挑战的传统，就无法理解马克思以及由于这些事件而来的精神变迁。即使到了今天，我们的思想仍在这些熟悉的概念框架和"理想"内活动，这些理想并不像我们大多数人以为的那么乌托邦，它们常常明确地存在于历史中，哪怕它们与我们生活在其中和它们应该把握的现实存在着激烈冲突。

如我们将要看到的那样，马克思没有也无法意识到自己对暴力和劳动的颂扬挑战了自由与言说之间的传统关联。不过，他意识到了自由与劳动所表达的必然性以及暴力所表达的强制之间的不相容。如他所言，"自由王国只是在必需和外在目的要求的劳动终止的地方才开始"。根据历史的辩证法，必然性和强制能够产生自由，只可惜若按照马克思的思路，这一方案不会真正发挥作用，因为他用必然性定义人的本性——而不只是定义人遭遇事物的方式。因为在历史终结处应当出现的无需劳动的自由人，完全失去了他最基本的人类能力，就像行动一样，它们一旦失去了暴力因素，就失去了人所特有的性能。

马克思有权意识不到我们从亚里士多德的两面陈述中获知的言说与自由之间的紧密关系：自由人是城邦的一员；城邦成员因其言说能力而有别于野蛮人。这两个相连的陈述已然为传统所撕裂，它转换第一个命题而宣称人是一种社会存在，这是无需亚里士多德就明白的一个平庸说法，转换第二个命题而把人定义为一种 animale rationale（理性动物）。在这两个转换中，亚里士多德洞见的政治要旨及其自由概念[与古希腊 politēs（公民）的经验相符]丧失了。

Politikon（城邦）一词不再指一种独特的、杰出的生活方式，在这种在一起的生活中，人能够展现有别于纯粹动物特性的真正的人类能力，并由此证明自身。如今，它意指的是人们与许多动物共有的一种无所不包的性质，或许，这一点最好地表达在斯多葛的人类概念中：人类是由超人看护的巨大牧群。Logos（逻各斯）一词，在古希腊的含糊用法中同时意指言辞和理性，因此它保存了言说能力与思想能力之间的统一，如今也变成了 ratio（理性）。Ratio 与 logos 之间主要政治差异在于，前者主要存在于并且关涉的是进行推理的单一个人，他只是为了向他人表达自己的思想才运用言辞，与此相反，logos 本质上就与他人相关，因而它在本性上就是政治的。亚里士多德视为同一种的人类品质，即以言说的

modus(样式)与他人生活在一起，如今变成了人的两种截然不同的特征：具有理性和社会性。而且几乎从一开始，这两种特征被认为不仅截然不同，而且彼此对立：人的理性与其社会性之间的冲突，在我们的政治思想传统中无处不见。

政治思想传统中原初政治经验的丧失，在这一传统本身的开端处就已预示，它差不多但并不完全始于亚里士多德；就政治思想而言，它实际上始于柏拉图。在这一方面，就其政治哲学对城邦经验的肯定而言，亚里士多德确实看起来与柏拉图公开形成了冲突（他的政治作品充满对柏拉图的抗辩性评论），然而，传统对亚里士多德的人的定义的重新解释，完全清除了他有关政治本性和人的政治自由这些与柏拉图主义不一致的洞见。

柏拉图与亚里士多德在政治哲学上的主要差异，在于柏拉图不再相信伴随政治行动的言说——作为政治行动的另一面——的有效性，因而有意识地反对处于衰败中的古希腊城邦政治生活。对他而言，这些言说只是纯粹的意见，与感知真理相对，因而既不适于坚持真理，也不适于表达真理。说服(peithein)这种公民在自身中展开公共事务的方式，对于柏拉图而言，若取代了不可动摇的信念，那就是不幸，信念只能出自对真理的直接感知，而感知只能通过 dialegein(辩证)的方法达成，辩证即"双方"之间谈论某事，也就是说"一部分"与"另一部分"交谈。柏拉图所持的哲学观点认为，对真理的感知本质上是无言的，只能通过 dialegein(辩证)推进，而且不是获得。或许是有感于苏格拉底的命运，或许是苏格拉底的审判非常触目地暴露了说服的局限性，柏拉图不再关心自由，这一点对于我们目前的研究至为根本。说服在他看来不是自由的形式，而是言辞的任意强制，因此在他的政治哲学中，他提出用真理的强制取代言辞的任意强制。就真理本质上是无言的，只能在孤独的沉思中感知到而言，柏拉图笔下的人已经不是一种"言说的"存在，而成了一种理性动物，也就是说，这种存在的主要关切和启蒙在于自身，在于他自己的理性，而不在于他的言说能力，后者就其定义而言预设了自己在同侪之中生活，并且与他们一起展开生活。亚里士多德把言说和自由关联在一起时，他所基于的那个当时仍存在的传统尚扎根于经验。然而，最终还是柏拉图取得了胜利，因为古希腊城邦处于无法补救的衰败之中——柏拉图与亚里士多德不同，作为一位成熟的雅典公民，他很清楚城邦的衰败并深受其影响——，所以他力图阻止它的最终崩溃。

在整个哲学思想传统尤其是政治思想传统中，恐怕没有哪一个因素像如下事实那样对往后的一切具有如此压倒性的意义和影响：柏拉图和亚里士多德在公元前 4 世纪的写作，被完全笼罩在政治衰败社会的影响之下，当时的哲学要么十分清醒地完全抛弃政治领域，要么要求像暴君一样支配政治领域。这一事实首先对哲学本身产生了最严重的后果，几乎无需黑格尔指出就可以让人们相信，不只是哲学思想，差不多所有一般意义上的思想，都标志着一个文明的终结。更为严重的，是思想与行动之间直接裂开的深渊，从此之后再也没有闭合过。思考活动本来不仅计算达到预期或意欲目的的手段，而且关注最一般的意义，如今扮演着"事后思想"的角色，也就是说，在决定现实的行动之后思想。另一方面，行动变得毫无意义，不再有任何伟大行迹向这个偶然任意的领域投射不朽之光。充满冲突的、伟大的罗马经验在这一方面也没有发挥持久的影响，因为它的基督教继承者在精神发展上追随的是古希腊哲学，只是在法律和制度史上追随罗马的实践。此外，罗马经验从未产生自己的哲学概念，它从一开始就是根据公元前 4 世纪的古希腊范畴解释自身。行动最终再次变得有意义，是因为铭记下来的人的行动故事"本质上是支离破碎的和不道德的"（约翰·亚当斯），因此历史的 trostloses Ungefähr（康德所谓的"令人悲哀的偶然性"）需要"自然的狡计"，或某种在行动的人背后发挥作用的力量，以此获得值得哲学思想对待的尊严。然而，最糟糕的后果是自由成了一个"问题"，它可能是哲学中最令人困惑的问题，而且肯定是政治哲学最无能为力的问题。亚里士多德是最后一个自由在他那里尚未"成问题的"哲学家，因为对他而言，自由内在于言说能力之中；易言之，亚里士多德明白，人只要彼此交谈、以言说的方式一起行动，就是自由的。

为什么马克思的自由概念及其把自由当作一切政治的最高目标导致他学说的基本矛盾，我们已经指明了其中的一个原因。这个原因就是我们很早丧失了对一般自由的兴趣，遗忘了言说与自由的基本关联，而且这两点几乎与我们的政治思想传统一样古老。然而，在此之外还必须补充另一个全然不同的困难，这一困难主要倒不是源自自由概念，而是源自这一概念在普遍平等境况下必然遭受的变化。

在我们的时代之前，平等在政治现实中从来不是指每个人都平等这一字面意思——当然，这倒不是说每一个人都一样，但几乎不可否认的是，我们现代社会中存在着拉平的倾向。在现代之前，平等在政治上被理解为给予平等者以平等权利。易言之，它的意思是说，平等的人应给予平等对待，而绝不是人人平等。上帝面前人人平等这个基督教的平等观念，尽管常常被援引为现代政治平等的起源，但也绝不是力图让世上的人们平等，恰恰相反，它主张惟有 civitas Dei(上帝之城)的公民才被认为是平等的。根据政治平等和公平的运作框架，人的终极命运从 civitas terrena(地上之城)向上帝之城的转变，一点也没有改变人在尘世的政治地位的基本不平等。为了肯认命运的终极平等，基督徒的生活方式——居于世界却不属于世界——可以否定人们之间世俗区别的重要性。但是，"终极"意味着超越此世，完全不顾世俗差别，"命运"则指的是开端和终结，它们都不植根于尘世。既然基督徒在上帝面前平等甚至并不要求所有基督徒的政治平等，那就更不用说所有人的平等了，因此，我们既没有什么理由为现代的平等概念而称赞基督教，也没有多少根据为心安理得地容忍数世纪的奴隶制和农奴制而指责基督教。就算政治家是基督徒，而且不只是那些恰好属于某个基督教派别的政治家，他们也于事无补。

平等者原本只是那些同属于一个群体的人，把这个术语扩展到所有人让它变得毫无意义。这一原初意义固有的主要特权是，自己的平等者而且唯有他们有权判断自己的行动。正是在这个意义上，加图(Cato)在最后一次审判时抗议说法官无权对他审判，因为他们都不属于自己的那一代：他们不是自己的平等者，哪怕他们都是自由的罗马公民。平等者与其他所有人之间的区分有多深，在如今的时代环境里我们要理解这一点有多难，我们只要再次回想起亚里士多德对于人的定义就很清楚了，他说 zōon logon echon(人是具有 logos 的动物)，他当然指的只是城邦的居民，那些平等者，而我们却误以为这是适用于所有人的一般陈述。其实，他之所以把城邦中具体的生活境况定义为人的内容而区别于动物生活，并不是因为他认为这一点到处适用，而是因为他断定这是人最好的可能生活。

更为普遍的有关人的定义和概念，是在随后的几个世纪里，随着古代晚期非城邦境况的兴起而开始出现的，它与现代世界中无国籍性的兴起极为类似。唯有在哲学家断然与城邦决裂（不是像柏拉图那样只在理论上决裂），只有当政治上的无家可归成了世界上数量巨大的人们的现状时，他们才以一种完全非政治的方式构想人，也就是说以脱离人们与其平等者一起生活的方式来理解人。然而，晚期斯多葛的人类平等概念，就像这一概念产生的境况一样是消极的。因此，就像斯多葛的ataraxia（不动心）概念——自由即不动心——与任何积极的自由观念无关一样，它的人类平等概念也与一切积极意义上的平等观念无关。易言之，我们今天运用的普遍平等概念以及让规则普遍化直到其包括每一个可能的个体的倾向，更多的是与我们在其中实际生活、思考和行动的普遍平等境况相关。

马克思在多大程度上意识到甚至迷恋这种新的普遍平等，可以从他那个无阶级、无国家的未来社会观念中看出来，就是说，那是一个普遍平等将摧毁人们之间的一切政治界线的社会。马克思没有看到的是，就像所有边界一样，政治界线在限制人的同时也保护人、在分离人的同时也把人团结在一起，而这一点在霍布斯那个伟大的人类平等定义——杀戮能力的平等——中极为明显。马克思的伟大及其对现代政治思想和政治运动的巨大影响的原因，在于他在人自身的本性——人作为劳动力——中发现了这一平等的积极特征。他很清楚，这一有关人的新定义之所以可能，只是因为"人类平等的概念已经有了大量固执的偏见"。马克思有关人是劳动动物（animal laborans）的定义，显然是对传统有关人是理性动物（animal rationale）的定义的反对和挑战。

理性动物（animal rationale）据说是对 zōon logon echon（人是具有 logos 的动物）的翻译，它与亚里士多德的定义一样，仍意味着平等并不可应用于所有人，因为并非所有人都同样的是"理性的"，同样能够进行理论思考。理性的（rationale）这个形容词主要指的是给出和倾听理论理由的能力，而不是人们的实践智慧。后来把人的理性部分当作"共通感"（common sense）的解释，或许是因为其显而易见的政治意味，从未被用来定义人性的本质，哪怕这种共通感在每一个人那里同样强烈，让每一个人得出相同的结论。在马克思之前，只有霍布斯——他与孟德斯鸠一道是新时代开端之际虽非最有影响但最为伟大的政治思想家——感到有必要在普遍平等的假设下寻找一个有关人的新定义。根据霍布斯的说法，"杀戮能力的平等"规定了人最一般的共同特征，它内在于原初的自然状态之中。从这个基本假设出发，他推出了人类政治组织的基础，其逻辑严格性不逊于马克思从劳动生产力的假设推出人类社会的基础。

马克思认为统治他人的人不应被称作自由人，这一规定完全与普遍平等的事实相符，因为在这样一种境况下确实无人有权进行统治。然而，统治的消除、统治者与被统治者这一古老的区分的消除，远不是自由唯一的、充分的条件，我们的传统甚至认为若无统治不可能有自由。那些未被统治的人被视作自由人，而且这种自由只能在平等者中间实现，实际上，正如马克思规定的那样，只有在统治者和臣民的区分不再存在的地方才能实现。然而，这种基于对奴隶的统治的自由，是一种脱离这一基本统治关系就无法想象的自由，这不是因为这种自由意味着对他人的统治，而是因为它要求对那些基本生活必需品的控制，如果通过劳动解放使之完全失去控制，就会让一切自由化为泡影。在原初意义上，自由是一种存在状态而非一种能力；在严格的意义上，政治被认为始于自由实现之际。政治生活依赖于统治，但统治和被统治并不是它的内容。如果处于这种状态，比如东方的专制主义，古希腊人就认为那里的人民生活在奴役境况之中，即生活在前政治境况之下。因此，自由并不是政治"诸善"之一，如同荣誉、正义、财富或任何其他的善，它从未被认为属于人的 eudaimonia（幸福），人的基本福祉或幸福。自由是政治活动的前政治境况，因此也是人能够通过在一起生活享受诸善的前政治境况。这样一来，自由就理所当然而无需定义。当亚里士多德用logon echon 即以言说的方式行为，来刻画自由公民的政治生活时，他定义的是自由人及其行为的本质，而不是把自由的本质确定为人类善。

普遍平等无法与作为政治生活的前政治境况的自由共存，也无法与对劳动者的绝对统治并存；因为正是后者使得自由公民有可能摆脱生物生命强制的必然性，至少可以摆脱这些必然性所需要的具体的人类活动。马克思自己说，自由无法与对他人的统治相容，然而这只能增加自由的困难。若马克思所言属实，希腊人就会回答马克思说，那自由就是不可能的：所有人都将是必然性的奴隶——吃住的必然性、维持和再生产生命的必然性。在这种境况下，不仅奴隶不是人，人也无法成为完整意义的人。自由概念往后的发展，使得自由成了政治领域最为人珍视的诸善之一，但对于自由与普遍平等之间这一传统的基本矛盾却没有任何改变。最重要、最意义深远的改变已经清楚地见于亚里士多德那里，他对不同政体的定义与他对作为公民的人的定义并不一致。仿佛他自己就已经忘了整个传统，即一方面是自由与言说之间的紧密关联，一方面是统治与必然性之间的紧密关联，尽管这一传统在他之后注定会被遗忘。于是就出现了这样的情形：统治他人最初无非是作为城邦生活的前政治境况而体现为对奴隶的统治，如今却进入了政治领域本身，并且通过把生活在一起的人划分为统治者与被统治者，成了政治领域的主导因素。从那以后，也就是说，差不多在亚里士多德之后，权力问题随即成了关键问题，因此人类生活的整个领域不再是一起生活的领域，而成了权力斗争的领域，在那里，最重要的就是谁统治谁的问题。

对他人的统治很早就不再是所有政治生活的纯粹前政治境况了，因为它一进入政治领域，很快就成了政治领域的中心。这一变化可以在有关各种政体的定义中很好地观察到，它们不再被认为是在一起生活的各种不同方式，而被理解为公民间不同的统治形式。柏拉图仍基于区分进行定义的王权政体与贵族政体（它们唯一的细微差异在于，前者依赖于进行统治的公民们中最杰出的那一个，后者依赖于其中的最杰出的一些人），如今成了君主政体与寡头政体。君主政体是一个人拥有对其他所有人的权力，寡头政体是一些人拥有对其他所有人的权力。柏拉图仍认为，这些政体显然是畸形政体，因为没有哪个真正的 politeiai（政制）源于暴动而依赖于暴力（bia）。暴力的使用让一切政体丧失了资格，因为从更古老的观念来看，暴力恰恰是在城邦即真正的政治领域终结的地方出现。因此，政治领域要么终结于对奴隶的统治，最初正是它使得政治领域得以可能，要么终结于对城邦城墙的守护，要么终结于对所有公民本来自愿遵从的法律的违反。

亚里士多德虽然仍运用王权政体、贵族政体和民主政体来表述"好的"政体形式，但他实际上已经认为谁统治谁或多少人掌权的问题是区分不同政体的关键标准。易言之，他已然把君主政体描述为一人统治、把寡头政体描述为少数人统治、把民主政体描述为多数人统治。然而，由于对他而言，统治中的暴力因素让这些政体丧失了资格，因此他不得不引入一种截然不同意义上的法律。法律如今不再是边界（公民应像守护城墙一样维护法律，因为它对公民的政治生活所起的作用，如同城墙对公民的自然生存和特性所起的作用，赫拉克利特曾这样说过），而成了衡量统治的尺度。如今，统治要么遵从法律，要么凌驾法律，在后一种情形中，统治就是暴政——通常是由一人进行统治，当然并不一定如此——，因而是一种扭曲的君主政体。从那以后，法律和权力成了一切政体定义的两个支柱性概念，而且这两个概念自亚里士多德以来两千多年几乎没有任何改变，一直到孟德斯鸠出现。既然任意的暴力仍是一个不合格的因素，那么现在的主要问题就是对他人的统治是否符合现存的法律，至于实际上到底有多少人掌权就变得日益不重要了。康德只从这一政治思想传统中得出上述结果，因此他把各种政体形式缩减为两种：依法统治他人，他称之为共和制，与之相反，非法的任意统治，他称之为暴政。

在某种意义上，这一发展是对此前古希腊政治经验的彻底倒转，因为在古希腊政治经验中，政治生活的一个至关重要的条件就是前政治的对奴隶的统治，也就是说，只有那些有权控制他人的人，才被认为是自由的，才适于参与政治。不过，这一早期的经验并未完全丧失。政治仍以某种方式与自由相关，尽管是以一种完全改变了的方式，自由仍与进行统治相关，而且唯有统治者被认为是自由人。这就是自由能够成为一种"善"的背景，它是享受之物，与从心所欲的权力密切相关，或者在法律的范围之内，或者超越法律的界限。自由仍属于"统治阶级"，继续以他人被统治为前提，哪怕它不再是政治生活的前提而成了政治生活的内容，亦复如此。因此，当普遍平等作为一个不可避免的正义诉求而出现在每一个人、每一个社会政治体面前，在那里所有人都是自由的，没有人被统治，它就存在术语上的矛盾特征：在政治思想传统中，普遍平等的概念只意味着无人能够自由。

在马克思笔下那个无国家的社会中，由于预想的那种统治和支配的消失，自由实际上成了一个毫无意义的词，除非在完全不同的意义上去构想它。因为马克思从未费心去重新定义他所使用的术语而仍停留在传统的概念框架之中，列宁的如下说法就没什么错，他断言如果统治他人的人无法自由，那么自由就只是一个偏见或一种意识形态——尽管这样一来他就抽掉了马克思著作最重要的动力。他对传统的依赖也是马克思以及列宁更致命的错误的原因，他们认为，在极端的普遍平等境况下，纯粹的管理就足以替代政府成为人们生活在一起的充分形式。管理被认为没有统治，然而它实际上只是无人统治，即官僚制，一种没有责任的政府形式。作为一种政府形式，官僚制的统治中人格因素不见了，当然这样一个政府甚至可以不为任何阶级的利益而统治。但是，这种无人统治，即在一个真正的官僚体制中没有人占据着统治者的空位，并不意味着统治的境况不见了。实际上，从被统治者的一方来看，这种无人统治非常有效，更糟糕的是，作为一种政府形式，无人统治与暴政具有一个重要的共同特征。暴君的权力在传统看来是强权，它最初指的是一种无需作出解释、无需对谁负责的统治。无人的官僚统治也是如此，尽管原因截然不同。官僚制中可以有许多要求解释的人，但没有给出解释的人，因为无人能够负责。我们发现，普遍程序的随意解决取代了暴君的独裁，这些解决不带恶意也不任性，因为在这些解决背后并无意志，也无法诉诸意志。就被统治者而言，由于身处这种模式网络中，他们比在纯粹的独裁暴政下更为危险、更加致命。但是，官僚制不应被错认为是总体主义支配。如果十月革命遵循了马克思和列宁描述的发展路线，当然事实并没有如此，就很可能导致官僚统治。无人统治，它不是无政府状态，不是统治的消失，也不是压迫，却是基于普遍平等的社会始终存在的危险。

劳动、暴力和自由标志着出现在现代的三个大事件对于我们传统的核心挑战，也是马克思力图加以阐明和思考的问题。与这三个挑战相比，马克思自己意识到的对传统"价值"的倒转，即从"唯心主义"转向"唯物主义"——借此他认为自己把黑格尔颠倒了过来，他也因此常受称颂或指责——其重要性就要小得多。然而，这样的倒转不过是新时代有意识反叛传统又无意识受缚于传统的特征。我们可以想到的例子有克尔凯郭尔颠倒哲学与宗教的关系，以及尼采的颠倒的柏拉图主义，他与柏拉图一道假定永恒本质和有死生命是一对矛盾，却得出了一个反柏拉图的结论，即认为人作为一种活生生的存在唯有在其生活中通过所谓的基本要素而受到阻碍。这后一个例子特别具有启发性，因为柏拉图在自己的学说中已经认为自己完成了这样一个转向，即他认为不是纯粹的生计，因而也不是有死的身体，而是无形的灵魂通过分有真正的实在达到不朽，当然，这个实在不是作为感官对象的实在，而是唯有灵魂的眼睛能够看见和把握的实在。他所要求的 periagōgē（转向），就是把古希腊人依照荷马式宗教而共同相信的一切颠倒了过来。至少柏拉图自己认为这一点显而易见。人们可能会认为，尼采在倒转柏拉图之际，无非是回到了前苏格拉底哲学；当然事实并非如此，因为尼采仍处于传统的框架内，哪怕他把传统倒转了过来，马克思也是这样。为了颂扬感觉，人们就需要精神实在，尼采就是这么做的，就像柏拉图需要感觉那粗暴的事实性作为给定的背景以使灵魂能够表演它的转向，即向理念领域的转向。柏拉图的作品充满了对荷马直接或间接的争辩性回应，但并没有把荷马颠倒了过来，不过确实为一种哲学奠定了基础，在这种哲学中，这样的倒转实际上不仅可能，而且几乎可以说是一种确凿的必然性。古代晚期哲学的整个发展，无数流派凭着一股前基督教世界绝无仅有的盲目热情彼此争斗，绝大部分就是那些凭借柏拉图的转向得以可能的倒转，而且正是为了这个转向，纯粹影子现象的世界与永恒真实理念的世界之间的柏拉图式分离才被确立为框架。

黑格尔认为传统哲学的各种流派都是从柏拉图的原初概念发展而来，从而最后一次奋力把它们聚集在一起，使之纳入一个连续一致的整体，即使如此，它也类似地分成了两个相互冲突的思想流派，尽管层次要低得多：哲学思想一度被黑格尔右派与黑格尔左派所支配。不过，至少到我们的时代为止，有三大倒转最终导致了哲学传统的大中断——克尔凯郭尔从怀疑向信仰的跳跃、尼采的颠倒的柏拉图主义，以及马克思从理论向实践（praxis）的跳跃——（当然，若没有黑格尔他们的倒转都不可能，就此而言，他们三人都是黑格尔的门徒），而且指向了一个与传统更为激进的断裂，远远超出了纯粹倒转所要求的程度。其中，马克思的断裂具有最直接的后果，这只是因为它触及了我们的政治思想传统，因而直接影响了政治的发展。

马克思的断裂无疑不在于他的"唯物主义"，也不在于他对黑格尔的颠倒。列宁评论说，若不掌握黑格尔的《逻辑学》（Logik）就无法理解《资本论》（Das Kapital），这完全正确。根据马克思自己的看法，让社会主义成为科学而与他的前辈"空想社会主义者"的学说区别开来的，并不是一种兼具科学洞见和错误的经济理论，而是一种运动法则的发现，它支配物质，并且同时在人的推理能力中把自身展现为"意识"，无论是自我意识还是阶级意识。马克思的"科学"社会主义对于空想社会主义巨大的实践优势，过去是现在依然是它把社会主义运动从其过时的说教姿态中解放出来，认识到现代社会中的阶级问题不再能够通过"正义激情"或基于稍加修正的基督教博爱得到解决。如果劳动是现代社会的核心活动，那么认为工人阶级成员无权就很荒谬，无论他们在具体情形下可能多么受压迫或被剥削。辩证历史运动的引入（借此最后的将成为最先的），至少为工人阶级的巨大潜力提供了一个说明，这种潜力在马克思死后不过几十年就展现了出来。

正题、反题与合题的辩证运动——这一运动是无限的，因为每一个合题随即就会成为一个新的正题，从中自然就会形成一个新的反题和新的合题——紧紧抓住人和物质，并把它们彼此混合（正题），然后又把它们彼此分开，以便它们显现为独立的物质和精神（反题），为的是把他们重新统一起来（合题）。黑格尔和马克思的辩证法所依赖的经验基础，是无所不包的自然新陈代谢的永恒过程，而人与自然的新陈代谢不过是极其有限的一小部分，这是一方面，另一方面则是人类历史的事实。辩证运动的逻辑使得马克思把自然与历史结合在一起，或者说，把物质与人结合在一起；人成为有意义的可理解的历史的作者，因为他与自然的新陈代谢不同于动物的新陈代谢，它不只是纯粹的消耗，而且需要一种活动，即劳动。对马克思而言，劳动是物质与人、自然与历史的统一环节。他是一个"唯物主义者"，因为他认为人所特有的消耗事物的方式是万物的开端；他也是一个"唯心主义者"，因为若没有存在于人的自然那里的消耗活动，即劳动，物质自身就不会产生任何东西。易言之，"唯物主义"和"唯心主义"丧失了自己的意义，尽管马克思自己似乎并没有意识到这一点。黑格尔体系的伟大，就在于他把柏拉图的两个"世界"融入了一个运动的整体，这也是人若想要待在传统哲学的范围内就极难摆脱它的影响的原因所在。从现象世界转向理念世界或反过来从理念世界回到现象世界，这种传统转向在历史运动本身中发生，成了辩证运动的形式——但不是辩证运动的内容，那可是绝对的实现。

劳动创造人，暴力是历史的助产婆，以及奴役他人的无法自由——马克思的这三个命题，若从它们源自宣告现代世界诞生的三大事件并且是对其作出的思想阐述来说，无一不具有革命性。然而，若就其引发的革命来说，它们无一具有革命性。就与我们的整个政治思想传统形成显而易见的冲突而言，唯有第一个命题具有革命性。这第一个命题因其颠覆性的含义，显然也是其"革命倾向"最少为人怀疑的命题，因此与其他两个命题相比，它也更难得到理解。赋予劳动以尊严，乃是我们自己的世界有别于此前所有时代的关键差异，而且已然成了陈词滥调，获得了不可怀疑的地位，这也不过就一个多世纪而已。马克思的预言可能在几乎所有方面都弄错了，当然他所犯的错误与绝大多数社会科学家所犯的错误并无不同。但是在这一方面——即他确信未来属于作为劳动动物的人，属于那些除了劳动能力之外一无所有的人，他称之为无产阶级——他完全正确，可是即使到了今天，我们几乎还没有意识到这一点。关键不在于古典经济学家(马克思虽对他们有所批判但在经济理论方面对他们紧紧追随)坚持劳动乃一切财富之源的观点是否正确，而在于我们生活在一个劳动者社会。也就是说，在我们生活的社会中，人们把自己的所有活动主要看作劳动活动，因为所有活动的目的都是"保存个体生命"，而他们自己则主要是劳动力的所有者。正是在这个意义上，那些显然不劳动的人，那些没有通过劳动来谋生的人，在劳动者社会就被判定为寄生虫。

由于劳动丧失了它的一个主要特征，这一特征不仅在所有对于这个词的传统定义中显而易见，而且几乎在所有语言中都有其词源学起源，因此现代生活的这个基本境况常常被忽视。确实，劳动变得越来越不艰辛，就像生孩子变得越来越少痛苦一样。劳动的艰辛与生育的痛苦彼此相属，在圣经第一卷第三章中都被当作人之罪的惩罚被提及，因为它们都是如下事实的表达：人因其生命而服从必然性的强制。劳动及其艰辛是维持和保存个体生命之所需，就像生育及其痛苦是物种繁衍不可避免之事一样。艰辛和痛苦并不只是症状，而且是人的境况所固有的基本必然性展现自身并被感受到的 modi（方式）。劳动，即那种内在于谋生并为谋生所需要的活动，并未因其变得轻松而丧失其强制特征，尽管在轻松的假面下要感受到强制的必然性确实要比在残忍的痛苦和艰辛中难得多。

马克思预见了工业革命必定"扩大自然必然性的领域"即劳动领域，尽管所有的技术发展倾向于让劳动变得不那么艰辛。这种扩大与需求的剧增紧密相关，其满足被认为属于生命的必然性，其最直接、最切实的结果就是"劳动者的形象"的的确确成了我们社会的核心形象。在这个社会中，"不劳动者不得食"这句古老的谚语展现了直接的相关性，从而使这个社会截然不同于历史上的所有其他时期。我们时代的社会革命包含在如下这个简单的事实中，仅仅在 100 多年前，纯粹劳动者还不具有政治权利，然而今天，我们却理所当然地认为非劳动者甚至没有生存的权利。

马克思相信万事万物皆具有辩证结构，在这一信念的滋养下，他希望这种必然性的绝对统治终会导致同样绝对的自由统治，或者说，让必然性的绝对统治化解在同样绝对的自由统治之中。这是他思想中唯一严格意义上的乌托邦因素。但这也是从传统中得出的唯一且或许令人绝望的结论，用马克思自己的话来说，即"自由王国在劳动终止的地方才开始"。根据马克思的说法，认为劳动者，即那些其活动使得他们服从于必然性的人们，有可能获得解放而自由，无疑是愚蠢的想法。一旦所有人都成了劳动者，自由王国也就完全消失了。到那时，唯一剩下的事情，就是把人从劳动中解放出来，然而，它就像早期哲学家希望让人的灵魂摆脱肉体一样，希望渺茫。

不可避免，政治思想传统首先就包括哲学家对于政治的传统态度。政治思想本身比我们那始于柏拉图和亚里士多德的哲学传统更为古老，就像哲学本身比最终被接受和发展出来的西方传统更为古老，而且包括的内容也更多。因此，柏拉图对政治的蔑视处在我们政治哲学传统的开端处，而不是我们的政治史或哲学史的开端处，他坚信"人的事务和行动（ta tōn anthrōpōn pragmata）不值得严肃对待"，哲学家之所以还有必要关注它们的唯一理由在于如下这个不幸的事实：因为哲学家与人们生活在一起，若不对一切有关人们的事务有个大致合理的安排，哲学——或者如亚里士多德稍后说的那样，一种致力于哲学的生活，即 bios theōrētikos（理论生活）——是绝无可能的。在这个传统的开端处，政治之所以存在是因为人们活着且终有一死，而哲学关注的是永恒的问题，比如宇宙。就哲学家也是终有一死的人而言，他也要关注政治。但这种关注与其作为哲学家的身份只有一种消极关系：就像柏拉图十分清楚地表明的那样，他害怕由于糟糕的政治事务安排让他无法追求哲学。就像拉丁语 otium 一样，scholē 也不是说闲暇本身，而是摆脱政治义务、无需参与政治的闲暇，这样心灵就可以自由地关切永恒（aei on），而这只有在有死生命的需要和必然性得到照料之后才有可能。因此，从具体而微的哲学观点来看，政治在柏拉图那里就已经开始不只包括 politeuesthai，即不只包括古希腊城邦特有的活动，对于古希腊城邦而言，生命的需要和必然性的纯粹满足是一种前政治的条件。可以说，政治领域开始向下扩展，把生命必然性本身包括了进来，以至于在希腊人对纯粹生命和生存所必需的一切的轻蔑之外还增加了哲学家对有死者的易朽事务的蔑视。正如西塞罗徒劳地拒斥古希腊哲学的这一观点——即希腊哲学对政治的态度——时曾简洁地指出的那样，只要"我们的需要和舒适所需的一切如同神话里那样凭一根魔杖即可满足，那么每一个具有一流能力的人就能撇下其他一切责任而专注于知识和科学"。简而言之，当哲学家开始以一种系统的方式投身于政治时，政治对他们而言立刻就成了一种必要的恶。

因此，我们的政治哲学传统从一开始就很不幸地而且命定地剥夺了政治事务本身具有的全部尊严，也就是说，剥夺了那些当人们生活在一起就会成形的、有关共同的公共领域的活动本身的全部尊严。用亚里士多德的术语来说，政治乃是达成目的的手段；它并没有内在于自身的目的。不仅如此，在某种程度上，政治的适当目的恰恰是其对立面，即不参与政治事务，促成闲暇这一哲学得以可能的条件，确切地说，政治不过是哲学人生的条件而已。易言之，没有什么活动像一般的政治活动、具体的行动那样反哲学，对哲学充满敌意，当然，纯粹的劳动除外，因为它从未在严格意义上被当作人类活动。磨镜片的斯宾诺莎最终能够成为哲学家的象征性人物，正是因为自柏拉图时代以来，制作、技艺经验以及自由艺术中有无数例子以类比的方式被用来服务于哲学真理这一更高的知识。但是，自苏格拉底之后，没有哪个行动者，即没有哪个其原初经验乃是政治的人，比如西塞罗，可以期望得到哲学家的认真对待；也没有哪件政治行迹或行动表达的人类伟业可以期望作为哲学的范例，尽管人们永远不会忘记荷马所赞颂的英雄荣耀。哲学对 praxis（实践）的摒弃远甚于对 poiesis（制作）的摒弃。

在政治遭受贬斥带来的后果中，最为严重的是，从哲学的角度来看——对哲学而言，起源与原则即 archē 完全一样——，政治甚至没有自己的起源：它的产生只是因为生物必然性这个基本的前政治事实，这一事实让人们在维持生命的艰辛中彼此需要。易言之，政治在两重意义上是派生的：它的起源在前政治的生物生命，它的目的在后政治的、人类至高的可能命运。如我们所见，前政治的必然性要求劳动，因此我们现在可以说，政治下受劳动限制，上受哲学限制。严格来说，这两种情形都排除了政治，一种情形认为它有一个卑贱的起源，另一种情形认为它有一个崇高的目的。与柏拉图《理想国》中的护卫者阶级的活动极像，政治被认为一方面是对生计和劳动的基础必然性的看管，另一方面是对来自去政治（apolitical）的哲学理论的命令的接受。柏拉图的哲人-王要求，不是说哲学本身应该或能够在一个理想的政体中实现，而是说珍视哲学甚于一切的统治者应该被允许以一种哲学的方式进行统治，让哲学家有闲暇而不被那些由于生活在一起而产生的问题打扰，反过来说，政治的终极根源在于人类生活的不完美。

政治哲学从未从哲学在我们传统的开端处对政治的打击中恢复过来。认为政治活动无非是一种必要的恶，它部分要归因于生命的必然性迫使人们作为劳动者去生活，或者去统治那些为他们提供生活必需品的奴隶，部分要归因于生活在一起本身造成的恶，也就是说，要归因于如下事实，大众即古希腊人所谓的 hoi polloi 威胁着每一个个人的生存——这种对政治的轻蔑就像一根红线，贯穿了从柏拉图到现代的所有世纪。在这一背景之下，这一态度是如柏拉图和亚里士多德那样用世俗术语表达自身，还是用基督教术语表达自身，无关紧要。德尔图良（Tertullian）最早认为，就我们是基督徒而言，nulla res nobis magis aliena quam res publica（没有什么比公共事务更为外在的了），尽管如此，他仍坚持 civitas terrena（地上之城）即世俗政府的必要性，这是因为人的罪性，以及如路德后来所表述的那样，因为真正的基督徒就像古代的哲学家那样在大众中孤立无助、wohnen fern voneinander（离群索居）。重要的是，同样的观念被后基督教哲学再次通过世俗术语接受了过来，可以说它历经所有变迁和激进的倒转之后仍继续存在，如今又有了自己的表达，或在麦迪逊的愁思之中，他说政府无非是人性的反映，若人皆天使，政府就没有必要，或在尼采的怒言之中，政府没有好东西，臣民不得不为之担忧。至于对政治的评价，也并无不同，是否上帝之城（civitas Dei）赋予地上之城（civitas terrena）以意义和秩序，是否理论生活（bios theōrētikos）为政治生活（bios politikos）指定了规则并且前者是后者的最终目的，这是无关紧要的。

除了整个生活领域在哲学中固有地被贬低之外，紧要的还有人们通过一起生活和行动能够达到、取得的那些东西与人在单一和孤独中理解、关心的那些东西的分离。在这里再一次，孤独中的人是寻求真理，并且最终在对理念观念的无言沉思中获得了真理，还是他关心的只是自己灵魂的得救，是无关紧要的。紧要的是，孤独存在于一起生活之间，而不是所谓的个体与所谓的共同体之间（这是对古老的真正问题的一个最新的也最具欺骗性的表述），敞开的不可逾越的深渊，它从未得到弥合。与这一困惑相比，同样古老且令人困扰的问题，即行动与思想之间的关系或更确切地说毫无关系，就是一个次要的问题了。无论是政治与沉思、一起生活与孤独生活作为两种生活方式之间的根本分离，还是它们之间的等级结构，在柏拉图确立之后就从未遭到过怀疑。在这里，西塞罗又是唯一的例外，他由于其伟大的罗马政治经验，怀疑理论生活对于政治生活、孤独对于 communitas（共同体）的优越性的正当性。西塞罗反驳道，致力于"知识和科学"的他将逃离"孤独，在研究中寻求同伴，以便讲授学习、倾听谈论"，这无疑是正确的，但也只是徒劳。就像在别的领域一样，罗马人在这里为自己对哲学的轻视（他们认为哲学"不切实际"）付出了极高的代价。最终的结果就是，古希腊哲学无可争议地取得了胜利，而罗马经验在西方政治思想中付诸阙如。西塞罗，由于他并不是一位哲学家，无法对哲学形成挑战。

在传统的终结处，马克思挑战了它对于哲学与政治之间恰当关系的顽固的一致态度，他到底是一位传统意义上的哲学家还是一位真正意义上的哲学家，这是一个需要决定的问题。两个关键的陈述唐突地、可以说也是模糊地总结了他在这个问题上的思想——"哲学家们只是解释世界……然而问题在于改变世界"，以及"不使哲学成为现实，就不能够扬弃哲学"[aufheben（扬弃）在黑格尔那里有三重含义：保存、提升和消灭]——，它们不仅在表述上完全用的是黑格尔的术语，思想也是沿着黑格尔的路线，因此，即使它们的内容富有爆炸性，它们也差不多完全可以看作黑格尔哲学的一种非正式的自然延续。因为在黑格尔之前，没有谁能想到哲学是（对世界或任何别的东西的）解释，哲学除了在理论生活、在哲学家自己的生活之外还可以现实化。此外，所实现的不是任何具体的或新的哲学，比如不是马克思自己的哲学，而是在黑格尔那里达到顶峰的传统哲学所规定的人的最高命运。

马克思并没有挑战哲学，他挑战的是所谓的哲学的不切实际。他挑战的是哲学家除了为自己在世界上找一个栖身之所外毫无作为，相反，他要改变世界，让世界变得"哲学化"。这既不同于也远远超出了柏拉图笔下哲学家应当为王进行统治的理想，因为它不仅意味着哲学对人的统治，而且可以说，所有人都成了哲学家。马克思从黑格尔的历史哲学（黑格尔的全部著作，包括《逻辑学》，只有一个主题：**历史**）中得出结论是，与哲学传统相反，行动绝不是思想的对立面，而是思想的真正的即真实的载体，政治的尊严也绝不在哲学之下，它是唯一内在具有哲学性的活动。

伟 大 的 传 统

I. 法 律 与 权 力

自柏拉图以来，有关各种类型政体的性质的传统定义都依赖于两个核心概念：法律与权力。各种政体之间的区别在于权力的分配，即拥有统治权的是单个人、最杰出的公民还是所有人民。每一种政体的好坏则依据法律在权力运用中所扮演的角色来判断：守法政体是好的政体，违法政体是坏的政体。然而，作为政体好坏之判准的法律标准早就被取代了，早在亚里士多德的政治哲学中，它就已经为截然不同的利益观念所取代，结果，所谓坏的政体就是为了统治者的利益运用权力，所谓好的政体则是为了被统治者的利益运用权力。若根据权力原则来理解，政体类型没有什么变化：向来是君主制、贵族制和民主制三种基本类型，以及相应的僭主制、寡头制和暴民制这三种变态形式。然而，现代政治思想总是过分强调和误解亚里士多德的利益概念：dzên kai eudzên（活着与活得好）尚不是"命令国王"的规则（如红衣主教后来所说的那样），不过是指出富人与穷人的关注点不同，法律应根据 suum cuique（各得其应得）加以处理。因此，为了所有人的利益统治，无非是根据**正义**的法律进行统治的一种具体解释罢了。

法律与权力之间关系上奇妙的模糊性，仍隐藏在众所周知的陈词滥调之中。在这方面，所有没能注意到这一点的政治理论家几乎都运用了两种截然不同的比喻。一方面，我们认为权力执行法律，以便实现合法性；另一方面，法律又被认为是权力的界线和边界，决不可逾越。在第一种情形中，权力完全可以合理地被理解为一种必要的恶，然而在第二种情形中，权力又要在法律的范围内行使，而法律的存在出于保护另一种自由的、"善的"力量的需要。按照传统的手段与目的范畴，第一种情形中，权力似乎是执行法律的一种**工具**，第二种情形中，法律似乎是约束权力的一种**工具**。这种对法律与权力之间关系的模糊理解，其结果乍一看很显然。如果权力的存在仅仅是为了执行法律，那么它存在于一个人、少数人还是所有人那里就没多大区别了。如此一来，就只剩下一种本质差异——守法的或宪制的政体与违法的或专制的政体。

因此，专制政体一词从柏拉图以来就不仅指一人统治的变态，而且毫无差别地指一切违法的政体，也就是说，任何在做决策时由着自己的意愿和欲望——哪怕是多数人的意愿和欲望——而不受法律（它不能成为政治决策的主题）限制的政体，都是专制政体。我们在康德的《永久和平论》（*Zum Evigen Frieden*）中找到了这一路思想的最后结果，他断言不再有许多彼此区分的政体，而只剩下两种政体，即宪制政体或守法政体（不论有多少人掌权以及如何掌权）与支配或专制政体。在康德看来，所有的传统政体都是支配；之所以说它们是专制政体，是因为它们之间的区分在于权力原则，然而无论掌权的是谁，都是作为一个"主权者"掌权，权力既不分予他人也不受他人监督。针对君主政体、贵族政体和民主政体，康德设置了宪制政体，在这种政体下，权力受他人监督，借此他不考虑其他任何标准而称之为"共和政体"。

但是，如果我们转向关于法律与权力的第二个比喻，根据这一比喻，法律被认为是包围掌权之人的栅栏或墙，若没有这一限制，他们就可能滥用手中的权力，在这种情形下，传统的政体形式，君主政体、贵族政体与民主政体之间的差别就变得至关重要。现在，问题就成了应当被允许在法律的限制下执行权力的是单个人、最杰出的少数人还是所有人民。在此背景下，很显然单个人统治无异于专制，或者无论如何至少也是最为接近专制，而民主应被当作最好的政体。这样一来，君主政体意味着只有一个人是自由的，贵族政体意味着自由只赋予最杰出的人，而只有民主政体被看成自由政体。我们在黑格尔的历史哲学中找到了这一路思想的最后结果，其中世界历史被分为三个时代：只有一个人自由的东方专制主义、少数人自由的古希腊罗马世界，以及所有人自由的基督教西方世界，因为在那里人就是自由的。然而，法律和权力概念不断重现的模糊性最值得注意的一面却是，我们这里处理的不只是传统的两个不同思路，恰恰相反，而且是几乎所有伟大的政治思想家都不加区分地使用这两个比喻。

我已经列举了传统阐述和定义的政体形式，它们的确立并非经由历史上思想家对不同人们的多样生活方式的好奇，而是通过柏拉图对最佳政体的寻求，而且这种寻求源自并且始终隐含着他对雅典城邦的否定态度。自那以后，对最佳政体的寻求就只是把一切政治经验加以概念化和转化，从而让它们在政治思想传统中找到各自的位置，政治思想传统的这种无所不包性质，或许最显而易见地体现在如下这个令人惊讶的事实中：2 500 年来没有增添哪怕一种新的政体形式。无论是罗马共和政体还是罗马帝国、是中世纪的君主政体还是民族国家的出现，都不能说是对柏拉图所熟知的政体形式的修正或增添。从造成的重大后果来看，非常惊讶的是，作为一切有组织社会之条件的统治与被统治的区分，是柏拉图以一种敷衍的、一时兴起的方式引入的，与此同时，法律概念作为所有政治生活的内容而占据核心位置，只是出现在他晚期的著作《法律篇》（Nomoi）中——随便提一下，这部作品曾经遗失，直到15世纪才再次被发现——，在这一著作中，法律被理解为《理想国》中理念可见的政治转化。

然而，如果在追寻最佳政体的过程中法律问题最初扮演的是一个次要角色，那它的角色向来主要在于把专制政体定义为最坏的政体形式。这种早期的看法之所以产生，在于城邦的具体政治经验，对此柏拉图和亚里士多德都视之为理所当然。在前哲学的希腊政治经验中，法律被认为是人们在自身之间或城邦与城邦之间确立的边界。它们确立了每个人有资格称之为自己的生活空间，因此它们被尊奉为人之境况的稳定者，即人们不断变化着的环境、运动和行动的稳定者。它们赋予由有死者构成的共同体以稳定性，也因新人源源不断地诞生而持续处于危险之中。法律的稳定性对应于所有人类事务的持续运动，只要人们有生有死，这一运动就永不停歇。每一次新的诞生都会危及城邦的连续性，因为每一次新的诞生都意味着一个新世界的潜在形成。法律限制着这些新开端，保障着一个共同世界的预先存在，从而使得这种超越了每一代人个体寿命的连续性得以持存，在这个持存的共同世界中，每一个个人通过其必死的生命都能希望在自己身后留下一丝持存的痕迹。在这个意义上，随着希腊城邦的兴起而得到主张的法律，构成了共同的公共世界，按照希腊人的说法，在这个公共世界之外，人类生活最基本的关切被剥夺了。

城邦这种公共生活的组织的巨大优势在于，城邦因其法律之墙的稳定力量为人类事务注入了一种可靠性，这样一种可靠性人类行动自身永远无法具有，它内在固有的徒劳性得依赖诗人的称颂才能不朽。由于城邦有法律这道持存的墙包围着自身，它作为一个统一体就可被断言，城邦内无论发生什么或有什么行迹，都不会因行动者或承受者的离去而消亡，当然它们依赖于未来世代人们的记忆。城邦相对于王权(根据神话，希腊人看到的最后也是最伟大的一项君王事业，是特修斯建立雅典)的巨大优点，伯里克利有直接明了的表述，他之所以称赞雅典，是因为它无需一个荷马，就为后代子孙留下了关于行迹的"无数纪念碑"。

Nomos 的早期含义呈现在赫拉克利特那里，他说一个民族必须像为城邦的城墙(teichos)战斗一样为自己的法律战斗，也呈现在柏拉图那里，他在《法律篇》的谈话伊始就把宙斯唤作边界之神。就像城邦只有在其居民环绕它建立了城墙之后才在物质上形成一样，公民的政治生活即 politeuesthai 也只有在法律得到设定和确立之后才能开始。城邦之所以需要法律这个藩篱，是因为对这里一起生活的人们来说，空间本身不再是每一个人自由移动的充分保障。可以说，法律的设定只是城邦生活的一个条件，因此立法即制定法律本身不被认为是一项政治活动：立法者可以是邀来的外邦人，或者是像梭伦那样的人，在制定法律之后退出公共的政治生活，至少要暂时退出。可以说，人们确立和制定的法律被认为没有任何超越的权威或来源，以至于前苏格拉底哲学在通过源于人还是出于自身来区分万物时，引入了术语 nomô 和 physei，即法律与自然。因此，自然万物的 kosmos（宇宙）不同于人类事务的世界，宇宙的秩序不同于世界的秩序，因为世界的秩序是人造事物和人的行动的秩序。这样一种区分也存在于我们传统的开端处，在那里，亚里士多德明确说道，政治科学所处理的事物是 nomô 而非 physei。正是在这样的背景下，暴君对法律边界的抹除就是对政治领域的完全摧毁。暴君不是统治者而是摧毁者，他摧毁了城邦的城墙，而它是城邦存在的前政治条件。

然而，甚至在我们的传统开端之前，早就存在着另一种截然不同的对于法律的理解。品达说 nomô basileus pantôn，我们完全可以把他的话翻译为"法律是万物的统治者"，并作如下理解：就像国王团结他治下的一切并发号施令一样，法律是内在于宇宙并支配其运行的秩序。这个法律不是规定的，不是人们或诸神制定的；如果称之为神律，那只是因为它甚至还统治着诸神。显然，这个法律无法被设想为人们建造的城墙或边界。种种法律所从出或由其滋生的整个法律，其效力并不限于某一个共同体、某一个公共领域，通常也不只关涉人们**之间**发生的事情（有别于人们**内部**发生的事情）。宇宙法则的普遍性涉及方方面面，适用于万事万物、每一个人的种种处境和生活境况。physei 与 nomô 之间的区别，即自然生长的事物与其存在源于人的事物之间的区别，不再有效，因为这个法律同时支配着两者。后来在古希腊的斯多葛学派中发展起来的自然法概念，显然在此已经得到预示，不过对于把法律看作守护、保护、确立种种共同的城邦世界的藩篱和边界的观念而言，"自然法"这个术语是个矛盾的说法，因为它有一个前提，即事物要么是自然的要么是法定的，不可能同时既是自然的又是法定的。

对于传统而言更为重要的是，在一种法律支配所有道德和政治事物的假设下，生活的私人领域与公共领域不再有清晰的区分，两者都被嵌入在宇宙的永恒秩序之中并为这一秩序所支配。人们属于宇宙，因为如康德所言，"在我之上的星空"在其有序合法的崇高性上与"我内心的道德法则"相一致。这个法律没有一切实定法典的限制性特征，后者的内容是禁止而非规定，因而任何没有明确禁止的事物都可以由服从它们的人自由决定。私人道德和公共道德之间的冲突，个人交往允许和要求的事情与政治必要性所要求的事情之间的冲突，它们是普遍法假设的自然后果，如何决定都有可能：为了政治生活的必要性牺牲私人道德——比如霍布斯，他从权力产生的公共政治领域出发，断言人天生是一种"嗜权的动物"——，或者相反，为了个人隐私而尊重每一个人的行为，比如康德，他认为每一个人内心的法则会把人提升为普遍的立法者。无论哪一种情形，唯一法的普遍性都得到了保留；那些服从城邦法律的人，他们自己也承认道德合法性的天理。

然而，在我们的整个传统中，普遍有效的宇宙法则与只在明确的群体中有效的规则、规定之间的区分一直保持着，而且它们之间的关系多多少少见之于我们在赫拉克利特那里第一次发现的情形："所有的人类法律都由唯一的神圣法培养；它随心所欲地支配一切、满足所有，流行于万物"（残篇114）。关键是，我们的法律传统向来认为，人为的实定法不仅源于那个唯一普遍有效的法，而且依赖于它，并把它当作各种实定法具有权威的最终来源。我们后来在 ius civile(市民法)与 ius naturale(自然法)、实定法与自然法或神律之间发现的，也是同样的区分和关系。无论何种情形，早期作为藩篱的法律观念仍存在于制定法(posited law)的法典之中，通过这些法典，唯一的普遍法转化成了是非对错的人类标准。

唯一的普遍法或后来所谓的上帝律令，被认为是永恒不变的，人为的实定法正是从这一永恒性中获得其相对的永久性，借此它们才能够为人们之间不断变化的事务提供稳定的空间。普遍法与实定法之间的这种区分一旦不再——也就是说，一旦普遍法按照现代发展法则，无论是自然法则还是历史法则，成了一种运动法则，就总是会不断地践踏实定的人为规范和规定——会发生什么情形，我们已经在总体主义的支配形式中看到了。在这种支配下，恐怖作为不断变化的运动的普遍法的常态，使得一切实定法不再有相对的永久性，从而把整个共同体推入了灾难的洪流之中。只要古老的普遍法概念不再具有永恒性，却与作为不断进步的自然运动或历史运动的现代发展概念相结合，就有可能出现这种危险。如果人们从观念史的角度去考量这一过程，那么很容易会得出如下结论(尽管这一结论是错误的)：总体主义支配与其说是与西方人的所有传统的中断，不如说是一种哲学"异端"的产物，这种哲学异端在黑格尔那里达到极点，为达尔文或马克思（恩格斯称马克思是历史领域的达尔文）所实际运用。

普遍法的观念多少仍是哲学家的关切所在，而法理学家哪怕承认需要有一个终极（甚至超越）的权威来赋予种种法律以正当性，仍继续认为法律乃是人们之间的边界和关系。这一差异非常显然地体现在自然法的双重起源上，后者也是独自地从罗马的 ius gentium（万民法）中发展出来的，它是在有着不同民法的城邦的人们之间确立的一种法律。在这里，自然法既不被理解为源自每一个人以及在每一个人那里运作，也不被理解为高高在上统领这宇宙中的万物，而是被当作城邦与城邦之间、法典与法典之间进行交往和对话的具体通道——除非这个城邦想要孤立或打算毁灭另一个城邦。在严格的法律传统中，罗马的影响依然强劲；不过在政治思想的哲学传统中，它则像罗马的其他经验一样，没什么影响。

可以说，实定法所规定的对错标准有两个方面：一方面，标准是绝对的，因为它们的存在归功于一种普遍有效的法，超越了一切人为的权力和能力；另一方面，它们也只是些约定，与某个民族相连，只在一定的范围内有效，因为它们是人们设定和设计的。若没有第二个方面，普遍有效的法在人们组成的世界中就没有实在性；若没有第一个方面，人们所设定的法律和规范就缺乏权威和正当性的终极来源。由于这种关系及其双重性，政体明确的合法性（历史地来看，它只为城邦以及源于它的各种共和政体所特有）在传统的框架下就成了一切政治体（body politic）的支柱。最终，法的执行就被认作是政府的主要职责，而合法政府则被认为是好的政府，无论实际掌权的人是多是少。在这一传统的终结处，我们发现在康德的政治哲学中，法的概念吸收了其他一切方面。在那里，法成了整个政治领域的标准，从而损害了其他一切政治经验和可能性。合法性是人们一起生活的唯一正当内容，一切政治活动最终都被设想为法规之制定或应用。

我们已经勾勒了法律在后来较晚时期的发展，以便借此迅速来到一个统治与法律实际上一致的位置；在这里，宪制政体不再是在法律框架内进行统治和展开行动的诸种可能性之一，而是法律本身统治，统治者无非是执行和服从法律而已。如我们从《法律篇》所知，这是柏拉图政治思想最后阶段的逻辑结论。

　　要理解仍属于这一伟大传统的最后一位思想家，这些考量看来是必要的，他探究政治的本性、询问有关不同政体的古老问题。孟德斯鸠是一位政治作家，远不是一个体系思想家，他的声名显然在于政体的三个分支的发现，即立法、行政与司法——即权力并非不可分这一伟大发现。这个发现让他能够自由地处理并几乎完全是无意地重述了那些他所碰到的政治思想的重大问题，而且并没有因把它们当作一个运行的整体而损害自己的新洞见，也没有因陈述的内在动机而扰乱自己思想的内在一致性。实际上，他的洞见要比卢梭的观念更为"革命"同时也更有持久的正面作用，就对18世纪革命的直接影响和19世纪政治哲学的思想影响来说，唯有卢梭可与他并驾齐驱。另一方面，可惜的是，由于他不在意体系且内容材料的组织较为松散，人们容易忽视他散布很广的思想的内在一致性，也注意不到他在处理所有政治问题上独特的统一性，因而使得孟德斯鸠与他的前辈和后继者只有那么一点点区别。

　　政体存在着三个分支（唯有康德正确地把这一点当作真正的共和政体的决定性标准，而且它只在美利坚合众国的宪法中得到充分实现），在这一发现后面隐藏着的是如下一种设想：在政治生活中，权力完全不再有暴力的内涵。孟德斯鸠自己特有的权力概念，完全处在传统的手段与目的范畴之外。在他看来，政体的三个分支代表着人们的三种主要政治活动：制定法律、执行决定以及必然伴随着前两种活动的决断（deciding judgment）。这些活动的每一种都会产生自己的权力。权力可以分割——在政府的不同部门之间、在联邦的各州之间以及在各州与联邦政府之间——，因为它并非应用于**一个**目标的**一种**工具。权力的起源在于人们展开行动的多重能力；只要政治体还在运转，这些行动就不会停息；它们的直接目的由人和政治生活不断变化的环境规定，由于它们在既定的共同体或给定的文明中发生，因而自身就构成了在作为个体的公民之间呈现的公共事务领域，这些公民因共同或冲突的利益而团结在一起或彼此分立。在这一背景下，利益并没有物质需求或贪婪的内涵，而完全在字面的意义上构成了 inter-esse（在之间），即在人们之间。这个在之间(in-between)为所有人共有因而关涉到每一个人,它是进行政治生活的空间。

孟德斯鸠之所以能够发现权力的可分性质以及政体的三个分支,是因为他专注于行动现象并把它当作整个政治领域的核心素材。他自己的探究使得他在政体性质(ce qui le fati être tel,政体构成的要素)及其原则(ce qui le fati agir,政体行动的动力)之间做了区分(*L'Esprit des Lois*, Book iii, chap. 1)。他对政体性质的定义只在术语上稍稍做了改变——他忽略了贵族政体,认为共和政体是主权掌握在人民手中的宪制政体,君主政体是主权掌握在一个人手中的合法政体,专制政体则是权力由一个人随心所欲行使的非法统治。他更为深刻的发现是他的如下洞见:这些"特别的结构"各自需要一种不同的"原则"去推动,或换言之,这些结构本身是死的,并不与政治生活的现实和行动着的人们的经验相契合。由于一种行动原则,孟德斯鸠把历史和历史过程引入这些结构——它们的存在要归因于希腊思想——,而后者最初被认为是不动的。或者更确切地说,在孟德斯鸠之前,人们认为唯一的一种可能变化就是变得更糟糕,扭曲的变化让贵族政体变成了寡头政体、让民主政体变成了暴民政体或者让君主政体变成了专制政体。当然,这种扭曲还有许多其他的可能形式;比如,人们很早就注意到,多数人统治也特别倾向于最终导致专制政体。与孟德斯鸠把行动原则当作变化的驱动相比,所有这些扭曲形式都具有物理的机体性质。柏拉图有一个著名的预测,他说,哪怕是最好的可能政体也无法永远持续下去,因为在为值得拥有的后代选择合适的父母时难免犯错误,这就注定了政体的最终毁灭,不过,这无非是只会以毁坏来设想变化的心态的一个最合理的例子罢了。相反,孟德斯鸠认为运动是历史的条件,而这恰恰是因为他把行动理解为一切政治生活的基本要素。行动并不只是属于政体,并不仅仅呈现在记录下来的国家行迹中,而且永远不会在统治与被统治的过程中耗尽:"我们在对事物进行判断时很拙劣。常常会有太多的政治被用来获得一丁点好处,仿佛是在获取教皇职位一般。"("De la Politique" in Mélanges inédites de Montesquieu, 1892.)他像传统一样认为好政体的持久品质基于合法性;不过,他认为法律结构只是人们在其中移动和行动的框架，作为某种稳定性因素，它自身并不必然向着既定的方向发展，无论这一发展是走向毁灭还是通向进步。因此，他不仅谈论本性或本质，而且谈论政体的结构，认为它具有一定的持久性，从而能够庇护有死的人们不断变化的环境和行动。

与这三种主要的政体形式相应，孟德斯鸠区分了三种"促使共同体行动"的原则：共和政体对应的原则是德性、君主政体对应的原则是荣誉、专制政体对应的原则是恐惧。这些原则与心理学所谓的动机不同。确切地说，它们是借以对一切公共行动进行判断的标准，是对政治生活政体的表述。这样一来，它们对于政府和公民、统治者和臣民就都一样。如果恐惧原则激发着专制政体下的所有行动，这就意味着专制者采取行动是因为他恐惧自己的臣民，而受压迫者采取行动则是因为他们恐惧专制者。在君主政体中，臣民的骄傲在于让自己卓尔不群，得到公开称颂，相应地，共和政体下公民的骄傲在于在公共事务上与同胞公民平等相待，这就是他的"德性"。不过，由此并不能说共和政体下的公民不知荣誉是何物，君主政体下的臣民是没有"德性的"，更不是说所有人所有时候都会根据他们碰巧身在其中的政体的规则采取行动。这仅仅意味着，公共生活领域一直由某种展开**行动**的人认为理所当然的规则规定着，而且，不同的政体所具有的规则并不相同。如果这些规则不再有效，如果行动的原则丧失了权威，以至于没有人再相信共和政体下的德性、君主政体下的荣誉，或者在专制政体下，专制者不再恐惧他的臣民，臣民不再恐惧他们的压迫者，那么相应的每一种政体都将走向灭亡。

在孟德斯鸠关于政治性质与其行动原则之间关系的这些不成系统、有时甚至随意的评论背后，还有一个对既定历史文明下保持统一的基本要素的更深刻洞见。他所谓的 esprit général(一般精神)就是把政体结构与其相应的行动原则统一在一起的东西。后来，它成了历史科学以及历史哲学的启发性观念。赫尔德的"民族精神"（Volksgeist)和黑格尔的"世界精神"（Weltgeist)清楚地显示了这一谱系的踪迹。当然，与后两者的观念相比，孟德斯鸠的最初发现少有形而上学的烙印，可能在政治科学方面更有成效。由于是在 18 世纪中叶写作，他很幸运地尚没有

"世界历史"意识，一百年之后——在黑格尔的哲学以及主要历史学家的作品中——，世界历史妄称自身乃是世界法庭的事业："世界历史就是世界法庭"（Die Weltgeschichte ist das Weltgericht）。他的一般统一精神首先是在一起生活和行动的人们的一种基本经验，它同时表达在一个国家的法律以及在这一法律下生活的人们的行动之中。在这个意义上，德性基于"对平等的热爱"，荣誉基于"对卓越的热爱"。共和政体的法律基于平等，对平等的热爱就是公民行动的根源；君主政体的法律基于卓越，因此对卓越的热爱激发着公民的公共行动。

卓越和平等都是人类共同生活的基本经验。我们可以同样有效地说，人们生来彼此不同和人人"生而平等"，只是社会地位把人们区别了开来。平等，就其作为一种政治经验——它不同于在上帝面前的平等，在这个无限优越的存在者面前，一切区分和差异都可以忽略不计——而言，总是意味着每一个人都具有相同的价值，无论他们彼此存在着什么差异，因为每一个人就其本性来说拥有相同的权力。共和政体的法律建基于其上、公民行动所从出的基本经验，就是与那个自己身属其中的群体里具有相同权力的人们一起生活的经验。因此，共和政体下的法律不是关于卓越的法律，而是关于限制的法律；它们的制定为的是限制每一个公民的力量，以便为同胞公民腾出发挥力量的空间。共和政体的法律以及在其内展开的行动的共同基础是如下洞见：人的力量主要不是由某个至高的权力——比如上帝或自然——来限制，而是由平等者的权力来限制并且乐在其中。热爱平等这一德性就是源于这种权力平等经验，它让人免于孤独带来的恐惧。"一个人就是一个人，所有人都孤独着，而且越来越是如此"，正如古老的英国童谣无畏地向人类心灵显现的那样，这只能是上帝的至高悲剧。

君主政体（以及一切等级的政体）建基于其上的卓越，同样是一种真实的、原初的政治经验。唯有通过卓越我才能成为真正的自我，这个唯一的、独特的个体前所未有，往后也不再有。我只有通过与其他所有人相比来确立这种独一无二，因此，我在公共事务中的角色最终就依赖于我能从他人那里获得承认的程度。君主政体的最大优势就在于，那些在各自的人生道路中通过赢得卓越而获得社会和政治地位的个体，永远不用去面对毫无区别的平庸大众，若面对这些"他人"，独一无二的个人除了绝望之外不会有任何感受。基于平等的政体的特殊危险在于，在合法性结构内——权力平等正是在这一框架下获得其意义、方向和限制——，平等者的权力可以相互抵消，最终让每一个人无能为力，从而为专制政体的出现做好了准备。完全有理由认为，孟德斯鸠未能为专制政体的无法性(lawlessness)结构以及恐惧这一行动原则指出共同基础。

1953 年

II. 统治与被统治

若如今按照孟德斯鸠的洞见，我们从传统的开端而非其终结来考量传统，问问统治经验在其中扮演什么角色，它主要位于哪种生活领域，那我们就应该想起来，传统的政体——无论是一人统治、少数人统治还是多数人统治，始终是根据统治者与臣民的区分而来，哪怕这些传统政体的变态形式也是如此——总是伴随着一种截然不同的分类。我们听到的不是君主政体，而是王权制(basileia)，在此背景下，君主政体与专制政体可交换使用，因此一人统治，无论是君主政体还是专制政体，有时被称作王权制的变态形式。寡头制(少数人的统治)仍是贵族制(最好的人的统治)的变态形式，而取代民主制(多数人的统治)的，我们发现是最初指城邦或城市国家的城邦制，它后来成了共和政体，即罗马人的res publica(共和国)。如今，民主制被认为是这种政体的变态形式，即暴民高高在上进行统治的暴民制。

王权制、贵族制和城邦制被称颂为最好的政体，或者如西塞罗后来明确强调的那样，最应推荐的政体是这三种政体的混合形式。这种"混合政体"被认为体现了每一种政体的最好特征，然而它在如下假设中没有可能：这些政体基本上是根据一人统治、少数人统治以及多数人统治来进行区分，因为很显然，这些政体形式彼此排斥。此外，专制政体在此背景下甚至比在传统定义中更受指责，与其指责它独断、目无法纪，

46

不如说它是最糟糕但仍可能的共处形式，或者说它是针对同胞最不可欲但仍可理解的人为态度。专制者完全被排除在人类社会之外；他被认为是人形野兽，不适合于人类交往，在人类的范围之外。易言之，王权制、贵族制和城邦制似乎不能简单地说是君主制、寡头制和民主制这三种变态政体由之而来的"好形式"：前者甚至无法如同后者那样在相同的范畴框架内加以定义。

确切地说，这些对王权制、贵族制和城邦制的描述，表明的是人们以各种不同的方式相处的实际政治经验的结晶和体现，这些经验先于但并不必然等同于那些产生依据法律和权力划分的统治概念的经验。这些仍耸立在关于政体的传统定义和描述中的经验是否早就已经概念化了，这是另一个不同的问题。修昔底德已经提及的后来所谓的"混合政体"（Book VIII，97）以及亚里士多德在《政治学》（Politics 1265b33）中暗示的类似理论，似乎表明一种更早的政治思想踪迹因我们传统的兴起被取代、吸收甚至部分取消。这里的关键是，它们被当作"好的形式"加以应用时既不是采用统治者与臣民的区分标准，也不是采用法律与权力的区分标准，相反，一旦我们根据这样的划分和标准去定义，它们就立即成了自己的"变态形式"。

如果王权制是一人统治，若遵守法律，那我们今天就会说它与君主政体或君主立宪政体没什么两样，若违反法律，则与专制政体一样。然而事实是，国王（basileus）并不具有君主那样的绝对权力，他的王位并不是世袭职位，他是被推选担任这一职位的，很显然，他不过是 primus inter pares（平等者中的首席）。他若根据统治而被定义为一切权力的掌控者，就转变成了专制者。如果贵族制是少数人的统治，即最好的人的统治，那么总是有这样的问题：谁是那些最好的人，如何才能把他们找出来——显然不是通过自我推荐——，是否可以保证最好的人在统治期间仍是最好的。少数人一旦根据客观标准来确定，那他们就只能是富人或世袭贵族，亚里士多德把这些人的统治定义为寡头制，即贵族制的变态形式。又或者说，如果少数人是最智慧的人，那么根据柏拉图的说法，他们无法说服大众，因而只能通过暴力来统治这些不情愿的臣民，这样就又成了专制政体。最无法根据统治与被统治来加以定义的是城邦制或共和政体。亚里士多德在公然陈述"每一个城邦共同体都由统治者与被统治者构成"之后，继而说道，在这种政体中"所有人必然都同时既是统治者又是被统治者"，而且这个由年轻人和老人组成的城邦既适合统治者也适合被统治者(*Politics*，vii，14，1332b12—36)。显然，统治者与臣民的区分在这里转化成了师生或父子之别。城邦生活的整个组织不允许有统治者与臣民的区分，这一点非常明显地体现在希罗多德关于政体形式的著名讨论中，他说希腊城邦的守护者若在竞争中失败，最后会要求完全退出政治生活，因为他既不想统治也不想被统治。当然，事实在于希腊的城邦生活没有任何对其公民的区分。城邦生活得以可能的统治关系，亚里士多德不止一次提及，主要不是在公共政治领域，而是在家庭这个严格的私人领域，在那里，家长统治着他的家庭成员和奴隶。

家庭这个私人领域由生命必然性构成，即通过劳动维持个体生命、通过生育繁殖保障人种繁衍。根据劳动和生育(不只是在英语中，几乎在所有的欧洲语言中，劳动一词都是用来表示辛苦和生育的痛苦)这双重艰辛来定义人类生命的境况并认为它们彼此相关、相互一致(这是因为人在伊甸园犯下恶行之后，上帝决定让人类生活变得艰辛，或者是因为这样一种艰辛的必然性与诸神的"轻松"生活形成对照)，是我们过去的两条思想发展线(希伯来传统与希腊传统)少有的得到一致赞同的显著特征之一。这预示了马克思的思想序列，他在这一基本关联几乎被遗忘的时代重新确立了这一关联，他说，劳动和生育是两种主要的"生命生产，即通过劳动这一谋生手段进行的自身生命的生产，以及通过生育进行的新生命的生产"(*Deutsche Ideologie*，17)。尽管马克思把通过劳动的生命生产置于他的政治哲学的中心，不过整个传统完全与传统之前的过去一样把劳动置于政治领域之外(把它仅仅当作每一个个体的私人关注，即如何解决生存问题)，而且蔑视整个私人领域，这样的蔑视主要不是因为它是"私人的"，而是因为它服从于谋生活动固有的必然性。而那些服从这些必然性的人，比如劳动者和妇女，无法自由；自由首先意味着独立于那些生命本身所必需的活动之外。

统治与被统治的区分首先出现在私人领域，在那里，它区分了统治者与那些服从于必然性的人。公共政治生活依赖于这一区分，把它当作前政治的条件，不过统治概念本身最初在政治生活中并无地位。这一点对于城邦及其公民平等观念来说尤为正确，对于城邦而言，自由乃是一种前政治的条件，它既不是一个政治概念也不是一个政治理想——对于早期希腊而言确实如此。阿伽门农是王中之王，甚至在赫西俄德对劳动的颂扬中，我们一直遇见的也是执行主人命令的奴隶或仆役。

在传统的政治思想中，这种免于必然性的基本自由只有通过统治他人才能获得，因而它反映在如下这一不断重申的确信中：唯有渴望高于生命之物的生活才值得过，唯有其目的超出活动本身的活动才值得展开。甚至古代自由人与现代自由人生活之间最显著的差异，也就是古希腊和罗马意义上的政治活动，即 bios politikos，如果没有无边的闲暇，就完全不可能实现，而这种闲暇完全依赖于奴隶劳动的事实，对于那些人来说，自由的实际经验与其看似消极的对应物——免于生活必需品的自由——相比，也就不那么重要了。

易言之，统治与被统治、统治者与臣民之间的区别，这些传统的政体定义所假定的一切政治组织的本质，最初只在私人生活领域有效，因而只是政治的条件而非政治的内容。哲学家在对政治经验加以形式化和概念化时之所以把这些标准强加给它们，很大程度上与哲学家对于政治的态度——毫无疑问，这种态度也有其政治理由和意蕴——有关，而与公共政治领域本身可能具有的不可移易的特征无关。

王权制、贵族制以及城邦制或共和政体就基于这种免于必然性的自由（它显现在对妇女和奴隶的统治之中），它们的特征并不在于多少人掌权、谁统治谁。它们的特征在于什么样的事物堪称公共关注，以及那些关注公共领域的人们之间的关系。在王权制下，公共关注首先是一项共同的事业，它并非日常事务，而是能够**中断**日常生活常规进程的具有重要意义的事件。为了真正参与到公共事务中来，私人领域的统治者要追随他们选出来的领导即 basileus（王），就必须不仅离开他们生活中的私人领域，而且要完全远离私人生活的日常节奏。

赫西俄德比荷马更多称颂的并非劳动本身，而是日常生活的尊严。正如《劳作与时日》（*Works and Days*）的书名表明的那样，赫西俄德反对种种事业和冒险，赞颂待在家中，这一点在他给航海兄弟的告诫中体现得更为清楚。他提倡日常生活的静美，年复一年、日复一日不断重现的情形，家庭里的劳作以及赫西俄德认为由奴隶从事、让一家之主监督的领域，就是这种静美的典型。赫西俄德的意义在于，他赞颂了一种完全远离共同的公共领域的生活；在他看来，荣耀和伟大行迹什么也不是。他是唯一一个公然赞颂私人生活的希腊人，在其他希腊人看来，私人生活的主要特征在于无法提供共同世界的空间或领域，以使人可以显现而为人所见，进而展现其可能性。希腊精神（不同于罗马精神）之所以把私人生活看作无非是一个共同的公共世界之构建的不可避免的条件，在于私人领域无法为 doxa 的多重含义（现象和幻象、声名与意见）提供任何可能性。既然只有那个存在显现和为人所见，柏拉图那个至高的善的理念其无所不包、无不荫庇的实在就是 phanotaton——也就是说，它最闪现，是最闪亮的现象（*Republic*，518c）。

私人领域，哪怕生活的必需品成功地得到“统治”和照料，仍是一个模糊不清的黑暗领域；私人生活因其无法展现自身、无法为他人所见而被剥夺了实在性。唯有显现而为他人所见之物才能获得充分的实在性，对人而言才有真正的意义，这一信念乃是古希腊全部政治生活的基础。僭主的主要目标就是迫使人们处于自己私人的家庭领域，这就意味着剥夺了他们人之为人的可能性。胜过同侪以致若有可能就要卓尔不群的 agon（争胜），即为了 aristeuein（最好）而斗争，并非如赫西俄德在称颂厄里斯（Eris）时要我们相信的那样，是“陶工与陶工、匠人与匠人以及乞丐与乞丐”（*Works and Days*，24）之间的竞争；相反，这种争胜乃是把实在性等同于向他人显现的政治方式。唯有在他人在场的地方，才会有人所特有的生活。唯有当一个人能够凸显自身，为他人所注意，他才呈现了自己的人之为人。

因此，不只是在政治这个词狭隘意义上的政治生活和政治经验始于私人的家庭领域以及对它的统治结束的地方，实际上人之为人的生活和经验也是如此；只有在那个地方，所有他人都可以经由其自由闪耀的公共之光看见的共同世界才开始。在这一点上，无论是王权制还是城邦制都一样，只不过城邦制的优势在于，它不仅为偶尔才有的事业也为公民们的日常生活提供了一个共同世界。同样地，城邦生活不再非同寻常，因此它的 doxa（声名、意见）越来越多地成了一种意见，公民借此在不间断的 politeuesthai（政治生活）中凸显自己，而越来越少是随伟大行迹而来的不朽声名的荣耀。王权制与城邦制和共和制的区别，不在于统治者与臣民之间的关系，甚至主要不在于公民们（即那些在一个共同世界中一起生活和活动的人们）之间的关系。主要的历史差异在于，行动本身在这些不同的公共组织形式中所扮演的角色不同。

王权制可能是最古老、最初级的政治组织形式，它依赖的行动经验是一般意义上的开端启新，即人们一起开始一项新事业。私人的家庭领域的头领把私人关切抛在身后，形成一个与事业持续相应的政治体，他们走到一起并在一起的聚集点就是行动。易言之，行动的欲望乃是他们走到一起的动力，而这永远无法通过单个人得到满足，与劳动和制造不同，它们都可以在孤独或孤立中进行，行动只有在人们聚在一起一致行动时才有可能。行动的一致需要国王，甚至可以说，创造了国王，他作为 primus inter pares（平等者中的首席）就成了一位推选出来的领袖，其他人则在忠诚精神的感召下出于各自的自由选择追随他。一旦缺乏自由参与，王权制就成了君主政体，根据柏拉图的说法，当服从并非出于自愿时，国王就成了僭主。那些追随阿伽门农王开启特洛伊事业的富豪家庭的至高统治者之所以帮助阿伽门农（Agamemnon）和墨涅拉俄斯（Menelaos），是因为他们希望为自己赢得"永恒的荣耀"，即在他们死后仍在有死者世界中保留有光辉形象这一 doxa（声名）。唯有在这样的一个共同世界中，他们自己以及所为的一切才能被他人看见和注意到，他们才有希望克服各自有死的私人命运，即作为一个独一无二的、不可替换的个人出生、生活和死去，与之相反，在自己的私人关切中，他无法在死后留下任何一丝世俗生存的痕迹。正是这样一种全然的徒劳，使得私人生存——即古希腊人的 idion（自己的事务）和古罗马人的 res privata（私人的事务），当然，罗马人在某种程度上稍稍把家庭生活融入了公共的政治领域——向来具有如下含义：这是一种被剥夺了最基本的人之为人可能性的生活。不过，这样的徒劳也内在于所谓英雄时代的伟大事业之中。仅仅因行动的要求而构成的共同领域，一旦事业结束就会消失——比如特洛伊城被摧毁、特洛伊人民被屠杀或分配给英雄们作为私人家庭的奴隶之际。在某种意义上，王权制及其事业由行动和承受的勇气激发——poiein(制作)和 pathein(感受)在希腊语中比在其他语言中的关系更为紧密；它们就像是同一个 pragmata(事实)的两面，因为它们指的是人们不断变化、波动的命运——，它开启了最终在城邦那里出现的一个更加稳定的人类事务(ta tôn anthrôpôn pragmata)的共同世界。这个共同世界理解并保证了人们彼此所为和所遭受的一切能够留存，正因为此，人的伟大就不限于严格意义上的行迹和行动者，它同样能够为行动的承受者和遭受者所共享。

无论是古希腊的城邦政体(polity)还是罗马的共和制，行动都不是主要的政治经验。行动是城市国家(city-state)的基础，在那里，人们能够永久地在一起生活，而不只是为了伟大事业聚在一起。更为狭隘和熟悉意义上的政治事务，产生于公民之间，公民的主要经验更多地源自一起生活而不是一起行动。在行动被需要的那一刻，城邦就又回到了更为古老的王权组织形式，公民们又将追随他们推选的领袖即 stratêgos(军事统帅)，让他在征服或防御战争中领导他们。不过这个时候的行动，通常发生在城墙之外，因而在严格的意义上也处于政治活动之外；它们不再如早先的王权制那样，构成了自由的人们走到一起、生活在一起的唯一领域。军事行动一旦再次成为政体形式的基础，我们看到的就不是古老的王权制的恢复，而是君主政体的确立，比如作为职业战士推选出来的罗马皇帝就是如此。一旦战争成了日常事务，军事行动高于其他公民事务，stratêgos(军事统帅)就会变成君主，或者确切地说，变成罗马的rex(王)——rex(王)一词在公元前 5 世纪在罗马的共和主义者听来令人厌恶，就像君主在早期的古希腊人听来令人厌恶一样。只有在那时，一人统治或君主政体才获得一种不同于僭主制的地位。然而，古希腊的城邦和罗马的共和政体一方面废除了作为开启一项事业的早期行动经验，另一方面废除了最新出现的把战争当作日常事务的职业战士观点。

柏拉图和亚里士多德关于政治之本质的观念的决定性因素，是许多人在一个有限空间的围墙之内的日常相处。把这些人彼此联系在一起的是如下两种经验：**平等**与**差异**。然而，作为城邦之基础显现的平等，与我们时代的普遍平等信念截然不同。首先，这里的平等并不普遍，而只与那些实际上乃平等者的人相关；毫无疑问，不自由的人被排除在平等者之外，比如奴隶、妇女和野蛮人。因此，从一开始自由与平等就是彼此相符的观念，它们之间并不存在冲突。既然平等没有扩展到所有人，那它就不是基于共同的人类命运这一背景来看待的，即死亡面前人人平等；也不是基于一个超人的存在者这一压倒性的现实来衡量的，即上帝面前人人平等。在罗马帝国衰落之前，以上两种平等观念从未进入政治领域。最初，平等在积极的意义上意味着并不孤独，而孤独意味着没有平等者，农村家庭的统治者就没有平等者，除非他参加战争。居住在这个地球上是人们而不是单个的人，这一事实在城市国家这种政治体中第一次得到了政治表达。

在平等者而非拥有至高无上的独一权力的农村家庭中，伟大的希腊人对 aei aristeuein（永远做最好）的激情，孜孜以求卓尔不群的激情，可以发展为一种生活方式，并且有望开启一种贵族制，这里的贵族制并非最好的人的统治，而是指最好的人始终在城邦生活中处于主导地位。在一段著名的残篇中，赫拉克利特向我们说到了什么样的人是最好的人，他们如何有别于普通公民："最好的人宁要不朽的声名，而不要有朽的一切；可是大多数人满足于像畜生那样狼吞虎咽"（B29）。为了得到承认，表明自己不可取消、不可替换的独一无二性，有死的人就必须为自己找到并界划出一个永久的居所，在那里他那些易于消逝的行迹和他个人的有死性将留存下来，因此，对照他人来衡量自身的需要，无疑是早先的王权时代人们进行伟大事业的最强烈动机之一。城邦对于王权制的最大优势在于，共同的公共世界（只有在那里人们的行迹才会被看见和铭记）并不局限于有始有终的事业的有限时间，它自身就是永久的，是后代子孙的永久居所。此外，凸显自身的活动，aristeuein（最好）本身，如今成了日常演示，弥漫在整个政治体之中。只要古希腊城邦受到这种争胜精神激发，它就是一种贵族政体，无论掌握政府权力的是最早时期的寡头，还是古典时期的多数人。城邦的这种贵族特征，即不惜一切代价追求 aristeuein（最好）的鲁莽的个人主义，最终导致了城邦的灭亡，因为它使得城邦之间结盟几无可能。

　　与城邦完全相对的是罗马的共和国，后者起初奠基于战败者之间的结盟，在那里，salus rei pulicae 即所有人共同拥有的福祉总是被有意识地置于个人荣耀之上，结果没有人能够完全成为自己。差异与区分次于平等，只是在罗马，平等成了运行原则，一种生活方式，而不像雅典，在那里平等只是一个跳板，人们借此开始让自己有别于他人的活动。罗马和雅典的共同之处在于，早期处于政治生活中心并且与伟大事业观念密切相关的行动概念，让位于一种积极生活观念，其构成是所有公民每时每刻对公共事务的处理。这种活动内容在罗马和雅典之间的差异，就像拉丁语 agere 与希腊语 politheuesthai 之间的差异。前者主要在于对罗马奠基及其法律的小心照看，对保持和发展的照看，这种照看让公民担负着一种永恒的责任，后者则在于对人的一切事务的不断协商和共同考量，因为按照城邦生活的精神，本质上属人的一切事务都必须在公共的政治领域显现和展示其真正面目。不过在这两种情形中，那些想要在自己的世界中过一种积极生活，参与到呈现在他们面前的至高可能性的人，都必须尽可能多地花时间与同侪在一起——在体育场或剧场、法庭或市场，以及民众大会或元老院——，而尽可能少地作为一家之主或统治者把时间耗费在家庭。他们的私人事务，经营家庭或监督技工或照管农场，只有在他们对那些重要得多的事务进行公开处理的间隙才有时间进行。因此，闲暇观念，即 scholê 或 otium，特指免于公共政治事务，而不是免于制作，甚至在哲学家把闲暇当作静谧的沉思生活的前提条件之前，它就指的是一种孤寂状态，很显然，要求同胞公民在场的城邦和共和国既无意也无法承诺这样的闲暇。

　　根据实际的政治经验来看，这三种政体形式呈现为三种互不相同但彼此并不排斥的相处方式。王权制主要奠基于其上的行动，指的是开启和洞察伟大的、独一无二的事业，这样的行动是为独一无二的场景所设计，而不是针对日常生活。王权制出现在古希腊，而不存在于古罗马的历史，罗马人最后甚至厌恶 rex(王)，因为它唯一具有的一人统治经验乃是暴政。由于罗马的政治生活在罗马奠基(最伟大的事业)之后开始，因此不再有什么事业足以团结人们，为他们构建一个属于自己的共同世界。罗马的历史包括 res gesta(功业)，即罗马施加给公民而公民需要用伟大的正义精神加以承担（gerere 原初意义就是承担）和处理的事务。

贵族制也主要是一种希腊经验，它在于以 aristeuein（最好）的方式相处，即不断地通过与平等者的对照来衡量自身以获得卓越。与此相对但并不一定存在于一种不同的政体形式中的，是在罗马而不是雅典盛行的政体的精神。罗马精神不仅体现而且高扬了平等者彼此做伴的无比喜悦，它彻底让人免于孤独，这一点必定是城市中心最初奠基、许多乡村农业人口聚集的特征。在这里，"混合政体"的可能性是自明的；它指的无非就是三种基本经验的整合，它们分别描绘了人们彼此相处、复多存在的特征——"热爱平等"与"热爱区分"的结合（如后来孟德斯鸠所说的那样）以及两者在"高贵的"行动能力中的整合，这里的经验是：行动乃是一种开端，无人能够单独行动。

拒不把暴政当作一种相处方式，认为它有别于一人统治或君主制，是一切可能政体中最糟糕的形式，这一点很显然。僭主毫无例外地反对人的境况在政治方面的一切基本特征：他自以为能够在彻底孤独中行动；他通过在人们之间播撒恐惧和不信任让他们彼此隔绝，因而摧毁了平等以及人的行动能力；他不允许任何人凸显自身，因而通过确立统一来进行统治，这是对平等的扭曲。

传统在统治与被统治、法律和权力框架下对政体形式的定义，就是对这一过去及其显著的政治经验的概念化。然而，正如我们此前指出的那样，没有什么比统治者与臣民的划分更与这些经验不相容了，因为统治完全是一种前政治的相处境况，因此就古代而言，这只能意味着一个私人生活的范畴被应用于公共政治领域。事实上，希腊历史最为典型的负面表现无过于希腊人统治的无能，从伟大的特洛伊战争（它以特洛伊的毁灭、屠杀其男人、奴役其妇女孩童而告终），到雅典人在伯罗奔尼撒战争期间对米洛斯人以及大体上对所有联盟成员的不幸做法，都完全体现了这一点。希腊人所到之处都没有能力统治被征服的人民，也就是说，没有能力确立一项政治上有效的原则来进行统治，以免一面毁灭一面奴役。征服和毁灭可以让公民的私人领域变得富足；但它们从来无法建立这样一个公共领域，在那里，公民以其身份可以统治其他人，就像家庭的头领统治其奴隶和妇女。正是公共领域中统治的缺乏，刻画了希腊历史特有的残酷。

　　无疑，罗马的伟大在于解决了这一问题。但是，它的解决方式也不是根据统治。Dominium 与 imperium 一样，都基于罗马人创建 societates 即与先前的敌人结盟的能力。罗马人的权力体现在创建具体的公共领域上，即在罗马及其邻国之间结盟，无论这邻国是敌人还是朋友，因此而形成的共同世界，既不是罗马自身，也不是被征服者此前的政治状态。这是一个位于这两者**之间**的特别世界，它基于罗马法，但这个法律不再是在对罗马公民有效的意义上来理解，它是让在之间运行而专门设计的法律即 ius gentium(万民法)，不同城市截然不同的法律之间的调停者。正是在罗马的衰落中，她成了"天下共主"，结果她毁灭了自己创建的共同世界、第一个伟大的联邦即 imperium Romanum，正如西塞罗所言 (*De Off*. III, 88)，罗马帝国的权力在于 gloria et benevolentia sociorum (罗马的荣耀与其盟国的善良意志)。

　　因此，只是在罗马帝国衰落期间及其瓦解之后，统治与被统治这一传统划分作为一切组织化的共同体的基本要求，可以让自身建基于政治领域中同样基本的经验。也是在这个垂死的古代期间，古代世界一切政治生活所依赖的最基本的区分——自由世界即政治世界与统治奴隶的私人家庭领域之间的区分——日益模糊。这部分是因为自由人的公共领域正在崩解，以至于每一个人的私人领域几乎自动地得到全新的关注，部分是因为许多先前的奴隶得到解放，以至于区分本身不再有多重要。不过从那时起，统治者与被统治者这一传统划分的重要性在整个中世纪和现代的最初几个世纪仍有增不减。整个公共的政治生活领域及其在其中展开的共同世界，本质上仍由这一划分框定，因此它成了西方政治思想传统的基本假设。无论在哪里——比如设想的乌托邦未来社会，它的运行不受明确的国家权力的干涉——，只要没有这一划分，不可避免的结果就是，整个政治领域就会消亡，不只是国家。

1953 年

20 世纪的权威

I

法西斯主义和总体主义运动的兴起，以及我们所知的总体主义政权（即 1938 年后的希特勒政权）的发展，其发生背景是一切传统权威多少有点普遍性的、戏剧性的崩溃。无论在什么地方，这种崩溃都不是这种政权或运动本身的直接结果，相反，情形似乎是总体主义政权和运动最适合于利用这种普遍的政治和社会氛围，其中权威本身的有效性大受怀疑。

这种状况最极端的表现是历史上所有已知社会中存在的一种权威的逐渐崩溃，即父母对孩子的权威、教师对学生的权威以及一般地老年人对年轻人的权威，除了在地理和年代上有极少的例外，从一开始这就是我们这个世纪的氛围。即便是最不"威权的"的政府，常常也认为这种"权威"理所当然。这样的权威似乎更像是自然需要之要求，比如孩子的无助，或出于政治必要性的要求，比如既有文明之延续只有把那些因出生而来的新来者引导入他们身为陌生人的既定世界时才能得到保证。由于其简单性和基础性，这种严格受限的权威在整个政治思想史上，一直被极其不同、不怎么受限的威权体制当作一种模式加以运用和滥用。[1]

---

[1] 使用这一论证的第一人似乎是亚里士多德，当时他想在《政治学》中表明"一切政治共同体都是由统治者与被统治者构成"（1332b12）。在那里他说："自然本身所做的……青年人与老年人[之间]的区分，恰好符合被统治者与统治者之间的区分"（1332b36）。

　　看来，我们这个世纪是第一个这样的论点不再具有不可抗拒的合理性的世纪；它显露了比任何地方都更为激进的反威权精神，因为它旨在把青年当作一个受压迫阶级加以解放，并称自身为"儿童的世纪"。在这里，我们无法进一步探索这种早期的自我解释的多重含义，现在我们的兴趣也不在于实现这一原则的不同流派的"进步教育"。不过，或许值得注意的是，这种反威权主义的立场只是在美国这个最平等、最少受传统束缚的西方国家，才被推到**没有权威的教育**的极端，在那里，正是这种激进实验的结果如今比任何其他单个政治或社会因素，更把人导向对权威概念的重估。近年来赢得大量追随者的新保守主义，其观点主要是文化和教育方面，而不是在政治和社会方面；它所诉诸的情绪和关切，正是消除青年人与老年人、教师与学生以及父母与孩子之间的权威关系的直接结果。

　　我之所以提及我们世界中权威问题的最奇怪，但在其他方面最无趣的方面，只是因为它表明了权威的普遍衰落会达到何种极端，以至于无视显而易见的自然必要性。因为这表明，我们在 20 世纪完全不可能找到真正的威权主义政府的兴起，因此，我们就必须极其小心，以免错把通过命令进行统治的专制政府当作威权体系。确实，我们世纪出现了极其多样的新型专制和独裁，其中我们必须把法西斯主义等体制包括进来。但是，这些体制在制度结构、组织类型和政治内容上，就像不同于总体主义统治一样也不同于威权主义体制。除非我们对权威的定义无视其历史和语言内容，而把它等同于任意命令和对自由的完全废除，即总是把政治现实看作其对立面，否则我们应该会发现，实际上很难说"威权政府在我们世纪的兴起"。人们最多可以说，迄今为止在经受现代冲击之后仍幸存下来的真正威权机构是天主教会，当然，确切地说它早就不再是一个政治组织了。

　　专制政体和威权政体的历史非常古老，前者可追溯到古希腊，而后者则在罗马共和国中有其起源。唯有总体主义统治就像它这个说法本身一样，是新出现的，它要求**总体**统治，而不只是政治统治。我们对它的了解极其有限，我们的探究唯一可接触的类别是希特勒政权，这是因为近年来人们可以获得与之相关的文件材料。无疑，这样的局限促使我们用源自更熟悉经验的概念工具来考察我们历史上最新的政治体，只可惜由于这样一种等同——一方面等同于专制、另一方面等同于威权主义——，我们就无法准确把握只属于这种现象的特征和制度。

把总体主义与威权主义等同起来，这种做法在自由主义作家那里最为常见。他们从如下假设出发，即"向有组织、有保障的自由……不断前进是现代历史的典型事实"[1]，任何对这一进程的偏离都是朝着相反方向的反动。这就使得他们忽视了如下几种情形在原则上存在的差异：威权政体限制自由，专制和独裁政体废除政治自由，以及完全消除自发性本身，这是人的自由最一般、最基本的显现，唯有总体主义政体通过各种限制方法以达此目的——因为恐怖和集中营不是用来恐吓人，而是旨在限制人。自由主义作家，由于他们关注的是自由的历史和进步，而不是各种政体形式，因此他们在这一点上只看到它们在程度上的差异，而看不到旨在限制自由的威权政体仍与自由联系在一起，若其对自由的限制到了完全废除自由的地步，则它丧失了自己的实质而变成了一种专制政体。所有威权政体都依系于其上的合法权力与非法权力的区分，也同样如此。自由主义者一般不会注意到这一点，因为他们确信权力必定腐败，因此不断进步就要求持续地缩减权力，无论这种权力源自何处。

自由主义把总体主义等同于威权主义，以及相伴随的从每一种对自由的威权主义限制看到"总体主义"的倾向，其背后都有一个更加久远的混淆，即把权威混同于专制、合法权力混同于暴力。专制政体与威权政体之间的差异始终在于，专制统治者根据自己的意愿和利益进行统治，与此不同，哪怕是最严酷的威权政体也有法律的束缚。它的所作所为要由一部法典来检测，而这部法典要么根本不是由人制定的，比如自然法、上帝的戒律和柏拉图的理念，要么至少不是由那些实际掌权的人制定的。威权政体的权威来源，总是在其自身的权力之外和之上；这种外在的来源总是超越了政治领域，正是从这个外在来源当权者（the authorities）获得他们的"权威"，即他们的合法性，并使他们的权力受

---

[1] 这个说法出自阿克顿勋爵（Lord Acton），in his "Inaugural Lecture on the Study of History," reprinted in *Essays on Freedom and Power*，New York，1955，p.35。

到制衡。

权威的现代代言人，即使在公共舆论为新保守主义提供了良好氛围的短时间内仍完全意识到他们所从事的是一项几近于失败的事业，他们当然想要指出专制与权威之间的这一区别。在自由主义作家看到一种本质上得到确保的、朝着自由方向进步的地方，这个进程只是暂时地被某些过去的黑暗势力所干扰，保守主义者看到的是一个从权威逐渐削弱开始的毁灭过程，因此，自由在丧失了保护其边界的约束性限制时，也变得无助、没有保护而注定毁灭。[1]专制与总体主义再次被看成一致，只是现在总体主义政体被认为是民主几乎不可避免的结果，即便它无法直接等同于民主，也就是说，它是所有传统所承认的权威消失的结果。然而，一方面是专制与独裁之间的差异，一方面是专制与总体统治之间的差异，它们之间的区别都不亚于威权主义与总体主义之间的区别。众所周知，从古代城邦的统治者到现代的独裁者，他们一旦镇压了所有有组织的反抗，摧毁所有现实的敌人，与之相伴的就是墓地般的寂静，而在总体主义政权下生活的人民从未有过这般好处。

现代的一党独裁类似于专制，它们的统治都依赖于政党而非运动。尽管就最法西斯主义的独裁统治而言，它确实是通过运动让独裁者掌权；但关键是，运动在攫取权力后就会凝结为一个政党。纳粹对墨索里尼和意大利法西斯主义明确且一再重复的批评，以及他们对斯大林和斯大林时期的布尔什维克主义同样明确的推崇，围绕的都是一党独裁与总体主义运动之间这一重要差异，或者用他们自己的语言来说，围绕着一个正常国家的独裁领袖与一场"世界革命"之间的差异。总体主义的统治完全依赖于如下事实，即掌权的是一场运动而非一个政党，统治者主要关心的是让运动持续，以免它"堕落"为一个政党，而不是不惜一切代价让自己掌权的那种专制者的残忍决心和独裁者的煽动能力，因此我们发现，总体主义领袖专心致志于加速运动本身。这就是斯大林政权进行清洗的意义，同样的，这也是希特勒"那个永远不允许结束的挑选过

————
[1] 若说只有自由主义政治思想专注于自由，这是极不公平的；我们历史上几乎没有哪个政治思想流派不以自由观念为中心，当然自由概念可能因不同的作家和不同的政治环境而不同。在我看来，这一说法的唯一例外是托马斯·霍布斯的政治哲学，他当然绝不是一位保守主义者。——编者注

程"的意义所在，它的突出特征就是它只能作为一个灭绝过程才能发挥作用。[1]

与此紧密相连的是总体主义政权对恐怖的显然无意义的使用，这一点使得它们与现代和过去的独裁和专制最为明显地区分开来。恐怖不再是恐吓和压制对手的一种手段，恰恰相反，它随着反对者的减少而使用得日益频繁，在反对者不再存在时达到顶峰，哪怕从迫害者的角度来看，这种恐怖的全部怒火指向的与其说是它的敌人，不如说是无辜的民众。只有那种"客观敌人或潜在敌人"，即那些没有犯罪但共有某些的客观特征且随时可以被确定为"罪犯"的人，能够为"清洗"或"灭绝"提供充足的人类材料，以保证运动不断推进。

与自由观念极其简单的独裁政权相反，总体主义领袖用以为他的所有措施辩护的论点恰恰是，它们乃自由之必需。他不反对自由，甚至不限制自由。问题只在于他的自由概念截然不同于非总体主义世界的自由概念。正是世界革命的历史过程或种族选择的自然过程需要清洗和灭绝来得到"解放"。就像在 17 世纪的一些哲学家那里一样，自由在这里被理解为不受外在力量或阻碍限制的运动，如同河水的自由流淌。人们不可预测的主动性，哪怕他们会决心支持这一运动，也是像规律、传统或任何稳定的制度（即便是最专制的制度）一样是这个自由流动过程的阻碍。纳粹德国的所有法理学家都力图证明，法律概念与运动的政治内容直接冲突，以至于哪怕最革命的新立法最终也会成为这场运动的一个阻碍。[2]人们只要仔细地阅读斯大林的一些演讲，就能认识到他同样得出了极其类似的结论。[3]

辩证唯物主义者（他们准备为了历史而给布尔什维克体制辩护）与他们的反总体主义的反对者，他们在自由概念讨论上的所有辩证细节，最

---

　　[1]　这种想法常常出现在纳粹的文献中。我这里的引文出自 Heinrich Himmler，*Die Schutzstaffel als antibolschewistische Kampf-organisation. Schriften aus dem Schwarzen Korps*，No.3，1936。

　　[2]　最值得注意的一个文献是 Theodor Maunz，*Gestalt und Recht der Polizei*，Hamburg，1943。蒙茨先生属于第三帝国完全成功地清除了自己的如下"偏见"的少数法律专家之一，即法律观念与正义概念有特定的关联。他对纳粹的"法律"实践做了最好的概念化。

　　[3]　非常典型的是斯大林在 1936 年苏联宪法颁布时发表的演讲。

终都依赖于一个简单而非辩证的理解：他们在谈论自由时心里想的是过程的自由，它显然需要摆脱爱管闲事的人们的干涉活动，而我们心里想的是人的自由，他们的活动需要法律、宪法和制度的稳定边界来保护。

总体主义统治者的任务——为历史过程或自然进程扫清道路，为总体主义运动清除人类不可预测的自发性——要求的措施比仅仅把法律转变为命令激进得多，命令是一切官僚专制的特征，在那里政府和正当法律程序被行政部门和匿名决策所取代。同样，从在运动中对领袖的盲目忠诚看到一种如同军队中的命令-服从关系，这种关系偶尔还会在军事独裁时渗入政治-民事事务，这只具有一种表面上的正确性。纳粹，特别是在后来那些年里发展出了一种令人惊讶的精确术语，宣称德国的最高法则是元首的**意愿**，而非领袖的命令。[1]

让运动发动并这样保持的正是这种不断变化的"意愿"，它的外在表现——命令、法令、指令——极不稳定，它们甚至没有正式发布，也没有引起那些其生命取决于服从它们的人的注意。[2]这种不寻常行为的动机，确实远远超出了专制者最独断的奇思怪想，因为专制者至少清楚必须表达并公开自己的"意愿"才能得到服从，因此与其说它是害怕反对者或担心密谋暴露，不如说它是计算好的、有意识的担心，即担心

[1] 关于这一原则："元首的意愿是最高的法则"（Der Wille des Fuehrers ist oberstes Gesetz），例见 Otto Gauweiler, *Rechtseinrichtungen und Rechtsaufgaben der Bewegung*, 1939, p.10. Also, Werner Best, *Die Deutsche Polizei*, 1941 p.21："元首的意愿，无论以何种方式表达……都会创造法律并且改变现存的法律。"（Der Wille der Führung, gleich in welcher Form er zum Ausdruck gelangt..., schafft Recht und ändert bisher geltendes Recht ab.)现存有无数文件清楚表明元首的命令与元首的意愿之间的巨大差异。例见纽伦堡文献 PS3063，它记录了1938年11月的大屠杀：命令要求负责屠杀的冲锋队员带上他们的枪支，但其含义是"每一个冲锋队员应该清楚现在必须做什么……，犹太人的血应该流，根据元首的**意愿**，犹太人的命不重要"（黑体和翻译出自我们自己）。一个靠谱的纳粹不是那种毫不怀疑地服从希特勒的命令的人，而是能够辨识出希特勒的这些命令背后的"意愿"的人。不用说，这种"意愿"始终比命令更为根本。Hans Frank, *Die Technik des Staates*, Munich, 1940, 表述如下："在第三帝国行动的绝对命令是这样的：你要这样行动，若元首知道你的行动，他会赞同这些行动。"（Der kategorische Imperative des Handelns im Drittern Reich lautet: Handle so, dass der Führer, wenn er von Deinem Handeln Kenntnis Hätte, diese Handeln billigen würde.)

[2] 这些法令中最著名的当属希特勒发动第二次世界大战的指令，1939年9月1日，他命令"给所有身患绝症的人以恩惠(allen unheilbar Kranken den Gnadenstoss zu gewähren)"。不过，自1933年以来，有大量类似的法令，它们在第三帝国是有效的法律，却从未发布过。马丁·博曼(Martin Bormann)在战争期间把它们汇集为五大卷，题为《指令、命令、告示》（*Verfügungen*, *Anordnungen*, *Bekanntgaben*），并在序言中表明："仅用于党内工作，并且要当作秘密"。（Nur für interne Parteiarbeit bestimmt und als geheim zu behandeln.)加利福尼亚州斯坦福大学的胡佛档案馆有这套书的前四卷。

哪怕像希特勒发动第二次世界大战这样严酷的、"革命的"法令——即杀掉所有身患绝症的病人——，也会因其发布而成为一种稳定因素，从而阻碍运动激进化的进一步发展：比如，希特勒还打算提出一个国家健康法案，旨在战后清除所有能够找到的其家庭成员中有一位患有肺病或心脏病的人。[1]

性质上如此决定性的差异，必定表现在整个统治机构和政治体的结构上。不过，这种区分只有在它们能够传递到行政和组织的技术形式层面才是有效的。为了简洁起见，我们可以用三种不同的代表模型形象来总结威权政体、专制政体与总体主义政体之间的技术-结构差异。对于威权政体的形象，我认为它是金字塔形，这一点在传统政治思想中众所周知。金字塔确实是一个特别适合这样一种政体结构的形象，它的权威来源在自身之外，但它的权力中心位于顶端，从顶端开始权威和权力往下渗透到底层，其中连续的每一层都拥有一些但比上一层少的权威，正是因为这种周到的渗透过程，从上到下的每一层不仅牢固地结合成一个整体，而且像汇聚的光线一样相互关联着，其共同的焦点是金字塔的顶端以及在它之上的超越的权威来源。这一形象只能用于基督教的威权类型，因为它在中世纪通过教会的不断影响而发展，其时，世间金字塔之上和之外的焦点为基督教式的平等提供了必要的参照点。罗马人对政治权威的理解，在那里权威的来源只属于过去，只在罗马奠基和祖先的伟大之中，导向了一种制度结构，即它的焦点位于金字塔的地基；不过这一点在我们的语境中并不重要。无论如何，一切威权政体因其等级结构而是最少平等的政体形式；它使不平等和区分成了无所不在的原则。

所有关于专制的政治理论都同意，它在严格的意义上属于平等主义的政体形式；专制者是统治着所有人的统治者，而他压迫的"所有人"都是平等的，即同样地毫无权力。如果我们坚持金字塔的形象，那就仿佛顶端与底端之间的所有中间层被摧毁了，以至于顶端悬空着，仅仅靠着众所周知的武力支撑，统治着大量被精心隔离、瓦解以至于完全平等的个人。古典政治理论常常把专制者完全排除在人类之外，并称之为

---

[1] 关于希特勒这一对战后时期的计划，见 the Nuremberg documents published in Vol.8 of *Nazi Conspiracy and Aggression*，Washington，1946，p.175ff。

"披着人皮的狼"（柏拉图），因为他把自己置于一个人反对所有人的位置，从而使得他的统治即一人统治，柏拉图仍无差别地称之为**君主政体**或专制政体，显然有别于各种形式的王政（basileia）。

不同于专制政体和威权政体，在我看来，总体主义统治和组织的恰当形象是洋葱结构，它的中心是一个空的空间，那里正是领袖之所在的位置；无论是把政治体融合为一个威权的等级结构，还是像专制者那样压迫他的所有臣民，他都是从内部运作的，而不是从外部或上方运作的。运动极其多样的所有部分，先锋组织、各种专业协会、党员、党的等级制度、精英队伍和警察团体，以这样一种方式相互联系着，即每一部分都是一方面构成外部的形象、另一方面指向中心，也就是说，在一个层面扮演着正常的外部世界的角色，另一层面扮演着激进的极端主义的角色。比如，希姆莱（Himmler）的党卫军文职人员相对于党卫军领导层而言代表着相当市侩的正常外表，然而与此同时，与纳粹党（NSDAP）的普通成员相比，他们在意识形态上更值得信任，也更极端。

同样地，同情者与党员、党员与党的官员或冲锋队员、地方长官与秘密警察等之间的关系也是如此。[1]这一体制的巨大好处就是，即使在总体主义统治的境况下，运动也为每一层提供了一个虚构的正常世界，以及让人们意识到一个与之不同而非更激进的世界。因此，先锋组织的同情者，他们的信念只是等级上不同于党员的信念，围绕着整个运动，并且由于他们并不狂热、也不极端，而对外部世界提供了一个欺骗性正常面向，与此同时，他们代表了总体主义运动的正常世界，而这场运动的成员开始相信自己的信念只是在程度上不同于其他人的信念，以至于他们永远无需意识到有一道深渊把他们自己的世界与实际围绕着这个世界的世界隔了开来。洋葱结构使得这个体制在组织上免于真实世界的事实性带来的震动。

这类组织的第二个好处是，它可以对总体主义政权与非总体主义的外部世界之间的关系给出一种含糊其辞的说法。与每一层的这种双重角

---

[1] 只有对总体主义运动最原初的组织结构加以详细描述和分析，才能证成洋葱形象运用的正当性。我必须提一下我的作品《总体主义的起源》（*The Origins of Totalitarianism*，New York，1951)中论"总体主义组织"那一章。

色——一方面作为外在形象、另一方面作为内在中心——密切相应的是如下奇怪的事实,同样的官方声明可以既理解为纯粹的宣传,又理解为认真的灌输。比如,希特勒通常向他的军官团发表的激烈的民族主义演说,就是对国防军官的灌输;然而,在更高级的纳粹内部,"有益于德国人民的就是对的"这一口号甚至被"有益于运动的就是对的"[1]正式取代,它们不过是向尚未"成熟"到足以理解运动的真正目标的外部世界所做的一个宣传。这样会让我们走得太远而无法表明这种特殊的结构是如何关联于如下事实的,即总体主义统治是基于完全字面意义上的一场运动,这场运动在范围上是国际性的,因而在一个国家掌权并不意味着总体主义统治者摆脱了这场运动作为一个整体的利益或目标,因此他碰巧掌权的国家与其说是他个人权力的所在和来源,不如说是运动本身的总部。

II

显然,这些反思和描述基于如下信念,即做区分是重要的。强调这样一个信念似乎是一个毫无必要的老生常谈,因为至少就我所知,还没有哪个人公开说区分毫无意义,我们在政治科学或其他任何科学中进行探究,可以完全无视区分,假定一切事物最终都可以称作其他任何事物,或者认为区分的意义仅仅在于我们每一个人都有权"定义自己的术语"。然而这种权利,即我们在处理重要性问题时被赋予的权利——仿佛它与表达自己的意见没有什么不同——,已经意味着专制、威权、总体主义这些术语完全丧失了它们的共同含义,或者我们不再生活在一个共同世界,在那里我们共同拥有的语词具有不可置疑的意义,而那些缺乏这种拥有的人则被认为生活在一个完全没有意义的世界,在那里我们彼此赋予退回到各自自己的意义世界的权利,只要求我们每一个人保持

---

[1] "有益于运动的就是对的(Recht ist was der Bewegung nuetzt)"这个表述出现得非常早,例见 Dienstvorschrift für die P. O. des NSDAP, 1932, p.38, 它先于后来的《纳粹党组织手册》(*Organisationsbuch der NSDAP*),它的各种版本所包括的"党员义务"中都有这同样的一条。

自己私人术语的一致性，这不是很奇怪吗？ 在这种情况下，如果我们仍确信我们相互理解，那我们的意思不是说我们一起理解我们所有人共同的世界，而是我们理解论证和推理的一致性，即纯粹形式的论证过程。

无论如何，在区分不重要的隐含假设下展开讨论，那在社会-政治-历史领域即在人类事务领域中，事物不具有传统形而上学通常称之为各自的"他性"（各自的 alteritas）的区分性，而这种他性已经成了社会、政治和历史科学中许许多多理论的标志。其中，有两个在我看来值得特别提一下，因为它们以一种特别重要的方式触及所讨论的主题。

我在开头描述自由主义理论和保守主义理论时提到了第一个：我们看到，自由主义度量着自由消退的过程，而保守主义度量着权威消退的过程；这两种理论都把所预期的最终结果称作总体主义，并且认为无论哪一方都存在着总体主义的趋势。毫无疑问，双方都能为各自的结论提供优秀的文献证明。谁会否认 20 世纪初以来四面八方对自由的严重威胁，以及至少自第一次世界大战以来各种专制的兴起？ 另一方面，谁又能否认所有传统上得到确立的权威的消失，已经是现代世界最引人注目的特征之一？ 这样一来，似乎一个人只需按照自己喜好，或者按照自己的"价值尺度"，把目光专注于两种现象中的一种，以证成一种进步论或灭亡论。如果我们用同样的眼光去看待保守主义者和自由主义者相互冲突的表述，那我们就可以轻易地看到，真理平等地分配在他们之间，即我们事实上面临的是自由和权威在现代世界的同时消退。就这些过程而言，人们甚至可以说，公共舆论的无数震荡——150 多年来定时地从一极摆向另一极，从自由主义情绪摆向保守主义情绪，然后又摆回来，反复如此，一会儿力图重申权威，一会儿又重申自由——，只会导致对问题的进一步混淆，抹除权威与自由之间的分界线，最终摧毁各自的政治含义。

自由主义和保守主义双方都诞生于激烈波动的公共舆论，它们之所以关联在一起，不只是因为在理论和意识形态领域若没有对方的存在各自都会丧失其实质，而且是因为双方都意在恢复，要么是恢复自由，要么是恢复权威，要么是恢复两者与传统立场之间的关系。正是在这个意义上，它们构成了同一个硬币的两面，就像它们的进步或灭亡的意识形态不过是同一个历史过程的两面一样，若人们像双方那样假定，历史过程有明确的方向和可预测的目的，那它作为过程是可以得到理解的。

此外，在历史通常被设想为过程、河流或发展的形象本质中，一切都可以转变为别的，区分变得毫无意义，因为在产生的那一刻就过时了，被淹没在历史的洪流中。从这个角度来看，自由主义和保守主义就呈现为与 19 世纪更加普遍和全面的历史哲学相应的政治哲学。在形式和内容上，它们似乎是现代最后阶段的历史意识的政治表达。它们无法通过历史与过程、进步或灭亡等概念在理论上把自己区分出来，由此证明进入了这样一个时代，在那里某些此前所有世纪都具有明晰特性的观念开始丧失其清晰性和合理性：它们丧失了在公共-政治现实中的含义，然而并没有完全失去其意义。

第二个也是最新的含蓄地挑战了区分之重要性的理论，是所有概念和观念几乎普遍的功能化，这一点特别体现在社会科学领域中。在这里，正如前引例子一样，自由主义和保守主义的不同不在于方法、观点和路径，而只在于重点和评价。一个方便的例子就是今天自由世界广泛传播的信念，即认为布尔什维克主义和共产主义是新"宗教"，尽管它们公开宣扬无神论，因为它们在社会、心理和"情感上"所履行的功能，无异于传统宗教在自由世界曾履行、如今依然在履行的功能。社会科学的兴趣不在于作为一种意识形态或一种政体形式的布尔什维克主义，也不在于它的代言人要为自己说什么；社会科学的兴趣不在于此，许多社会科学家认为他们无需探究历史学家所谓的来源就可以展开研究。他们的关注点只在于功能，根据这种观点，凡是履行相同功能之物，就可以说是一样的。仿佛我有权利把鞋后跟称作一把锤子，因为我像大多数妇女一样，用它把钉子敲进墙里。

显然，人们可以从这样的等式中得出截然不同的结论。因此，保守主义的特征是强调鞋后跟毕竟不是一把锤子，不过用鞋后跟作为锤子的替代物恰恰表明锤子是不可缺少之物。易言之，他们发现，无神论可以履行宗教同样的功能，这一事实很好地证明了宗教是必不可少的，因而建议回到真正的宗教，认为这是抵抗"异端"的唯一道路。当然，这个论证很弱；若只是个功能和如何运转的问题，那"虚假宗教"的拥护者也可以像我使用脚后跟那个例子一样，很好地举出他们的例子，而且它们在发挥功能上也不是那么糟糕。相反，自由主义者则把同一种现象看作是世俗主义事业的一个糟糕的背叛例子，认为唯有"真正的世俗主义"能够治愈我们，使我们免受虚假宗教和真正宗教对政治带来的有害影响。敦促自由社会回到真正的宗教、让社会更加宗教化，或者要我们取消制度化的宗教(特别是天主教对世俗主义的不断挑战)，这些相互冲突的建议无法掩藏冲突双方在如下一点上的一致：凡是履行宗教功能的东西都是宗教。

同样的论证也常常用于权威：如果暴力与权威一样履行相同的功能，即让人民服从，那暴力就是权威。这里，我们再一次发现两种人，一种是建议回到权威的人，因为他们认为只有重新引入命令-服从关系才能掌控大众社会问题，一种是认为大众社会像其他所有社会一样可以统治自身的人。双方同样在一个基本点上是一致的：权威让人民服从。所有那些把现代独裁称作"威权"或把总体主义误解为威权结构的人，都潜在地把暴力等同于权威，这些人包括保守主义者，他们认为独裁在我们世纪的兴起是因为需要为权威寻找一个替代品。这个论证的核心始终一样：一切皆与功能性背景相关，暴力的使用是用来证明，一切社会都只能在威权框架下存在。

在我看来，这些等式的危险不仅在于政治问题的混淆，抹除了把总体主义与其他政体形式分离开来的分界线。我并不认为无神论是宗教的替代物，能够像宗教一样履行同样的功能，同样地我也不认为暴力可以是权威的替代物。但是，如果我们听从保守主义者的建议，他们在这个特殊时刻有一个得到倾听的绝佳机会，那我十分确信我们会发现提供这样的替代物并不难，我们会使用暴力并声称恢复了权威，或者我们对宗教的功能性运用的重新发现会产生一种替代性宗教——就好像我们的文明还不够被各种各样的伪东西和废话弄得一团糟似的。

如果人们所理解的历史不是某些政体形式得以显现为可识别的实体的历史空间，而是一切事物总是可以转变为别的事物的历史过程，那与这些理论相比，我们提出的专制、威权与总体主义体制之间的区别就是非历史的；这些区别是反功能的，因为这些现象的内容被用来规定政治体的性质及其在社会中的功能，而非相反。政治地来说，它们倾向于假定，在现代世界中，权威几乎消失于无，这一点在所谓的威权体制中不亚于在自由世界中，而自由，即人类的移动自由也处处受到威胁，哪怕是在自由社会之中，但只有在总体主义体制中才被根本废除，这种情形甚至在专制和独裁政体中也没有出现。

III

由此来看，这一立场的主要否定性特征就是避免历史过程和社会功能的相互关联概念所产生的参考框架，它导致了许多问题。在下面的结语中，我想提醒读者注意一下出于诸多原因在我看来特别重要的一点。这就是如下问题，即我们西方的权威概念源自何处；何种政治经验产生了它；当权威概念不再有效，而不是哪个具体的生活领域中的某种具体权威不再有效时，何种共同的、公共-政治的世界（我说的不是观念或精神发展）终结了。

权威概念如同权威这个词一样，起源于罗马。古希腊语言中没有这个词，古希腊历史的多重政治经验中也不知道这个概念。当然，最接近权威观念的古希腊政治思想出现在柏拉图的政治哲学中，在那里他——他或许没有意识到这一点——反对城邦生活的现实而确立理性的专制。这种哲学的动机是政治的；它起因于体现在苏格拉底审判中的那种城邦对哲学的敌意。柏拉图寻求权威却建立了专制——因为理性的专制其程度并不亚于意愿和权力的专制——，原因在于如下事实，即他的经验基础仍完全是否定性的；他的哲学意味着哲学家在政治上反叛城邦生活并表明他的统治诉求，但这种诉求并不是为了城邦和政治，而是为了哲学和哲学家的生存。有充足的理由认为，亚里士多德已经意识到哲学王与专制者之间的类似，因为两者的统治都是基于自己的利益，这在亚里士多德看来是专制者的一个突出特征，当然柏拉图不这么认为。柏拉图可能没有意识到他那个哲学王的专制特征，原因在于在他看来，一般而言在希腊城邦，专制的主要特征是完全废除公共领域，在那里一个人可以展现自己，让别人看见和听闻，同时把人民从"市场"驱回到家庭生活的私域，希腊人一般认为，这意味着残酷地剥夺了人类生存最具人性的特征。在柏拉图看来，把一个公共关注完全吞噬了私人生活的政制（politeia）说成是专制的，会是一种术语上的矛盾。

柏拉图的那种理性专制完全是乌托邦，因为从未有过与之相应的现实和政治经验。由于这一乌托邦特征，要不是罗马人根据柏拉图式概念来理解他们自己截然不同的权威概念，我们可以完全不予考虑这种早期对权威与专制理性的等同。相应地，这种奇怪的误解成了西方历史上最重要的事实，在罗马帝国灭亡后的几个世纪里，它根据罗马传统即参照希腊哲学重新解释原初的基督教经验。

尽管属于时代错误，但若我们把"权威"一词用于柏拉图的哲学，那么就表明权威存在于理念之中，这些理念由于超越了人类事务领域，它们可以用作所有存在和发生于理念天空下的事物的标准——尺度。理念的权威，即使得它们能够统治人类事务的品质，并非理所当然之事。唯有当哲学家担心自己的生命，开始把理念用作统治和权力的标准时，它们才在统治这个词的完全意义上成为**统治性**概念。只有在这种情形下，人才必须这样来理解它们的超越性，就像人们认识到尺度必须外在于要测量的具体长度，并且具有与后者不同的特征。现在这些理念以同样的方式应用于多样的事物，就像我把一个尺度、一个标准、一种规则应用于无数具体事物和事件一样。但是，这种让理念概念对政治领域有用的应用性，最初几乎不见于理念观念，以至于柏拉图不得不改变"最高理念"，即让所有其他理念成为理念的理念，那就是把《会饮篇》中美的理念转变为《理想国》中善的理念。这一转变保证了理念概念可用于政治目的，因为"善"（good）这个词在希腊语和希腊哲学中始终意味着"有益于"（good for），即一件东西或一个人的有用性和潜在的卓越。由于最高理念即诸理念之理念这一概念的转变发生在洞穴故事中，这些理念在《理想国》中可以成为哲学王手中的规则和尺度，后来又成了《法律篇》的法律。在《理想国》中显现为哲学家专制的东西，最后成了《法律篇》中的理性专制。理念的最初功能，即在美被设想为最高理念时，并不是统治，而是照耀和点亮世界。只是因为柏拉图在政治困境中发现自己也需要把他的教义应用于人类事务领域——他反复提醒我们不要太认真对待这个领域——，他才赋予理念统治的权力，因而深刻地改变了理念学说本身。不过，就像之后的许多人那样，柏拉图出于政治目的而运用自己的学说，这一事实并不改变如下事实，即**理念**概念在起源上是非政治的，也不依赖于真正的政治经验，尽管它可以被应用于政治领域。

人们或许会疑虑，要是罗马人在对传统的无休止探索中未曾决定把古希腊哲学，特别是苏格拉底学派的哲学，当作他们在一切理论和思想问题上的公认权威，那柏拉图把规则、尺度和量度引入人类事务领域的宏大努力，就不会丧失其本质上的乌托邦特征。他们之所以这样做，是因为权威和传统已经在罗马共和国的政治生活中扮演了一个极其重要的角色，这一点有别于古希腊的城邦生活。

在罗马特有的政治生活的中心矗立着这样一种信念，即奠基的神圣性是所有未来世代的凝聚力量。罗马的政治活动主要在于保存罗马的奠基。因此，这一点上罗马又有别于希腊城邦，无法通过建立殖民地来重申这一奠基。罗马的奠基——tantae molis erat Romanam condere gentem（建成罗马民族何其艰难），维吉尔对埃涅阿斯受苦和流浪的永恒意义总结如下：dum conderet urbem（创建城邦）[1]——连同家园和家庭神圣性这种同样非希腊的经验，以及对灶神和城市守护神的极度虔诚，构成了罗马宗教的政治内容。在这里，宗教意味着一种回溯至巨人的、近乎超人的存在状态，因而是传说般的奠定基础的努力。政治活动与宗教活动几乎不可分别；用西塞罗的话来说："最使人的德性接近于诸神（numen）的圣道的，无过于创建新城邦或保护既有城邦。"[2]宗教是奠基本身的凝聚力，别的不说，它为位于罗马神庙的罗马诸神提供了居所，与此不同，希腊诸神尽管保护了人们的城邦，也在城邦中有各自临时的住所，但他们自己的家终归是远离有死者的城邦，高居于奥林匹斯山。

---

[1] *Aeneid*, Book I, 33, 5.—Ed.
[2] *De Re Publica*, VII, 12.

在罗马人的语境下，权威在于与祖先一起创建、为开端奠基的那些人，罗马人称他们是 maiores(更伟大的人)。同样地，传统变得神圣，而这在希腊人那里从未有过，因为它保存并传递着权威，后者是见证并创造了神圣奠基的祖先的证词。因此，宗教、权威和传统变得不可分割，以一种三位一体的形式表达了一个权威开端的神圣凝聚力，人们通过传统的力量被束缚在上面。在罗马从共和国向帝国的转型中，这个三位一体留存了下来，而且凡是 pax Romana(罗马和平)之处它都生根发芽，传播开来，最终形成了西方文明。

不过，罗马精神的全部力量，或者奠基作为政治共同体建立的一个可靠基础的概念，只有在罗马帝国倾覆后才显露出来，其时，新生的基督教会作为罗马在政治上和精神上的继承者，实际上变得非常罗马化，比如它把基督复活重新解释为又一个永久机构得以建立的新基石。甚至在罗马陷落之前，君士坦丁大帝就号召要为衰亡中的帝国赢取"最强大上帝"的保护，教会最终能够克服《新约》中显而易见的基督教信条浓厚的反政治、反机构倾向，而且能为人们提供"教会成员意义上那种罗马和市政当局不再能够提供的公民身份"[1]，是因为它作为一个公共机构的基石不再只是基督教的复活信仰，或希伯来对上帝诚命的服从，还有耶稣的生死复活作为一个历史事件的既有证词。因此，使徒能够成为"开国者"，教会只要把他们的证词作为传统一代代地传递下去，就可以从他们那里获得自己的权威。

由于在天主教会的奠基中对罗马奠基的重申，宗教、权威和传统这个伟大的罗马三位一体就被带入了基督教时代，并且造就了单个机构长存至久的奇迹，在我们的历史上唯有古罗马的千年历史可与之相比。

尽管罗马哲学确实已经运用柏拉图的概念来解释罗马的政治经验，不过可以说，这些仅仅对心眼所见、人们的可见事务借以得到判断和衡量的柏拉图式标准，现在变得政治上完全有效了。真正超越的权威的这些启示性诚命和真理，它们本来难以融入罗马政治结构，如今也很容易作为奠基故事本身的组成部分而得到吸收。上帝的启示如今可以被政治

---

[1] See R. H. Barrow, *The Romans*, p.194.

地理解为对人类行为标准和政治共同体尺度的终极启示；用政治科学领域的一位现代柏拉图主义者的话来说，早期柏拉图对"不可见尺度的取向，如今通过尺度本身的启示得到证实"[1]。就罗马天主教会把希腊哲学吸收入其教义体系的彻底程度来说，它把罗马政治的权威概念，不可避免地与过去的开端和奠基联系在一起，与希腊哲学对标准和超越性尺度——用现代的说法称之为"价值"——的需要融合在一起，从权威的角度来看，要是没有这些尺度就不可能有秩序。最终没有什么比这一融合本身更具权威了。

自那以后，宗教、权威或传统这个罗马三位一体的任何一个要素毁灭，都不可避免地伴随着其他两个要素的毁灭。就像霍布斯和 17 世纪政治理论家错误地希望在废除传统之后，权威和宗教还能完好如初一样，路德错误地认为他对教会的世俗权威的挑战能够让传统和宗教保持完好；最后，人文主义者也错误认为，他们可以在无需宗教和权威的情形下仍身处西方传统的连续性之中。

非常值得注意的是，事实上对于这些极其强大的力量（希腊哲学概念——它们曾通过传统和权威变得神圣化——借以扫除了一切不适合它们的参考框架的政治经验）非常重要的是，奠基观念在政治思想中几乎没有任何地位，即便从政治上来说它单独使得一切传统包括柏拉图式的传统得以可能。唯一一个在其著作中把奠基概念置于核心的决定性位置的伟大政治思想家是马基雅维利。他之所以能够回溯到罗马政治经验的起源，无疑要归功于他对教会所呈现、保存和重新解释的一切传统的蔑视；不过这种蔑视源于真诚的基督徒生活与一切政治活动之间绝对的不相容。他不仅认为腐败的教会败坏了意大利的政治生活，而且确信这种败坏不可避免，恰恰是因为教会的基督教特征。此外，他认为一个得到改革而不腐败的教会尽管可能更值得尊敬，但对于政治领域的危害却不是更小而是更大。所有这一切都驱使他去重新发现核心的罗马政治经验，它的原初表现既清除了基督教的"道德"，也没有古希腊那种对哲学的关切。通过追随心目中的大师，他开始认为，只要在建立统一的意

---

[1] Eric Voegelin, *The New Science of Politics*, p.78.

大利时重复原初的奠基行动，罗马历史的一个新开端是可能的，他希望意大利的创建就像永恒城邦的奠基曾经是古代罗马人的基石一样，对于意大利民族而言能够成为一个"永恒"政治体的神圣基石。

自迈内克(Meinecke)的书出版以来，甚至在此之前，人们就习惯地把马基雅维利看作"国家理由"(raison d'Etat)之父，因此无疑也是现代民族-国家之父。[1]这无疑是正确的，但是更引人注目的是，马基雅维利和罗伯斯庇尔常常说的是同一种语言。罗伯斯庇尔关于恐怖之正当性的整个理论，与马基雅维利关于奠基新政治体、改革腐败的政治体之暴力的必要性理论逐字逐句相应。

马基雅维利对政治思想的独特贡献，不在于他那可疑的"现实主义"，也不在于所谓的"政治科学之父"(他当然不是)。无论他的一些言论如何令人震惊，甚至他的非道德主义也没有为他挣得名声，更别说伟大了。在伟大的政治思想家之中，几乎还没有另一个思想家像马基雅维利那样，让他的读者和解释者感到不幸。他强调在公共-政治领域人必须"学会不做好人"，这绝不是说要教人怎么成为坏人[2]，不过很显然，在这里就像在他所有其他的著名陈述中一样，他有意识地明确反对基督教的政治哲学和柏拉图式的传统。他与在政治思想传统中发挥重要作用的两个善(goodness)概念进行斗争；他确信无论是柏拉图式的"有益于……"概念，还是不在此世的基督教的绝对善概念，更不要说两者的混合，都没有资格在公共领域进行统治，尽管它们可能在私人生活领域完全得到了证成。他对罗马经验的重新发现，其伟大在于如下事实，他不仅复兴了一个传统，这个传统甚至是他所反对的理论的基础，而且不得不发现在他之前从未明确表述的东西，因为罗马人自己已经根据一种庸俗化的希腊哲学，而不是一种真正的罗马哲学，考虑他们自己的经验。

若一定要说马基雅维利是什么之父的话，那无疑是现代革命之父，

---

［1］ 这里指的是 Friedrich Meinecke, *Die Idee der Staatsräson*，1924，该书第一章论述的是马基雅维利。

［2］ 这个说法出现在《君主论》(*The Prince*)第 15 章，它必须根据不断重申的对"人实际上借以获得权力、而非挣得荣耀的方法"显然蔑视来理解。马基雅维利关于好的概念，完全由"圣方济各和圣多米尼克通过宗教的复兴"所决定，他在《论李维》(*Discourses*)第 3 卷最后一章讨论它的政治重要性。

所有的现代革命都是穿着"罗马服装"、在创建一个新政治体的罗马激情下进行的。从我在最后几句话中想要勾勒的观点来看，现代的危机，即著名的"西方的衰落"，表明自身是权威、传统与宗教这种罗马三位一体的衰落，即西方政治所特有的罗马基础的危机。

这一传统自身提供的用以修复断裂的传统之现代唯一手段，就是重新奠基，即重复几乎如超人般的罗马人的原初努力。至于这一方面是否可能，无人知道。与此相对的是如下事实，我们世纪的所有革命都是误入歧途，通向了总体主义或专制的政治体；另外，唯一一次成功的革命发生在现代世界的入口处，即美国革命，可以说，建国之父们通过宪法建立了一个真正的新共同体。迄今为止，它经受住了现代世界的冲击，哪怕它特有的现代性无可置疑。没有人比马基雅维利更清楚这一点，他主要的政治关切就是"奠基"："再也没有什么比开创一种新的事物秩序更难以展开、成败更难以确定、执行起来更危险的了。"[1]

---

［1］ *The Prince*，Chapters 9 and 6 respectively.

致罗伯特·M.哈钦斯[1]

汉娜·阿伦特-晨边快速路 180 号-纽约 27 号,纽约
1957 年 1 月 27 日

纽约,纽约 17 号
东 42 街 60 号
共和国基金有限公司
主席,罗伯特·M.哈钦斯先生

亲爱的哈钦斯先生:

　　正如几周前我在午餐会上承诺的那样,我已经考虑过你所提的那些问题,现在我来就费里先生(Mr. Ferry)发给我的材料说说我的看法。

I. 基 本 问 题

　　我也认为,经验探究若不与基础性的基本问题联系在一起,其效力是可疑的。不过我觉得,对基本问题的理解应当出自对依情形或急或缓

---

[1] 罗伯特·梅纳德·哈钦斯(Robert Maynard Hutchins)是一位打破传统的人,他对毫无意义的空洞言词或毫无目的的制度没有耐心。他担任芝加哥大学校长二十二年,其影响可以说登峰造极,他曾说:"大学的目的无非是在整个世界实现一次道德、智识和精神革命。"他与汉娜·阿伦特成为朋友,这一点也不奇怪。1952 年,罗伯特·M.哈钦斯设立了共和国基金(the Fund for the Republic)。——编者注

的具体问题的理解和解答的尝试。我不认为这些探究应"出自对基本问题和基本观念的理解的尝试",理由如下:

a) 基本观念的研究既无法组织,也无法委托,最多能够被一个组织激励,比如共和国基金。

b) "基本问题和基本观念有哪些,它们应在何种秩序下加以研究",对此的回答只有基于一种既定的政治哲学才可能。尽管这样的理论无疑有很多,但其中没有任何一个理论拥有足够的智识权威或普遍认可的效力,让基金仅依赖于它。此外,出自这种预先指定秩序的探究会是毫无生气和干瘪的,因为探究者不会觉得有义务要从经验和数据本身中学习,而更可能会把事实仅仅用作预先构想的理论的例子。

c) 我认为,正是在政治的本性中,每一个具有经验重要性的事实问题才揭示了自身的基础。因此,我们才有权在政治研究中从表层开始,因为根据定义,每一个政治上的危险点都是基本问题冲破表层的地方。因此,"在表层运作"并不是这样来进行经验研究,即有意地忽略经验所揭示的基本问题;相反,深入研究意味着具体明确地与经验所揭示的基础性的基本问题联系在一起。

d) 因此,我倾向于认为,最好的做法是遵循现实本身所拟定的秩序,即处理在急迫且政治上重要的问题的发展过程中所显示的基本问题。通过这种方法,就有可能尝试如下这一否则就无法进行的任务,即重审基本观念和传统上根深蒂固的概念。

e) 从一开始,运作的范围就应大到足以包括近来的急迫问题,或在可预见的未来可能会变得急迫的问题。我们今天面对越来越多这样的潜在问题,它们随时可能变得现实和急迫。同样地,我们今天认为是急迫的问题,很可能会从公共场景中暂时消失,当然这不应阻止基金继续资助对它的研究。

II. 基本问题、潜在问题与急迫问题之间的关系

最好是用一个例子来说明关于它们我认为存在的区别和联系。我选

择的例子是宗教自由。

在我看来，这是您的提纲中所列的最不急迫的问题。它没有受到国家或社会的威胁，而且在这个国家，教会与宗派之间的相互宽容达到了前所未有的高度。因此在这样的情形下，我似乎就不应该把宗教自由当作一项具体研究的主题。然而，一方面，主要是因为所谓的宗教复兴，让宗教和宗教方案回到了政治讨论之中，从而使得近年来宗教自由成了一个潜在的问题。比如，人们说唯有基督徒和畏惧上帝的人才能构成一种民主国家，或者说，宗教是西方唯一能够有效抵抗共产主义的力量，等等。我认为，宗教与政治的这种重新混同极其有害，而且对宗教的危害更甚于对政治的危害。

宗教自由所涉及的基本问题是宗教与政治之间的关系，或者历史地说来，是国家与教会的分离所带来的断裂。世俗化尽管意在把政治从宗教中解放出来，但它有双重结果：宗教丧失其政治要素，其中最重要的要素是对死后永恒惩罚的畏惧，政治则丧失了它的宗教约束。世俗化同时解放和净化了宗教和政治，我个人认为世俗主义对于信仰潜能的益处，不少于其对纯粹世俗的政治领域更显而易见的益处。自基督教兴起以来，宗教自由所涉及的不仅仅是信仰自由。这种早期的基督徒艰难地发现，用以抵抗罗马帝国——我们所知的在宗教上最为宽容的政治体——的新自由，就是基于宗教而免于政治的自由。而且，这种自由只有通过教会与国家的分离才能在法律上得到保证。

世俗化所引发的危险如下：如果我们认为政府主要是一种强制人民行为的工具，即一个"反映人性"的机构，要是人们都是天使（我认为，如麦迪逊所说的那样），政府就是多余的，那政府就因其与教会的割裂付出了巨大的代价；因为如果人们不再畏惧死亡（死刑）或痛苦（折磨），那就没有什么可以用来处罚人，没有什么可以等同于对永恒死亡和永恒痛苦的畏惧。我忧虑的是，在频繁推荐畏惧上帝的共同体的背后，恰恰是一种可理解的遗憾，即我们在政治上不再与畏惧地狱的人打交道。易言之，国家与教会的分离使作为一种强制工具的政府概念过时了，从而需要重审。

潜在的危险是宗教——由于我们时代的困惑，以及我们的政府概念尚未根据世俗化加以重审——成了达成政治目的的一个手段，政府用于强制的一种工具。吁求宗教来帮助解决纯粹世俗的问题——比如共产主义和其他意识形态的兴起，或者我们在定义民主、政府目标、政治本性等问题上的无能——的诱惑极大，但这样做只能导致政治上的逃避主义和宗教上的亵渎，而绝不会是中世纪那样的重新整合。宗教退化为政治的一个工具，无疑危及了宗教自由，在这个意义上，这种自由确实是一个潜在问题。

III. 急 迫 问 题

对急迫问题的列举只能是尝试性的；甚至这样做是充满争议的，因而需要纠正和补充。目前来说，可能包括下列一些问题：

a) **南方的种族问题**。——涉及的基本问题有 1.平等；2.州权利与联邦权利的对抗，即这个国家的权力结构和权力分配。

1：平等。对这一情境的经验研究必须牢记，平等无论如何都是政治科学中最为严重、最为复杂的问题之一，它首先是公共领域的一个属性，有别于生活的私人领域。正如平等是公共事务的内容，区别则是人在私人问题上的行为。在私人生活中，我们区别对待，比如选择朋友、排斥某些同伴，等等，若没有这样的区别，一种私人意义上的个人生存是无法想象的。任何反对种族隔离的立场，都必须使私人生活中的区别权利保持完整，合法地产生的问题涉及的是区别的私人领域与平等的公共领域之间的界线。

实际上，在这一具体情形上更强调基本问题，可能会导致对近来为进一步消除种族隔离所采取的步骤的重新评估。比如，区别是否可以延伸到选择邻居的权利上，就是一个有争议的问题。无疑，种族隔离最让人无法容忍的方面之所以在于公共交通领域，恰恰是因为它们是公共的；铁路和公共汽车上的区别对待侵犯了我们作为人的尊严感，因为它发生在我们都是平等者的领域。学校，以及一般而言的教育，是一个临界区域，在那里私人和公共的权利和利益有所重叠。因此，从教育领域开始消除种族隔离可能并不明智，还不如从居住开始明智，不过，对于结束公共交通领域的种族隔离，开始消除最不具争议的领域的种族隔离而言，它又必不可少——如近来事件清楚指明的那样。[1]

2：州权利与联邦权利的对抗。整个国家的结构依赖于州权力与联邦权力的充分平衡。这里的基本问题是权力的本性。权力不是不可分的，恰恰相反，它是可分的，而且不会因此而减少其强力，这一观念是宪法的核心概念之一。正是这一可分性使得权力有别于力量和武力：被分割的权力对于所有相关方都意味着更多的权力，而被分割的武力总是意味着更少的武力。

这实际上意味着，消除种族隔离的安排也必须根据权力平衡来判断，任何对州权利的侵犯，它们实际上得到宪法的保证，都将导致区域权力的削弱，最终可能不可避免地导致对作为整体的联盟的削弱。

b) **对隐私的侵犯**。——几个显然不相干的事件促使这个主题在今天成了一个特别急迫的问题。尽管某些我们认为属于隐私权的本质的个人权利——在我看来，比如"免于被非法搜寻和逮捕"的权利或自己的财产权——没有明显受到威胁，然而其他从未提及的权利却突然因国会委员会而受到损害，它要求人们提供亲朋好友的信息或自己私下里表达的意见，方式包括窃听、探询个人问题的工厂问卷调查、报纸以及觉得有权进行采访的记者，等等。仿佛政治和社会力量一起合谋反对隐私的存在。

这里的基本问题涉及的是我们一直在其中活动的三个领域之间的区别和联系：我们在其中作为公民的公共领域；我们在其中谋生的社会领域；以及私人领域，在其中我们需要合理地摆脱公共领域和社会领域，因此隐于四面墙之内而受其保护。近来对隐私的侵犯提供了一个绝佳的机会，来阐明政治科学数世纪以来一直保持沉默的问题，它们几乎被关于私有财产权的无休止的抽象争论所掩盖，在这些争论中，一切问题都得到了讨论，唯独财产相关于公共领域和私人领域时有何意义这个问题除外。在这个问题上公共舆论的混乱，至少部分地，仅仅反映了专业意

---

[1] 比如，1955年发生在阿拉巴马州蒙哥马利的罗莎·帕克斯(Rosa Parks)事件，就标志着美国民权运动的一个新开端。——编者注

见的缺乏；这种情形可以通过一项探究来澄清，这项探究根据人类活动和经验揭示了这三个领域各自的独特重要性，其中一些领域需要隐私，而另一些领域则需要公开性。

c) **护照签发**。——这里的关键问题无法通过探究护照被拒签的各种案例得到阐明，因为问题在于行政部门近来的立场，它认为持有护照是美国公民的一项特权，而不是一项权利。显而易见，这个问题在权利法案中没有得到解决，因而在法律上来说仍是一个充满争议的问题。近年来有哪些类型的人因此受到折磨，这样的研究会导致无休止的争论，而且只会混淆问题。

这里的基本问题是活动自由，这或许可以说是我们所珍视的最基本的、显然最重要的自由。（在这一背景下，人们可能会记得希腊关于奴隶解放的方案，它把不受限制的活动权利算作一起构成个人自由的四种自由之一——其他三种是身份地位、个人不受侵犯和职业自由。）在没有护照就无法旅行的时代，移动自由就受到了限制，或者成了一种"特权"，因为政府并不是必须为每一位申请的公民签发护照。拒绝申请的权利应该局限于无论如何其移动自由都要受到限制的案例，比如罪犯、重要证人或被逮捕但可以保释的人。出于类似的原因，目前申请包括申请者打算出国的地点和待多久的信息则十分令人反感。最近在去中国的记者的情形中所引发的问题则有所不同。因为护照确保其持有者在国外受到政府保护，因此政府必须有权拒绝对与其没有正常外交关系的国家承担责任。问题是它是否有权超越明确的免责声明，使那些国家的护照失效。

个人的处境只能通过引入宪法修正案加以补救，然而这只能阐明权利法案保障的自由；[1]它不会为宪法引入一种新的观念。

d) **剥夺公民身份作为惩罚**。——欧洲国家在应对两次世界大战期间不断增长的无国籍者上的无助，是欧洲民族-国家体系衰落未曾注意到的信号之一。无国籍问题二战期间第一次在这个国家成了急迫问题，当时政府决定扣押日裔美国公民并剥夺他们的宪法权利。这一事件之后，

---

[1] 阿伦特大概指的是第九修正案。——编者注

这个问题仍潜伏着，直到近年来政府开始剥夺已归化公民的公民身份，并把他们当作不受欢迎的外国人驱逐出境。当布劳内尔（Brownell）[1]宣称他的意图是剥夺原生公民和归化公民的公民身份，以惩罚他们的共产主义活动时，这个问题就成了急迫问题。

要是这个提议得到实施，无国籍作为惩罚就会纳入这个国家的法律结构，从而把所有公民置于危险境地，而不只是共产主义者。与此同时，所有信奉共产主义的原生公民和大多数归化的公民，都会自动成为无国籍者；由于这样的人是不可驱逐的，所造成的这样一种处境就使得集中营是唯一合乎逻辑的答案。无国籍立刻就在美国成了一个主要的法律问题和政治问题。

所涉及的基本问题如下：只要人类是在国家中按照民族和领土组织起来，那么一个无国籍的人就不只是从一个国家被驱逐，无论是这个国家是他的原生国家还是移居国家，而是从所有的国家被驱逐——没有哪个国家必须接受他入籍——，这就意味着他实际上已经从人类中被驱逐了。因此，剥夺公民身份可以算作反人类罪，事实上并非偶然，这类罪行中一些公认最严重的犯罪恰恰是发生在大规模的剥夺国籍之后。与剥夺国籍的权利相比，国家在谋杀案中的死刑权利不过是小巫见大巫，因为罪犯的审判所依据的是国家的法律，在这些法律框架下，罪犯拥有权利，他绝没有被完全置于法律的范围之外。

布劳内尔的提议，不过是在一个问题上普遍盛行的那种无知和无思的明显例证，归根结底，这个问题是 20 世纪至关重要的最新现象之一。就今天所知的无国籍——其危险不仅涉及相关人员，而且涉及收容大量无国籍者的国家的法律结构——而言，我们有充分理由改善美国目前关于归化公民的做法。看似荒谬却是事实的是，在这个国家的政治环境下，可能需要一个宪法修正案来确保美国公民不会因其所作所为而被剥夺公民身份。关键在于，这种（未被承认的）公民身份权利，比具体的公民权利更为基本，后者是一个罪犯可以因其活动而失去的权利。同样地，剥夺归化公民的公民身份应该在宪法上不可能——由于各种历史原

---

[1] 赫伯特·布劳内尔（Herbert Brownell，Jr.），美国司法部长（1953—1957）。——编者注

因，如今这些归化公民在这个国家比在其他国家更容易丧失公民身份——，除非出现双重归化（这样无国籍状态无论如何都不会产生）和个人身份造假（姓名、出生地和出生日期等等）的情形。其他所有造假问题都应该在法律下加以惩罚，而不是剥夺国籍。

e) **避难权**。——最后一个不那么急迫，但更加复杂的问题，它因近几个月的匈牙利事件以及匈牙利难民的到来而浮出水面，那就是联合国和国际法学家的向来要求，即一种得到宪法保障的避难权，尽管20世纪动荡不安，但这种避难权不见于任何成文法、宪法或国际协定，也不见于原来的国际联盟和新的联合国的宪章。在政治难民不再是个别特例，而是每一次重大事件中在世界某个地方占据人口的可观比例之后，这一要求可能比以往更难以实现。尽管如此，即便没有唾手可得的直接结果，一个谨慎、明智的尝试或许还是值得的。目前的时机非常有利，因为国家和政府都急于提供帮助，而对法律上的障碍极不耐烦。如果匈牙利革命爆发之际存在着避难权，那就有可能暂时接受大量的难民，而无需国家向新移民做出承诺，也无需改变配额制。难民权应受时间限制，并应在适当考虑原籍国不断变化的环境的情况下延长居留期限。最后三点提出了一个问题，即基金会是否有智慧去着手一项"重审权利法案的非官方宪法公约"。我个人的感觉是，基金会应该避免重新对宪法进行全盘考虑。我不认为"18世纪以来发生的巨大变化"让这样的重新考虑成了必需，而且这样的做法是危险的；宪法依然可以通过修正案来应对这些变化。与重审宪法相比，我认为应该考虑的是国会这么多年来避而不用宪法规定的立法权的原因，尽管它们通常被各种各样的修正提议所淹没。因为这种怯弱实际上等于在结构性问题上回避行动，而未能直面提出前所未有新问题的事情。

IV. 潜 在 问 题

我已经提及作为潜在问题的宗教自由，对于其他方面我将不会详述。一般来说，把潜在问题与基本观念联系在一起，和把它与急迫问题联系在一起同样重要，但这样做会困难得多，而且在这个方向的尝试更容易受到不相干的、抽象的普遍性的影响。正是问题的急迫性，让我们对基础性的基本问题更加敏锐。要是没有这种急迫性，我们唯一具体的帮助就是历史，即在问题变得急迫时想起一系列相关的事物；这种做法在某些情形中很有帮助，比如宗教问题，但在其他一些情形上不那么有益。

这时，所有在麦卡锡[1]危机期间浮出水面的问题都是潜在的问题——表达自由、学术自由和其他公民权利。这些潜在的问题还包括某种形式的歧视和种族仇恨，奇怪的是它们并未出现在麦卡锡运动中，但它们在过去已经表明是危险的，比如反犹主义、反天主教运动，以及和平时期专属于极端主义者的其他事件。

所有这些情形，都需要持续的监控以确定危险到来的时刻及其程度，以便在危险到来之际做好准备面对。然而，基于过去的经验和简单的常识，需要给予特别的关照，以免那些有监视之责的人赋予指派给他们的"运动"本身并没有的动力。尽管非常有害但极其自然的是，监视反犹主义的委员会一旦开始对仇犹产生既得利益，若不被允许夸大其词就会倍感沮丧。针对这一危险的补救措施，就是规模小、完全没有公共性，雇佣具有良好判断力、特别诚实的人，他们对政治的充分兴趣超过了工作带来的利益。

V. 结　　论

a) **基本问题**：基金会应该公开其对基本问题和基本观念的高度关注，承诺尽一切努力去激发新思考。最好的直接方法就是每年为关于政治理论和政治哲学领域基本问题的最佳著作颁发一笔可观的奖金，其次就是每年奖励一部致力于具体政治分析、最敏锐地意识到当前事件背后的基本问题的著作。

---

　　[1] 约瑟夫·麦卡锡(Joseph McCarthy)，来自威斯康辛州的美国参议员(1947—1957)，一个极具煽动性的反共产主义者。——编者注

除了这些经常性奖项之外，基金会可以适时颁发一些特别奖，比如从现在开始以三年为期，奖励那些对基金会预先规划、认为最值得重新分析的主题作出长篇论述的作品。我想到的一个主题是在控制人类心灵方面的科学"进步"导致的对自由的威胁；获奖著作应该全面阐述生物化学、脑外科、心理学、社会工程、行为科学以及其他学科在这一方向上的尝试，以及所取得的成果。

这些奖项有一个不可忽视的意外作用，那就是可以激发个体的学术和思想，从而有助于抵抗思想以及生活的其他领域的制度化趋势。

b) **急迫问题**：为了根据基本问题来列举和评估急迫问题，应该接触这一领域的一些人。同时也建议接触一下近年来从事实际政治的一小部分人，最终的目的当然是把这两类人结合在一起。后者的功能在于对照他们的日常实践经验来核查"思想家们"的问题，帮助在操作层面把观念转化为充分实践。我想到的是那样一些人，比如他们在麦卡锡的指控期间承担了具体的操作活动。

基金会所信托的那些人应该组成一个咨询委员会，以考量每个问题的最佳研究路径。重要的是不要为所有问题提出一个统一的方法；相反，无论是基于观念和基本问题，还是基于处理相关主题的路径，独立地对待每一个主题应当确立为一个原则。举一个例子：对南方种族关系的研究可能最好沿着严格经验的、事实调查的路线进行。对隐私的研究则可能必须在三个层面展开；经验研究必须确定社会压力、政治因素和警察行为的影响；法律方面以及对个体心理的影响则要有深度的考察；公共领域、社会领域与私人领域之间的相互作用和相互关联，则要进行历史研究和理论研究。另一方面，护照情况的研究，则根本不应涉及事实调查，也无需太多理论。它应交给各种国籍法专家和国际法学家，他们通过比较各种不同国家的行政实践和权限，最终让宪法学家去准备一个宪法修正案。无国籍问题可以通过国际法学家和积极从事难民工作的人得到恰当处理。

这些研究一旦完成，在每一种情形中该如何操作的决定一旦达成，从事实际工作的群体就形成了。最终成果会是出版的一系列作品。

c) **潜在问题**：也必须像急迫问题那样以同样的方式、由同样的人来确定。这里接下来的步骤应该是建立小型运作机构，它的最终目标不应是充满抱负的研究，而是对基金会提供日常报告。机构本身的工作不应公开，而要由基金会来决定何时以及如何公开使用他们的成果。机构的雇员无需是政治科学的研究者，也无需受过理论训练。不过他们必须要有实践经验、地方知识、良好的判断力，并且正直诚实。

d) **宪法修正案**：针对那些只能通过宪法修正案得到充分解决的问题，可能必须设计一个特别程序。我不是完成可能会促使国会采取行动的某些步骤的合适人选，不过在我看来，重要学术机构的讨论应遵循法律专家和政治专家在宪法问题上的考虑和阐述。唯有在这些非公开活动取得令人鼓舞的成果之后，人们才开始在全国通报情况，并通过各种传播媒体、杂志文章、广播、电视等了解各方的反应。我想要表明的是，只有在采取一切措施营造有利的舆论氛围之后，去接触国会议员才可能是明智的做法。

若觉得有必要做进一步的讨论和澄清，请您随时给我电话。

你最真诚的

汉娜·阿伦特

附：由于准备匆忙，我很抱歉未能复印一份寄给费里先生和考格雷(Cogley)先生。

1957 年

匈牙利革命与总体主义的帝国主义

自匈牙利革命的火焰照亮战后总体主义的无边风景以来，差不多已经过去两年了。[1]这一事件不可以成败来衡量；它的伟大在于它所造成的悲剧，并且依赖于这一悲剧。我们仍可以在俄国占领的布达佩斯街头看见身着黑衣无声游行的妇人，公开哀悼革命的死难者。这是为自由而斗争最后的政治姿态，它显然是悲剧事件的最后一幕，近来历史中鲜见这样单纯的紧急行动。过后，在经过几个星期、几个月之后，恐怖又把每一个人逼回到各自的房子，那里并非安全之所，因为被始终存在的恐惧所支配。然而在革命失败一年之后，被征服被恐吓的人们依然有足够的勇气，至少在周年纪念日当天，强迫自己走出黑暗，由此表明记忆如同恐惧一样环绕着房子——只有记忆使行动持久，并且最终能够确保它们在历史中的地位。在自由死亡的第一个周年纪念日上，人们不约而同地不去所有的公共娱乐场所、剧场、影院、咖啡屋和餐厅，并且在送孩子去学校时带小蜡烛，让他们点亮并插在课桌上的墨水瓶里。这些行动表明，革命事件足以伟大，有资格写进历史。现在，可能要由我们来唤起记忆和反省的力量，把值得铭记的东西载入史册。

革命发生的环境背景非常重要，但是若我们所理解的历史乃值得铭记的东西，那么展示一个几乎总是禁锢历史，而且自身实际上甚至并非历史的自动化过程，就没有那么必要了。在匈牙利发生的一切从未发生

---

[1]　匈牙利革命始于 1956 年 10 月的最后一个星期，结束于 1956 年 11 月的第一个星期。——编者注

在别处，革命的十二天所发生的一切，比红军把这个国家从纳粹统治下"解放"以来的十二年都更称得上历史。

因为十二年来发生的一切都完全不出预料——这个漫长乏味的故事包括两个方面，一是公开的欺骗和背信弃义，一是仅存的希望与最终的幻灭。新征服的领土为总体主义做好了准备：从人民阵线策略和虚假的议会体制的第一阶段，到迅速清洗掉此前尚能容忍的政党的领导人和成员的一党独裁，最后是公开审判，通过这种真正的俄式做法除掉莫斯科无法信任的本国的共产主义者，权力由此就落入了在莫斯科受过训的匈牙利代理人中最卑鄙、最腐败的那帮人手中。

所有这些以及更多的情形都是可预测的，这并不是因为有历史、社会或经济的力量推动着在一个方向发展，而是因为这些都是众所周知的俄国霸权做法的组成部分。仿佛是俄国统治者在急急忙忙地重复十月革命到总体主义出现的所有步骤。唯一的不同是，在 20 年代的俄国，这是一场真正的灾难性事件，任何人甚至斯大林都没有为此做好准备，相反，如今启动的这一切则好像是一个需要尽快完成和结束的计划。因此，这十二年的故事尽管其恐怖难以形容，本身却没有什么值得注意的，也几乎没有什么变化；从波罗的海到亚得里亚海，一个卫星国发生的事情几乎同时也发生在其他所有卫星国。

与在波罗的海国家的统治形成对照的例外是，苏联占领的东德。前者很不高兴被直接并入苏联，结果是省掉了仪式隆重的重复（这至少减缓了卫星国发展的速度），而它们的地位随即被其他苏联国家所吸收。当多达百分之五十的人口被驱除出境，而这一损失又通过强迫的任意移民加以弥补，那显然他们在地位上就同化为鞑靼人、卡尔梅克人或伏尔加德意志人，也就是说，同化为那些在抵抗希特勒的战争中表现不佳的人。东德的情形是完全相反的例外。东德甚至从未变成一个卫星国，而始终保持为一种由卖国政府统治的被占领领土，那里当然也不缺充当莫斯科代理人的热情的德国人，因此尽管东德与西德相比仍极其悲惨，但在经济和政治上要比那些卫星国好得多。对生活在那里的德国人来说，这种处境可能完全不同，但他们无论何时想要逃往西德都比较容易，这一事实使他们认识到，铁幕只从苏联的东部边境开始。他们独自仍可以搭乘地铁前往西柏林，这种个人决定的空间无论是在卫星国还是在苏联都是没有的。不过这些地区之所以是例外，只是因为它们也落在俄国势力的范围之内；它们并不是卫星国体系的例外，因为它们从未属于卫星国体系。

甚至斯大林死后不久出现的困难也不能说是出乎意料，因为它们忠实地反映了俄国高层领导内部存在的困难或争议，而这些困难又完全重复了 20 世纪 20 年代的境况，当时国际共产主义运动还没有简化为最终的总体主义形态，而每一个共产党都分裂为不同的派系，是派系林立的俄国共产党的忠实反映，其中每一个派系都把各自依靠的俄国领导人视作守护神——实际上也确实如此，因为他那些世界各地的追随者的命运完全取决于他自己的命运。确实很有意思的是，斯大林之死不仅发生了三十年前列宁之死导致的继承人危机（毕竟在没有继承法的情形下，出现这样的问题理所当然），而且这一危机再次遭遇了斯大林在 1925 年建议的"集体领导"这种临时解决方案，结果海外共产党推举集体领导中一员作为他们的领袖，并且试图围绕这个领袖形成他们的派系。因此，卡达尔（Kádár）是赫鲁晓夫（Khrushchev）的追随者，纳吉（Nagy）是马伦科夫（Malenkov）的追随者。赫鲁晓夫对马伦科夫的胜利不仅相应于 20 世纪 20 年代斯大林派系的胜利；而且在俄国之外的共产主义运动发挥了同样的作用，产生了同样的结果。

这种历史发展的重复，就好像分配好的任务，似乎是总体主义运动固有结构的组成部分，常常近乎闹剧。这种情形甚至在匈牙利革命期间也偶有显露，因为共产主义者也在那里扮演了一个角色：在失败的绝望中，他们被迫采取了老把戏，这种做法既有违事件的风格，也不适合他们自己在其中扮演的角色。在最后的一次广播中，共产主义自由电台拉伊克（Rajk）就敦促同志们"加入卡达尔的伪共产党"，然后从内部把它转变为"一个真正的匈牙利共产党"。同样地，在三十年前，斯大林的早期反对者也敦促同志们不要脱党，而要采取特洛伊木马策略；斯大林本人在说到纳粹运动时，也对德国的共产主义者下达了同样的策略。这些所谓的崇高的政治规划与现代大众的隐秘欲求极为合拍，他们由于孤独，无法做到袖手旁观而不参与其中。纳粹德国发生的 Gleichschaltung

（一体化），或政治合作，或许就是这种倾向的最好例子，在那里，数不清的人没有受到任何强迫、完全自愿地认为，参与国家社会主义运动乃是一项崇高的政治活动，因为这样他们可以从内部让事情变得更好。结果每一次都一样：无论为了何种实际目的，那些出于策略原因而加入总体主义政党的人，都成了典范的斯大林主义者或纳粹分子。

然而，就在研究总体支配的专家们已经习以为常、舆论也变得无动于衷之际，匈牙利革命中断了这些自动发生的进程和有意无意的重复。这场革命让所有人都大吃一惊；甚至波兰发生的事件也不是这场革命的准备。革命并不是准备好的，没有人预见到革命——那些进行战斗和因之受苦的人，与那些极其无能袖手旁观的人，以及那些全副武装进行镇压的人一样，都无法预见到革命。[1]因为这里正在发生的一切没有人再相信，若曾经有人相信的话——无论是共产主义者还是反共产主义者，特别是那些满嘴夸张的陈词滥调、认为人民有反抗总体主义恐怖的义务的人，从不知道也不在乎别人要为他们的空洞言说付出怎样的代价。如果真有罗莎·卢森堡（Rosa Luxemburg）所谓的"自发革命"，全部人民只为了自由而突然起义就是——所谓自发革命，就是没有预先的军事失败带来的令人沮丧的混乱，没有政变技巧，没有由职业阴谋家和革命者组成的严密机构，甚至没有党的领袖，它是每个人，无论是保守主义者还是自由主义者、极端分子还是革命分子，都当作一个崇高的梦想加以抛弃的东西——，那时我们有幸见证了这样的革命。匈牙利教授对联合国委员会说这个事件在历史上独一无二，或许是对的，因为这场革命没有领袖。"它没有组织；它没有中央指挥。自由意愿是每一个行动的推动力。"

过去和现在的事件——而不是社会力量和历史趋势，也不是问卷调查、公共舆论研究，以及社会科学武器库中的其他玩意——，是政治科学家真正的、唯一可靠的老师，因为对于参与政治的人而言，它们是最

[1] 鲍里斯·I.尼古拉耶夫斯基（Boris I. Nicolaevsky），他的《克里姆林宫的战斗（Battle in the Kremlin）》——这个系列的六篇文章发表在纽约周刊《新领袖》（*The New Leader*，July 29—September 2，1957)上——一文对斯大林死后俄国的发展做了最为全面、最为合理的分析，发现"联合国关于匈牙利革命的报告认定布达佩斯出现的暴力是**蓄意挑衅**的结果"。我不相信这一说法；不过即便他对了，俄国挑衅导致的结果无疑也出乎意料，远远超出了最初的意图。

值得信赖的信息源。一旦非同寻常的事件发生，比如匈牙利发生的自发革命，一切政策、理论以及关于未来可能性的预测都需要重审。据此，我们必须核查并扩展我们对总体主义政体以及总体主义的帝国主义的性质的理解。这里提出的问题非常简单。真的如休·塞顿-华特森（Hugh Seton-Watson）认为的那样，"奥威尔的 1984 只是一场噩梦"，"总体主义曾经被推翻，它也可以再次被推翻"；总之，"匈牙利革命可以证明……是布尔什维克主义的 1905"？[1]

I. 斯大林死后的俄国

无疑，就像匈牙利革命是自发的一样，它无法脱离斯大林死后的发展背景来理解。如我们今日所知，斯大林之死发生在新一轮大清洗的前夜，因此他的死无论是自然死亡还是被谋杀的，党内较高阶层必定弥漫着一种极度恐惧的氛围。由于没有继承人，斯大林没有指定接班人，而且没有人够快获得或胜任这个位置，因此随即就开始了围绕继承人的斗争，由此在苏维埃俄国和卫星国中造成了一场严重的危机。甚至今天，在斯大林死后近六年后，我们仍可以怀疑其结果是否真的已定。但有一件事是确定的：总体主义专制最严重的一个缺陷是，它显然无法找到一个解决继承人问题的方案。

我们之前已经知道总体主义独裁者在这个问题上的态度：斯大林偶尔会漫不经心地指定自己的继承人，然而在一些年后又把他杀害或降职，与之相应的是希特勒在"餐桌"谈话中在此话题上的一些零星说法；我们所知的一切都强烈地表明，他们深信这只是个次要的问题：只要机构完整，任何人都会这样想。要理解这种漫不经心，人们必须记住这种选择显然局限于一个小圈子中的人，他们在独裁者死亡之际身处高层**并且**还活着，已经表明自己在总体主义境况下的优越性。因此，这种

---

[1] See Hugh Seton-Watson's introduction to Melvin J. Lasky, *The Hungarian Revolution*; *A White Book*: *The Story of the October Uprising as Recorded in Documents*, *Dispatches*, *Eye-witness Accounts*, *and World-Wide Reactions*, Books for Libraries Press, 1970, pp.23—24.塞顿-华特森被认为是第一章"历史背景：1054—1956"的作者。

风险是可承受的，而且无论如何都好于那种约束性的继承规章，因为这会给总体主义运动引入一种与其格格不入的稳定因素，从而可能有碍于"运动"的需要以及运动的极端灵活性。若有一种继承法，那这种法律确实是整个政体结构唯一稳定的法律，因而可能是朝着某种合法性方向迈出的第一步。

无论如何，也不管我们知道什么，我们都不可能知道独裁者死后会发生什么情况。只是现在我们才知道，继承是一个没有得到解决的问题，它导致的严重危机，涉及潜在继承人自身之间的关系，他们各自所依赖的各种机构之间的关系，以及他们与大众之间的关系。总体主义的领袖作为大众领袖，需要人气，它与宣传所营造、恐怖所支撑的人望一样有效。因此，继承的第一阶段是比拼人气，因为总体主义支配的本性在于，继承人的主要竞争者完全不为人知，更别说什么人气了——或许朱可夫（Zhukov）是个例外，他作为一个军人，最不可能成功掌权。赫鲁晓夫走访全国，与人握手、拥吻孩童——简而言之，与选举运动中的美国政治家没什么两样。贝利亚（Beria）进行反战的绥靖政策，其显然的反差让人奇怪地想到战争最后几个月的努力，通过成为同盟国所信任的足以缔结和平的那个人，由此来接替希特勒。最终，马伦科夫和赫鲁晓夫一起清除了贝利亚，不只是因为他的外交政策的冒险行为变得危险，而且是因为他在俄国和国外都是民众仇恨的矛头所在——如希姆莱的情形一样，这一点对每个人都显而易见，只有他自己蒙在鼓里。

这种对大众人气的竞争不应误以为是对大众的真正恐惧。不可否认，恐惧是确立"集体领导"最强有力的动机，不过与列宁死后的三头统治不同，这些人害怕的不是人民的"反革命"，而是害怕彼此。他们关心的不是集体地不受大众伤害，而是创造一种互保机制，以确保不会相互残杀。任何费心去了解这些有身份者——他们都是忠实的斯大林主义者，经受过党的清洗和大屠杀十年的教育和考验——的过去的人，都不得不承认这样的恐惧是正当的，他们采取互保的措施也是完全自然的。

相反，恐惧大众几乎是没有道理的。斯大林死时，警察机构依旧完整；当强大的警察帝国在清除贝利亚后解体，恐怖情形得到了实质性的缓和，即使在卫星国的动乱中出现了回旋效应——一些学生闹事、一个莫斯科工厂罢工，知识分子中间的"自我批评"谨慎地要求更多的回旋余地——，也从未有可能发生暴乱的严重迹象，比如知识分子对言论自由的真正要求，或真正的动乱。[1]此外，知识分子中间微不足道的反对表现，不仅受到政党的鼓励，而且可能是一项直接命令；而且这也绝不是一种真正的让步，而是斯大林久经考验的统治手段之一。他用挑衅作为一种工具，由此了解舆论状况，并把反对者哄骗到公开场合，由此他能够适当地处理他们。赫鲁晓夫对知识分子的讲话，无非是一场例行表演罢了，他在其中正式宣布"解冻"结束，说他们沉溺于"党对斯大林个人崇拜批判的本质的错误理解"，低估了"斯大林的正面作用"，因而应该回到"[有着]无限机会"发展"他们的歌颂才能"的"……社会主义的现实主义"。

这同一个讲话还有另一方面更值得注意。因为在这个讲话中，赫鲁晓夫宣布成立"创意协会"，通过这个协会，"每一位作家、艺术家、雕刻家等的创造性发展"都会受到"同志般的持续关注"。在这里，我们找到了他打算如何取代警察恐怖的线索。他似乎计划一种并非由外在团体（警察）进行的监视，而是在人民中间招募监视人员，在这里则是在作家和艺术家自身中招募监视人员。这是弥漫于所有总体主义社会的那种相互监视原则的制度化，而且可能是对这一原则的提升，斯大林通过把揭发他人作为忠诚的唯一考验，从而使这一原则变得非常有效。赫鲁晓夫公布的另一项创新也指向同一个方向。他反对"社会寄生虫"的法令明确规定，这些"反社会"分子将被民众自己选出来送入集中营进行惩罚。易言之，赫鲁晓夫计划用一种高度组织化、制度化的暴民统治来取代秘密警察的某些功能。就好像现在已经到了这样一个阶段，可以期待并信任人民做自己的警察，交出恐怖所需的受害者。

在备受讨论的去中心化计划中，可以发现统治技术方面的类似新发

---

[1] 在这方面的典型是伊格纳齐奥·西洛内（Ignazio Silone）与伊凡·阿尼西莫夫（Ivan Anissimov）1956年最后几个月间的信件交流，他们是苏联期刊《外国文学》（Foreign Literature）的编辑，当时"解冻"给西方作家带来了希望。他们相信会有另一个与苏联知识分子对话交流的机会，然而他们之间的通信表明这样的希望是多么地毫无根据。这次通信以"一次不安的对话（A Troubled Dialogue）"为题发表在意大利的《现时代》（Tempo Presente）和美国的《新领导》（The New Leader，July 15，1957）上。

展。它们完全没有表明苏联社会的民主化或苏联经济的合理化，因为这些显然是旨在通过确立新人管理的新经济区域，来打破管理阶层的权力。[1]莫斯科中央的人事向各省的重新调配，首先是要确保他们的原子化；他们一旦被分流到各省，就受到地方政党当局的监视。这些当局机构肯定不会像新协会给予艺术家"的创造性发展同志般的持续关注"那样，给予每一个工厂、每一个生产部门同样的关注。目标并不新鲜；赫鲁晓夫从斯大林那里明白一点，即每一个开始表现出阶级团结迹象的团体都必须解散——意识形态上来说是为了建立一个无阶级社会，而实际上为了建立一个只能被总体且可靠地支配的原子化社会。[2]不过，斯大林通过一场永久的革命，即定期重复的对党的大清洗，所实现的目的，赫鲁晓夫希望通过不那么剧烈和毁灭性的手段来实现，即直接在社会中发展警察职能，由此确保社会内部的永久原子化，这就使得剧烈动摇整个国家的结构成了多余。

这样一种支配方法和制度上的改革极为重要，特别是它们并非出自"解冻"时期的建议。尽管几乎没有人注意到，但十分引人注目的是，对匈牙利革命的血腥镇压，尽管一如既往地可怕和有效，以及随之而来的那种典型的总体主义风格的警察恐怖，它只是在和平之后才真正确立并在那之后不断加强，并不代表解决这一危机的典型的斯大林式方案。[3]斯大林很可能更愿意采取警察行动而不是军事行动，他度过这一危机的方式，肯定不只是处死一些领导人、关押成千上万人，还有大

---

[1] 尼古拉耶夫斯基(见第 109 页注释)指出，"赫鲁晓夫对苏维埃管理阶层的斗争……可以追溯到过去。"See also "New Purge in the Kremlin" by Richard Lowenthal, in *Problems of Communism* (September-October 1957, p.2)："最初更多是为了经济现实，后来则转变成了为了党在经济领域的更直接统治。"

[2] 共产主义运动的革命性发展失败于"新阶级"的诞生，这一广泛传播的错误思想为米洛万·吉拉斯(Milovan Djilas)在他的著作《新阶级》(*The New Class*，New York，1957)中所共享。这是一个原有的错误，最早出现于斯大林政权的开端；它源于这样一种思考方式，即对独裁下的自由丧失毫不在意，却对仍存在或新产生的不平等极为敏感和愤怒。即便共产主义运动和社会主义运动的革命热情最初并非由政治压迫、而是由社会不公点燃，我们也非常清楚，占统治地位的官僚那令人失望的生活方式——高薪水、貂皮大衣、小汽车和别墅——的客观意义也被高估了。不过，这些所有物当然不是"新阶级"的标记。另一方面，若南斯拉夫确实正在形成这样一个新阶级，这只能表明铁托(Tito)的独裁并不是总体主义——实际上，确实也如是。

[3] 匈牙利前政治犯联合会主席贝拉·费边(Bela Fabian)估计，军队镇压革命之后开始的恐怖活动其受害人数如下：2 140 人被处死，55 000 人关入匈牙利监狱和集中营，75 000 人被驱逐到俄国集中营。See the news item in *Bund* (Bern) of July 24, 1958.

规模的驱逐出境以及有意识地减少国家的人口。为了防止匈牙利经济的完全崩溃、避免大规模的饥饿，他想到的无非是提供足够的援助，就像苏联在过去几年里所做的那样。

现在说这种方法上显著的改变将会成功，为时尚早。这可能是一个暂时的现象，集体领导时代的一种后遗症，高层冲突尚未解决，同时恐怖和意识形态的僵化有所松动。但考虑到在所有意识形态和真正的政治问题上，赫鲁晓夫都不计后果地采用斯大林的做法，以谋杀纳吉来结束这一倒退——尽管在这个事情上，谋杀本身并不是这些做法的典型特征，因为它随即发生在公开向哥穆尔卡（Gomulka）承诺放过纳吉之后。这就是斯大林喜欢展示自己不向合法性或道德性屈服的决心的方式：不只是宣称这一点，而是让他的同志直接经验到这一点。更值得注意的是，尽管这是斯大林统治方式的明显倒退，然而至少到目前为止，赫鲁晓夫也拒不抛弃这种早期的恐怖形式，即用集中营和灭绝营来对付绝大多数的人。他采用这一策略的理由可能与继承人危机没有什么关系。如果我们考虑到俄国在过去十年所处的位置，就无法否认一定有某些客观因素使得俄国政权非常急于抛弃一些我们认为是总体主义统治的方式。

这些因素中的第一个是，苏联在历史上第一次遭受劳动力的极度短缺。在这种处境下，这主要归因于国家不断推进的工业化，旧有的奴役、集中营和灭绝营制度——除了其他功能，它们也不得不解决 30 年代严重的失业问题——不仅没有被废弃，反而变得愈益危险。俄国的政治精英害怕斯大林的新一轮大清洗计划，完全可能是因为他们不只担心自己的个人安全，也是觉得俄国不再能够担负得起如此高的"人力材料"成本。贝利亚及其警察集团在被清洗后，随即就导致警察机构及其庞大的经济帝国的部分崩溃，一些集中营转变为强制安置，以及大量囚犯的释放，这似乎是最合理的解释。

第二个因素与第一个紧密相关，那就是共产主义中国的出现，由于后者在人口上的三倍优势——6 亿对 2 亿——使得俄国在半隐藏、但非常真实终极霸权斗争中处于严重劣势。在此背景下尤为重要的是，中国尽管向苏联集团靠拢，但到目前为止始终拒不遵循俄国的（斯大林的）减少人口政策；因为尽管中国革命迄今为止所需的受害者数量极大——合理的猜测是 1 千 5 百万人——，但这似乎还不足以对 6 亿人口造成严重损害，与斯大林政权定期对俄国人民造成损失相比更是微不足道。[1] 这些纯粹数量的考虑，尽管并不必然导致警察国家或恐怖统治的废除，但肯定阻碍了对无辜者(或总体主义统治者所谓的"客观敌人")的大规模杀害，而后者是希特勒和斯大林政权极为典型的特征。

如果俄国统治者真的考虑到了那些危及俄国民族生存和国际地位的客观因素，那么他们甚至会被迫走向民族布尔什维克主义，众所周知这是共产主义者之间的一个异端，但在今天似乎对南斯拉夫和中国的政策产生了决定性的影响。当然，较小国家的独裁者——波兰的哥穆尔卡、匈牙利早期的拉伊克和纳吉，以及南斯拉夫的铁托——会倾向于这种异端并不奇怪。然而，那些不只是莫斯科的代理人的共产主义者——他们出于世界革命战略的原因，愿意自己生于其中的国家不再继续存在，而成为其他某个国家的统治官僚——就别无选择。中国的情形则不同，尽管它比俄国更容易承担起总体主义恐怖的代价，仍慎重地选择了毛泽东领导下的民族政策。这种差异最为显然地体现在中国的国内政策上，也清楚地体现在毛泽东关于"内部矛盾"的著名讲话中，这似乎是有意与俄国的官方意识形态相矛盾。毫无疑问，这篇讲话是列宁去世后出自共产主义势力范围内的第一篇严肃的意识形态新作，借此，正如人们正确地评论的那样，意识形态的主动权从莫斯科转移到了北京。[2]确实，这给未来造成了重大后果；它甚至可能改变了俄国政权的总体主义本性。不过这时至少可以说，所有这些希望都为时尚早。朱可夫被解职，

---

[1] 毛泽东的统治与斯大林的统治之间差异的最好证据，或许可见之于中国与俄国的人口普查比较。中国最近一次人口普查，获得的结果是近 6 亿人，远超统计预期，而俄国数十年的人口普查，则大大地低于统计预期。由于斯大林恐怖时期对俄国人口造成的损失缺乏可靠数据，人们通常把被杀害的人数等同于"统计上损失"的数百万人数。

[2] 这个重要讲话的完整版以补充小册子的形式发表于《新领导》(*The New Leader*, September 9, 1957; Section 2)，其中还附有 G. F.哈德逊(G. F. Hudson)的一个很有价值的评论。这个讲话的常见标题"百花齐放"很具误导性。其实，毛泽东的主要关切是在理论上为共产主义国家存在的"矛盾"作出论证和奠基，一方面是阶级之间的矛盾，另一方面是人民与政府之间的矛盾。更为重要的是这篇讲话强烈的民粹主义基调，仿佛它是出自一个民粹派而非布尔什维克之手。相比之下，在自由问题上，毛泽东又十分正统。自由在他看来像民主一样，是达成目的的手段；它们"都是相对的，不是绝对的，都是在历史上发生和发展的。"[编者补充：这里指的是毛泽东 1957 年 2 月 27 日在最高国务会议第十一次扩大会议上题为"关于正确处理人民内部矛盾的问题"的讲话(讲话修订版的英译收入于 *The Writings of Mao Zedong*，1949—1976，Vol.2，January 1956—December 1957，New York：M. E. Sharpe，1992，p.309)。]

其中一个原因当然是他有"民族主义倾向"，易言之，他开始像毛泽东力图把人民概念重新引入共产主义意识形态那样，谈论"苏联人民"。

此外，除了继承人危机之外，可能对中国竞争的担忧也是斯大林死后大规模恐怖急剧缓和的一个重要因素。如果是这样的话，那确实就不只是纯粹的策略或暂时的解冻。但这当然并不意味着今天那么多人所抱有的希望——这种总体主义统治将在历史进程中从内部对自身进行改革，最终形成一种开明专制或军事独裁——是合理的。当前显而易见的情形是，谋杀和政党清洗再次大规模地展开，但并没有转变为导致人口大批死亡和经济崩溃的大规模屠杀。这更像是一个战术撤退，数不清的迹象表明，赫鲁晓夫完全是有意为随时重启大规模的恐怖和大规模的屠杀敞开方便之门。

其中一个迹象我已经提到。那就是反对"社会寄生虫"（这是一个纳粹总体主义的研究者再熟悉不过的说法）的法令，有了这个法令，任何人哪怕没有进行任何反对政权的活动或犯下任何罪行，都随时可以再次消失在集中营。法令的总体主义特征通过它有意遗漏刑法所规定的罪行，并把驱逐出境作为唯一的惩罚体现得淋漓尽致。显然这是一个杠杆，可以让俄国在必要时重新引入集中营和奴役制度而不会大惊小怪。尽管这项法令大家都承认仍只是空文，不过，如果得到了自由世界对它应有的关注，那么关于新苏联合法性的说法（被随后发生的事件所驳斥）压根就不会出现。

另一个迹象出现在赫鲁晓夫在第二十次党代会的讲话中。这篇讲话原本可能只是针对俄国共产党的高层和参与"集体领导"的人士。这些受到非同寻常训练的听众，可能立即就明白这篇讲话可以有两种完全不同的解释。要么斯大林的精神病是政权所有罪行的原因，那就没有人——无论是听赫鲁晓夫先生讲话的人，还是赫鲁晓夫先生自己——要受到指责，这样，在集体领导中出现相互恐惧的情形是完全不合理的：只有心智不健全的人才会策划谋杀。要么是由于斯大林病态的猜疑心，他容易受到有害的影响，在这种情形下，要指责的就不是斯大林，而是那些为了达到自己的目的而滥用斯大林病态的权力的人。在 1957 年夏天赫鲁晓夫借助军队掌权之前，前一种说法仍是官方解释。当赫鲁晓夫通过强调马伦科夫在列宁格勒事件中扮演的角色，暗指马伦科夫作为斯大林个人秘书处负责人——这使得他成了内务人民委员会(NKVD)非官方负责人——的所为，来为自己的政变辩护时，第二种解读就成了官方政策。众所周知，赫鲁晓夫进行政变的手法与 20 年代后期斯大林清除党的三驾马车和左右翼集团的手法密切相关，因此，似乎唯一恰当的做法是，赫鲁晓夫应立即开始为他的旧主平反，告诉知识分子"解冻"必须结束。

没有人，尤其是赫鲁晓夫先生自己，知道他未来行动的进程。今天，每一个人都知道"解冻"结束了，而且基于他的政变讲话，也确定赫鲁晓夫随时能够把他流亡的前同事完全从集体领导中清除掉，开始对党内、政府和管理官僚机构中的斯大林合作者进行一场新的清洗。但是，如果我们问自己这将走向何方，并且考虑到总体支配体系下人口的真实前景，那我们应该回想起匈牙利的卡达尔集团一年前所提供的解释——其时西方观察者所希望的政权改革仍进行得如火如荼。当人们读到"过去的斯大林主义团体在镇压社会主义的敌人"或"实行无产阶级专政"上"不够严厉"时[1]，赫鲁晓夫发动的"去斯大林化"过程的全部双重含义就一下子变得显而易见了。

在我们的语境中，要提及的后斯大林时代的最后一个变化是军队与警察之间出现的地位交换(那是对政权的决定性变化抱有极大希望的人喜欢的变化)，即军队的地位突然上升，特别是不惜以警察机构为代价，使马歇尔·朱可夫(Marshal Zhukov)在苏联等级制度中崛起。这些希望也不是完全毫无根据，因为迄今为止，军队处于从属的位置，无论在权力还是威望上都无法与警察干部相提并论，向来是总体主义政府的突出特征。但是，这些希望也是受到了误导，因为总体主义政府的另一个显著特征没有得到考虑，即它那些机构非同寻常的灵活性，这使得它的权力中心几乎随时都可以发生转移。当人们谈及总体主义权力机构的整体特征时，一定不要忘记这个术语只适用于其意识形态的严格一致性，与之相应的是日常政治事务上不同寻常的机会主义，以及更加非同寻常的

---

[1] See Paul Landy, "Hungary Since the Revolution," in *Problems of Communism*, September-October 1957.

增加职位和机构的能力。

此外，警察凌驾于军队机构之上是所有暴政而不只是总体主义政权的标志；只是在后一种情形中，警察的权力与其说是满足镇压人民的需要，不如说是证实全球统治的主张。那些把整个地球都看作自己的未来领土的人们，会有决心让新征服的领土与祖国保持一致，用警察手段和人员而不是军队加以统治。因此，纳粹动用党卫队，本质上是一股警察力量，来统治甚至征服外国领土，使军队处于相当不利的地位，最终目的是把警察和国防军联合在党卫队的领导之下。考虑到总体主义的灵活性，它不会否认采取相反的做法也会达成相同的结果，即代之以军队服从警察的是，军队单位可以直接转变为警察部队，并且在军队的高级军官也指挥警察的事实下掩盖军队和警察的合并现实。只要党及其意识形态保持主动权，这样的发展并不必然排除警察的统治手段。只有在德国这一发展是不可能的，因为帝国防卫军(Reichswehr)的强大军事传统，只能从外部才能打破。不过，即使这样的传统，也只能在军官团并非完全从党的队伍中选拔出来才能保持下去，因此，它不如警察干部可靠、对党忠诚。就俄国而言，赫鲁晓夫完全可以通过从内部控制军队人员来取代政治委员——迄今为止他们都是从外部被迫加入军队的，这就意味着党只要找出那些想担任这一职务的军官就可以了。赫鲁晓夫设想在这里也运用已经在别处得到检验的手段，把对士兵的政治控制交给他们的军官。无论如何，在这些环境下，军队与警察之间的决定性差异将不再存在。

当赫鲁晓夫求助朱可夫来支持他的政变，这时军队凌驾于警察就是一个既成事实。这是警察帝国瓦解所导致的几乎自动的结果之一，而且其持续时间远远超过了暂时得到加强的管理集团，后者通过解散警察控制的经济份额，暂时接手了大量工厂、矿山和房产。赫鲁晓夫比他的同僚更快地了解到这些后果，并果断地采取了行动，这说明了他的精明。就重要性而言，经济方面比不上如下这个简单的事实，即在对警察进行清算之后，军队是决定党内冲突的唯一暴力工具。赫鲁晓夫在党内对朱可夫的利用，与斯大林三十多年前对他与秘密警察的关系的利用毫无二致。而且此时与当时一样，国家的最高权力属于党。正如斯大林实现这一权力是在警察机构帮助他取得党内的决定性胜利后对警察机构加以清洗，赫鲁晓夫也在利用完朱可夫的支持之后毫不犹豫地解除了后者的权力。这两个人的行动都不只是出于自己对权力的渴望，而且最重要的是为了恢复党的权力，它一度受到了激烈动摇，必须动员暴力机构即军队或警察来挽回。然而，甚至在短暂的掌权时期，朱可夫所得到的也不过是小小的让步，比如确保军事命令的权威不受政治委员的干扰，而且这些让步与斯大林在战争期间对人民所做的让步极为相似，当时出于军事考虑和民族主义宣传而迫使党的意识形态在一些年里成了背景。如果我们把俄国的发展与纳粹政府加以比较，就容易忽视如下事实，即尽管有诸多相似之处，希特勒和斯大林对这场战争的处理却完全相反。希特勒有意通过战争把他的独裁完全引入总体主义道路，甚至为达此目标不惜接受军事上处于劣势，与此相对，斯大林为了使俄国成为一个军事的一党专政国家，削弱了他那已经发展成为总体主义的统治。当然，这种策略具有最大的战争优势；俄国人确实认为自己既是在与外国侵略者斗争，又是在为摆脱总体支配斗争。

这最后一点是决定性的。几乎不曾有任何东西能让如下希望变成现实，即总体主义独裁会自动地转变为军事独裁，而且基于和平的考虑，完全无法确保这样的转变是可欲的。不过，将军是世界上最热爱和平、最不危险的生物，这一观点尽管在过去四十年的西半球完全正确，但对于那些被明确为侵略者的人而言并不成立。朱可夫肯定不是另一个艾森豪威尔(Eisenhower)，他威望的上升无非是因为俄国在准备战争。这与人造地球卫星和洲际火箭的开发没有直接关系，因为这些进步只是表明这样的政策不会缺乏物质基础。更重要的是，马伦科夫在 1954 年的声明，他说核战争将给人类带来灭顶之灾。他似乎是认真的，因为他的非军工发展和消费品的扩大生产计划与他的声明一致；同时，最可能是这些做法使他失去了军队的支持，从而间接地帮助了赫鲁晓夫取得胜利。无论如何，一年后，即当马伦科夫已经被排除在领导层之外后，莫洛托夫(Molotov)宣称，核战争只会意味着帝国主义和资本主义的终结，而共产主义阵营从中获得的利益不亚于此前从两次世界大战中获得的利益。

赫鲁晓夫在 1956 年已经非正式地表达了同样的意见，并在 1957 年朱可夫失势之前正式确认了这一点："一场新的世界大战只能以资本主义的崩溃告终。[……]社会主义会继续存在，而资本主义将不再存在。因为尽管损失巨大，但人类不仅会幸存下来，而且将继续发展。"在一个针对外国听众关于和平共处的采访中，这个说法显得非常好战，以至于甚至赫鲁晓夫自己都觉得"有些人可能认为共产主义者好战，因为战争会通向社会主义的胜利"[1]。不可否认，这个声明绝不意味着俄国实际上就处于开战的临界点。总体主义领袖也像每一个其他人一样会改变主意，理所当然地，俄国领导人不仅在胜利的希望与失败的恐惧之间摇摆不定，而且在胜利可能让他们成为全球无可争议的主人的希望与如下恐惧之间摇摆不定，即因胜利付出的代价太大而筋疲力尽，而只能独自面对日益强大的中国巨人。这些都是国家层面的考虑因素；如果这些因素占了上风，俄国确实可能有兴趣与美国达成 modus vivendi（暂时妥协）。

无论如何，朱可夫的降级可能首先要归因于如下事实，即赫鲁晓夫改变了主意，认为目前战争既不可能也不可取。因此，降级从一开始就是确定的，即便我们所知甚少、难以判断。然而，很可能朱可夫想要战争，因而自然地被指控为"冒险主义"，这在共产主义的术语中指的是煽动战争。片刻的犹豫后，赫鲁晓夫显然决定再次追随他那个已故主人的"智慧"，后者在国内政策上的无情总是搭配着在外交事务上的极度谨慎。（然而，我们无法确定如何这样的可能，即赫鲁晓夫之所以这样指控朱可夫，恰恰是因为他自己在玩弄战争观念——就像斯大林指控图哈切夫斯基（Tukhachevski）与纳粹德国密谋，当时正是他自己在与希特勒结盟。）这些让我们极为不安和混乱的可能性，是总体主义独裁本性的一部分，我们不应该忘了，所有这些改变都是而且注定是暂时的。用赫鲁晓夫自己的话说："生命中一个细胞死亡就有另一个取而代之，而生命则继续。"无论如何，我们的解释有如下事实的支持，即随着朱可夫的解职，赫鲁晓夫对盟国作出了完全不寻常的和平承诺，提议为抵抗

---

[1] See the text of James Reston's interview with Khrushchev in *The New York Times*, October 10, 1957.

希特勒的战时联盟干杯，并咒骂所有战争分子——"让想到战争的人见鬼去吧！ 让想要战争的人见鬼去吧！"——，显然，他在提议干杯时所想到的并非"资本主义和帝国主义列强"，而是国内的将军们。当然，这些话也应该谨慎理解；它们的目的无疑是用于俄国和卫星国宣传，因为朱可夫在这些国家的民望使得有必要把他指控为战争贩子。不幸的是，有一点是确定的：赫鲁晓夫改变自己对于核战争的一般看法，这是非常不可能的。

正是这些事情的可怕性质，使得我们维持和平的希望在很大程度上要取决于如下事实，即俄国及其卫星国数年来根本上得到改善的境况，发生了决定性的恶化。将激进的外交政策与国内让步相结合，或者相反，这是斯大林政治的支柱之一：以对自己人民的侵犯来弥补和平的外交政策，绝不使永久革命的势头减缓。像在一切别的事情上一样，在这一点上赫鲁晓夫也很可能听从他已故主子的建议。

这已经够糟糕的了，但还不是最糟糕的。最糟糕的是，在这些环境下，核时代最重要的政治问题——战争问题——还无法理智地提出来，更不要说解决了。就非总体主义的世界而言，事实是，运用核武器进行一场战争将对地球上人类甚至有机生命的生存构成毁灭性威胁。显然，这就使得我们所有关于战争的传统观念都完全过时了，比如战争在政治中的作用，战争的可能正当性是为了自由，以及战争在外交事务中作为最后手段(ultima ration)的作用。实际上，这使政治"进入了一种不同的聚集状态"，对于它的各种不同面向卡尔·雅斯贝尔斯在他那本杰出的作品《原子弹与人类的未来》(*The Atom Bomb and the Future of Man*)中进行了阐明。不过，对我们而言，事实是它在总体主义者看来是一个意识形态问题。冲突不在于意见不同以及伴随而来的达成一致的困难，而在于更可怕的不可能就事实达成一致。[1]赫鲁晓夫先生对于战争论述的私下贡献："光脚的不怕穿鞋的"实在可怕，这不只是因为昨天盛行的真理在今天的处境中已经变得危险且不相关，而且是因为它

---

[1] 当然，这一基本不同立即显现在西方世界的人民与总体主义统治的世界的人民之间的对话中。莱斯顿(Reston)先生的采访和上述西洛尼与阿尼西莫夫之间的通信，读起来就像是展示总体主义思想和论证如何用意识形态话语避免给出答案、消解事实的实训课。

以罕见的精确性表明，无论他的表述多么常见或粗俗，他都只能在共产主义意识形态的封闭框架下思考，不会让新的事实渗入其中。

用资本主义经济秩序与社会主义经济秩序之间相对无害的冲突这一标准来衡量总体主义的威胁，而忽视总体主义虚构与我们生活于其中的日常事实世界之间的爆炸性矛盾，一直以来是一个错误。不过，它从未像今天那样是一个危险的错误，因为在今天，那些被人们严肃地当作一种纯粹的手段，作为额外的工具构建一个建基于事实的否定并由谎言构成的世界的技术发现，它们结合在一起为我们构成了一个事实上已经改变的世界。无论是人类的自由还是生存，都不依赖于我们所理解的自由市场经济；然而，自由和生存完全取决于我们说服总体主义世界承认事实、接受原子时代世界新事实的成败。

II. 匈牙利革命

一位俄裔美国评论家非常正确地指出，赫鲁晓夫在党的二十大上的报告既不是去-斯大林化的开端，也不是去-斯大林化的顶峰；相反，它是去-斯大林化结束的信号。[1]但是，这同一个报告无疑导致了波兰的叛乱和匈牙利的起义。如果人们从斯大林死后发生之事的角度来看这些事件，那就不得不会去想这是如何可能的。显然，从一开始，这个决定性的报告在卫星国所引起的反响，完全不同于在俄国本土；这无疑是对报告者意图的极具灾难性的误解。若与苏联人民加以对照，这种误解所表现出来的差异仍存在于卫星国人民的心中，这在总体主义思想得以实行的地方显得非常不可思议。

卫星国的读者与自由世界的普通读者一样，显然没有理解到这个报告险恶的含混性。根据这种天真的解读，当然会带来巨大的宽慰。苏维埃世界的领袖第一次像个正常人那样，谈论人们生活中常见的令人悲伤的事情：疾病、精神失常，以及潜入政治并给人民造成巨大伤害的犯

---

[1] 尼古拉耶夫斯基通过对所有可得到信息的仔细汇编和细致分析，以支持这一看法。

罪。马克思主义的用语和辩证唯物主义的历史必然性显然缺乏这样的关切。要是这是"正确的理解"，那报告确实标志着一个不同寻常的转折点；它无异于有意识地与总体主义运动和统治方法的断裂——当然这并不意味着与社会主义或独裁的断裂。它不会结束冲突，但很可能弥合两个世界大国之间的破坏性鸿沟。因为赫鲁晓夫会确认自由世界对斯大林政权的主要指控：斯大林政权与其说是一个共产主义政权，不如说是一个犯罪猖獗的政权，它的统治毫无民主和宪法意识，没有任何法律对权力进行限制。如果从现在起，唯一的问题是苏联想要实行社会主义经济，而美国实行的是自由市场经济，那么这两个主要大国以及它们各自的盟友，就没有理由在世界政治的所有问题上无法和平、真诚地共存和相互协作。

几个月之后，世界从《纽约时报》得知了这个秘密报告。它也只有通过绕道美国的迂回方式到达卫星国。它的直接后果是闻所未闻之事：波兰和匈牙利的公开反叛，这是斯大林死后的那些年里从未发生过的事，当时斯大林的名字无声无息地但极有效地从公共生活中消失，许多老练的斯大林主义者，比如匈牙利的拉科西(Rákosi)，都被解除了权力，也是之后的那些年里没有发生过的事，这时其中的一些斯大林主义者得到了平反，警察控制重又得到加强。首先一点是，人民只能被公开、清晰表达的言辞唤醒，而不是通过无声的操控——无论这些操控在观察者看来多么显而易见——被唤醒，而且这些言辞无论多么含混都无法改变它们的煽动力。与演讲者的意图截然相反，成功地打破总体主义恐怖和意识形态笼罩在所统治的那些人心灵上的那种无能的冷漠那种致命魔咒的，不是行动，而是"纯粹的言辞"。

然而，这不会发生在所有的地方。它只会在那样一些国家发生，在那里一些老派的共产主义者，比如纳吉或哥穆尔卡，在斯大林精心策划的、旨在除掉党派中每一个不只是代理人的清洗中幸存了下来。起初，波兰和匈牙利的发展极为相似。在这两个国家，都出现了真正的共产主义者与"莫斯科派"之间的党内分裂，而且两个国家的普遍情绪也很相似，其中包括强调民族传统、宗教自由，以及学生中间的强烈不满。人们会说，若匈牙利发生的事情没有在波兰发生，那几乎可以说是意外，反之亦然。然而，关键是，通过把匈牙利的悲剧命运摆在波兰人民眼前，哥穆尔卡成功地在一开始就阻止了叛乱，这样波兰人民也就错失了一起行动带来的那种令人振奋的权力体验。因此，他们不知道当一个民族在众目睽睽之下高举自由旗帜时会发生什么。

第三点要记住的是，这两个国家发生的反叛都始于知识分子和大学学生，而且一般始于年轻一代，即始于那样一些阶层，他们的物质利益和意识形态灌输是政权的首要关注之一。发起人不是共产主义社会中的弱势群体，而是特权阶层，他们的动机既不是自己也不是同胞公民在物质上的悲惨境遇，而只是对自由和真理的向往。[1]这对莫斯科而言必定是粗鲁的一课，就像对自由世界来说是暖心的一幕一样。它表明物质和社会特权的贿赂不一定到处管用，最重要的是，受教育阶级、知识分子、作家和艺术家，他们在我们世纪对于这样的贿赂表现得如此开放、对于各种各样的胡说八道显得如此顺从，仍可以在我们时代的政治中发挥与他们的职业相应的作用。这个来自东欧的声音，如此直截了当地谈论着自由和真理，听起来就像是一个终极肯定：人性是不变的，虚无主义将是徒劳的，哪怕是在缺乏教育和不断灌输的压力下，对自由和真理的渴望依然会不断地从人心中升起。

不幸的是，这样的结论需要条件。首先，反叛发生的国家所经历的总体统治十分短暂。卫星国的独裁其实只是在 1949 年左右才变成总体主义，而且它们的布尔什维克化过程也因 1953 年斯大林之死以及随后的"解冻"时期所中断。围绕继承人的斗争导致了派系的形成，讨论因此变得不可避免。对自由的渴求就诞生于党派内部的这些讨论氛围之中；用 20 世纪共产主义运动的语言来说，这些人关心党内民主的重建。不过，这种革命的第一个内部共产主义阶段只能见之于新近征服的国家，而非俄国本土。"解冻"一词，作为党的新路线的正确隐喻，可能来自一位俄国作家；不过伊利亚·爱伦堡（Ilya Ehrenburg）这个老波西

---

[1] 真正令人敬佩的联合国《特别委员会关于匈牙利问题的报告》（*Report of the Special Committee on the Problem of Hungary*）引用了一个年轻女学生的话："哪怕我们可能缺乏面包和其他生活必需品，我们也要自由。我们年轻人尤其受到了束缚，因为我们是在谎言之中长大。我们不得不继续说谎。我们无法拥有一个健康的观念，因为在我们那里一切都窒息了。我们要思想的自由。"

米亚人和巴黎左岸小酒馆的常客，他在创造这个词时可能怀抱着虚假的希望，因为他更像是西方文学的典型人物，即"神所辜负的人"，而非俄国知识分子。无论如何，杜金采夫（Dudintsev）的小说《不单是靠面包》（*Not by Bread Alone*），可能就是上面所提到的受到鼓舞的"自我批判"的产物，它完全与自由无关，而说的是职业向人才开放。就人们可能说到的俄国知识分子中间的反叛而言——这样的证据极其罕见——，它似乎更多地是渴求知道事实真相的权利，而非任何形式的自由权利。这样的例子也出现在杜金采夫的小说中，在这篇小说中，杜金采夫重述了纳粹入侵早期的那段时光。他在战壕里看着德国与俄国之间的一场空战，在这场战斗中，德国的梅塞施密特飞机（Messerschmitts）尽管以少敌众，却还是取得了胜利。"我突然就崩溃了，因为我总是听到说，我们的飞机最快最好。"在这里，杜金采夫讲述了总体主义虚构在事实的重压下崩溃的一个漫长瞬间。现实的经验不再被党论证的"历史真理"压制，在党论证的历史真理中，"我们的飞机最快最好"这个说法意味着：在不可避免的历史发展过程中，我们将拥有最快最好的飞机，哪怕要以摧毁所有在航空领域与我们竞争的人为代价。

　　帕斯捷尔纳克（Pasternak）的情形则非常不一样。他是革命早期唯一一位奇迹般地没有被消灭、且诗意才情没有被摧毁的伟大作家，因为他找到了数十年来保持沉默所必需的难以置信的力量。"奥威尔的1984不过是一场噩梦"，他可以说是这一希望唯一灿然辉煌的、活生生的支柱。这样的希望也引发了一件极不寻常的轶事，说的是这位诗人在总体主义政权下的唯一一次公开露面。据说，帕斯捷尔纳克宣布将在莫斯科进行一场朗诵会，结果一大群人来到现场，尽管他由于多年的沉寂，人们只知道他是把莎士比亚和歌德翻译成俄文的译者。他朗诵自己的诗歌，当朗诵到一首旧诗时，纸从他的手中滑落。"这时，大厅里传来一个声音，是背诵这首诗的声音。大厅内各个角落传来的声音，汇聚在一起。人们齐声背诵这首诗直到结束，没有中断。"[1]这是我所知的唯一一个为尚未在俄国本土取得胜利的总体主义统治辩护的轶事，无疑极

---

　　[1] As reported by Léon Leneman in the French weekly *L'Express*，June 26，1958.

为重要。然而，这个轶事并非出自 20 世纪 50 年代和卫星国反叛时期，而是出自 1946 年，当时解放俄国的战争所形成的人民更大自由还是流行了开来——尽管仍没有任何反对斯大林统治的言论。

根据这样一个故事，特别是在与最近事件的对照中，我们自然会去怀疑总体支配在产生总体主义特有心态上的有效性——，而且我担心会因此低估总体支配。无论如何，我们关于总体主义境况的所有经验表明，一旦总体主义境况得到确立，对于它们而言，事实的现实就比人对自由的自然冲动还更加危险。我们在战后很快就知道了这一点，当时斯大林政权把从俄占区回来的士兵全部赶入集中营，因为他们受到了不曾预料的现实的影响。我们知道，希特勒战败后，纳粹意识形态在德国奇怪地完全溃败，这与人们通常所以为的"德国人缺乏性格"没多大关系，它本质上是一个虚构世界戏剧性地崩溃的结果。

事实现实的影响，就像所有其他的人类经验一样，若要在经验到的那一刻留存下来，就需要言说，它需要与他人交流来确保自身。总体支配成功地中断且摧毁了一切正常的交流渠道，包括民主国家中通过言论自由所保障的公共交流，以及四堵墙内人与人之间的隐私交流。这种成功地使每一个人都无法交流的过程，除了单独监禁和拷问这样的极端处境之外，难以言说。无论如何，它需要时间，而且显然在卫星国人们为总体支配做好准备还有许多事情要做。只要来自外部的恐怖没有得到来自内部的意识形态强制——这种强制极为可怕地体现在公开审判的自我揭发上[1]——的补充和支持，那人民在基本事实层面区分真假的能力就没有受到损害。只要情形如此，人们就会感受到压迫，就会发生以自由之名的反叛。

匈牙利人民，无论是老人还是年轻人，都清楚自己"生活在谎言之

---

[1]　匈牙利政权的崩溃为这些自我揭发的动机和技巧提供了一个极佳的例子，即公开了为公审拉斯洛·拉伊克（László Rajk）所准备的讨论。这就是卡达尔根据拉科西（Rákosi）的命令在监狱中发表的一个小演讲，而拉科西偷偷录了一下，可能是以备将来公审卡达尔时使用。这个录音在拉科西被罢免的中央委员会会议上播放，同志们听到的内容如下："亲爱的拉西（Laci），我代表拉科西同志来找你。他要求我来向你说明一下你的处境。当然，我们都知道你是无辜的。但是拉科西同志认为你会理解。只有真正伟大的同志才被挑选出来充当这样的角色。他要我来告诉你，这样一来你就为共产主义运动提供了历史服务。"(Quoted from E. M., "János Kádár: A Profile," in: *Problems of Communism*, September-October 1957, p.16.)这种赤裸裸的吹捧和诉诸意识形态信念的结合，可以说无出其右。

中"，都一致要求俄国知识分子（从继承人危机时期他们的言词中得出的判断——除此之外我们无法依赖其他任何东西来做出一般判断）甚至已然忘记的梦寐以求之物，即思想自由。这种在知识分子中间导致反叛的对思想自由的关切，同样也使得反叛转变成了像野火一样蔓延的革命，直到政治警察之外的所有人都不再为政权伸出援手，这样的结论可能是错误的。类似的错误是这样的结论，即革命主要是党内事务，是"真"共产主义者对"假"共产主义者的反抗，仅仅因为它最初就是共产党员发动的。事实以一种完全的语言得到了表述。那事实是什么呢？

一场手无寸铁、基本无害的学生示威从几千人突然自发地变成了一大群人，他们毅然决然地执行了学生们的一项要求，推倒布达佩斯公共广场上的斯大林雕像，并把它拆除。第二天，一些学生来到广播大楼，说服电视台播放他们的十六条宣言。不知从哪里的一大群人，立刻又聚了起来，而当 AVH 即守护广播大楼的政治警察试图通过打几枪来驱散人群时，革命爆发了。群众袭击警察，由此获得了他们的第一批武器。听闻这一情势的工人，则离开工厂，加入人群中。叫来支援那些武装警察的军队，站在革命这边，护卫人民。不到二十四小时，以学生游行开始的一场示威变成了一次武装起义。

从这一刻开始，任何计划、观点或宣言都不再起作用，推动革命的乃是全体人民一起行动的纯粹动力；因为他们的诉求显而易见，几乎无需详细说明。俄国军队应该立即离开国土，新政府应该通过自由选举来确定。问题不是应如何实现各种自由——思想和言论自由；集会自由；行动和投票自由——，而是如何让已然是既成事实的自由稳定下来，为这种自由找到一种恰当的政治制度。如果我们抛开俄国军队的干涉——最终袭击这个国家的，先是已经驻扎在匈牙利的军队，随后是从俄国本土来的正规战备师——，那可以说从未有一场革命在付出如此少的流血牺牲的情况下如此迅速、彻底地达成了它的目标。[1]匈牙利革命令人惊讶的地方在于，它并没有因此引发内战。匈牙利军队在数小时内就解

[1] 根据波兰晚报《新文化》(*Nowa Kultura*)通讯记者的估计，布达佩斯发生的革命的死难者数量大约是 80 人。See Seton-Watson(full citation in note on p.110)，p.24.

散了，匈牙利政府则也在几天后解散了；在人民表明自己的意愿并使其声音在市场传播开来后，整个匈牙利没有哪个群体或阶级试图反对它。那些自始至终仍忠于独裁统治的政治警察们，既没有形成群体也没有形成阶级；他们是从人渣中招募过来的，包括犯罪分子、前纳粹代理人或唯唯诺诺的匈牙利法西斯政党成员，其中的高层则由莫斯科的代理人、在内务人民委员会官员命令下具有俄国公民身份的匈牙利人组成。

考虑到这次起义显然是由共产主义者发起的，整个国家权力结构——党、军队和政府部门——的迅速解体，而且在随后的发展中也没有出现内部斗争，就愈发引人注目了。共产主义者很快就丧失了唯一的主动权，不过由于这个原因，他们从未在某个时刻成为人民愤怒或复仇的对象，当然，在看到权力从自己手中滑落时，他们也没有转而反对人民。党派纷争与意识形态争论的显然缺乏，以及同样显然的狂热缺失，只能归因于意识形态上层建筑的解体速度甚至比独裁统治机构本身还快。在友爱——这里该词应该在法国革命的 fraternité 的意义上理解——的普遍氛围下，这种氛围形成于大街上的第一次游行示威，一直持续到那个较为苦涩的结局——实际上在这个结局之后还持续着，所有的政党意识形态和口号，不只是共产主义的意识形态和口号，似乎都消失于无形，以至于知识分子和工人、各阶层的共产主义者和非共产主义者真正能够为了自由这个共同目标一起战斗。[1]意识形态的崩溃造成的一件事是革命本身这个现实，在消极的意义上，这次突然的变化对匈牙利人民的心灵所造成的影响，无异于希特勒政权突然崩溃对德国人民的心灵所造成的影响。（如果在另一次这样的事件之后，有人想起要对人民进行"再教育"，那就应该回想起现实引发的意识形态的这种突然崩溃。那种来自外部的教导从未达到事件造成的震惊程度；因此，它要么完全无效，要么甚至削弱了现实刚刚带来的教训的影响。）

这些方面尽管重要，但它们告诉我们更多的是匈牙利革命所反抗的

---

[1] 在我们听到下面这些细节时，这一方面尤为引人注目，比如起义中立即加入了"来自佩特菲军事学院（Petöfi Military Academy）的 800 名学员。他们绝大多数是政府和党的高级官员以及政治警察官员们的孩子；他们在军事学院过着一种享有特权的生活，并且受意识形态教育多年"（联合国报告）。

那个政权的本性，而不是这场革命本身。在积极的意义上，起义的突出特征是，人民在没有领袖也没有任何预先制定计划的情况下展开的行动，没有导致混乱和无序。没有对财产的劫掠，尽管其中有许多人生活境况悲惨，急需物品。也没有危害生命的罪行，即便有那么一些情形，群众采取行动公开绞死政治警察高级官员，那也尽力做到公正和区分，而不是把落入手中的所有人全部处死。出乎意料的是，并没有出现私刑和暴民统治，而是即刻有了工人和士兵的革命委员会，它们几乎与第一次武装示威同时出现。在过去的数百年里，只要人民在一些天、星期或月里被允许遵循自己的政治设计，而不受党派的灌输或政府的掌控，这些组织就会以历史上前所未有的规律出现。

历史地来看，我们是在遍及欧洲的 1848 年革命中首次遇见这些委员会。然后我们又在 1871 年的巴黎公社和 1905 年第一次俄国革命中遇到它们；但它们只是在 1917 年俄国的十月革命以及战后德国和奥地利的 1918 年、1919 年革命中才清晰、充分地呈现出来。对于那些同黑格尔一样相信"世界历史是最后的上诉法庭"的人而言，委员会制度无疑已经结束了：它每一次都被打败，而且并不总是被"反革命"打败。布尔什维克政权废除了列宁领导下的委员会——即俄国人所谓的**苏维埃**，并为了自己的**反苏维埃**政权盗用它们的名字，由此证明委员会在民众中的声望。事实上，为了理解匈牙利革命的种种事件，我们必须如西诺内在他那篇评论 1956 年冬天的事件的精彩文章《先规范我们的语言》(first tidy up our language)中说的那样，认识到"苏维埃早在 1920 年就已消失了"。俄国军队不是一支"苏维埃"军队，"[1957 年初]世界上唯一的苏维埃是匈牙利革命委员会"[1]。或许正因为此，俄国军队才进攻得如此迅速和无情，因为匈牙利革命并不是在寻求恢复什么，也绝不是"反动的"；但是在这场革命中，那种在十月革命中成形，而后又被布尔什维克党在喀琅施塔得(Kronstadt)起义中镇压的原初**苏维埃**制度即委员会制度，重又登上了历史舞台。人们可能认为，在今天，俄国的

---

[1] 就我所知，西诺内是唯一一位把这个观点置于解释匈牙利革命之核心的作家，这里的引文出自他的文章《匈牙利之后》(After Hungary)，in: *The New Leader*, January 21, 1957, p.15。

总体主义统治者要比别的任何人都更害怕这些"初级的、即兴发生的人民权力"（西诺内，同上），无论这种形式的权力可能出现在哪个国家。今天，在南斯拉夫没有委员会制度或自由工人委员会；但铁托有时仍说着原来的革命语言，政党仍玩弄委员会观念，这个事实可能就足以让俄国统治者感到恐惧。不过，有这种恐惧的不只是布尔什维克政党；只要对这种委员会制度有所了解，从右到左的所有政党都会有这种恐惧。因此，在德国又出现了如下情形，不是"反动派"而是社会民主党人清除了委员会制度。若他们没有这样做，那共产主义者一旦掌权，也无疑会这样做。

匈牙利的委员会制度，甚至比早期革命的情形更为显著，代表了"基于社会主义但没有严格的政党控制或恐怖机构的情形下恢复秩序、重组匈牙利经济走出的第一个实际步骤"[1]。因此，委员会承担了两个任务：一个是政治任务，另一个是经济任务。尽管认为这两者之间的分界线由来已久且不可模糊的看法是错误的，但我们可以认为革命委员会主要承担的是政治功能，而工人委员会应当处理的是经济生活。下面，我们只处理革命委员会和政治方面；它们最紧迫的任务是防止骚乱，阻止犯罪分子占据上风，在这方面它们非常成功。至于经济问题，它从属于完全不同于政治问题的规律，是否可以由委员会来处理——易言之，是否有可能让工厂在工人的管理和所有下运行，对此我们不得不持开放态度。事实上，平等和自治的政治原则是否可以轻而易举地应用于经济领域，是十分可疑的。在古代世界的政治思想中，经济上的一切都与维持生命的需要息息相关，因此与必然性联系在一起。古代人相信，为了家庭或国家的经济只有在一个地主和主人的支配下才能维持和繁荣，因此它不被允许在城邦即政治领域中占有一席之地。在这里，治理原则相应于人类生命所从属的必然性；而且，只是因为就人不只是一个活着的存在者，而且是一个政治的存在者来说，他才是自由的。因此，自由和平等只有在维持生命的兴趣得到满足的地方才会开始：在古代世界的家庭和奴隶经济之外；在我们自己时代的工作和挣钱之外。重

---

[1] 这是联合国《报告》的评价。

要的是要指出，自由和平等作为政治原则既不是由一个超越的权威决定，比如在他面前人人平等，也不是由人的普遍命运决定，比如终有一天把所有人从这个世界平等地带走的死亡。相反，它们本质上是世俗原则，直接产生于人们的相聚、公共生活和联合行动。经济与政治和自由无关，因而无法以平等的心态加以治理，这些古代的观点在现代也得到了一些支持(尽管是消极的)，所有认为历史主要是经济力量的结果的人们都确信人不是自由的，而历史是必然性在时间中的发展。

无论如何，革命委员会和工人委员会尽管是一起出现的，但最好分开，因为前者(特别是匈牙利革命的情形)主要回应的是政治专制，而后者在匈牙利是对工会的反动，因为工会不代表工人及其利益，而是代表政党及其对工人的压制。进行全国范围的新自由大选，是我们在历史上看到的委员会计划的核心部分，然而匈牙利的委员会要求恢复多党制，则不是委员会制度的特征，而是匈牙利人民对如下情形的一种近乎自动的反应，即一党独裁前对所有政党的可耻打压和清除。

为了理解委员会制度，最好要记住它跟政党制度本身一样古老；它伴随政党制度一同出现，并且一再被政党制度所摧毁。直到今日，委员会代表着政党制度的唯一替代方案——即现代民主政府的唯一替代方案。它们不是反议会制；它们只是建议另一种能够代表人民的形式。不过，它们天生反政党，这就是说，它们一方面反对阶级利益所决定的代表制，另一方面反对意识形态或 Weltanschuung(世界观)。政党制的历史起源在于议会，而委员会则完全诞生于公共行动，以及在这种行动中人民自发产生的要求。它们无法从意识形态中推演出来，也无法被任何关于最好政府的政治理论预见，更不要说预先构想了。它们无论在哪里出现，都会遭到来自从极右到极左的政党官僚机构的极大敌意，遭到政治科学家和理论家的一致沉默和完全无视。无疑，委员会制度的精神是真正意义上的民主，但这种民主在某种程度上前所未见也从未思及。更独特的是，每当人民提高声音时，就会带着一种奇怪的固执来提议这个制度。这里有真正的自发性，它直接来自行动，而不受外在于行动的利益或理论的影响。

于是，在现代境况下，我们知道民主政府有两种可选方案：一百年来政党制度取得了胜利，而委员会制度在同一时期则屡遭挫败；它们在许多方面彼此针锋相对。比如，选入委员会的人们都是通过直接选举自下而上选择出来的，而政党则是自上而下向选民建议候选人，就是说它们为选民提供了不同人民之间的选择，或者迫使选民接受候选人名单。这就产生了一种完全不同的选择代表的方法；因为政党提名候选人所依赖的是政党纲领或政党意识形态，而不是衡量他的适合性，而委员会制度的候选人则必须让人们对他的个人正直、勇气和判断有足够的信心，以便相信他在一切政治问题上都能代表自己。因此，代表一旦选出，除了有义务证成这种对其个人品质的信任外，不受任何东西的束缚，而他的骄傲就在于"是由工人选出，而不是被政府选出"[1]或被政党机器选出。

这样一群得到信任的人一旦被选了出来，当然就会产生意见分歧，从而可能导致"政党"的形成。但是，严格来说，这些在委员会中拥有相同意见的人群不是政治党派；他们将构成议会政党最初从中发展出来的派系。不过，政党并不必然从这些派系中发展出来，只要候选人的产生并不依赖于他对既定派系的忠诚，而是取决于他借以能够表达自己观点的个人说服力——也就是说，只要选举继续依赖于个人品质。那就意味着委员会控制着政党派系，而不是成为政党派系的代表。任何既定派系的力量都不取决于它的官僚机构，甚至也不诉诸任何 Weltanschauung（世界观），而只取决于它的行列里有多少得到信任和值得信任的人。也就是说，它将取决于他们的流行程度，当然是在流行这个词最好的意义上来说的。这种完全个人的原则能够对一党独裁构成的危险，清楚地显示在俄国革命的最初阶段中，而列宁感到自己必须削弱苏维埃的主要原因，就是社会革命党的行列里得到人民信任的人，远远多于布尔什维克党。造成革命的布尔什维克党的权力，受到了革命产生的委员会制度的威胁。

最后，值得注意的是委员会制度固有的巨大灵活性。它的成立似乎

---

[1] 引文出自 *The Revolt in Hungary. A Documentary Chronology of Events*，这是对革命时期官方和非官方无线电广播的一个汇编，由自由欧洲委员会组织出版（未标明日期），p.17。

不需要什么特别条件，只要一定数量的人稳定地聚在一起共同行动即可。在匈牙利，我们看到了各种各样的委员会：社区委员会产生于一起生活，然后发展为城市委员会、地区委员会或国家委员会；革命委员会产生于一起战斗；人们很容易就想到，作家和艺术家委员会诞生于咖啡馆；学生和青年委员会则来自学校或大学的共同学习；军队的军事委员会；还有公务员委员会；工厂的工人委员会；等等。无论人们在什么样的公共空间聚到一起，就会形成委员会，而这些完全不同的群体中形成的委员会，则把不过是人们的偶然相聚转变成了一个政治机构。当选的人们各色各样，有共产主义者、非共产主义者以及所有政党的成员，这仅仅是因为政党路线根本不起作用。正如一份报纸评论的那样，标准只在于"他们之中没有人会滥用权力，仅仅考虑自己的个人立场"。这更多的是一个个人品质——天资——问题，而不是道德问题。无论谁滥用权力，或者把权力扭曲为暴力，或者只关注自己的私人事务而不关心共同世界，他就完全不适合在政治生活中占有一个位置。当下级委员会要选举所信任的人进入上级政府机关时，也遵循同样的原则。他们被要求在选举代表时"不可考虑政党关系，而只考虑劳动人民的信任"。[1]

匈牙利革命最引人注目的一个方面是，委员会制度的这一原则不仅再度出现，而且在短暂或漫长的十二天里得到授权，匈牙利革命也产生了委员会制度的原则，成功地在具体细节上标示出了它的大部分潜力范围，并且表明了这些潜力可以导致的方向。这些新委员会一旦开始自由协作，从自己中间选择更高级别委员会的代表，直至最高国家委员会以及相应的国家政府机构的代表，那么这些委员会的代表就几乎不会通过直接投票选出。而以从委员会中产生的最高委员会来取代常规政府的倡议，出自近来复兴的国家农民党（National Peasant Party），无疑这个群体被人们怀疑可能具有极左观念。由于时间短暂，最高委员会始终没有组建起来，不过不同的委员会确实有足够长的时间为它完成必要的初步

---

[1] 引文出自 *The Revolt in Hungary. A Documentary Chronology of Events*，这是对革命时期官方和非官方无线电广播的一个汇编，由自由欧洲委员会组织出版（未标明日期），p.17。

准备：工人委员会建立了协调委员会，而且中央工人委员会已经在许多领域发挥作用。各省的革命委员会相互协作，计划建立一个国家革命委员会，以取代国民议会。

我所知道的也不过如此。在这里，就像所有其他情形一样，一旦人民的声音在这个极短的历史瞬间被听到，不被暴民的叫唤或狂热分子的叫嚣所扭曲，那我们能够做的，无非是勾勒我们所尝试过的、失败了的图景，描绘欧洲（在那里，政党制度几乎一诞生就丧失了信誉）唯一真正得到人民支持的民主制度的面貌。（重要的是要记住大陆多党制与英美两党制之间始终存在的决定性差异，尽管我在这里没法加以讨论。）[1]因此，我们不知道这个制度长远来看是否能够满足现代政治的要求，它可能需要的修正，作为一个政治体如何持续，委员会民主以及基于其上的投票选举原则是否适合取代人口众多国家的代议制民主。任何理论上的考量都无法取代政治经验，不过就它的可持续性而言，更多的谈论要比仅仅毋庸置疑的受欢迎程度更有助于这一制度。毕竟，它一度在俄国这个现代超级大国试行，而且没有崩溃，而必须通过武装力量铲除。我们也不应忽略这样一个令人惊讶的事实，即现代世界中的民主似乎只在有地方自治机构存在的地方才能真正发挥作用，这些自治机构——比如瑞士的州郡制度（canton system）或美国的市镇会议（the town hall meeting），以及英国和斯堪的纳维亚的类似机构——与委员会制度的原则出奇相似。无论如何，是委员会制度的自发演进而非恢复旧有政党的尝试，为匈牙利革命打上了真正的民主活力、为自由而反对专制的印记。但不可否认的是，鉴于匈牙利革命的双重发展，即一方面是委员会制度，另一方面是多党制的恢复，最终很有可能是多党制会胜出，而委员会制度会再度被摧毁。

当我们沉思匈牙利革命的教训，不妨考量一下得到恢复的政权是如何镇压动乱的。全面入侵的俄国军队需要整整三周才能控制这个国家，这确实很好地说明了委员会政权新获得的权力的稳固性。全体人民一致提出的要求，只有一个大致得到了满足：匈牙利和波兰自发离开集体的

---

[1] 阿伦特在《总体主义的起源》（*The Origins of Totalitarianism*，New York：Schocken，2004）中详细讨论了政党制度。——编者注

农民，还没有被迫回到集体，结果集体农庄的整个实验实际上崩溃了，这两个国家的农业产量远低于国民经济的要求。因此，对农民让步在物质上和意识形态上都很重要。

第一次也是最血腥的镇压针对的是革命委员会，它不仅代表独立于阶级和其他团体的全体人民，而且是真正的行动机构。在国家再次陷入瘫痪后，就可以对学生和知识分子，以及要求思想自由和表达自由的所有组织采取严厉而不妥协的手段。直到那时工人委员会才解散，而政权更多地是把它看作政府控制的工会的继承者，而不是真正的政治体。镇压上的这种优先顺序并非偶然，我们可以发现这一事实也见之于波兰，在那里俄国统治者无须镇压革命，而只要撤回 1956 年动乱中赢得的一些让步。在这里，新工人委员会即脱离政党控制的工会排名相对较低；它们只是在 1958 年 4 月被废除，而对它们的清算则是在对知识分子的自由的限制日益变得严厉后进行的。

若我们把这种优先顺序转换成一种概念的、理论的语言，那可以说行动自由对于总体支配而言被认为最危险，而不只是比思想自由危险一点点。利益的呈现显然包含太多行动因素以至于无法容忍；它也被视作危险，不过对它的镇压没那么迫切。尽管都说经济在政治中具有绝对优先性，但在特定时刻作出暂时让步被认为可能和明智的唯一领域是经济领域，在那里紧要的无非是劳动和消费，而它们显然是人类最低级的活动，在这种活动中，人类已经受到强制，尽管不是政治强制。

关于这些措施及其盛行的优先顺序，或许最值得注意的是没有任何唯物主义的意识形态。当俄国统治者面对的不是意识形态争论，而是真正的政治行动时，他们很快就意识到，自由存在于人的行动和思想能力之中，而不是物质性事物以及劳动和谋生这些人必须掌控物质世界的活动之中。因为劳动和谋生已经受制于维持生命的动力，所以经济领域的让步不可能为自由敞开大门。无论自由世界对这个问题怎么看、有多自豪，在这里，甚至经济是自由的，总体主义独裁者自己实际上也显然很清楚资本主义经济与社会主义经济之间的差异，远非它与自由世界最终分歧的核心，而只代表这是至少可以作出让步的唯一领域。

Ⅲ. 卫 星 国 体 系

自由匈牙利最后的话是在科苏特电台说出的，它以下面这句话结尾："今天是匈牙利，而明天或后天，会是另一个国家；因为莫斯科的帝国主义不受约束，只是在争取时间。"而在几天前，共产主义的自由电台拉伊克（Free Radio Rajk）宣称"不仅要呈现斯大林以共产主义为借口进行的俄国帝国主义扩张"，而且"呈现俄国残酷的殖民统治的清晰画面"也是匈牙利革命的目标之一。

我们一开始就说过，必须在匈牙利革命燃烧的火光中看待战后俄国的发展和扩张。这一火光——谁会否认呢？——并不稳定，它忽明忽暗；然而要是没有这一不稳定的火光，我们什么也看不见。若我们想要从世界发生之事中学习政治——没有别的学习之法——，那我们的眼睛就必须习惯于这种闪烁之光。在自由中行动并为之奋斗的人们所说的话更有分量，因此我们希望，它们会比任何理论反思更得到认真对待，而这正是因为这些话是在激动之下一时兴起说出的。[1]因为这样的兴奋并非歇斯底里，让头脑迟钝；相反，它加深了理解，如同它提升了身体能力和感官强度、增强了心脏一样。在激烈的战斗中，若那些正在斗争的人说他们在反抗的是帝国主义，那政治科学就必须接受这个术语，尽管出于概念和历史的原因，我们可能更愿意把"帝国主义"这个词保留给欧洲殖民扩张时期，这个时期始于19世纪后三分之一，终于英国统治印度的清除。现在，我们的任务是必须去分析何种帝国主义发展出了总体主义的政体形式。

帝国主义，无论是作为术语还是现象，在19世纪后三分之一前不为人知，当时欧洲工业化日益加速的步伐打破了民族国家的领土限制。[2]

---

[1] 为了避免误解，我并不是说要赋予目击者的报告或理论同样高的重要性。恐怖的存在对人的思想能力的麻痹和扼杀，甚至比对人的行动能力的麻痹和扼杀更为有效。一个人若不介意冒生命危险，那在恐怖境况下展开行动就比进行思考更容易。因为恐怖对人的心灵所施下的致命咒语，只能通过自由而无法靠纯粹的思想打破。

[2] 对于这一历史背景不错总结，现在可见于 R. Koebner, "The Emergence of the Concept of Imperialism," in the *Cambridge Journal*（year 5, issue 12, September 1952, pp.726—741）。

帝国主义时代的突出特征是"为扩张而扩张"，这就意味着扩张不再受传统的国家利益限制，比如对领土的军事防御、欲求吞并邻国土地，或者从属于贸易法。帝国主义扩张常常受到的激励并不是政治动机，而是经济动机，它所遵循的唯一规律不断扩张的经济规律，无论是国外资本投资，即国内经济过剩的钱，还是失业人口移民，即那些对于国家生活变得多余的人，都会导致扩张。因此，帝国主义是民族国家试图证明自己在新的工业化条件下能够满足现代市场要求，并作为一个政治实体生存下来的结果。它的困境在于，国家的经济利益所要求的扩张无法基于传统的民族主义得到证成，因为后者强调人民、国家和领土的历史同一性。

自始至终无论好坏，帝国主义的命运——落在统治的民族头上的命运，也不下于他们"统治的种族"所遭受的命运——都被这一起源所决定。受在异国他乡的"白人"天然的团结所激发，欧洲的民族意识被扭曲为种族意识，反过来又使得被统治种族开始聚在一起，按照种族路线组织自身。然而与种族主义一道，民族主义侵袭了亚洲的古代文化和非洲的荒野部落。若心怀帝国主义的殖民官僚机构能够对它们自己所激起的民族渴求充耳不闻，那母国的民族国家若不否认自己的存在原则就无法以它们为榜样。因此，殖民官僚机构与本国政府长期处于冲突之中；尽管帝国主义确实因其滋生种族主义和扭曲民族主义而对民族国家形成了严重威胁——甚至造成了破坏，但具有完整法律机构和政治机构的民族国家多多少少仍占据优势，几乎总是能够阻止最糟糕的事情发生。帝国主义的统治方式对母国具有回旋效应(boomerang effect)，这一担忧仍足够强烈，从而使得国家议会成了维护受压迫民族、反对殖民当局的正义堡垒。

老派的海外帝国主义作为一种压迫国外民族的政府失败了，原因就在于母国宪制政府与永久地压迫其他民族所要求的方法之间的二分。不过这一失败既不能归于无知，也无法归于无能。英国的帝国主义者很清楚"行政屠杀"可以使印度永远处于束缚之中，但他们也明白，国内舆论不会支持这样的做法。今天，我们尤其不能忘记，要是民族国家准备好了自杀而把自己转变为一种专制，那帝国主义是可以成功的。不幸的是，法国的情形提供了一个极有力的例子，说明了这在实践中会是个什么样子。因为在法国为阿尔及利亚的斗争中，最危险的莫过于母国被糟蹋阿尔及利亚的殖民军团所推翻。大不列颠以及欧洲不曾想要付出这样的代价，这是近来欧洲历史上少有的荣耀之一。

对近来过去的这些回忆，或许有助于提醒我们记住，总体主义政府领导的帝国主义成功的机会要大得多。此外，民族国家特有的控制不能期望会出自俄国：俄国从来就不是一个民族国家；甚至沙皇都是从莫斯科的权力中心统治着一个多民族国家。民族自决原则，可以说是老派帝国主义者的噩梦，因为他们必须否定所统治民族自身的政治生存原则，但对于莫斯科的统治者们来说仍不是问题。他们用以统治卫星国的手段，本质上无异于用以统治苏联各民族的手段：一方面在民俗和语言方面对民族文化作出让步，另一方面则强化莫斯科构想和指导的政党路线，把俄语作为各民族的官方语言。这些关系中的一个典型做法是，在各卫星国布尔什维克化的早期阶段，莫斯科要求所有学校都必须学习俄语。同样典型的是，废除这一做法的要求在匈牙利和波兰的所有纲领和宣言中都占有突出位置。

因此，国内统治与殖民统治之间并不存在对总体主义的帝国主义加以限制的原则二分；要是它也担心帝国主义冒险活动带来的回旋效应，那定是出自其他原因。因此，不可否认的是，红军在镇压匈牙利起义中所扮演的角色证成了朱可夫企图在俄国以军事独裁取代政党独裁的希望：匈牙利事件提供了令人信服的证据，表明这种国外统治可以既不依赖于政党，也不依赖于警察。同样地，政权对军队可靠性的依赖，这在总体主义统治下绝不会得到承认，为革命伊始匈牙利军队的迅速瓦解所证明，否则的话，一场令人愤慨但无害的表达不满的游行绝不会发展成一场武装起义。赫鲁晓夫对这些希望和渴求作出了极其迅速和严厉的反应，这或许是源于它们对国内政府产生类似于对老牌帝国主义的回旋效应的担忧。不过在这里，危险只是暂时的，因为母国与殖民地之间在布尔什维克化上不可避免地存在着时间滞后。卫星国军队的不可靠性，即便发生战争也要极其小心地加以部署，只能证明军队和民族的旧传统仍在起作用，而军队的布尔什维克化要比警察的布尔什维克化慢得多，毕竟这要从头做起。

自然地，总体主义的帝国主义的回旋效应不同于民族帝国主义的回旋效应，因为它们在相反的方向上运作：我们所知或希望在俄国发生的几次骚乱，可能都是因波兰和匈牙利的事件引起的。政府被迫对它们采取的打击措施也是如此。就像欧洲帝国主义从未越过某些界线，即便那些极端措施的有效性毋庸置疑，因为国内舆论不会支持这些措施，而且合法政府也无法容忍它们存在，总体主义的帝国主义则被迫镇压所有反对派、拒不作出任何退让，即便这样的退让对于安抚被压迫国家来说更为明智。因为这种"怀柔"会危及国内政府，把被征服领土置于一个特权位置。

因此从一开始，俄国帝国主义的主要关切就不是如何确立民族地区与殖民地区之间的那种欧洲式帝国区分，而是相反，即如何使新征服国家的境况迅速彻底地均等化，把它们的生活标准降低到俄国自身的水平。俄国战后的扩张并非出于经济动机，甚至俄国军队的突袭也只有次要的经济目标。在这里，显而易见地支配着海外帝国主义的逐利动机被纯粹的权力考量所取代。但是这些考量并不具有民族特征，几乎与俄国的外交政策利益毫无关系，尽管十年来莫斯科的统治者们确实似乎只在乎抢夺卫星国，迫使它们签订极其不公平的贸易协定。然而，俄国人通常对被占领土上所拆除的工业战利品无动于衷，这些战利品常常甚至在运到俄国之前就被毁坏了，表明他们的真正目的是迫使卫星国的生活标准下降，而不是凭借所掠夺的财物提升自己的生活标准。现在趋势逆转过来了，大量的煤、铁矿石、石油和农产品正船运到卫星国，它们的需要严重榨干了俄国的资源，已经在苏联造成某些原材料的严重短缺。目的还是境况的均等化，这种情形海外帝国主义不仅没有兴趣，而且积极努力地加以避免。

然而，西方的民族帝国主义与俄国总体主义的帝国主义之间的这些以及其他区别并不是问题的核心。因为总体主义的帝国主义的直接先驱不是英国、荷兰或法国那样的海外殖民统治，而是德国、奥地利和俄国那样的大陆帝国主义，后者实际上从未取得成功，因而很少为研究帝国主义的历史学家所注意。然而，所谓的泛运动——泛日耳曼主义和泛斯拉夫主义——在第一次世界大战之前和期间在中东欧是一种极为有力的政治力量。总体主义的起源之一就在于这些泛运动，而且，尽管前者的世界支配目标原则上超出了大陆帝国主义的有限目标，但它的扩张策略就是以泛运动的大陆扩张政策为模型。总体主义的帝国主义的扩张策略遵循地理的连续性，即从权力中心向不断增宽的外围延伸，以至于所有新征服的领土都可以向原有的权力中心靠拢。当然，这种连续的扩张不见容于国内政府与殖民统治之间的二分；而且，由于泛运动的大陆帝国主义旨在欧洲的中心建立帝国，因此它的种族思维并不被肤色所决定。相反，它计划把欧洲各民族当作殖民地居民来对待，全部置于日耳曼或斯拉夫出身的主人种族的统治之下。

不过，俄国的总体主义帝国主义只是在地理的连续性扩张上借用了大陆帝国主义的策略；它并没有采纳其种族（völkisch）内容。"卫星"这个术语，实际上是这一策略下形成的政治实体的一个极为恰当的隐喻。目前，俄国人似乎既不关心在辽阔土地上获得占有物，也不关心在那些地方发动共产主义革命。（如果共产党能够通过某种离奇的混乱境况在法国夺取政权，那么俄国可能会与美国一样感到震惊。）俄国尽管极具侵略性，但它的战后政治整个来说只限于煽动骚乱，在共产党的帮助下支持和推动已然开始溃败的过时政权瓦解。它很清楚，最好不要把辽阔土地上的新占有物作为殖民地归入苏联，甚或在这些土地上燃起共产主义革命。布尔什维克的这种外交政策常常被误解，因为不同民族中间发生的革命骚乱被低估而被归因于一种俄国式的挑衅政策，或者因为共产主义者在最近发生的革命中的角色被忽视，就像镇压所有革命（实际上是本土的人民起义）乃莫斯科代理人的职责。

因为在莫斯科政权看来，相对独立于俄国的共产主义革命最为危险；"世界革命"是莫斯科掌控的红军对世界的一步步征服，而不是从一个国家到一个国家的被压迫人民的革命。总体主义的帝国主义旨在不让世界停下来，它到处煽风点火、以防稳定；但它又不愿面对独立的革命政府，哪怕这些政府带有共产主义的印记。此外，由于这种扩张是连续的，是从国境开始的，它很容易就能够把它的最终目标隐藏在传统的民族主义诉求背后。要是盟国的政治家没有意识到斯大林在雅尔塔提出的要求与俄国外交政策数世纪以来一直追求的东西没什么两样，那它们就不会那么得到满足。这与对希特勒在慕尼黑获得的利益的误解如出一辙，当时他宣称只想兼并奥地利和捷克斯洛伐克的俄国领土，把日耳曼少数民族从外国统治下解放出来。

然而，卫星国体系既不是唯一的也不是唯一可能的总体主义的帝国主义形式。它必须置于纳粹帝国主义的背景下来看待，俄国模式与它只有一个共同点，即强调内聚性扩张；众所周知，希特勒对此前德国的海外殖民地毫无兴趣。纳粹德国通过卖国贼和腐化本国政客来统治西欧，并开始通过灭绝的方式大规模地减少东欧占领土地上的人口，目的是让这些被清空的土地在战后由精英部队来殖民。莫斯科在卫星国的这些代理人不是卖国贼，而是共产主义运动中久经考验的成员，因此他们在莫斯科主人那里的处境并不比乌克兰或白俄官僚差，后者也要服从命令，要为莫斯科所理解的国际运动牺牲自己民族的利益。看来，甚至斯大林也不想灭绝卫星国的人口、重新殖民这些领土。俄国帝国主义另一个更可能的方案，或许是像统治波罗的海各国那样统治所有征服的领土，即没有地方当局这个中介，直接把它们并入苏联帝国，后者宣称是一个可以任意扩展的联邦共和国联盟。

卫星国体系的存在要归于一种妥协，而且或许也只是一种暂时的妥协。它是战后对峙的产物，美国和俄国这两个超级大国必须对各自的影响范围达成一致，尽管是通过一种极为敌视的方式。可以说，卫星国体系是俄国对美国联盟体系的回应，而各卫星国虚假的独立性对俄国很重要，因为它反映了美国联盟各国完整的民族主权。不幸的是，这个隐喻在这里再次只适合于真实的关系。它相应于任何一个国家与比自己强大得多的国家结盟时感到的恐惧——这种恐惧不在于失去自己的身份，而在于成为围绕着唯一使其生存的权力中心运行的一颗"卫星"。无疑，两个敌对的超级大国共存的危险碍于，任何一个超级大国发起的联盟体系都会自动地退化为一个卫星国体系，直到世界上的每一个国家都被卷进围绕这个或那个超级大国运行的轨道。

美国的战后政策把世界分为共产主义国家、联盟国家和中立国家，目的是通过对各自影响范围事实上的承认（若不是法律上的承认的话），强调在两个势力范围之外的所有国家的真正中立，来维持两个超级大国之间的平衡。在我看来，唯有联系美国的外交政策，提出"自由世界"——这里指的是美国——是否可以出面帮助匈牙利革命这个触动我们所有人的问题才有意义。然而，这样的干预却与美国外交政策的实际原则相冲突：它不会干预美国和俄国影响范围之外的中立领土，比如黎巴嫩，更别说一个俄国霸权已经得到默认的地方了。但除了这些技术性的政治考虑之外，它们可能对于华盛顿决定观望和保持中立至为关键，我们还应该考虑这样一种干预对于匈牙利革命本身意味着什么。很可能，鉴于这将由一个政府来实施，它首先意味着恢复匈牙利人民以出奇的一致加以拒斥的现状。它可能会扼杀只会在革命期间出现的政治权力。它可能会把匈牙利带回到西方世界的影响范围之中，我们称之为"自由世界"，使匈牙利人民免遭可怕的苦难；但是，即便如此也无法保存革命在短短的几个星期中所实现的那种自由，它直接源于公共行动。原则上，这种积极自由优于"自由世界"中的自由现实；因为"自由世界"（佛朗哥的西班牙仍属于其中）只在与总体主义相比照时才是自由的。若与匈牙利革命者和自由斗士的自由相比照，哪怕"自由世界"也不是自由的。真正有助于匈牙利革命的唯一干预，来自世界各地的志愿者大军，他们真正准备好了只为自由本身而战。当然，他们只有得到现存势力的允许并给予他们积极支持的情况下，才能发挥作用；但我们无法知道美国这一次是否会采取一种不同于它在西班牙内战中采取的态度，因为俄国的干预是如此的迅速和彻底，以至于没有时间考虑。

抛开假设的沉思不说，可以肯定的是，美国外交政策的运作基于全球范围的权力平衡，而且，无论这样的权力平衡多么难以维持，美国外交政策的形象本质上是一个稳定的结构。然而，俄国的外交政策则受一种不同的形象指引，它不认为在两个超级大国和各自的势力范围之间还有需要保护的中立国家。美国本能地把世界上中立的第三方势力看作以欧洲国家为模型，它们的稳定性如今得到了很好的保证，而俄国对第三方势力的想象则基于亚非国家的形象，在那里，由于欧洲式帝国主义的崩溃，一切都开始走向革命。很不幸，难以否认的是，俄国的看法要比美国的看法显然更为现实。不过，从美利坚合众国相对稳定性的观点来看，很难说在 20 世纪稳定性无非是一种边缘现象。无论如何，对于俄国人而言，世界上重要第三方由这样的一些地区——亚洲和非洲——构成，在那里民族革命即将来临，而在共产主义者看来，那是俄国影响范围的自动扩大。就俄国关于两个超级大国之间和平竞争的可能性的言论不只是宣传来说，这一竞争不是汽车、冰箱和黄油生产方面的和平竞争，而是那种扩大各自影响范围的、岌岌可危的冷战竞争。

然而，无论出于何种原因，卫星国体系已然形成，可以肯定的是，俄国帝国主义的征服和统治方式与之非常吻合。在每一个国家，俄国统治者都会开启一个过程，它必须看起来似乎不是来自外部的征服，而是发生在内部的革命性发展，由此本国的共产党最终"被迫"掌权。为此，在 20 世纪 40 年代后期有好几个不同政党得到容忍，后来为了**一党**独裁而被清洗，最终这种一党独裁转变成了**总体主义**独裁。莫斯科不满足于把自己的统治形式输入新征服的领土，而是在那些地方以近乎迂腐的精确性重现导向总体主义支配的俄国式发展。为了确保不会发生任何可能使发展通往一个"错误"方向的事件，在所有国家，内政部以及对警察的控制权从一开始就交给了共产党人，而在采用人民阵线策略时期，所有其他的部长职位则都平静地交给了其他政党。

征服者的首要关注是警察，它的核心由苏联警察部队组成，因为后者已经随着第一批红军队伍进入了被征服的国家。在这个例子中，俄国革命的发展没有被复制；警察机关从一开始就是以总体主义的方式组织起来的。它由一个间谍团体从内部组织在一起，由党内最可靠的精英分子领导。这个团体负责监视警察，而普通警察则又检举告发一般的党员和人民。每个国家真正的布尔什维克化的引入，是通过人所熟知的对著名党员的公开审判，而那些不那么著名的党员无声地消失在集中营，这大概就是俄国的情形。这样一来，就拆了本土共产党的台，抽掉了它的中枢；老一辈领导人和原来的追随者就不在了，党的面貌完全发生了改变。总体主义典型的那种官职和职务的复制和倍增随即就在警察组织中建立起来，就像警察的监视网在红军中由一个类似的组织复制一样。这两个竞争对手之间的唯一区别是，"它们在苏联寡头政府内部服务于不同的主子"。像在俄国的模型一样，卫星国的警察也为国家的每一个公民建立"干部卡片"。据推测，它们记录的信息不只是分门别类的污点，还有每一个人的家庭成员、朋友和熟人，这些对总体主义恐怖而言更有价值。

然而，尽管警察是严格按照俄国模式建立的，但在打造一个复制品并为之配备本土共产党员所采用的手段，似乎并没有遵循俄国模式，而是有着显然的本土起源。警察是唯一一个俄国顾问不在幕后，而是公开监督本国人，并且作为他们的上级安排公审的机构。如今类似的情形也发生在卫星国的军队中，它们在匈牙利起义后处于俄国军官的指挥之下。不过，尽管这种对军队的控制是针对意料之外的发展而作出的反应，但俄国对警察的控制从一开始就在计划之中。俄国统治者似乎认为，这个最重要的总体支配机构一旦确立和运行起来，一切都会自动地按部就班。

然而，我们不应忽视俄国统治者与卫星国统治者之间的另一个较不明显，但并非较不重要的差异。它涉及挑选普通警察的方法。在这方面，俄国人不得不求助于总体主义统治最初阶段所使用的方法，从人口中的犯罪分子以及别的问题分子中招募秘密警察成员。在俄国，这在过去的二十五年里是没有必要的；因为无论哪个党员都可以被召入警察局，正如其他公民被征召服兵役一样。不过这一差异可能是暂时的，其原因在于俄国之外的总体主义统治尚未得到长足发展以呈现其全部潜能。无论如何，在卫星国警察依然是名副其实的"精英"团体，它的成员并不是随意选择的，而是根据一些特征挑选出来的，这些特征使得他们不仅有别于普通公民，而且有别于普通党员。

到目前为止，这种时间上的滞后挫败了莫斯科在所有处于它影响下的国家打造俄国政府的完美复制品的企图。我不清楚，要是斯大林死后的继承人危机没有中断正常发展，这种差异是否还会变得如此引人注目。无论如何，正是在那一刻，这种对俄国模式亦步亦趋的模仿展开了它的报复。因为波兰和匈牙利骚乱的发生，是在最忠诚于莫斯科的卫星国独裁者进行的去斯大林化过程之后不久发生的，他们没有考虑到在俄国能够达成的目标并不必然在所有地方都会得逞。在这个意义上，非常有启发意义的是，像罗马尼亚和阿尔巴尼亚、保加利亚和捷克斯洛伐克这些斯大林主义者仍成功掌权，甚至一度开始反对莫斯科的国家，就没有出现这样的骚乱，而且一切如旧，而"就像在其他所有东欧国家一样，新方针在匈牙利继续进行"[1]。

主要是各国共产党领导人对俄国发展上的不同反应，说明了当前各卫星国的不同状况。尽管这无疑要归因于总体主义帝国主义的某些失败，但它们没有任何迹象表明已经确定性地突破了整体发展的可怕单调。这些失败的严重性最好地体现在维护这些国家的和平所需的俄国占领军数量上——单单匈牙利就驻扎了二十八个守卫部队，在那里，如今直接由俄国军官指挥的匈牙利士兵仍不足以得到配备武器的信任；其他国家的情形也没有好多少。俄国军队的存在表面上看来通过华沙条约合法化了，其合法性可以非常方便地仿照北约；不过，我们仍希望它们至少摧毁了受影响人民以及关注着的世界的独立幻想。这种幻想本身，即便撇开所有其他暴行不论，构成了一种比欧洲帝国在其殖民统治期间所犯下的任何罪行都更糟糕的虚伪。坐在刺刀上不仅是一种老式的、非常不舒服的支配手段，而且是总体主义统治者抱负的严重挫折，因为他们自然希望通过纯粹的意识形态和恐怖力量来使卫星国保持在莫斯科的势力范围内。这一挫折是否足以打破这个体制对于亚洲和非洲——在所有这些地区，人们的政治生活和情感生活仍与反对外国人公开掌权的老式帝国主义相适应——的吸引力，还有待观察。不幸的是，这些民族极度缺乏政治经验，难以在现代混乱的政治方法中锚定方向，以至于太容易被愚弄。他们很容易断言，无论这个政权有什么缺陷，它都无法代表他们所知的帝国主义，而且无论这个政权违背了什么原则，它至少尊重和传播了种族绝对平等的原则。只要这些前殖民地的民族更在意的是肤色而不是自由，那这种观点就不可能得到改变。

不管怎样，总体主义的帝国主义的失败应该像苏联技术人员和工程师的成功一样得到认真对待。但是，人们不应该由此得出结论说，有一种新的发展正在进行，它能够导向一种"开明的专制"。无论是1956年的失败，还是1957年的成功——这一年苏联成功地发射了第一颗人造

---

[1] Hugh Seton-Watson(see note on p.110)，p.22f.

126

卫星"斯普特尼克 1 号(Sputnik I)"到太空,紧接着又发射了"斯普特尼克 2 号"——,都没有改变这个政权的特征,若说 1956 年的突发事件改变了什么的话,那无非是表明如下事实,即总体支配不仅能从外部动摇;而且也可以因内在于这个政权的动态性的那种非法性和无形性而从内部受到威胁,这一点显而易见地体现在无法解决继承人问题上。就我们所见,总体主义严重危险的时刻如今又一次过去了。赫鲁晓夫在斯大林死后的权力斗争中的胜利,要归功于他小心翼翼地重复着斯大林本人在 20 年代获得权力的所有手段。我们不知道这种相对不流血的准备阶段的重复,是否会再次引发类似于 30 年代发生的那种恐怖浪潮。更重要的是,我们甚至无法判断,要是不曾发生俄国帝国主义不得不吞并总体主义尚未得到充分运行的新征服领土的情形,继承人危机是否会对这个政权造成任何危险。总体主义帝国主义的危机主要是由继承人危机与尚未得到充分稳定的扩张同时存在引起的,这一怀疑难以动摇。

还有,1956 年的危险信号足够真实,尽管今天已为 1957 年的成功和这个体制能够幸存下来的事实所遮蔽,但忘记它们是不明智的。如果它们确实有所承诺,那就是整个政权的突然崩溃,而不是逐渐正常化。如我们从匈牙利革命中所获得的那样,这样一个灾难性的发展不一定必然带来混乱——尽管在经历了四十年的专制和三十年的总体主义之后,期待俄国人民展现出匈牙利人民在他们最荣耀的时刻向世界呈现的那种精神和政治生产力是不明智的。

附　言

汉娜·阿伦特想要用这篇文章"纪念罗莎·卢森堡",它原来的德文标题是"Die Ungarische Revolution und der totalitäre Imperialismus",但正如乌尔苏拉·卢兹(Ursula Ludz)指出的那样,出版商提出了反对意见。在 1958 年 9 月 9 日写给出版商克劳斯·皮珀尔(Klaus Piper)的信中,该书编辑汉斯·吕斯勒(Hans Rössner)回应说:"若我们一定要白纸黑字地说明我们的意思,那就必须删掉这个献词。献词还没有起作用;人们通过一段献词不能说明任何东西。可怜的罗莎！她至今已经去世四十年了，却仍然一切都落空。当然我清楚你的理由。我之所以敢于这样做，首先是因为我被观众在我的演讲中的反应所触动，这一点也让你感到十分惊讶。或许年轻人——他们是唯一鼓掌的人！——又更清醒了；因为我们都明白，他们不可能都是共产党员——他们正是不鼓掌的那班人！献词无法改写，因为人们不得不解释，卢森堡既不是一个真正的社会主义者，也不是一个共产党人，而'只'代表正义、自由和革命，并认为这是新社会和国家的唯一可能。"这封信没有公开，这里的引文出自藏在国会图书馆手稿部的汉娜·阿伦特手稿。——编者注

总 体 主 义

我很高兴有机会就《总体主义的起源》一书的扩展修订版讲几句话。我的出版商和我一直认为书名很不充分，因为它对"起源"的强调似乎忽视了该书最后也是最大的部分。这个部分专门致力于总体主义运动和政府的要素，而关于反犹主义和帝国主义的前两个部分处理的则是这些要素可以从中找到其起源的现代历史的潜流。

我倒不担心书名显然未能覆盖全书，因为我相信读者可以很容易纠正这一点。让我感到困扰的是这个书名暗示了一种历史因果性信念，尽管非常微弱，而这是我写作这本书时并不持有，而且今天我更不相信的信念。若不是我觉得这本书已经公开发行七年因而时间有点长而不适合换一个新书名的话，我可能会尽力找一个更接近我最初意图的名称。在我写作这本书时，这些意图不断呈现于我的脑海里：我感到自己仿佛是在处理一个晶体结构，我必须拆分它的构成要素，如此才能摧毁它。这个形象极度困扰着我，因为我认为撰写这样一部历史是不可能完成的任务，即不是为了拯救、保存它以便于铭记，相反是为了摧毁。最后，我突然明白，我在撰写的不是一部历史作品，即便它的大部分显然包含历史分析，而是一部政治著作，其中过去的历史不仅可以从当前的有利观点来看，而且若不是借助于总体主义的出现这一事件投射于其上的光则根本看不见。易言之，书中第一和第二部分的"起源"并不是不可避免地导致某些结果的原因；相反，它们只是在事件发生之后才变成起源的。

　　第二个问题指向同一个方向。一本极其依赖于当代事件及其文献来源的著作，在首次出版七年、初稿完成九年之后需要加以修订，是很自然的事。这些修订在为这一版撰写的序言中有所提及；它们都是些技术性的修订，没有涉及书中的论证，也没有改变该书的性质。然而，这一版中的两个扩展或许在某种意义上改变了著作的特征。该书最初是以一个具有一定的启示性但有意不做结论的"结束语"结尾，如今则代之以一个较少启发性、更具理论性的章节，即"意识形态与恐怖：一种新型政体"。在我看来，这一章是该书的恰当结论；但从一个更具审美性的观点来看，可以说最初结尾的无结论性，表明了作者在多大程度上介入了并且继续准确从事她的主题，更适合整本书的语气和风格。[1]

　　从这一观点来看，这是工匠和艺术家的观点，而不是政治作家的观点，我做的事甚至更加糟糕。我增加了论述 1956 年匈牙利革命的一章，因此引入了一个时事话题和热点争议，从而迫使整本书的参考框架被打开。在这一章中有一种确定的希望——不可否认，带有许多限制条件——，它难以与该书第三部分的假设协调，即迄今为止当今时代问题的**唯一**清晰表达是总体主义的恐怖。我知道，对于绝大多数人而言，我为希望提出的理由听来很奇怪；只有联合国的《报告》和西洛尼在一些文章中恰好注意到了如下事实，即这批最后的欧洲革命再次展示了一种政体形式，它确实从未真正得到实行，但不能说它是新型政体，因为一百多年来它极具规律性地出现在所有的革命中。我说的是委员会制度，俄国的**苏维埃**，它在革命的最初阶段就被废除了，以及中欧的 Räte（委员会），它在德国和奥地利得以建立短命且不安全的政党民主之前必须首先加以清算。

　　我在写作《总体主义的起源》一书时并非没有意识到委员会制度的重要性。我始终确信，俄国革命的转折点是喀琅施塔得（Kronstadt）叛乱，以及随之而来的在整个布尔什维克党对苏维埃进行的镇压。革命吞食自己的孩子，这个用烂了的比喻正是这一刻才在事实上成真。革命诞生的新自由机构被摧毁了，在它们的废墟上确立了一党独裁。随后就是

---

　　[1]　除了新增的结尾章之外，原来的"结束语"也融入了《总体主义的起源》(*The Origins of Totalitarianism*，New York：Schocken Books，2004)一书中。

斯大林总体主义政府的确立，这是不再属于革命故事本身的东西了。

然而，尽管我并非没有意识到委员会制度在 1848 年以来的所有欧洲革命中扮演的角色，但我确实对它的再次出现没抱希望，因而未能考虑到它。匈牙利革命给我上了一课。如果我们重视委员会制度在匈牙利革命期间令人惊讶的重现，那看起来就像是我们在自己时代面临着两种新型政体，这两种政体都可以理解为只是针对破产的民主国家政治体。总体支配的政府无疑比我们此前所知的一切政府都更符合大众社会的内在倾向。不过，长期以来，委员会制度显然是人民愿望的结果，而不是大众希望的结果，它几乎不可能包含我们在别处徒劳地寻找的疗救大众社会和大众人形成的方案。

因此，当前这一版的最后一章是一个后记或补记。我一点也不确定我的希望是对的，但我确信呈现当前固有的希望与冷酷地面对内在于它的一切绝望同样重要。无论如何，对于一个政治作家而言，这必定比向读者呈现一本面面俱到的书更为重要。

1958 年秋

文 化 与 政 治

I

无论我们认为文化是什么，它都不再是我们毫无疑问、毫无感激地认为理所当然的东西。文化这个词本身已经令人感到不安，不仅在知识分子中，而且在那些创造了整体上构成文化的对象的人中也是如此。我所担心的是，如果不考虑我们现在已经意识到的这种不适，将意味着我们既错过了现存的东西，也错过了可能的东西。

文化并不是在昨天才变得可疑。在德国，这种怀疑可能始于大约150年前由克莱门斯·布伦塔诺[1]首先描述的"文化市侩主义"（*Bildungsphilisterium*）的出现。对于这些市侩之人（philistine）来说，文化已经成为一个社会声望和社会进步的问题，而在他们眼中，文化正是因为获得了某种社会效用而贬值的。到目前为止，我们对这一动态相当熟悉：人们通常称之为"价值贱卖"（*Ausverkauf der Werte*），而并未认识到这种"贱卖"始于现代社会首次发现文化的"价值"，也就是说，占有文化对象（cultural objects）并将其转化为有价之物。文化人或有教养的市侩可能是一种特殊的德国人类型；但文化的社会化——它以社会价

---

[1] 弗兰兹·克莱门斯·布伦塔诺（Franz Clemens Brentano，1838—1917），德国哲学家、心理学家。——译者注

值的形式贬值——则是一种更普遍的现代现象。德国的市侩（philistine）对应着英国的"势利之徒"（snob），对应着美国的"高雅知识分子"（high-brow intellectual），也许还对应着法国的"思想正统者"（*bien pensant*）——卢梭在18世纪的沙龙中首次发现了这种现象。在如今的欧洲，这些事情应该或多或少已经成为了过去，没有人需要对此有太多关注；美国的情况则有所不同，在那里"高雅知识分子"们的文化势利主义（cultural snobbism）是对大众社会的一种反应。"价值贱卖"首先是教育价值的"贱卖"，而对这些价值的需求几乎超过了其不断减少的供应。

社会化现象完全是另一回事。我们称之为"大众文化"（mass culture）的东西不过是始于沙龙的文化的社会化。就其社会范围而言，它最初占据着上层的阶级和社会阶层，现在几乎扩展到了所有阶层，从而成为一种大众现象。然而，所有这些特征现在都已经被大众心理学确定为大众社会中人的典型特征：他的放弃（*Verlassenheit*——这种放弃既不是孤立也不是孤独），以及他最大的适应能力；他的应激性（*irritability*）和缺乏支持；伴随他非凡的消费能力（如果不是暴食）的是他对品质完全没有判断力，甚至是没有辨别力；但最重要的是他的自我中心主义（egocentrism），以及他误认为是自我异化（self-alienation）的致命的与世隔绝（这也可以追溯到卢梭）——所有这些首先表现在"良好社会"中，而"良好社会"并不具有大众性。可以说，新的大众社会的第一批人在如此小的程度上（在数量上）构成了一个群体，以至于他们实际上能够认为自己是一个精英。

然而，在文化社会化的过程中，最新的阶段与产生文化市侩主义（cultural philistinism）的早期阶段之间存在着相当大的差异。娱乐产业的现象可能为这些差异提供了最好和最直接的例子，因为它是迄今为止最关心有教养的市侩（philistine）和文化上的势利之徒（cultural snob）的对象。市侩者把文化当作文化价值，并通过这种方式为他自己争取到一个更高的社会地位——也就是说，比他自己估计的，自然或天生的社会地位更高。因此，文化价值就是价值，也就是交换价值，而基于文化被用于或滥用于某些社会目的这一事实，它的贬值也就是理所当然的了。

通过传播，文化价值观失去了光彩，也失去了曾经是所有文化事实所固有的吸引人的潜力。然而，这些因变性而成为价值的文化对象(cultural objects)并没有被消费掉；即使是在最贫乏的形式下，它们仍然是一套世俗的客观事物。

对于那些由娱乐业生产出来的东西，情况则完全不同。正如我们所说，它们是用来打发时间的；但这也意味着它们服务于社会的生命过程，这一过程以同样的方式消费它们，正如消费其他消费品一样。这样被消耗的空闲时间是生物学时间——将劳动和睡眠计算在内后剩余的时间。对于劳动者们来说，他们唯一的活动就是维持自己和家人的生命过程，并通过增加消费和提高生活水平来强化这些过程，愉乐(pleasure)占据了由生物决定的劳动循环——"人与自然的新陈代谢"（马克思）——所创造的那部分的生命间隙。劳动变得越容易，维持生命所花费的时间越少，愉乐(pleasure)的间隙就越大。事实上，越来越多的时间被释放出来并且必须通过愉乐来填补，然而这丝毫不影响愉乐与劳动和睡眠一样，是生命的生物过程中的重要组成部分。反过来说，生物生命始终是一种新陈代谢，它通过摄取外物来滋养自己，无论它是在劳作还是在休息，也无论它是在消费还是在娱乐。娱乐产业提供的东西不是可以使用和交换的价值；相反，它们是消费的对象，就像其他任何此类对象一样容易被耗尽。面包和马戏表演（*Panem et circenses*）——这两者确实是相辅相成的：两者都是生命过程的维持和恢复所必需的；两者也都在这个过程中被吞噬，这就是说，只要这个生命过程没有最终停止，它们就都必须一次又一次地被生产和表演。

只要娱乐产业生产自己的消费对象，这一切就是好的，人们可以责备这个行业，就像人们可以责备一个面包店生产的产品的耐久性是如此有限，以至于这些产品必须在创造的瞬间就被耗尽，以免它们变质。然而，如果娱乐业对文化产品提出要求——这正是在大众文化中发生的事情——就会出现巨大的危险，社会的生命过程，就像所有的生命过程一样，贪婪地将它所提供的一切都纳入其新陈代谢的生物循环中，开始逐渐地吞噬文化产品。当然，当文化产品——书籍或图像——以廉价复制品的形式被投入市场并因此被大量销售时，这种情况就不会发生；但当文化产品被改变——被改写、被浓缩、被普及，通过复制品的方式被转化为刻奇(kitsch)——以便它们可以被娱乐产业所使用时，这种情况肯定会发生。娱乐产业不是我们所谓的"大众文化"的标志，更确切地说，它应该被称为文化的退化(deterioration)。而且，这种退化并不是当每个人都能用零钱买到柏拉图的对话录时开始的。相反，它始于这些产品被改变到足以促进大规模零售的程度——否则这种大规模零售就是不可能的。推动这种退化的并非是那些流行音乐的作曲家，而是那些素来博学和博闻的知识无产阶级(intellectual proletariat)，他们目前正在全球范围内尝试组织和传播文化，此外，他们还试图让这些文化对那些原本不想与之相关的人来说变得更容易接受。

文化关联着对象，是一种世界的现象；愉乐关联着人，是一种生命的现象。[1]如果生命不再从人与自然间摄取性的新陈代谢中获得满足——这种满足始终伴随着奋斗和劳动，因为人类的生命能量在这个循环的过程中无法再耗尽自身——那么它就可以自由地去接触世界上的对象，去占有和消费它们。生命随后会寻求准备好这些世界或文化的对象，以便它们适合消费，这就是说，它会将它们当作自然物来对待，毕竟，在后者与人类的新陈代谢融合之前，也必须做好准备。自然之物不受这种消费方式的影响，它们持续地自我更新，因为人——只要他生活和劳动，奋斗和恢复——也是一个自然的存在物，他的生物循环与自然万物运动于其中的大循环相适应。但是，只要人是一个世俗的而不仅仅是自然的存在物，他在世间生产的东西就不会自我更新。当生命占有它们并为了愉乐(pleasure)而消耗它们时，它们就消失了。这种消失首先出现在一个建立在劳动与消费交替的基础上的大众社会的背景下，并且这种消失与那些在社会循环中作为交换价值而被磨损以至于其原始纹理几乎无法辨认的事物的情况不同。

为了从历史或社会的角度来解释这两个正在摧毁文化的过程，可以

---

[1] 阿伦特这样回应对她明显的"敌视生命"(*Lebensfiendschaft*)的批评："我把世界和生命对立起来……因为我们生活在一个曾经并且现在仍然高估生命的时代……我不认为我对生命怀有敌意。生命是美好的事物，但它不是最高的善。每当生命被认为是最高的善时，[它]……很快就会被拥走。在我们的社会中，存在着一种与世界的危险的疏离以及一种可怕的人类对于世界的爱的无能。"引自《文学与文化反思》(斯坦福大学出版社2007年版)，苏珊娜·杨阿·戈特利布编，第332页。——编者注

说在文化市侩主义中文化产品的贬值是商业社会的典型危险，而这个商业社会中最重要的公共空间则是商品和交换的市场；相反的，文化在大众社会的消失可以归咎于一个劳动者的社会，作为劳动者，他们既不知道也不需要一个独立于他们生命过程之外的公共的、世俗的空间，而作为一个人，他们当然需要这样一个空间，并且希望能够像在其他时代中的人们那样尽快地建造这个空间。无论如何，一个劳动社会——绝不等同于一个劳动者社会——的特点是根据个人或社会生命过程的功能来理解和解释一切。然而，这些彼此之间相当不同的反文化的过程有一个共同点：当在这个世界上生产的物品与一个使用并交换它们、评价并应用它们、消费并摄取它们的社会建立关系时，这两个过程就开始了。这两种情况下，我们都在应对世界的社会化。有一种相当普遍的观点认为，民主与文化是对立的，文化只有在贵族制度下才能繁荣，这种观点在民主被认为象征着人与世界的社会化的情况下是正确的——但这绝不是它必须被如此理解的方式。无论如何，这种威胁着文化的社会现象在良好社会中的情况并不好于在大众社会中的情况。

II

鉴于我们对文化的不安源于文化市侩主义和大众文化的反文化现象——这两种现象都是 20 世纪普遍的社会化的结果——它是最近才出现的。然而，还有另一种对文化的不信任，这种不信任由来已久，但可能同样重要。此外，在对文化进行反思的背景下，它有一个明确的优势：它不是对文化问题的某些退化现象的反应，而恰恰是由那些相反的因素引发的，即文化的卓越性，以及与之相应的对它可能变得过于强大的恐惧。这种不信任根植于政治领域；如果我们想到自己对审美文化（aesthetic culturedness）概念以及对文化政策（*Kulturpolitik*）等复合结构的不适，我们对这种不信任也不会感到陌生。在任何一种情况下我们都能意识到在政治与文化之间存在着紧张和可能的冲突，唯美主义者（aesthete）赞成用文化来解决问题（因为他对政治的紧迫性一无所知），而政治家(不熟悉文化生产的必要性)则赞成用政治,亦即文化政治,来解决问题。当然,我们对这种解决冲突的尝试感到不适是受现代经验制约的。唯美主义者(aesthete)让人想起了文化市侩(cultural philistine),他同样相信那所谓"更高的东西",即文化的"价值",只有被拉到他认为是庸俗和低俗的政治领域,才会被玷污和贬低。即使是最自由的文化政治也会让我们想起近年来在总体主义(totalitarian)政权下面临的那些可怕经历,在那里,被称为"政治"的东西几乎完全消灭了通常被视为文化的东西。

出于这些思考的目的,我想暂时把这种典型的现代关联放在一边,并提议考虑一种不同的历史模型。政治科学的运作离不开这样的历史模型,这不仅是因为历史为它提供了研究对象,还因为只有借助于对诸如"政治"和"文化"这类事物的历史积淀的经验,我们才能试图扩大自己的经验视野——尽管这永远是有限的——以便能够获得对诸如文化与政治之关系这类一般现象的看法。事实上,我提出的摆脱现代性的建议只是承认了政治-公共领域具有无与伦比的尊严,以及它对古代生活中的人们具有更大的意义。这对政治科学来说意味着,特定的基本现象和问题在这一历史背景下出现,并且可能比之后的任何时期都展现得更加清楚。对于摆在我们面前的具体问题,中世纪的情况无论如何都可以被忽略,因为它的公共空间不是主要由世俗的、人间的力量塑造的。今天,文化与政治的关系问题是一个世俗问题,因此不能从宗教的角度来决定。然而,现代性给任何政治现象的澄清都带来了几乎无解的难题,因为在这一时期,在我们熟悉的私人和公共空间之间开辟出了一个新的领域,在这个领域,公共领域正在被私人化,而它所对应的私人领域则正在被公共化。在这里,我们不能讨论在社会媒介中被反映和研究的所有政治问题所共有的扭曲和变形。[1]我只有在为了证明我提到如此遥远的过去是正确的时候才会提到它。因此,我想请你们回忆一下,特别是在古典时期,古希腊和古罗马都对文化抱有深深的怀疑,即使不是对文化本身,至少也是对所有生产文化对象的人——也就是那些工匠和艺

---

[1] 读者可参阅阿伦特《人的境况》(芝加哥大学出版社 1958 年版)的第二部分"公共和私人领域"。 ——编者注

术家——抱有怀疑，普遍的看法则是这些人不应该被视为正式公民。例如，古罗马人以一种明显偏袒政治的方式解决了文化与政治之间的冲突，以至于文化最终以希腊舶来品的形式出现在罗马。（蒙森[1]写道，"歌手和诗人与走钢丝的人以及小丑排在一起，"就造型艺术而言，"就连瓦罗[2]也嘲笑大众和他们对木偶和偶像的渴望"。）这方面的一个标志是，"文化"一词实际上在古罗马原初意指"照看"（care），这表明在这整个领域中，罗马人所扮演的不是生产者和创造者的角色，而是看护者和监护人的角色。

这与他们在政治上的态度基本相同，即同样关心保留以过去为基础的、被传统神圣化的开端：城市的建立对于政治就如同希腊传统对于精神-智慧（geistig）事务一样重要。这种态度对于一个农业民族（agricultural people）来说可能是典型的，对于罗马人而言，无论在何地，只要它与这个民族同自然间无比热情的关系融合在一起，也就是说，在对罗马景观的塑造中，那么它就是最具生产性的。在他们看来，真正的艺术应当像风景一样自然发展，它应当是经过培育的自然，他们认为最古老的歌谣是"绿叶在苍翠的幽林中独自吟唱的那首"（蒙森）。甚至农业也能"桎梏"（yoke）大地并使其遭受暴力，而这种暴力是人类不可思议的伟大的证据，正如索福克勒斯[3]在《安提戈涅》中的著名的唱诗句中所说的那样——"世上有无数的奇事/可怕的奇事，但没有一个比得上人"——而这种观念与罗马人的信念完全相反。简而言之，我们可以说，希腊人是从技术（technē）和制作（poiēis）的角度来构想农业的；而罗马人则相反，他们甚至从劳动模式的角度来体验人类的文化、世界-生产活动，在这种劳动模式中，自然被精心呵护成为文化，以便为作为自然存在的人类提供食物和家园。

尽管罗马人的联想仍存在于我们对"文化"一词的使用中，但文化与政治关联的罗马模式并不是特别富有成效的。罗马人并没有太认真地

---

[1] 特奥多尔·蒙森（Theodor Mommsen，1817—1903），德国历史学家，著有《罗马史》。——译者注
[2] 马尔库斯·铁伦提乌斯·瓦罗（Marcus Terentius Varro，前116—前27），古罗马政治家和学者。——译者注
[3] 索福克勒斯（Sophocles，前496—前406），古希腊最伟大的悲剧作家之一，代表作有《安提戈涅》《俄狄浦斯王》等。——译者注

对待文化，直到它已经准备成为他们关注的对象乃至成为共和国事务（res publica）的一部分。在早期，他们只是阻止了艺术家和诗人的脚步，因为他们认为这种幼稚的游戏不符合严肃性，不符合公民应有的庄重和尊严。他们不认为这种生产率会产生出一种与政治领域的活动等同——乃至构成威胁——的活动。相比之下，希腊模式的丰硕成果可以从以下事实中得到：至少在雅典，政治和文化之间的冲突从未明显地使某一方受益，但也没有被调解到任何一方都对另一方无动于衷的地步。这就好像希腊人可以异口同声地说："没有在奥林匹亚看到菲迪亚斯[1]的宙斯巨像（Zeus of Phidias）的人是白活一遭"，以及"像菲迪亚斯这样的人，也就是雕塑家们，确实不应该被授予公民身份"。

修昔底德[2]记载了伯里克利[3]的一句名言，在这句话里，有政治性根据的对文化的怀疑以一种间接而又引人注目的方式表达了出来。我指的是这个几乎无法翻译的短语：philosophoumen aneu malakias kai philokaloumen met'euteleias.（希腊文：φιλοκαλοῦμέν τε γὰρ μετ' εὐτελείας καὶ φιλυσοφοῦμεν ἄνευ μαλακίας，大意是：我们爱美而节制，爱智但不软弱[4]。）在这里我们可以清楚地听到，正是城邦和政治限制了对智慧和美的爱（然而，这两者都被理解为——这也是这句话无法翻译的原因——是活动而非国家）；因为 euteleia[5]——确切的意思是避免过量——是一种政治性的德性，而正如亚里士多德所记载的那样，malakia[6]被认为是过度的野蛮恶习；然而，希腊人认为，使他们超越野蛮人的首要因素乃是城邦，是政治。换句话说，希腊人决不认为是他们更高的文化形式将他们同野蛮人区别开来。恰恰相反，事实是政治限制了文化。我们很难把握住伯里克利的话语中这个相当简单的观点，因为我们往

---

[1] 菲迪亚斯（Phidias，前480—前430），古希腊最伟大的雕塑家之一，作品有奥林匹亚的宙斯巨像和帕特农神庙的雅典娜巨像。——译者注

[2] 修昔底德（Thucydides，约前460—约前400/396），古希腊历史学家、雅典十将军之一，著有《伯罗奔尼撒战争史》。——译者注

[3] 伯里克利（Pericles，约前495—前426），雅典黄金时期的执政官，带领雅典人在伯罗奔尼撒战争的第一阶段击退斯巴达人的进攻。——译者注

[4] 这句话出自修昔底德《伯罗奔尼撒战争史》中记载的伯里克利在雅典阵亡将士葬礼上的演说词，阿伦特的原文并没有对其进行翻译，此处的希腊文和译文是译者补充的。——译者注

[5] 希腊文 εὐτελεία，意为"节制"。——译者注

[6] 希腊文 μαλακία，意为"软弱、虚弱"。——译者注

往更容易倾向于相信——因为我们的传统已经倾向于哲学经验，并压制和淹没了西方的政治经验及其世界观——他们说的一方面是我们所熟悉的真理与美之间的冲突，另一方面则是思想与行动之间的冲突。我们天真的理解受到了哲学史叙事的制约，根据这一叙事，柏拉图和他之前的哲学家想要将荷马和诗人驱逐出共和国(republic)，因为他们说谎。然而，事实证明哲学家柏拉图并不是唯一感到有必要让荷马置之其位的人，政治家伯里克利在同一篇悼词中做了同样的事情，尽管他用了非常不同的理由。他明确地说，雅典的伟大之处在于不需要由"荷马及其同类"来把所说所做的言行——这些言行构成了政治的本质——变得不朽。他认为雅典的力量之大，足以使其名望的丰碑直接从行动中产生，从而从政治自身中产生；足够伟大，也就是说，不需要名声的专业生产者也能够做到；而艺术家和诗人，他们把活生生的言语和行为物化，把它们变成"东西"来确保其不朽的名声所需的持久性。

我认为，希腊人不让艺术家和工匠对城邦产生任何影响的倾向常常被彻底地误解，人们很容易把这种倾向与对维持生命所需的体力劳动的蔑视等同起来。这种蔑视同样具有一种原初的政治性质：任何被生命所迫、其活动受到生命必然性(necessities of life)支配的人，都不可能是自由的。在城邦中自由人的生活只有在他控制了生命必然性时才是可能的，而这也就意味着：他已经成为了统领一个奴隶家庭的主人。然而，赤裸裸的生活所必需的劳动是处于政治之外的，并因此不能与政治产生冲突，毕竟，这种劳动不是在公共领域进行的，而是发生在家庭的私人领域。那些被排除在公共领域之外并被局限于私人家庭领域的人——希腊的 oiketai [1]（属于家庭的人）和罗马的 familares [2]（属于家庭的人）——与工匠有着本质的不同（正如工匠的名称 "demiourgoi" [3]所指示的，他们决不待在家中，而是到人们中间去制作），正如他们与艺术家和创作者(poietai [4])不同，后者的作品都是用于教育和装饰政治生

---

［1］希腊文为οἰκεταί，名词οἰκετεία的复数形式，意为"家庭奴隶"。——译者注
［2］拉丁文为familares，意为"家庭成员"。——译者注
［3］希腊文为δημιουργοί，名词δημιουργός的复数形式，意为"为人民制作的人"。——译者注
［4］希腊文为ποιηταί，名词ποιητης的复数形式，意为"制作者、工匠、诗人"。——译者注

活所在的公共空间的。政治和文化之间的冲突之所以会出现，只是因为行动和制作活动及其"产品"——人的行为和制作的产物——位于公共空间中。关于这一冲突，需要解决的问题仅仅是，到底哪些标准应该适用于一个由人所创造和居住的公共空间：是那些行动或制作的共同标准？是那些基本意义上的政治标准？还是那些具体的文化标准？

III

我们已经确定，文化和政治之间的冲突位于公共领域，并且这种冲突是关于我们共享的公共空间是否应该以那些建立者的标准来管理——就是说作为技艺人（homo faber）的人——或者它的标准是否应该直接来自人们之间在行为、语言和事件中的互动。我们都知道希腊人选择了后者——而在我看来这是有充分的理由的。这一决定到处显示着自身。如果有人想用通常评价事物的方法来发现它，那么他就可以说，与所有其他判断标准相比，规模的标准是首要的。如果有人想从政治组织的角度来看待它，那么他最好记住这句话，"无论你身在何地，你都将构成一个城邦"——这是对所有离开的被放逐者说的，它意味着对城邦的良好组织是如此完全地独立于故乡的奇特面貌，以至于只要人与人之间通过行动和言谈建立的无形的关系保持不变，它就可以被立即抛弃和换掉。

这一决定的本质不仅不是为了一劳永逸地解决文化与政治之间的冲突——关于生产者或行动者是否应该享有特权的争斗——反而是为了要进一步地煽风点火。毕竟，这整个问题所倚仗的人类的伟大被认为是由人类的能力所决定的，尽管人类自身终有一死，但这种能力可以让人类的言行变得不朽——也就是值得永久纪念。伟大的人物所要求的这种人类独有的、纯粹世俗的不朽就被称作"声名"（fame）。而声名的目的不仅是为了让言行——它们比凡人更短暂和易逝——不至于立即消失，更是为了赋予它们不朽的永久性（permanence）。伯里克利在上述引文中提出的问题实际上是这样的：谁更适合做这件事？城邦的组织保护了公共空间，伟大的人物可以在其中出现和交谈，而那些在这个空间中看与被看，言说以及听与被听的人们的持久存在是否也因此确保了一个永久的纪念？ 抑或是诗人与艺术家——以及更普遍地说，是创造-世界和生产-世界的活动，这些活动显然比行动和政治的组织更能保证声名，因为它们存在于将那种本质上最易腐和最易逝的东西变得持久和不朽的活动中？ 荷马是希腊人的导师，而正是诗歌教会了他们声名是什么以及声名能够成为什么。尽管诗歌连同音乐可能是最不受物质约束的艺术，但它仍然是一种生产形式，并且它实现了一种对象化（objectification），如果没有这种对象化，持久性就会变得不可想象，更遑论不朽（imperishability）了。

此外，行动对于生产的依赖并不限于"英雄"及其声名对诗人的依赖——这就是伯里克利所说的例子。一般来说，艺术对象化是从一个已经存在的对象世界中生长出来的，并且仍受制于这个世界，如果没有这个世界，艺术品就不可能存在。对象世界不能简单地追溯到人的生命必然性，正如游牧部落、原始民族的帐篷和木屋所显示的那样，它不是赤裸裸的生存所必需的。相反，它源于一种通过筑堤来抵御自己的死亡的渴望，想要在人的易逝与自然的不朽之间放置一些东西作为凡人衡量自己死亡的标准。占据这个位置的是这个人造的世界，它不是不朽的，但它比人类的生命要持久得多。所有的文化都是从这种世界的创造开始的，用亚里士多德的术语来说是一种 athanatidzein[1]，一种创造不朽。在这样一个世界之外——也就是说，在我们所说的最广义的"文化"之外——行动也许并非绝对的不可能，但它不会留下任何痕迹，没有历史，也没有"一千块从大地的怀抱中挖取的石头通过说话来作证"。

在这个世界上的物品中，我们已经将使用的东西和艺术作品区分开来了。两者的相同之处在于它们都是物；也就是说，它们不是发生在自然界，而只是发生在人造世界，它们的特点是具有某种持久性，这种持久性从普通使用物的耐久性一直延伸到艺术作品的潜在不朽性。这样一来，这二者就都有别于消费品，一方面，消费品的寿命几乎不超过其生产所需的时间，另一方面，行动的产物——换句话说，事件、行为、言语，以及最终从它们中衍生出来的故事，所有这一切自身都是如此易

---

[1] 希腊文为 ἀθανατίζειν，动词 ἀθανατίζω 的不定式，意为"成为不朽"。——译者注

逝，以至于如果没有人的记忆和生产能力来帮忙的话，它们几乎不可能在出现的那一刻或那一天幸存下来。如果从耐用性的角度来看待世界上的物，很明显，艺术作品比所有其他物品都要优越。即使在几千年后，它们仍有能力为我们发光，就像它们诞生的那天一样。这就是为什么它们是所有事物中最世俗的。它们是唯一为这个比所有凡人更长久的世界生产的东西，因而在人类社会的生命过程中没有任何功能。它们没有像消费品那样被消费掉或像使用物那样被用掉，它们必须从这个使用和消费的过程中解脱出来，可以说，它们必须被明确地封存起来以对抗人类的生物学必然性（biological necessities）。这可能以各种方式发生，但特定意义上的文化只有在它真正发生的地方才能找到。

我不知道成为一个世俗的或创造世界的存在者是不是人类本性的一部分。正如有无世界的个体一样，也有无世界的民族；人类的生命需要一个世界，只要它的持续存在需要在地球上有一个家。可以肯定的是，作为一个世俗的家园，每个世界都为生活在其中的人服务，但这并不意味着人类的每一种"创造自己的家园"都等同于创造世界。只有当物作为一个整体被如此地生产和组织，使它们能够经受住生活在其中的人类的消耗性的生命过程，并且可能比凡人更长寿时，世俗的家园才成为一个世界。只有在这种长寿得到保证时我们才会谈论文化，而只有在面对那些总是以其真实性和质量而存在，并且独立于所有的功能或效用方面的东西时，我们才会谈论艺术品。

出于这些原因，在我看来，任何对文化的反思都应该以艺术作品的现象为出发点。我们目前的尝试尤其如此，它试图参照希腊人对这些事情的做法来研究文化和政治之间的关系。艺术品本身与政治的关系比其他物品更为密切，其生产方式与行动的关系比任何其他类型的工作（occupation）都更为密切。首先，一个事实是，只有艺术品需要公共领域来获得认可，而艺术品是精神-智力的对象这一事实同样表达了类似的观点。在希腊语中，Mnēmosynē[1]——记忆和纪念——是缪斯之母，也就是说，通过思考和记忆使现实得到重估。这种重估使得对无

---

[1] 希腊文为μνημοσύνη，意为"记忆、回忆、纪念"。——译者注

形之物——事件和行为，以及言语和故事——的捕捉和客观化成为可能。艺术的对象化源于思想，正如手工(artisanal)的对象化源于使用。一个事件不会因被记住而成为永恒，但这种记忆为潜在的不朽做好了准备，并在之后通过艺术对象化来实现。然而，对于希腊人而言，潜在的不朽是所有政治，尤其是他们自己的政治组织形式——城邦——的最高和最深刻的目标。他们所追求的不是艺术品本身的不朽，而是潜在的不朽性，是伟大的言行在记忆中潜在的永恒存在：那种不朽的声名，可以由诗人的生产性的对象化活动来保证，也可以由城邦的无休止的叙事纪念仪式(ceaseless narrative commemoration)来保证。

IV

鉴于希腊思想，特别是在其政治方面完全是针对凡人潜在的不朽性，因而也是针对最易逝之物的不朽性，似乎没有任何人类能力会被认为比生产和艺术创造能力——也就是希腊意义上的 poiēsis[1]一词所代表的诗意能力(poetic faculty)——更重要。如果我们回忆一下希腊艺术的惊人——快得惊人——发展，在短短几个世纪的时间里，从一件杰作到下一件杰作，而这在根植于政治的不朽信念所引发的非凡的、特定的文化力量那里表现得尤为明显。

毫无疑问，希腊人对各种生产形式的怀疑，他们对那些据称威胁到生产的文化世界领域的城邦和政治形式的危险的怀疑，与其说涉及文化对象本身，不如说涉及生产所依据的态度——这种态度代表了那些除了生产之外什么也不做的人。这种怀疑针对的是那些入侵到政治领域的生产者标准的普遍化和其思维方式。这就解释了最初可能令我们惊讶的事情，即有人可以表现出对艺术的最大接受度和对艺术作品的最热烈的崇拜——正如我们从大量的轶事证据中了解到的那样，与之相匹配的乃是艺术家们完全不同寻常的自信——同时他们却一直在考虑艺术家作为个

---

[1] 希腊文为 ποίησις，意为"创造、诗歌创作"。——译者注

人是否应该被排除在政治共同体之外。同样的怀疑也表现在将本质上属于政治活动的东西——像立法工作或城市规划这样的活动，如果它们与生产有哪怕一点点关系的话——仅仅视作政治那前-政治的条件，从而将它们排除在城邦本身之外，也就是说，排除在公民身份所要求的基本政治活动领域之外。

这种对生产的怀疑有两个事实的原因，二者都可以直接从这种活动的本质中得出。首先，如果不使用武力，以下这些基本上是不可能的：为了生产一张桌子，必须砍掉一棵树，而被砍掉的树的木材又必须被破坏并以桌子的形式出现。（当荷尔德林[1]把诗歌称作"最天真"的活动时，也许他已经考虑到了所有其他艺术形式中所固有的那种暴力。但是，诗人同样侵犯了他的材料，他并不像树上的鸟儿那样歌唱。）其次，生产总是位于手段-目的关系的范畴内，其唯一真正合理的地方是生产和制造领域。生产过程有一个清晰可辨的目的，即作为目的的产品，而作为其组成部分的所有东西——材料、工具、活动本身，甚至参与其中的人——都只是一种手段。作为目的，作品证明了所有手段的合理性，最重要的是，它证明了暴力的合理性，没有暴力，这些手段就永远无法得到保证。生产者不得不把所有对象都看作达到其目的的手段，并且必须根据其具体效用来判断这些对象。如果被普遍化并被扩展到制造之外的领域，这样的态度至今仍是 Banausen[2]（无知者）的特征，这是少数几个从希腊语而来并且几乎没有改变其原始含义的德语词汇之一。对他们的怀疑来自政治领域，并一度希望将暴力和手段-目的之理性功利（utilitarian）的态度都排除在人类社会的公共政治空间之外。

即使最粗略地看一下政治理论的历史或政治行动的通常定义，也很容易发现这种怀疑对我们的政治思想传统没有丝毫影响，而且可以说，它就像在政治经验史上出现时一样，很快就从现场消失了。在我们今天看来，没有什么比政治恰恰是暴力可能的合法空间这一概念更自然的了，而这个空间通常是由统治和被统治来定义的。我们甚至无法想象，

---

[1] 弗里德里希·荷尔德林（Friedrich Hölderlin，1770—1843），德国著名诗人。——译者注

[2] 希腊文为 βάναυσην，名词 βάναυσος 的变格形式，意为"粗俗的、品味底下的人"。——译者注

行动除了是一种通过适当的手段追求既定目的的活动之外，还能是其他东西，而这些手段则是由既定目的所证明的。不幸的是，我们现在已经历了这种对无知(banausische)态度的普遍性的信念所带来的实际的、政治性的后果。在任何情况下，发生的事情正是希腊的文化怀疑所要避免的——即政治领域应该被生产的范畴和思维(mentality)所淹没和充斥。尽管政治从来都不是生产的手段，而最初是生产的秩序，但政治失去了它的独立性，而人类通过政治组织起来并在其中行动和交谈的公共领域——也就是现成的世界——被归入了同样的范畴，而这些范畴首先是使这个世界存在的必要条件。

我们从经验中知道，功利主义的手段-目的理性有多大能力将政治变成非人的行为。但仍令我们感到非常奇怪的是，这种非人的行为应该特别产生于文化领域，而人性化的因素应该是分配给政治领域的。这是因为无论我们对希腊文化有多少了解或欣赏，我们对文化的理解根本上是由罗马人决定的，他们不是从文化生产者的角度来设想这一领域，而是从对自然和继承物的充满爱心和细心的看护者的角度来设想的。为了把握希腊人这种完全不同的观点，我们需要记住，他们对政治的发现是建立在将暴力排除在共同体之外的严肃尝试之上的，而且在希腊的民主制度中只有 peithō[1] 的力量——说服和相互交谈的艺术——被认为是一种合理的互动模式。我们也不能忽视这样一个事实，即政治实际上只指城邦内部的情况。只有因为暴力本身被认为是非政治性的，并因此超出了城邦的界限，希腊诸共和国之间的战争才具有如此可怕的破坏性。城邦之外的任何东西都是处于法律之外的，并因此完全由暴力支配，在这里，情况确实是强者做他们能做的事，而弱者则遭受他们不得不遭受的。

我们发现很难在文化中寻找到暴力因素，其中一个原因在于，在生产的范畴中进行思考对于我们来说已经成为我们的一种习惯，以至于我们将这些范畴视作是普遍的。根据这些范畴，我们在所有领域中都采取了暴力行动，之后我们试图通过法律和协议来避免最糟糕的情况。然

---

[1] 希腊文为 πειθω，意为"说服、劝说"。——译者注

而，出于这个原因，这些范畴真正所处的，除了自身的结构之外没有任何东西在我们面前出现的领域，乃是所有领域中最为无害的，事实也确实如此。与人类互相施加的暴力相比，他们为了创造世界而对自然施加的暴力是清白无邪的(innocent)。这就是为什么我们认为文化的真正危险乃是衰弱，并在这个意义上翻译前文引用的伯里克利所提的 malakia(虚弱)。但这个词所隐含的在希腊人看来是野蛮的非男子气概(unmanliness)并不排除暴力，也不排除了为达到自己所追求的目的而采取一切可行的手段。我们经常看到所谓的艺术家和受教育者的文化精英是如何被残酷的政治所征服，以及他们是怎样地敬畏后者，因其最终抛弃了所有"无休止的唠叨"——即互相分享信念——我们可能对这些事情更为熟悉，并可能在其中看到更多的东西，而不仅是"知识分子的背叛"[1]。相信政治的暴力绝非残暴者的唯一特权。这一信念的基础也可能是法国人所谓的"专业变形"(deformation professionelle)，即一种文化生产者与赞助者因他们的工作所展现出来的反常现象(aberration)。

对于手段-目的思维的怀疑更为切中要害，而这种怀疑的起源也是政治性的。当然，政治可能会反对这种类型的思想——对于生产而言是必要的——那就是目的可以证明手段的正当性，最诱人的目的可能会产生最可怕和最具破坏性的手段。如果我们遵循这条在我们这个世纪已经变得司空见惯的思想路线，我们就会发现行动自身并不知道其目的，或者至少不能以被概念化的方式实现任何目的。所有这些行动都处于一个关系网内，在这个关系网中个人所欲求的任何东西都会立刻被改变，并因此不能作为一个既定的目标来实现，例如一个程序。这就是说，在政治上，手段总是比目的更重要，同样的事情也可以通过自言自语来表达，就像我曾经做的那样：每一个出于邪恶目的的好事实际上都让世界变得更好，而每一个出于善良目的的坏事实际上都让世界变得更坏。但是，像这样的声明依赖于手段-目的关系范畴所产生的悖论，并且实际上只是在宣称这一范畴与行动无关。与之相关的这种思想假定了一个主权来处理某人为自己所设置的目的，来处理自己为实现这些目的所必

---

[1] 原文为法语"trahison des clercs"，原是朱利安·班达(Julien Benda)写的一本书的书名，阿伦特在此应该是玩了一个双关。——译者注

需的手段，或者来处理他必须去命令的人，以便他们可以简单地执行命令来制造一个预先设想的最终产品。只有生产者才能成为主人，他是主权者，可以占有所有作为实现其目的的手段和工具的东西。行动者总是关联并依赖于其他行动者，他永远不会是真正的主权者。从这一点直接衍生出来的，是那些植根于行动的历史进程不可逆转这一众所周知的事实，这种逆转的不可能性绝不适用于生产过程，在生产过程中，生产者总是可以进行破坏性的干预——即逆转生产过程——如果他这样选择的话。

希腊人对于 Banausen（无知者）的怀疑在于，技艺人对生产所表现出的这种固有的主权，对他来说，那种我们称之为普遍的功利的方法——把事物看作达到目的的手段——是自然而然的，因为他是为了使用而生产东西，并且总是需要某些东西来生产其他东西。他们有充分的理由认为，只要它被普遍化，这种思维方式就必然会导致事物本身的贬值，并且这种贬值会延伸到那些非人造的、本质上独立于人的自然物。换句话说，他们害怕技艺人的主权和统治会因为这种人进入政治领域而在傲慢中结束。并且他们进一步认为，这种文化的"胜利"将以野蛮的方式结束，因为傲慢就如 malakia（虚弱）一样被认为是一种野蛮人的恶习。在此，我想再一次提醒你们《安提戈涅》中的著名合唱："Polla ta deina k'ouden anthrōpou deinoteron pelei.[1]"（"世上有无数奇事，但没有比人更奇妙的了。"）——因为它以一种奇特的方式捕捉到了希腊人对生产能力评价中的特殊分裂，这种分裂同时激发了他们的最高的敬畏和最响亮的恐惧。这些能力对他们来说仍然是可怕的，因为其中包含的傲慢威胁着自然和世界的存在。

V

对于保护世界的担忧主要是人类的负担，因为他不仅是一个生产

---

[1] 希腊文原文为 "πολλὰ τὰ δεινὰ κοὐδὲν ἀνθρώπου δεινότερον πέλει"，见《安提戈涅》原文 332—333。——译者注

者，也是一个政治的存在。因此，他必须能够依赖生产，以便它能为行动和言说的短暂性提供持久的庇护——并为凡人生命的易逝性提供持久的庇护。因此，政治需要文化，而为了达到稳定的目的，行动需要生产；但它仍需要从文化和生产中保护政治和这个现成的世界，因为所有的生产同时也是破坏。

就文化而言，世界应该保证其永久性，并且它以最纯粹和最无障碍的形式出现在那些我们称之为艺术品的对象中——在强调的意义上是文化对象。为了实现它们的"目的"，它们必须被小心地保护以免受所有那些目的性宣言和存在利益的影响，免遭使用和消费，在目前的情况下，通过将艺术品放置在神圣的地方——在庙宇或教堂中——还是将它们委托给博物馆和保护主义者（preservationists）来保管已经是无关紧要的了。无论在哪种情况下，它们都需要公共领域，并且只有在这个共享的世界中才能找到合适的位置。如果被隐藏在私有财产中，它们就不会获得承认，并且它们必须被保护以免遭私人利益的侵害。只有在这种公众的保护之下它们才能以其所是的面貌出现。从政治领域及其活动的角度——即在其短暂的行动和言说中——来看，任何在其中出现的、我们通常称之为"美"的东西都是不朽的。从政治上来说，美保证了即使最短暂和最易逝的东西——凡人的言行——也可以在人类世界中获得世俗的庇护。

然而，文化对政治的依赖并不亚于政治对文化的依赖。美需要一个由行动的人所保护的政治空间的公开性，因为公共空间是表现卓越的空间，相反，私人空间则为隐蔽和安全所保留。但美本身并不是一种政治现象，它本质上属于生产领域并且是后者的一个标准，因为所有物品都有其自身作为物的状态所特有的外观和形状。这样一来，即使对使用物而言，美仍然是一个标准——并非因为"功能性"物能够永远美丽，相反，包括使用物在内的任何物品都不会被其功能性所耗尽。功能性本身并不是由物显现的，相反，事物显现的是它的形式和形状。相比之下，事物的功能性是指它们因被耗尽和消费而再次消失。为了只从使用价值而不是从外观的角度评价一个对象——它是美是丑，或是介于两者之间——我们首先要把自己的眼睛挖出来。

因此，文化与政治是相互依赖的，并且二者的共同之处在于：它们都是公共世界的现象。正如我们将看到的那样，尽管这种共同性最终超越了两个领域之间所有的冲突和对立，但是二者的共同性也仅仅在一方面涉及文化的对象，在另一方面涉及行动的、政治的人。这种共同性与生产的艺术家无关。毕竟，技艺人并不与公共领域处于同一种自明的关系中，而公共领域则刻画了他所塑造并揭示的对象的特征。为了不断向世界添加这样的对象，他自己必须被孤立和隐藏在公众之外，而政治活动——行动和言说——在没有其他人在场以及没有由众人构成的公共领域的情况下是不可能进行的。艺术家与工匠的活动条件与政治活动的条件截然不同。并且几乎不言而喻的是，技艺人(homo faber)——只要他提高嗓门让人们知道他对政治价值的看法——就会像城邦对生产的思维方式和条件产生怀疑一样对政治领域产生怀疑。

这里只能暗示硬币的这一面，即文化生产者是如何以关切和怀疑恰当地看待政治活动的。然而在我们目前的背景下，更重要的是我们注意到了一种表明文化与政治共同特征的人类活动。我是从康德的《判断力批判》(*Critique of Judgment*)的第一部分得到这个启示的，在我看来，它包含了康德的政治哲学中最伟大以及最具独创性的方面。

你会想起康德在《实践理性批判》(*Critique of Practical Reason*)中的政治哲学假定了理性的立法能力，它假定了由"绝对命令"决定的立法原则依赖于理性判断与自身的一致——用康德的话说，如果我不想自相矛盾，我就必须渴望那些条件在原则上也能成为一个普遍的法则。自我一致(self-agreement)的原则由来已久。它的一种与康德类似的形式可以在苏格拉底那里找到，他的中心学说在其柏拉图式的表述中内容如下："既然我是一个人，与其自相矛盾，不如与世界矛盾"。这一命题构成了西方伦理学和逻辑学概念的基础，二者分别强调了良知与不矛盾法则。

在《判断力批判》的"共通感的准则"(maxims of Common Sense)标题下，康德在自我一致的原则之中又增加了"扩展的思考方式"原则，提出我可以"在每一个别人的位置上思考"。因此，自我一致中被加入了与其他人的潜在一致。判断力的权能建立在这种扩展的思考方式上，并且判断也因此获得了它的正当的合法性能力。从消极的方面来看，这意味它可以不考虑"主观私人条件"。而从积极的方面来看，这意味着如果没有其他人的存在，它就不能站在别人的位置上来思考，从而发挥作用或占据上风。自我的存在指向了逻辑学中的不矛盾律，以及同样正式的非判断法则。判断力具有某种具体的普遍性——这种普遍性（Allgemeingültigkeit）与普遍有效性（universelle Gültigkeit）完全不同。对有效性的要求永远不可能比其他要求更深入，从他们的立场来看，事物是共同思考的。正如康德说的，判断力适用于"每一个判断的人"，这意味着它不适用于不参与判断过程的人，也不适用于不在公共领域的人，因为被判断的对象最终出现在公共领域。

可以肯定的是，关于判断力是一种特定意义上的政治能力的见解，几乎和明确的政治经验本身一样古老——也就是说，正是一种以康德的方式定义的政治能力，即不仅从自己的角度，而且从所有其他在场者的角度来看问题的能力。如此一来，判断力也许是基本的能力，它使人能够在公共-政治领域中定位自己，从而能在这个共有的世界中定位自己。因此，更令人惊讶的是，在康德之前或之后，没有一个哲学家把它作为自己的研究对象，而这一令人惊讶的事实可能源于我们的哲学传统中对于政治的反感，尽管这种反感并不能在此讨论。例如，希腊人将这种能力称作"实践智慧"[1]（phronēsis），正如亚里士多德决定将政治家的这种基本能力与哲学家（他们最关心的乃是真理）的"智慧"（Sophia）进行对比，这与雅典城邦的公共意见是一致的，他的政治著作也是如此。今天，我们大多将这种能力误认为是一种"健全的理智"（gesunden Menschenverstand），它在德语中曾经一度被称为"共通感"（Gemeinsinn），因此与共感（common sense）或法国人简单称为 le bon sens 的那种共同感觉（sens commun）相同——它也可以直截了当地被称为"世界感"（Weltsinn）。只有这一事实值得称赞，即我们私人的、"主观的"五感及其材料被装入了一个我们可以与他人共同分享和评估的、非主观的、"客观的"共同世界。

---

[1] 希腊文为 φρόνησις，意为"判断力、实践智慧"。——译者注

康德的定义是非凡的：他发现了判断力的全部光辉，因为他发现了鉴赏(taste)现象与鉴赏判断。他反对所谓"品味无可争辩"（de gustibus non est disputandum est）的任意性和主观性，因为这种任意性与他的政治意识不相容。与这些常见的成见相反，他坚持认为鉴赏实际上"假定其他人体验到了同样的快乐"并且鉴赏判断"表明每个人都同意"。因此他明白，鉴赏与它所源自的共通感（Gemeinsinn）一样，是与"私人感觉"完全相反的，即使这二者总是被误认为是对方。

详细讨论这一切会让我们走得太远。然而，即使是我们简单的处理也显示，人类特定的文化行为在这里被理解为一种强调意义上的政治活动。鉴赏判断与政治判断都是决断(decision)。作为决断，它们有一个"不能不说是主观的基础"。然而，他们必须保持独立于所有主观的利益。判断是从在世立场的主观性中发出的，但与此同时，它声称，这个每一个在其中的人都有自己的立场的世界是一个客观事实，并且是我们所共享的。鉴赏决定了作为世界的世界看起来和听起来应该是什么样子，以及它应当如何被看和被听，而这与它的有用性以及我们对它存在的兴趣无关。鉴赏根据它的世俗性评价世界。它既不关注感性生活也不关注道德自我，而是反对这二者并提出对世界的纯粹的、"无私"的兴趣。在鉴赏判断中首要的是世界而不是人——无论是他的生活还是自我。

鉴赏判断与政治判断一样不带有任何义务并且——与认知判断相反——不能确凿地证明任何东西。正如康德所说的，所有判断者能做的就是"争取每个人的同意"，并且希望达成一个共同的观点。这种争取无非就是希腊人所说的"劝服"(peithein)[1]，也就是在城邦中作为政治对话的首选手段而受到重视的那种劝说修辞。"劝服"不仅反对他们所鄙视的身体暴力，也明确和哲学上的"辩论"(dialeghestai)[2]区分开来，因为后者关注的是认知，而认知与寻求真理一样，需要确凿的证据。在文化和政治领域——这构成了公共生活的全部领域——最重要的

---

[1] 希腊文为"πείθειν"，动词"πείθω"的不定式，意为"劝服"。——译者注
[2] 希腊文为"διαλέγεσθαι"，动词"διαλέγω"的不定式，原意是"交谈、劝说"，这里应该是指苏格拉底式的"问答式辩论术"。——译者注

不是认知和真理，而是判断和决断：一方面是对这个共享世界的规范性评价和讨论，另一方面则是关于世界应当是什么样子以及在其中应当采取何种行动的决断。

在人的政治能力中，鉴赏这一分类说明了一个广为人知却极少得到承认的事实——也许看起来很奇怪——即鉴赏具有一种特殊的组织权能。我们都知道，没有什么能与在有关好恶的问题上发表一致的意见，帮助人们认识彼此——进而感到彼此不可逆转地联系在一起——相提并论的了。就好像鉴赏不仅决定了这个世界看起来应该是什么样子，还决定了谁与谁同属这个世界。从政治的角度来看，将这种共同归属感视作一种本质上的贵族组织原则，也许并没有错。但它的政治潜力或许还能再进一步。这种人与人之间的共同归属，就是在对一个共同世界的判断中得到的东西。而个体在其判断中表现出的是一种独特的"是此非彼"，它是一切个人事物的特征，并且在它把自身与任何仅仅是特异性的事物区分开的程度上获得了合法性。但是政治在言说与行动上都密切关联着这种人格——一个人是"谁——而不管他的才能与品质如何"。出于这个原因，政治发现自身反对文化，因为品质在文化那里总是最终的决定性因素——首先是生产出来的产品的品质，在假定了其中表达了私人的东西的情况下，它才指向个人的才能和品质，而非那个人的"谁"。然而鉴赏判断并不简单地决定品质问题，相反，即使在文化衰弱的时代，也只有少数人容易受到这种证据的影响，这些问题仍然是显而易见的。鉴赏决定品质，并且只有在品质感——辨别美的证据的能力——普遍存在的前提下才能得到充分的发展。一旦如此，就只能依靠鉴赏以及它对世上的事物不断进行的判断，来为文化领域树立边界并提供人类的意义。所有这些都是在说：它的任务是使文化去野蛮化。

众所周知，"人性"一词源于罗马，并且在希腊语中找不到与拉丁语的 humanitas（人性）相对应的词。出于这个原因，我认为可以适当地借助一个罗马的例子来说明鉴赏是一种政治能力，通过它，文化被人性化了。让我们回忆一下那个在内容和意义上都是柏拉图式的古谚："amicus Socrates，amicus Plato，sed magis aestimanda veritas."（"苏格拉底是朋友，柏拉图是朋友，但真理更值得重视。"[1])这一非政治和非人的基本原则以真理的名义明确拒绝了人和友谊，应当与西塞罗的一个不太知名的表述进行对比，他曾在争论中说过这样的话："Errare malo cum Platone quam cum istis(sc. Pythagoraeis) vera sentire."["我宁愿与柏拉图一起犯错，也不愿和那些人(即毕达哥拉斯的信徒)一起感受真理。"]诚然，这个声明是非常含混的。它可能意味着：我宁愿用柏拉图式的理性来犯错，也不愿用毕达哥拉斯式的非理性来"感觉"真理。但如果把重点放在 sentire[2](感觉)上，这句话的意思反而变成了：喜欢与柏拉图而非与其他人相伴是一个鉴赏的问题，即使他是我犯错的原因。假设后一种解读是正确的，人们可能会反对，因为无论科学家还是哲学家都不可能说出这样的话。然而，这是一个彻底的政治和文化的人——在罗马词"人性"意义上的人——说话的方式。最肯定的是，这是人们期望从一个在各方面都是自由的人那里听到的，对他来说，自由问题也是哲学中最重要的问题。这样的人会说：我不会让自己在与人和物的交互之中被强迫——即使这种力量恰好是真理。

在文化领域，自由体现在鉴赏上，因为鉴赏判断包含并传达了比对品质的"客观"判断更多的东西。作为一种判断活动，鉴赏将文化与政治结合在一起，二者已经共享一个公共领域的开放空间。而鉴赏同样使得二者之间的对立趋于平衡——这种对立源于行动与生产之间的内在冲突。如果没有政治的自由，文化就没有生命力：政治的缓慢死亡和判断力的枯萎是本文开头提到的文化的社会化和贬值的前提条件。然而，如果没有文化事物的美，如果没有政治的持久性与世界自身所彰显的潜在不朽性的夺目光彩，政治作为一个整体就不可能持续。

1958 年

---

[1] 这句名言过去一般被译为"吾爱吾师，吾更爱真理"，译者在此倾向于保留其原意。——译者注

[2] 拉丁词 sentire 是动词 sentio 的变位，sentio 的意思是"感觉、体验、知晓"。——译者注

对传统伦理学的挑战：回应波兰尼[1]

    波兰尼先生的论文标题"超越虚无主义"并没有表明他的理论有多么惊人，但它非常准确地表达了这种情感和情绪的背景，而理论本身正是从这种背景中获得了大量的合理性。这种情绪，人们是很熟悉的。我想，它最早是由恩斯特·荣格[2]和罗马诺·瓜尔迪尼[3]等德国作家表达的，前者在 50 年代初就宣布我们已经到达了"零点之外"（Jenseits des Nullpunkts），后者在同一时期也写了一本名为《现代的终结》（*Das Ende der Neuzeit*）的小册子。这种情绪最近的表现也许能在丹尼尔·贝尔[4]所写的《意识形态的终结》（*The End of Ideology*）一书中找到，尽管波兰尼先生采用了一种完全不同的方法，但二者似乎有非常多的相似之处。他们得出了同样的结论：现代世界存在的问题能够并且应当以务实的、实验的、逐步的方式来解决；激进主义必须让位于改革精神；虚无主义提出的那些兼具探索性和危险性的问题似乎是无法回答的，应当暂时搁置；无数伴随着 20 世纪巨大的政治和道德灾难的奇怪的社会和人道主义改革，证明了"一种悬置逻辑"的明智性。最后，两位作者——这一点似乎也在某种程度上与过去十年的普遍情绪相吻合——都奇怪地对他们的思考所提出的最明显的问题无动于衷，即，如果有的话，留给思想的任务或目的到底是什么？ 波兰尼先生似乎暗示，思考

---

    [1] 迈克尔·波兰尼（Michael Polanyi, 1891—1976），匈牙利裔英国物理化学家、哲学家。——译者注
    [2] 恩斯特·荣格（Ernst Jünger, 1895—1998），德国作家和思想家。——译者注
    [3] 罗马诺·瓜尔迪尼（Romano Guardini, 1885—1968），德国思想家。——译者注
    [4] 丹尼尔·贝尔（Daniel Bell, 1919—2011），美国思想家和学者。——译者注

本身一旦从教条式的权威中解放出来，就会倾向于形成激进的态度，并终结于"虚无主义的自我怀疑"。如果这种倾向由于人类思维中固有的逻辑性——它会把一切都推向逻辑的极限——而"不可治愈"，那么我们是否应该完全放弃这种能力？ 或是因其可能有助于解决眼前的实际问题而只在有限的范围内使用它？

不同于它的情绪(mood)，这篇文章的理论是崭新且惊人的。希特勒的政权证明了大规模的政治犯罪已经成为过去。然而，它所引发的恐惧：对"一切皆有可能"的震惊认识；对西方道德的基础不再稳固的惊恐结论；对人类良知在普通人中失去说服力的惊恐结论；对"道德失常"(moral insanity)远非虚无主义精英的暂时失常，而可能是一种大众现象的惊恐结论——所有这些反应不仅是夸张的，并且在原则上是错误的。因为这种惊人的现实并非源于任何的"道德弱点"，相反它源于前所未有的"对正义的渴望"，两个多世纪以来这种渴望加强了道德情感，直到道德激情之流"冲垮了遏制它的堤坝，砸碎了驾驭它的车轮"。因此，这种恐惧本身就是"道德过度"(moral excesses)。

这是一个现代意义上的理论，它既不从现象证据中获得线索，也不依靠对实际发生事情的描述，而是作为一种其"真理"取决于它是否"发挥作用"的假说。我认为该假说在一组历史资料中完全可行，我们可以大致将其确定为革命的现代史和一种革命性格的形成。对于这种发展来说，存在"道德激情"这一事实确实是决定性的。波兰尼先生并没有用这么多言辞告诉我们激情是什么，但从他的文章中似乎可以推断，他认为这种激情是至善主义(perfectionism)——根据天主教教义，这是一种古老的异端。我猜想，他的论点所依据的心理图像是这样一个观念：一个人想要成为圣人，之后却发现"没有人是善的"（就像苏格拉底发现没有人是明智的），于是在这种情况下他决定最好——即最不虚伪的——去做一个恶棍。我们从俄国文学那里熟悉这种类型的虚无主义，我们也熟悉了另一种"道德激情"，我认为它在"革命者"的形成中发挥了更重要的作用——尽管缺少自我怀疑——那就是怜悯之情，正如卢梭曾经说的："一种对看到同伴受苦的天生的厌恶"。我毫不怀疑这种"道德激情"在本质上是无限的，并因此从本质上来说是极端主义的。

但是这种极端主义真的与我们所知的那种希特勒拥有的逻辑极端主义相同吗？ 这对于罗伯斯庇尔[1]和马克思、对于列宁和托洛茨基[2]来说可能是真的，对于斯大林来说则不然；至于希特勒，我们都知道《锡安长老会纪要》[3]（*The Protocols of the Elders of Zion*）对他的政策的影响比从卢梭到尼采的所有他所谓的前辈的作品集的影响都要大。

　　波兰尼先生之所以能够如此有理有据地论证自己的观点，似乎主要是因为他的方法。他依赖于思想史并且——尽管没有明确地说明这一点——坚信历史发展的辩证性。这种方法在智力上非常令人满意，它最初是由黑格尔设计的，旨在"调和精神与现实"（den Geist mit der Wirklichkeit zu versōnen），这种调和被黑格尔称为"理解"。精神需要接受并以自己的方式来理解历史现实，这在当时是一种新的东西，在19世纪各种历史哲学家出现以前，哲学相对来说不关心人类事务，因为从这些无序的事务中产生不了精神意义。这种情况随着法国大革命的到来发生了改变，因为似乎这还是第一次由思想来创造历史。从法国大革命中得出的最明显的结论似乎是，那个决定了思想在心灵的概念框架内变化和发展的规则，同样决定了世俗现实领域的历史和政治发展。这一结论的麻烦之处在于，所有观念因其是观念而非其他东西，在彼此之间有一种非同寻常的亲缘性（affinity），这在我们处理诸如善与恶、道德主义与非道德主义等对立的问题时表现得最为明显。只要没有什么真正的干扰，非道德主义可以被解释为"道德倒置"（moral inversion），而恶也只是对上帝的否定。换言之，在单纯的思想领域，人们完全可以根据萨德侯爵[4]（Marquis de Sade）的观点来解释马克思，反之亦然；人们同样可以根据卢梭和尼采的主张来理解希特勒的所作所为；不幸的是，其结果往往是使人们认为20年代的"反资产阶级的非道德主义"要为纳粹冲锋队（SA）和党卫军（SS）的形成负责，或是俄国虚无主义者要为斯大

[1]　马克西米连·罗伯斯庇尔（Maximilien Robespierre，1758—1794），法国政治家，法国大革命时期雅各宾派的领袖人物。——译者注

[2]　列夫·达维多维奇·托洛茨基（Лев Давидович Троцкий，1879—1940），俄国无产阶级革命家，十月革命的直接领导人，苏联红军的主要缔造者。——译者注

[3]　《锡安长老会纪要》（Протоколы сионских мудрецов）是1903年在沙俄首次出版的以反犹为主题的书籍，纳粹德国反犹主义的重要理论来源之一。——译者注

[4]　萨德侯爵（Marquis de Sade，1740—1814），法国文学史上最伟大同时也是最具争议的作家之一，因其作品中惊人的性暴力、性虐待描写而备受争议。——译者注

林主义的官僚们(*apparatchiks*)负责。

从消极的方面讲，这种理论确实有一定道理。事实证明，布尔什维主义和纳粹主义对欧洲精英的吸引力可以用对资产阶级道德和虚伪的反叛来解释，这种反叛始于20世纪初并于20年代在德国迎来了一次高潮，正如它其后又于40年代和50年代在法国迎来另一次高潮一样。然而，为了认识到这一事实因素对于证明任何普遍化(generalization)而言是多么微不足道，我们只需回顾一下，在我们这个世纪里艺术家和作家们的每一次反叛都会带来艺术的卓越发展；事实上，所有的现代艺术都是在这些精英对社会——更具体地说是资产阶级社会——一再地反叛中诞生的。然而，一旦总体主义(totalitarian)运动掌权，它们要摧毁和消灭的正是这些精神和知识生产力的爆发，而这种清算并不是通过艺术家和作家本身来实现的。如果说俄国知识分子确实是因为认为——结果证明是错的——任何混乱都好过当时的秩序而欢迎革命，并且如果一些德国知识分子也确实是因为坚信即使胡说八道也好过资产阶级社会的常识而欢迎纳粹，那么这些欢迎者本身并不受欢迎，无论是斯大林的官僚还是希特勒的党卫军都不是从他们的队伍中招募的，也是同样的道理。换句话说，那些波兰尼先生口中的"颠倒的道德家"(inverted moralists)是以犯罪为基础的新秩序的第一批受害者，他们被一种完全不同于他们自己的东西所征服，被一种任何极端思想和虚无主义自我怀疑的训练都无法帮他们做好准备的东西所征服。

我之前提到，根据思想的辩证运动来解释事件的理论在智识上非常令人满意。其合理性之一在于一个简单的事实，即它们允许我们保留在我们的知识和精神传统的范围内，它们之所以吸引知识分子，是因为它们谈论的是让知识分子们感到自在的东西。问题在于，在思想史的教科书中几乎找不到那些催生出斯大林和希特勒的意识形态思考的"思想"。这些人并不值得尊重，他们甚至不具备通常给予像戈宾诺或休斯顿·斯图亚特·张伯伦[1]这样次要的、智识上的边缘人物的那种最低限度的智识上的尊重(intellectual respectability)。那些非常了解如何应

---

[1] A.戈宾诺(1816—1882)和H.S.张伯伦(1885—1927)是人类种族不平等理论家。在《总体主义的起源》中阿伦特写道"二者都有浮夸的科学性"。——编者注

对列宁和托洛茨基的知识分子之所以迟迟不能认识到斯大林与希特勒在政治和历史上的重要性的原因很简单，因为与前者相反，后者没有使用一种他们作为知识分子所能理解的语言。为了理解希特勒，人们必须了解反犹主义的历史；为了理解斯大林，人们需要对秘密警察的历史有所了解。非常具有代表性的是，这两段历史都没有被历史科学充分地处理过。

然而，在属于公认的现代历史的"道德过度"以及"虚无主义的自我怀疑"与我们在这个时代被迫见证的政治灾难之间，还存在着另一种可能性。人们可能确实可以说，知识分子中"虚无主义自我怀疑的激情"打破了遏制许多不同激情的堤坝。但是这种说法可能会把我们带回到"教条权威的丧失"本身，也就是说，至少在政治上，某种东西已经失去了意义，并且看不到恢复的希望。在我们的语境下，另一点更为重要。如果我们想把我们的道德灾难归咎于教条权威的丧失，我们将再次发现自己置身于那些在西方思想的伟大传统或思想史中几乎没有任何地位的概念之中。因为从政治上讲，对于地狱的恐惧是对人类潜在犯罪最有力的遏制。而诸如对地狱的恐惧这样明显道德低下的动机应该约束人类最严重的犯罪行为的想法，并不比《锡安长老会纪要》这样智力低下的产品应该有能力影响当代事件的进程的想法来得更容易令人接受。然而，与任何思想的辩证法相比，恐怕这些令人难以接受的观念才更接近我们所面对的现实。这会也许让我们走得太远，但我认为这可以证明对地狱的信念是西方宗教中唯一严肃的政治因素，并且这一因素本身在起源上既不是基督教的也不是宗教的。如果这是真的，那么这就意味着教条权威在现代的丧失在政治上最大的后果是导致对死后（Hereafter）奖惩信仰的丧失。

总之，出于两个原因，我不能认同波兰尼先生的论据。我不愿给那些造成了我们灾难的人不应有的恭维，说他们是受到了西方思想的伟大传统的启发；更重要的是，我从这种以及类似的尝试中看到了一种危险而诱人的手段，它企图回避这些灾难使我们面临的问题，即人类根本的、无节制的、绝对恶的能力问题。波兰尼先生曾一度承认，"道德堕落"已经达至"道德过度"。我认为这种道德堕落不是伴生的，而是这整个问题的关键所在。我承认，对这个问题我并没有现成的解决方案，从理论上说，我甚至不知道这个哲学问题的答案：什么是根本恶？

尽管我无知，但我无法遵从波兰尼先生的主张，在他的英国例子中找到解决这些问题的办法，虽然我同意他说的英国的公共与私人生活是"惊人的体面"的观点。他相信这种体面存在于节制的智慧中，并且有赖于拒绝卷入到普遍化和激进化的思想，他深信这种"应付"（muddling through）的伟大德性。在我看来，波兰尼先生未能证明体面的道德德性与务实的经验主义知识德性为何以及如何相关，他确实不需要这样的证明，因为他坚信我们所有的不幸都源于对拯救世界与人类的误导性狂热，而英国在这方面正好是出了名的无所谓。然而，如果人们不同意他的基本假设，即对善的过度热爱是使人变坏的原因，那么这种相关性就不再是理所当然的。我可以补充一点，在那些以思想史为根据研究当代历史的人中存在着一个学派，其成员——他们确实对事实没有更多忠诚，但也几乎没有更少的一致性（consistency）——认为我们所有罪恶的根源都可以在实用主义和实证主义的兴起中找到。

最后，还有一个原因使我认为"欧洲重现英国历史之壮举（feat）"的可能性不大。那个降临在现代世界的每个角落以及几乎所有生活领域的普遍危机在每个国家都有不同的表现，涉及不同的领域，并且采取不同的形式。相反，无论危机有多么深入，总有大量的基本问题没有被实质性地触及，并且就像什么也没有发生过一样继续发挥作用。因此，在大多数现代国家都遭到了严重破坏的工作道德在德国却几乎完好无损，并且奇怪地在对几乎所有其他道德价值最激烈的虚无主义瓦解中幸存下来了。看起来不仅是英国和美国，每一个国家在某些方面都"在通往灾难的道路上快乐地倒退"，即使那些在其他方面已经不幸地在这条道路上前进了很远的国家也是如此。如果遵照波兰尼先生的思路，那么我应该去告诉美国人他们最好在私人生活和家庭关系方面"重现法国的壮举"，并且在工作和劳动方面恢复到德国的落后状态；法国人则无疑可以在公共精神方面从英国和美国那里学到一课；而对英国式体面和公正的"倒转"（reversal）则可能在德国引发一场小革命。我几乎可以没完没了地继续下去，世界上到处都可以找到旧式德性的残余。问题的关键在于，如果这些德性仅仅是"过时的"，仅仅是一个更幸福的过去的剩余——事实上它们大多如此——它们就不太可能经受住现代性的冲击。即使我们能够汇集和交换各自的落后，这也不太可能帮到我们，由于科学和政治发展所带来的不断变化的现实，我们几乎每天都要面临着那些我们所有的传统都对其保持沉默的问题——原因很简单，它们确实是前所未有的。

1960 年

对 1960 年全国代表大会^[1]的反思： 肯尼迪^[2]vs.尼克松^[3]

曾几何时，提名国家最高公职的候选人是全国代表大会的职责。和现在一样，当时的提名取决于获得选票的能力，但这种能力只是几个因素中的一个。在喧嚣、游行和演说的背后，是一个个烟雾弥漫的房间，政党的大佬们在那里进行交易，代表们在那里将他们深思熟虑的意见用于加码；如果出现僵局，就会有黑马被拉出来，带到各地展示，并通过政党机器的宣传被塑造成国家形象。

所有这些乃至更多事情都已成为过去。1960 年的提名已成定局，但不是因为大会被操纵，而是因为候选人获得选票的能力已经在初选和民意调查中得到了证明，不需要政党机器的帮助。各党派面对的是既定事实，不仅是因为（重要的是）两位候选人已经建立了他们自己的团队（organization），还因为"选民陛下"已经决定了他希望面对的候选人，而不是耐心等待那些凭政党领袖的智慧推出的候选人。这一重要的权力转移部分归功于电视，再加上我们第一次面对的是知道如何使用这些新设备的一代人。这个新一代可能带来的后果之一是使选民在

---

[1] 美国民主党和共和党的全国代表大会都是每四年举行一次，在总统选举年举行，主要职责有提名党内的总统、副总统的候选人，讨论并通过党的竞选纲领等。1960 年是美国总统选举年，两党分别召开了全国代表大会，民主党提名肯尼迪作为总统候选人，而共和党则提名尼克松作为总统候选人。——译者注

[2] 约翰·菲茨杰拉德·肯尼迪（John Fitzgerald Kennedy，1917—1963），美国政治家，民主党人，美国第 35 任总统（1961—1963）。——译者注

[3] 理查德·米尔豪斯·尼克松（Richard Milhous Nixon，1913—1994），美国政治家，共和党人，美国第 37 任总统（1969—1974）。——译者注

对候选人的选择上摆脱了政党的束缚，因而在选举时更能独立于党派（party affiliation）地作出他的决定。我确信，即使到现在都还有很多人没有表态，而是等着看两支队伍在电视上的表现如何，从政党向选民的权力转移可能扩大了独立选民的队伍。

这件事究竟是好是坏，这是一个有待商榷的问题。如果政党是它们该有的样子，即国家政治精英的温床，那么我可能更希望候选人是由他们的同僚而非由广大人民选出来的。但如果有谁对此抱有幻想的话，观看大会的进程就会打消他的幻想。（人们常常认为，评论员和新闻分析人士比那些新闻制造者和他们必须评论的人更有学问、更有天赋和更有吸引力。）显然，如果任由这些政党自行其是，它们就不会选出最好的人：近乎白痴的平庸、陈词滥调、言辞空洞和对关键问题惊人的无知，这些问题在两个大会上都展现得令人恐惧——尽管民主党的严重程度比共和党还略低一点。共和党的代表们反复表达了对艾森豪威尔先生[1]的感谢，他们一定是发自内心的。八年前，如果这个不是塔夫脱先生[2]而是戈德华特先生[3]的政治家园的政党没有给自己选派一个来自队伍之外的救世主，那么它会发生什么呢？两党之间总体气氛的差异，可以从史蒂文森先生[4]在民主党大会上表现出来的疯狂又徒劳的热情，与洛克菲勒先生[5]在共和党大会上表现出来的冷漠甚至是敌意之间的差异来衡量。即使代表们仍然可以自由地选派二者中的任何一

---

[1] 德怀特·戴维·艾森豪威尔（Dwight David Eisenhower，1890—1969），美国政治家和军事家，共和党人，五星上将，美国第 34 任总统（1953—1961）。——译者注

[2] 罗伯特·阿尔方索·塔夫脱（Robert Alphonso Taft，1889—1953），美国参议员（1939—1953）、共和党领袖。罗伯特·塔夫脱是美国第 27 任总统威廉·塔夫脱（William Howard Taft，1857—1930）的长子，曾经于 1940、1948 和 1952 年三次竞选总统，但均告失败。——译者注

[3] 巴里·莫里斯·戈德华特（Barry Morris Goldwater，1909—1998），美国政治家、共和党参议员（1953—1965、1969—1987）。巴里·戈德华特是美国政坛保守主义的中心人物之一，曾作为共和党总统候选人参与 1964 年美国总统大选，但输给了民主党候选人林登·约翰逊（Lyndon Baines Johnson，1908—1973）。——译者注

[4] 阿德莱·尤因·史蒂文森（Adlai Ewing Stevenson II，1900—1965），美国政治家、民主党人。阿德莱·史蒂文森以善于辩论闻名，曾任伊利诺伊州州长（1949—1953）、美国驻联合国代表（1961—1965），并作为民主党总统候选人参与 1952 年和 1956 年的美国总统大选，但两次都输给了艾森豪威尔。——译者注

[5] 纳尔逊·奥尔德里奇·洛克菲勒（Nelson Aldrich Rockefeller，1908—1979），美国政治家、共和党人。纳尔逊·洛克菲勒是美国石油大亨约翰·洛克菲勒（John Davison Rockefeller，1839—1937）的孙子，曾任纽约州州长（1959—1973）和第 41 届美国副总统（1974—1977）。——译者注

个，他们也不可能这样做。问题的关键在于，民主党人喜欢他们的史蒂文森先生与共和党人厌恶洛克菲勒先生是出于同样的原因和品质。

可能有人会认为，既然这些政党大会已经失去了提名权，那么就不再需要它们了。我不这么认为。导致这种权力丧失的同一种技术设备，即电视屏幕，为它们创造了新的意义。大会总是有助于在所有相关人员的面前将政治决定戏剧化，而这不仅提供了兴奋点：它提供了一个无与伦比的机会来熟悉这些我们的生活取决于其日常决定的人。这不是一个空洞的仪式，当点名（call the roll）的时候，一个州接着一个州、一个代表团接着一个代表团或多或少地正式宣布其提名人选，尽管——就共和党的情况而言——并不存在丝毫意外的可能，但这事实上也是相当令人印象深刻的。更重要的是，屏幕让我们看到了那些不可估量的性格和个性，这并非让我们决定是否同意某人，而是决定我们是否可以信任他。当两位候选人开始电视辩论时，这一因素将会更加重要。如果要求所有高级职位的候选人都进行这样的辩论，那么未来的政治家都将回顾过去那些充斥着车站暂留[1]（whistle-stops）、握手、新闻发布会的竞选活动，就像博士候选人可能会相当怀念他从文法学校毕业的日子一样。

如果没有电视的帮助，我可能也会被目前关于这两位候选人相似性的陈词滥调——他们的年轻、强硬、组织才能和雄心等等——所迷惑，尽管我并不希望自己迷惑于这两个施政纲领的相似性，而它们的最终形式——在共和党人成功地"阉割"了洛克菲勒先生的提议之后——在语气、方法、重点和风格上仍然有很大的不同。鉴于目前的情况以及在各党之间存在广泛的共识这一显著事实——顺便说一句，这种共识既不逊色，也没有比那些联合了美国革命中的人们的共识更具决定性，后者会令他们的法国同僚们感到惊异——还有什么能比施政纲领的开篇序言部分在风格和重点上更为不同呢？民主党在这部分提到了"人类的共同危险是战争和战争威胁"；而共和党立刻就谈到了"共产主义帝国主义的冲击"。候选人之间的差异甚至更加明显，尽管他们确实有一些共同

---

[1] 车站暂留是指在短时间内在许多不同的城镇进行政治演讲或亮相的做法，这个词起源于政治家们主要乘坐火车旅行并在小城镇的"哨子站"中在火车车尾发表演讲的时代。——译者注

点。他们都知道如何组织，或者至少人们希望他们知道，因为我们最近的失误在很大程度上必须归咎于组织混乱；他们都更喜欢工作而不是娱乐，而且他们似乎对效率有一种健康的尊重，对一些陈词滥调也有着同样健康的蔑视，在艾森豪威尔政府执政了八年后，所有这些听起来都没那么糟糕。

然而，相似之处到此为止。人们怀疑尼克松先生在他的党内比肯尼迪先生在民主党内更得心应手，并且对普通选民可能想要的东西更有天赋，他已经开始扮演最适合他的角色了。他知道自己缺乏艾森豪威尔先生那样的魅力，而后者即使在今天也是美国最受欢迎的人，因此他试图通过代表那些仰慕艾森豪威尔先生的普通公民来从这种欢迎度中获益。然而，重点在于"普通公民"。这是杜鲁门[1]先生被赋予的形象，这是他的那种欢迎度，尽管这种形象无疑永远无法达到艾森豪威尔先生的魅力，但尼克松先生似乎认为这是第二好的选择。他呼吁，并且我认为他有意识地依赖这种"平庸"的本能：在他的身上没有任何危险的东西，他和其他人一样，只是有更多经验以及更多辛勤工作的能力，因此，他是一个巨大的成功故事——从杂货店到总统职位，这正是当前共和党一再重复的信条的化身，即"出人头地"和不断提高自己的生活水平乃是自由的精髓所在。毫无疑问，他没有以艾森豪威尔先生为榜样，因为那将是灾难性的；他以杜鲁门先生，以"普通公民先生"为榜样，并且他在一次电视采访中几乎承认了这一点，那时他回答记者说，在对历史书的偏爱上他"很像杜鲁门先生"。这看起来是不可思议的，就在不到十年前，当"二十年叛国罪"被认为是合法的竞选宣传时，他曾把同一个人称作"国家的叛徒"。由于他无疑是个聪明人，我不相信他会认为我们都已经忘了这事。相反，我认为这是他展现自己"成熟"的一种方式，并且我不太确定这种成熟的概念是否在某种程度上与他的演讲对象的想法不一致。

相比之下，肯尼迪先生既不相信也不希望我们相信他是一个普通人。艾森豪威尔政府的八年加上杜鲁门政府的六年也许会让公民们相

---

[1] 哈里·S.杜鲁门（Harry S. Truman，1884—1972），美国第 33 任总统（1945—1953），民主党人。——译者注

信，伟大的天赋并不是担任总统的必要条件，但他们可没能说服肯尼迪先生。他知道这是一项最艰巨的工作，不仅在美国，而且在全世界都是如此，但他相信自己能胜任这项工作。然而，尽管这种自信可能有点令人不安，但它并没有伴随着傲慢之人的危险习惯——这些人的周围都是些平庸之辈和"应声虫"。到目前为止，在他身边的都是最好的人选，而他选择约翰逊先生[1]显然不仅仅是对南方的一种姿态。（这些选择——鲍尔斯先生[2]、史蒂文森先生[3]、加尔布雷斯先生[4]，以及人们希望将来的乔治·凯南先生[5]——多少抵消了他通过以他的家庭[6]为中心的组织上台这一事实——这是一种极其危险的政治手段，原因很简单，家庭忠诚与政治友谊的性质完全不同，并且要强得多。）肯尼迪先生不仅不相信平庸——他选择称之为"陈旧、阴暗的常态气氛"——他甚至相信伟大。他发表了大会迄今为止最好的演说，他在演说中强调了少数恰好是真实的一般情况："旧时代正在结束"，"旧口号和旧妄想"是行不通的，承诺维持现状的政策——自二战结束以来这已经成为了美国的政策——将会破产，因为"今天在世界的任何地方都没有现状"。更重要的是他在宣布"问题并没有全部解决，战斗也没有全部打赢"时表现的那种热情——尽管不太明显——以及他对于"私人安逸"显而易见的蔑视，他使用"骄傲、勇气、奉献"之类的词语来反对安全、常态和平庸。如果说在最初阶段和竞选活动中有任何承诺的话，那也是尼克松先生做的，他不敢"提出更多牺牲而不是更多安全的承

---

[1] 林登·约翰逊（Lyndon Baines Johnson，1908—1973），美国第 36 任总统（1963—1969，约翰逊起初是肯尼迪的副总统，1963 年肯尼迪遇刺身亡后就任总统，1965年作为民主党总统候选人击败戈德华特连任），民主党人。——译者注

[2] 切斯特·鲍尔斯（Chester Bowles，1901—1986），美国政治家，民主党人，曾任美国副国务卿(1961—1963)，美国驻印度大使(1963—1969)。——译者注

[3] 即阿德莱·史蒂文森，见前注。——译者注

[4] 约翰·肯尼思·加尔布雷斯（John Kenneth Galbraith，1908—2006），美国经济学家，新制度学派代表人物之一，民主党人，曾任肯尼迪的竞选顾问。——译者注

[5] 乔治·凯南（George Frost Kennan，1904—2005），美国外交家和历史学家，美国国务院政策规划室的第一任首脑(1947—1949)，美国对苏遏制政策的创始人之一。——译者注

[6] 肯尼迪家族（House Kennedy）是美国政治世家之一，约翰·肯尼迪的父亲约瑟夫·肯尼迪(Joseph P. Kennedy)、弟弟罗伯特·肯尼迪(Robert Francis Kennedy)、爱德华·肯尼迪(Edward Moore Kennedy)，以及妹夫萨金特·施赖弗(Sargent Shriver)都活跃在美国政坛，是美国政坛最有影响力的家族之一。约翰·肯尼迪在竞选总统的过程中有赖于家族的全力支持和明确分工。——译者注

诺"。如果说尼克松先生是按照那些展现了 1948 年杜鲁门先生对选民吸引力的普通人的德性来建立自己的形象的话，那么肯尼迪先生显然是在塑造一个伟大的政治家形象，注定要让人想起富兰克林·D.罗斯福[1]，尽管他实际上是以我们这个时代另一位伟大的政治人物温斯顿·丘吉尔[2]为榜样并受其影响的。这听上去可能会有些牵强，但我认为对肯尼迪先生的演说进行风格分析会证明我的观点。

奇怪的是，如果从政党政治的角度考虑，尽管肯尼迪先生有能力将唯一"真正的问题"——即"像我们这样组织和治理的国家能否持续下去？"——摆到全国面前，但最后分析的结果却是洛克菲勒先生的计划最接近于阐明肯尼迪先生的一般观点。在这方面，只有他独自从人口增长的角度呼吁经济增长，而不是把它作为赢得与苏联经济竞赛的手段——仿佛政治自由是一个自由企业的问题，而它与暴政的区别就像有两辆车的人与没有车的人的区别一样。这是危险的胡说八道，暴政确实可以非常繁荣，在现代条件下，贫穷是被技术和工业化打败的，而不是被政治意识形态的经济体系打败的。

但洛克菲勒先生的主要观点涉及我们的外交政策。让我简单地列举一下。首先，他呼吁在欧洲和西半球"建立自由国家联盟"，并且最终在非洲和亚洲也是如此。这是欧洲民族国家体系终结的必然结果，并且如果美国人知道如何把那些激发了美利坚合众国创建的原则如实地翻译成外语，那么这些原则可能对其他民族的未来具有重大的意义，这一点是完全正确的。

其次，为拉丁美洲制定一份马歇尔计划，这在我看来是非常紧迫的；这当然是把睦邻友好政策从口号变为现实的唯一途径。

最后，也许也是最重要的一点，洛克菲勒先生阐述了新防卫计划的两个目标：拥有足够强大的报复力量，能在任何突然袭击中幸存下来从而阻止任何侵略；与此同时，为有限的非核战争建立一个充足的常规武

---

[1] 富兰克林·德拉诺·罗斯福(Franklin Delano Roosevelt，1882—1945)，美国政治家，民主党人，美国第 32 任总统(1933—1945)，美国历史上最伟大的总统之一。——译者注

[2] 温斯顿·伦纳德·斯宾塞·丘吉尔(Winston Leonard Spencer Churchill，1874—1965)，英国政治家，保守党人，曾两度担任英国首相(1940—1945、1951—1955)。——译者注

器库。人们对于俄国在洲际导弹方面的优势已经谈得太多了，但对它在常规武器方面的优势则谈得太少。对如今已经被恰如其分地称呼为"绝对武器"的氢弹的回应似乎是一种绝对的威慑力，这种威慑力可以毫无疑问地确保胜利者和失败者将会同归于尽。有了北极星潜艇[1]，我们似乎正在接近这种以绝对威慑力回应绝对武器的局面，其结果将是核僵局(atomic stalemate)的稳定，在目前的情况下，这不是"冷战"，而是冷和平以及共存的实际条件。大约在同一时间，导弹的差距将被缩小，而这将产生一个令人高兴的结果，即我们的外交政策将摆脱那些我们目前的国防状况因国外基地的必要性而强加给它的沉重负担。

如果这些会议除了为洛克菲勒先生提供一个将他的想法公之于众的机会外没有其他目的，那么他们的工作就不会白费。因为在支持南方静坐示威[2]的同时——支持人民根据集会和结社的规则而采取的非暴力行动，而不是联邦政府对南方各州政府采取的行动——他的方案将会提供一个没有诸如资本主义 vs.社会主义(反之亦然)之类意识形态废话的平台，该方案充分意识到了那些关键的问题，并且跳出到那个陈旧到不可救药的保守主义和自由主义的框架之外。

1960 年

附　言

让我补充几句。我看了候选人的电视辩论——一个相当令人沮丧的经历。当他们面对具体问题时，情况稍有好转，但也没好到哪里去。他们陷入细枝末节中，不知道如何从原则的角度来阐述它们，因此，尼克

---

[1] 阿伦特在这里指的应该是美国海军的乔治·华盛顿级战略核潜艇(George Washington-class SSBN)，这款潜艇于 1959 年正式服役，是美国第一代弹道导弹核潜艇，搭载了 UGM-27A 弹道导弹(原代号：Polaris A-1，即"北极星 A-1")，阿伦特因此将其称为"北极星潜艇"(Polaris submarine)。——译者注

[2] 美国的黑人民权运动从 20 世纪 50 年代开始兴起，到了 1960 年(本文写作的时间)，南方各州的民权人士普遍开始通过在公共场所静坐示威的方式来反对美国的种族隔离政策。——译者注

松先生的"我们在目标上达成了一致，只是在方法上有分歧"似乎是一种轻描淡写的说法(understatement)。往夸张了说，人们可以说：除了一些技术细节外，他们在所有问题上都达成了一致，而在一些有能力的经济学家的帮助下，他们应该能够厘清这些细节。

在我看来，问题是这样的：两位候选人都接受了赫鲁晓夫先生制定的规则——共存意味着苏联和美国在经济增长方面的竞争。更重要的是，这种经济增长要以苏联的经济增长来衡量。我认为这完全是错误的。我们的经济增长是一个由美国人口的不断增长带来的国内需求问题。在这些问题上，我们对苏联的态度只能与我们对世界上所有尚未达到美国这样繁荣富足的国家的态度相同。

与其计算这种增长率以及进入这种疯狂的竞争，我们应该去告诉赫鲁晓夫先生和苏联人民：

> 我们将很高兴看到您提高苏联人民的生活水平；我们一直认为它是不可原谅的低。我们很高兴听到苏联人很快就能像我们一样过上好日子。对于如何达到这些新福利水平，我们不赞同你们的想法，但我们对你们的实验很感兴趣。我们希望你们会对我们在国内按照这些方针进行的工作感兴趣。也许总有一天我们可以互相学习。但目前还不可能，因为你们还没有达到可以与我们相比的水平——出于各种各样的原因，其中大部分不是经济原因，而是政治原因。

> 你们想要达到我们的水平，而我们认为你们将我们的生活水平作为自己的目标这事本身就已经是对我们的赞美了。我们与你们在这个问题上没有竞争，原因很简单：根据我们自己的原则，我们希望全世界都能达到实现人类尊严的必要的物质条件。我们可以提醒你们：美国是世界历史上第一个认为贫穷和苦难不是人类生存境况的一部分的国家。因此，我们对于你们在经济增长方面将达到和超过我们的夸口一点也不会感到不安。我们只为一件事感到不安：你们不相信政治自由，而你们的人民，即使他们达到了我国普遍存在的福利水平，也不可能从中得到自由的祝福。我们希望你们能夸口说，在十年内你们将达到并超过我们国家现有的言论自由、结社自由和思想自

由的水平。让我们感到不安的是，你们只承诺提供更多的汽车和更多的卫星。我们希望你们能在前者上有所作为，因为你们无疑将在后者上能够有所作为。你们已经通过把我们的生活水平当作衡量你们自己在这个领域的成就的标准来向我们致意，那么你们为什么不把我们的自由水平当作衡量你们自己在政治领域进步的标准呢？

再谈一谈经济增长。诚然，这也部分地是一个外交政策的问题。但不是在与苏联竞争的意义上，而是在我们应该能够——除了为不断增加的人口和为某些人口的改善进行规划外——产生盈余以帮助不发达地区的意义上。在这方面，并且只是在这方面，我们与苏联之间理所当然地存在着竞争。但是这种竞争不像赛马，这里的问题不在于经济增长本身——就像经济竞赛的评委们像观众一样坐着并为选手打分，然后再去决定采用哪种制度一样。这是完全不现实的。如果我们的财富增长不能促进生产力的发展，并最终促进世界其他地区——特别是那些落后地区——的繁荣，我们赢得的就将是对我们制度的憎恨而不是钦佩。

行动与"追求幸福"

　　在这个国家为它的新公民——特别是那些有欧洲背景和血统的公民——准备的诸多惊喜中，有一个惊人的发现，"追求幸福"，这个被《独立宣言》（*Declaration of Independence*）宣称是不可以剥夺的人权之一的权利，直到今天，在美国的公共和私人生活中，它仍然不仅仅是一个无意义的短语。在某种程度上，美国人的心态肯定受到了这种最难以捉摸的人权的深刻影响，不论好坏，用霍华德·芒福德·琼斯[1]的话来说，这种权利显然赋予了人们"追求幻影和拥抱幻想的可怕特权"。下面这个简评的目的不是要探讨这个问题的全部历史和政治意义。我的目的要温和得多。它包括提出行动与幸福之间可能的关系问题，以努力发现这一令人困惑的追求背后真实的、非意识形态的经验背景。

I

　　在这个问题上，作为人类基本活动之一的行动现象可能包含了一个线索，这是由一个事件向我提出的，虽然这个事件本身并没有什么意义，但却恰好唤醒了某些已经在我脑海中沉睡了一段时间的思路。这件事让我相信了一个古老的真理：没有什么比摆在所有人面前的东西更容

---

　　[1] 霍华德·芒福德·琼斯（Howard Mumford Jones，1892—1980），美国诗人、学者和文学批评家。——译者注

易被忽视的了。我之所以要对你们说这些，是因为我一直相信，无论我们的理论听起来多么抽象，也不论我们的论证看起来多么一致，在它们的背后总有一些事件和故事，至少对我们自己来说，这些事件与故事包含了我们要说的全部意义。思想本身——只要它不是那些电子机器能比人脑更好地去执行的技术性和逻辑性的操作——产生于事件的实际情况，并且只要它不想在思想翱翔的高度或沉思的深度中丧失自己，它就必须把生活事件的经验作为自己的路标并以此确定自己的方向。换句话说，思想活动所描绘的曲线必须保持与事件之间的联系，就如同圆要同它的圆心保持联系一样；人们有理由期待从这种最神秘的人类活动中获得的唯一收获，既不是定义也不是理论，而是缓慢的探索发现，也许是对某个事件在瞬间完全照亮的领域的"测绘"。

向听众，尤其是向一个有学问的听众讲述思考过程所围绕的那些事件和故事，这既不寻常(customary)，也不明智。带着听众和读者沿着思路前进，相信关联事物的连续性中固有的说服力，这要安全得多，尽管这种连续性既隐藏又保存了思想过程产生和发展的原始来源。因为事件本身并不具有说服力，根据定义，它们是孤立的事例，因此可以有无穷的解释。此外，它们往往是普通和寻常的，尽管普通事物和寻常事物必须是我们的首要关注点，是我们思想的日常食粮——如果仅仅是因为不寻常和不平凡的东西是从它们中产生，而不是从那些困难和复杂的事物中产生的——但更明智的做法是，通过人为地使我们的思想与之疏离(alienating)来唤起人们对这些事情的关注，以便重复那些我们因熟悉而往往不可避免地倾向于忽视的普通事物所带来的惊奇和惊喜，这必定会让我们去确认它的真正意义。

疏离作为集中注意力的手段在文学和艺术中是很常见的，特别是在现代诗歌和绘画中，它得到了超出其应有的重视。就哲学仍然关注的那些所有人——除了哲学家——都关注的基本似然性(plausibilities)而言，我认为它在现代哲学中同样存在。现代哲学已经发现对于文本的解释，即解释学的艺术，可以成为这种疏离的非常有效的手段，并且这种对于意义扭曲和对作者施加暴力的频繁抱怨，与人们熟悉的那些对现代绘画和写作中现实的扭曲的抱怨有一种奇怪的相似性。目前对这种间接的说话和写作方式给出的理由是"必须回到来源本身",而我并不怀疑其正当性。然而,我猜想还存在着其他不被坦率承认却有着相同关联性的原因。首先是把最新的见解作为"最古老的真理"来重新发现的趋势,其次是一种完全新奇却又相当普遍的技术,即断章取义地引用单个句子甚至有时仅仅是几个词语的技巧,但这并非出于任何欺诈的意图,而仅仅是出于隔离以及净化的目的,防止陈词滥调的传播,防止被空洞、平庸冗长的氛围所污染,这种氛围已经感染了我们的语言并且腐蚀了思辨思维的那些关键词——如真理、自由、信仰、理性、正义等等。打个比方说,这就好像不是把新酒倒进旧瓶子里,而是用老酒来发酵,当然,这只有先把酒从中蒸馏出来才能做到。可以肯定的是,这种对于直接言语(direct speech)的回避和对过去宝藏的特殊运用有许多的原因,其中包括在这些问题上"没有什么是完全新的"(卡尔·雅斯贝尔斯[1]语)的洞察力,再加上坚信不可能只有一个人在说话。但是这种对于支持和陪伴的需要并不能说明一切,它并没有解释从中产生的提炼和扭曲,也没有解释这种在处理旧文本时似看随意的做法,或者在理解更深、更新奇的含义时突然迸发出的热情。那么,作为解释学新艺术的精髓,提炼(Distillation)在现代理论写作中发挥着与现代艺术和诗歌中的疏离相同的作用,旨在达到相同的效果。

这种在我们这个世纪之前几乎不为人知的通过解释来间接言语(indirect speech)的方法,尽管还没有被人普遍接受,但如今已经成为对某种类型的追问的预期形式,而我自己很快就会求助于这种可能唯一可行的方式,来为那些既不能用确凿的论证来证明,又不希望被当作是不证自明的真理来接受的陈述,获得至少最低限度的可信度。首先,讲述真实事件的轶事(anecdote)是违反所有游戏规则的;但这些规则并不绝对,它们是严谨的规则而非思想的法则,因此是可以被打破的。

引起以下考虑的事件是这样的:我当时正在和一个曾经的激进分子——共产主义者,托洛茨基主义者等等——交谈,我想我们都把他当

---

[1] 卡尔·西奥多·雅斯贝尔斯(Karl Theodor Jaspers,1883—1969),德国哲学家、神学家。——译者注

作熟人和朋友，我很好奇这个人是如何看待自己的过去，如何接受自己以前的信念的。在我的脑海深处，我已经有了现成的选项，而答案可能落在其中——马克思主义作为一种意识形态，为思考与争论、为解释过去和预见未来提供了一个便利的框架；或者，对制度化宗教的厌恶以及对新神的寻找，而这个新神的最终失败往往会使他曾经的信徒去寻找更新的、事实上并不陌生的神，但后者远没有被抛弃的神那么危险；又或者，大概是最可能的情况，是过去对"资产阶级"社会普遍标准的古老又强烈的蔑视，再加上对那些被社会持续不公正对待的人们同样强烈却又不易承认的同情。（顺便说一下，后者，即怜悯之情，在从罗伯斯庇尔到列宁和托洛茨基的整个革命史上都是最强烈的心理动机之一。这样一种东西，即对于正义的狂热的、非理性的爱，正如对自由的狂热的、非理性的爱。那些最有可能被夹在战争中间的人，他们对正义的激情不仅战胜了自满与机会主义，也战胜了对自由或真理的激情。在这一点上，他们绝不是我们所知道的社会规则的例外；这正是现代社会的一个突出特点，即倾向于将正义的考虑置于所有其他考虑之上。）

在所有这些情况下，革命都会被认为是实现一个更好的、更幸福的社会的唯一手段——无论是否有意识形态的指导，也无论是否相信历史的必然性和未来的浪潮。并且，如果我们在此撇开使用暴力去实现普遍幸福这个非常重要的问题，那么必须承认革命者也没有什么理由去庆幸自己摆脱了现有社会所依赖的那些世俗偏见。因为对我们来说，政府的最终目的和政治行动的第一法则是促进社会的幸福，难道这不是不言而喻的吗？

令我惊讶的是，这位熟人的回答与我预料的所有这些都不同。他并没有直接回答我，而是给我讲了一个故事，一个不折不扣的赌徒的故事，这个赌徒碰巧在一个陌生的镇子里迟到了，于是他自然而然地就去了赌博的地方。在那里，一个本地人走近他，警告他转盘是歪的，陌生人回答说："可是镇上没有其他转盘了。"这个故事的寓意很清楚：我这位熟人暗示，在那些日子里，如果你渴望做点什么，你没有别的地方可去；你去那里不是为了整个社会的利益，而是为了你自己；即使你是出于其他可能更高尚的动机——例如我们从法国抵抗运动[1]（French Resistance）中了解到的那些——一旦你进入其中，你可能会发现在现实世界和你自己之间不再存在那种"悲哀的厚重"（épaisseur triste），想要拯救你的国家，你首先要拯救你自己。事实上，许多人——如果他们有勇气，那不是出自他们的信念（这相对容易些），而是出自他们的经历——应该知道法国诗人和作家勒内·夏尔[2]在战争和绝望行动的岁月中写的："如果我能活下去，我知道我将不得不与这些重要岁月的芬芳决裂，默默地拒绝（而非压抑）我的宝藏，回到最开始，回到我最贫穷时的行为状态，那时的我在毫无节制地寻找自我中，在赤裸裸的不满足中，在几乎觉察不到的知识和探寻的谦卑里"。

但我的熟人是一个美国人而不是法国人，他的经历涉及 30 年代初，与故事中的赌徒不同的是，那时的他还有其他地方可去。更令人怀疑的是，在他年轻时，在他还在从事这些活动时，他是否真的知道"轮盘是歪的"，同样令人怀疑的是，那时的他是否敢于承认自己的动机，或者说，甚至这些动机是否真的是他的动机。我们在此感兴趣的不是一个人的真实性，而是一个故事的真实性，这个故事告诉我们，在表演中存在着如此强烈的乐趣，以至于演员就像赌徒一样，会接受所有的赔率都对他不利。我承认，这令人难以置信；而让我相信我所听到的是事实的是，这个故事让我一下子想起了杰斐逊[3]与约翰·亚当斯[4]交换的最后的信件中一段奇怪的话，当时，在他们漫长的生命即将结束的时候，在一种反思的情绪中，他们觉得有必要向对方做出解释。他们经常讨论的话题之一是死亡，他们都在一种"愿意多过不愿意"的态度中，在一种完全平静的态度中，在一种同样远离了焦虑和厌世的精神中期待着死亡。当在这种寂静的气氛中，有人提出来世生活的问题时，杰斐逊——他也许从未赞同过约翰·亚当斯的信念，即对一个有赏有罚的未

---

　　[1] 阿伦特在这里提到的法国抵抗运动应该是指，二战期间的法国人民为抗击纳粹德国的占领和法国维希政府的统治而在法国国内以及海外发起的所有斗争。

　　[2] 勒内·夏尔（René Char, 1907—1988），法国当代著名诗人，在第二次世界大战期间投身法国抵抗运动，是下阿尔卑斯地区游击队的首领。——译者注

　　[3] 托马斯·杰斐逊（Thomas Jefferson, 1743—1826），美国开国元勋，《独立宣言》的主要起草人，美国第 3 任总统（1801—1809）。——译者注

　　[4] 约翰·亚当斯（John Adams, 1735—1826），美国开国元勋、第 1 任副总统（1789—1797）和第 2 任总统（1797—1801）。——译者注

来状态的信仰对于一个文明社会而言是必不可少的——在他的一封信里这样总结道："愿我们**在国会与我们的老同事**（*old colleagues*）再次相见，并同他们一起接受赞许的印记，'干得好，善良忠实的仆人们'"。

可以肯定的是，杰斐逊说的是玩笑话，或者说是一种主权者（sovereign）的讽刺，这种讽刺是暮年赋予那些与他们自己和平相处的人的，这些人在人生的胜利和灾难中仍旧保持着他们与生俱来的自豪感。然而，在讽刺的背后，他坦率地承认在国会的日子——言谈的乐趣、立法的乐趣、超越事务的乐趣，以及说服和被说服的乐趣——就像中世纪凝思带来的愉悦一样，是对未来的永恒幸福的确凿预示。如果我们把这些来世生活的形象从它们的宗教内涵中剥离出来——当然，杰斐逊的例子在这里比托马斯·阿奎那的例子更合适——它们所呈现的不过是人类幸福的各种理想。问题的关键在于，托马斯的"无上的福祉"（perfecta beatitudo）完全包含在一个幻象，即上帝的幻象中，它不要求友人在场（amici non requiruntur ad perfectam beatitudinem），而杰斐逊只有扩大他的"同事"圈子使他能够与这些古人一起坐"在国会"里，才有可能改善他生命中最美好和最幸福的时刻。正是本着同样的精神和心情，苏格拉底在一个关于死后生活的各种可能性的著名段落中，面带微笑并坦率地承认，他所要求的可以说更多是相同的东西：没有受祝福的岛屿，没有完全不同于凡人生活的不朽灵魂的生活，而是在冥府中和他那些杰出的"古代同事"们——俄耳甫斯[1]、穆赛俄斯[2]、赫西俄德[3]和荷马——相见，他无法在世上见到他们，他希望与他们进行无休止的思想对话，他已经成为这些对话的主人。毫无疑问，他也喜欢"和他们一起接受赞许的印记"。

让我们回到杰斐逊身上。他的言论之所以如此令人瞩目，是因为它与整个古代的和现代的政治理论有着明显的、某种程度上天真的差异，

---

[1] 俄耳甫斯（Orpheus，希腊文 Ὀρφεύς，也被译作奥尔弗斯、奥菲斯），希腊神话人物，传说是光明与音乐之神阿波罗和史诗女神卡莉欧碧之子，出生于色雷斯地区，是天才的诗人和歌手。——译者注

[2] 穆赛俄斯（Musaeus，希腊文 Μουσαῖος，也译作牟西阿斯），希腊神话人物，在神话中是歌手、诗人和预言家，俄耳甫斯的好友（另一说是俄耳甫斯的儿子）。——译者注

[3] 赫西俄德（Hesiod，希腊文 Ἡσίοδος），古希腊诗人，大约生活在公元前 8 世纪，作品有《劳作与时日》《神谱》。——译者注

而杰斐逊几乎从未想过要明确地挑战这些理论。在我引用的这句话中，"赞许的印记"并不是未来状态（future state）对于德性的共同奖励；更准确地说它属于另一个段落，在这段话中杰斐逊坦率地承认，曾经有一段时间，"在我眼中，也许世界的尊重比世上的一切都更有价值"。然而，杰斐逊同样认为，"对人类生活与幸福的关怀……是……好政府唯一合法的目标"，任何统治者的"幸福"都是可疑的，它只能由"对权力的过度热情"所构成，而被统治者必须在政府中占有一席之地的主要原因是人类本性中这种可悲的"不公正"倾向（约翰·狄金森[1]语）。杰斐逊会同意麦迪逊[2]的观点，即政府只是人性的反映，如果人类是天使，那么他们就不再需要政府了，而政府如果是由天使来行使权力，那就不再需要国会以及其他机构来限制它的权力。当谈到他自己的公共生涯时，他很少提到自己有多么享受；他宁愿强调自己对公民同胞们所欠下的服务债务，"无论他在什么领域对国家最有用，每个人都应履行他的职责"。当他谈到幸福时，他也会断言，幸福的位置"在我家人的膝下（lap）和爱里，在我的邻居和我的书中的社会里，在我的农场和事务的有益的工作里"——总之，在一个尽可能远离国会的地方，在一个公众没有要求的生活里。

我不否认，这些劝诫和反思与19世纪政治中流行的，甚至在今天仍旧是政治演说的惯用手法中最低水平的那些虔诚的陈词滥调相去甚远。但我认为，它们在国父们的写作和思考中并没有多少分量——在杰斐逊的作品中几乎没有分量，在约翰·亚当斯的作品里就更少了。这方面最令人印象深刻的段落之一出现在约翰·亚当斯在巴黎写给她妻子的一封早期信件中，它的内容如下："我必须学习政治和战争以便我的孩子们可以自由地去学习数学、哲学、地理、自然历史和造船、航海、商业以及农业，从而让他们的孩子有权去学习绘画、诗歌、音乐、建筑、雕塑、挂毯以及瓷器。"这些句子因这种对细节精确有趣的列举而带有说服力；然而，很难忽视其中包含了一个关于文明的历史发展理论，而

---

[1] 约翰·狄金森（John Dickinson，1732—1808），美国开国元勋，《邦联条例》起草和签署人之一，美国制宪会议代表以及《美利坚合众国宪法》签署人之一。——译者注

[2] 詹姆斯·麦迪逊（James Madison，1751—1836），美国开国元勋，制宪会议代表及《美利坚合众国宪法》起草和签署人之一，美国第4任总统（1809—1817）。——译者注

不是表明个人对闲暇和凝思的渴望。此外，并且更重要的是，这种所谓的从低级到高级的列举，实际上是以最微不足道的职业——挂毯和陶瓷——做结尾的；因此，虽然亚当斯显然是按照传统和习俗告诉他的正确做法来写一个上升序列，但他被自己的秘密信念迷住了，于是真相出来了——并不是他的孙辈们只顾装饰他们墙壁和收集瓷器，而是他们的祖父被公共事务"拖累"了，在人生的彩票里中了头奖。如果我们希望了解一些关于"公共事务是一种负担和责任"这一老生常谈背后的真实经验，我们最好是转向公元前4、5世纪的希腊，而不是我们文明的18世纪。

　　不幸的是，把这些实干家的著作，甚至是他们制定的文件误认为是文学作品，认为其原创性或缺乏原创性可以按照对普通书籍——这些书籍只要作为书籍，就不属于行动领域——有效的标准来判断，这并不是一个罕见的错误。可以肯定的是，赋予《独立宣言》意义的并不是它的自然法哲学，在这种情况下，它确实会"缺乏深度和微妙性"（卡尔·L.贝克尔[1]）；在一份文件中寻找新的思想也没有任何意义，因为这份文件的主要观念是如此广为人知，以至于它的作者认为他所表达的不过是"这个问题的常识"，而至少它的一些当代读者意识到，这些观点已经相当"老套"（约翰·亚当斯）。然而，这份文件的伟大是毋庸置疑的，它基于这样的事实：人们认为之所以需要一份文件完全是出于"对人类意见的尊重"，或者说，对某位国王非常具体的不满导致了对于君主制和王权的普遍否定。换句话说，《独立宣言》的伟大之处在于它是"一项支持行动的论据"（卡尔·L.贝克尔），或者说，在于它是用文字来表达行动的完美方式。由于我们在这里处理的是书面文字而非口头话语，我们面对的是一个罕见的时刻，即行动的力量强大到足以竖立起自己的丰碑。

　　对于《独立宣言》来说是正确的那些东西，对于那些发动这场革命的人的著作而言就更是如此。当杰斐逊不再泛泛而谈的时候，当他用过去和未来的行动来说话和写作的时候，他才最接近于体会到行动与幸福

━━━━━━━━

　　[1] 卡尔·路特斯·贝克尔(Carl Lotus Becker, 1873—1945)，美国历史学家。——译者注

之间特殊关系的真正价值，而我正试图提醒你们注意这一点。正是因为他非常清楚它们之间的关系，所以他才会一次又一次地勾勒出他那伟大却又被完全遗忘的计划：把联邦的各个共和国划分和细分为"选区的基本共和国"，在那里每个人都能感觉到"他是政府事务的参与者"，从而生活在他自己的国会里。他确信，并且我认为正确的是，如果没有建立他甚至在当时称之为"委员会"(councils)的那种制度，共和国就不可能安全——当然，他对后来革命中的苏维埃和委员会(räte)制度没有任何预感，并且很可能对这种制度在巴黎公社各部门中最初混乱和注定失败的开端没有太多认识。更值得注意的是，他是从美国存在的基本安全角度来考虑他那被普遍忽视的计划的，因为他特别强调他的"选区制度"(ward system)是他的——"但是，我认为迦太基必须毁灭"[1]——这句关于罗马安全的名言。杰斐逊的理由如下："当这个国家没有一个人不参加某个大大小小的委员会时，他宁可让他的心脏从他的身体里撕裂，也不让他的权力被某个凯撒或波拿巴夺走。"[2]然而，杰斐逊的政治的这一整个部分，以及约翰·亚当斯著作中的类似部分被遗忘的原因[顺便说一句，当前版本的索引中，"选区"(ward)一词都不见了]，正是在于找不到与之相符合的理论。问题在于，与杰斐逊自己认为的相反，"一件事情的常识"绝非总是与人们对其普遍持有的信念一致。

换句话说，尽管杰斐逊可以愤愤不平地写下"柏拉图的胡言乱语"，但事实上，柏拉图的"朦胧的头脑"在很大程度上已经预设了政治思想的范畴并建立了一个如此稳固的概念框架，以至于杰斐逊本人并不比任何《理想国》的崇拜者更有能力——甚至可能更没有能力——在其政治思想中摆脱隐藏的柏拉图式的观念。这些观念——尽可能粗略地说来，但不可能比18世纪末的柏拉图式的思想更粗糙了——可以列举

---

[1] 原句为拉丁文"ceterum censeo Carthaginem esse delendam"，原编者在编注中将其译为"Moreover, I declare Carthage must be destroyed"，这句话是老加图(Cato the Elder)的名言。迦太基在第二次布匿战争(前218—前201)中遭受重创，被迫接受罗马开出的条件相当苛刻的和约，之后双方进入了长达50余年休战，公元前153年，加图作为罗马使团成员出访迦太基，目睹了迦太基在经济上的复兴，出于对迦太基的恐惧和对罗马安全的考虑，加图回国后开始大力鼓吹彻底消灭迦太基，并把这句话作为他在元老院中任何发言的结尾。加图的鼓吹收到了效果，公元前149年，罗马发动第三次布匿战争，公元前146年，迦太基灭亡。——译者注

[2] 出自杰斐逊在1816年2月2日写给J.C.坎贝尔的信件。——编者注

如下：一般政治的最终目的，特别是行动的最终目的，是超出并高于政治领域的。政治行动所必须遵循的目标以及评判它的标准，在根源上都不是政治性的，而是来自一套完全不同的、超越的经验。行动从根本上不过是对知识的执行，因此是次要的，并且是比知识更低级的。因此，"智者"才是真正的"善者"。最后，在亚里士多德版的柏拉图主义那里，政治行动和它的终极目标之间的关系与战争和和平的关系相同，也就是说，政治行动的目的不仅与一般的政治不同，而且是完全相反的。

这一传统在18世纪的哲学家和文学家那里流传得并不多，除了这个所有政治思想的中心问题：政府的目的是什么？ 但需要记住的是，只有当人们像第一次发现和定义哲学家的生活方式不同甚至对立于政治的生活方式那样认真对待哲学时，这个仍旧困扰着教科书的问题才有意义。而且，不论是国父还是从他们那里衍生出自己的"哲学"的英国和法国的政治理论家，都没有能力将哲学作为一种生活方式来认真对待，从而达到他们概念性语言的源头。如果他们能够找到另一种全面的交流和陈述他们自己经验的方式，这一点可能就不那么重要了。但由于情况并非如此，他们仍不幸地成为了这个传统的俘虏，而这个传统的真实来源超出了他们经验的范围，也超出了他们的理解能力，其结果是，只要他们从普遍的或理论的角度来思考，亦即不从政治行动和政治机构的基础方面进行思考，他们的思想就仍旧是肤浅的，他们经验的深度仍旧难以言表(inarticulate)。

归根到底，正是这种难以言表的深度，当它冲破传统的陈词滥调的坚硬外壳时，很可能会引导以及误导他们去发表一些宏大而又危险的言论——就如杰斐逊在谈到"自由之树"时，说它"必须不时地用爱国者和暴君的鲜血来补充"。当法国抵抗运动的人们试图提炼出"那些重要岁月的芬芳"时——他们为这些岁月带来的考验和牺牲做了充分的准备，比起对这些岁月带给他们的意想不到的"幸福"和充足的意义的准备要充分得多——仍是同样的经验深度和同样无力澄清并用以探索的我们传统的概念工具，引导以及误导他们进入了一种胜利(triumphant)的"荒诞"哲学。

II

现在请允许我从这种讲故事的老办法回到一种分离的(insulating)、提炼的(distilling),并因此是疏离的可接受的解释方法上来,以便使我认为这些故事所要告诉我们的东西更有说服力。我首先要提请大家注意的甚至不是一个句子,而是两个词,这两个词我们几乎不会一起使用,但它们却是18世纪的一个流行的习语。这两个词是"公共幸福"。当然,人们经常注意到这个奇怪的事实,即杰斐逊在起草《独立宣言》时,将当前列举的这些不可剥夺的权利的公式,从"生命、自由和财产"变成了"生命、自由和追求幸福"。更奇怪的是,在杰斐逊的草案通过之前的辩论中,这一改动并没有被讨论;而这种对于措辞(phraseology)的奇怪忽视几乎和这个短语本身一样需要解释,因为在接下来的几个世纪里,这一措辞比其他任何词语或观念都更多地塑造了一种特殊的美国意识形态。这种最初的忽视很有可能是由对杰斐逊先生著名的"笔下幸福"(felicity of the pen)的高度重视所导致的;更有可能的是,这种变化之所以被忽视,是因为"幸福"一词在前革命的政治语言中占据了一席之地,因此在它的语境中听起来相当熟悉。

我能想到的这种熟悉感的第一个来源是皇家公告中的惯用语,其中"我们人民的福利和幸福"相当明确地指示了臣民们的私人福利和他们的私人幸福,这也就是"追求幸福"一词在整个19世纪和20世纪中的含义。然而,与这种似是而非(plausibility)的说法相反的是,在革命前的美国,谈论"公共幸福"而不是"福利和幸福",恰恰是一项非常重要的变化。因此,杰斐逊本人在他为1774年弗吉尼亚会议准备的一份文件(它在很多方面预示着《独立宣言》)中宣称,"我们的祖先"在离开"欧洲的英国领地"时,行使了"自然赋予所有人的权利……根据他们认为最可能**促进公共幸福**的法律和条例来建立一个新社会"。如果杰斐逊是对的,如果"英国领地的自由移民"移居美洲是为了追求"公共幸福",那么新大陆的殖民地从一开始就必定是革命者的温床:因为

"公共幸福"意味着在"政府事务"中的份额，也就是在公共权力中的份额，而这与一种公认的受政府保护甚至对抗公共权力的权利不同。在我们的语境中，更重要的是，"公共"和"幸福"这两个词的组合强烈地表明，当这些人坚持这种观点时，他们知道自己说的不全是实话（正如杰斐逊在1775年写给约翰·伦道夫[1]的一封信中说的那样）："我的第一个愿望是恢复我们的正当权利；我的第二个愿望是回到幸福的时光，那时……我完全可以离开公众的视线，在家庭的舒适和安宁中度过余下的日子，驱逐一切听闻世事的欲望。"只有约翰·亚当斯敢于把享有权力和公共幸福作为其政治哲学的基石。

就独立宣言而言，我们无疑应该听到"追求幸福"一词的双重含义，尽管这些含义无论在历史上还是在概念上都难以调和。在这种情况下，杰斐逊的生花妙笔成功地模糊了"私人权利与公共幸福"（詹姆斯·麦迪逊）之间的界线，这有一个明显的直接优势，在不与他的同事们对立的情况下——后者实际上希望建立一个新的政治体，为公共幸福建立一个场所，在那里他们对于"竞争"（emulation）的热情，用约翰·亚当斯的话来说"让我们在行动中被看到"，可以得到实现——他的草案规划也可以吸引那些希望把注意力"完全放在他们的私人利益"（库珀），并且不再为任何公共事务和他们既不理解也不渴望的"公共幸福"所困扰的人。而且，为了避免有人怀疑国父们对于政治尊严的理解与当前赋予他们的不同，让我引用一下约翰·亚当斯的话，他大胆宣称："政府的一个主要目的在于调解这种激情[即竞争的激情]，这反过来又成为政府的一个主要手段。"在这种对"政府的目的"的定义中，手段与目的显然是一致的；一旦人们把"公共幸福"的观念放在私人权利与个人利益的位置上，这个问题——政府的目的是什么？——就失去了它的意义。

为了理解这种公共幸福的含义，我们不妨回忆一下，在18世纪革命前的法国，存在着一个非常类似但又明显不同的习语。托克维尔报告

---

[1] 约翰·伦道夫(John Randolph，1727—1784)，托马斯·杰斐逊的表兄，生于弗吉尼亚殖民地(今美国弗吉尼亚州)威廉斯堡市，是一名律师，曾任弗吉尼亚殖民地的司法部长，被称为"保守的约翰"(John the Tory)，美国独立战争前夕带着家人去往英国，之后就一直留在英国，直到去世。约翰·伦道夫的兄长佩顿·伦道夫(Peyton Randolph)曾任大陆会议(Continental Congress)第1、3届主席，儿子埃德蒙德·伦道夫(Edmund Jennings Randolph)曾任弗吉尼亚州州长、美国国务卿。——译者注

了这种"品味"和"对公共自由的激情"是多么广泛，在那些对我们现在所说的革命没有任何概念以及对他们在其中所扮演的角色没有任何预见的人的头脑中是多么重要。美国人可以谈论公共幸福，因为在革命之前，他们已经在城镇和地区的集会中尝到了公共自由之经验的滋味，他们在那里商讨公共事务，并且根据约翰·亚当斯的说法，"人民的情感（sentiments）首先是在那里形成的"。他们知道，与这一事业有关的活动并不构成负担，而是给予那些在公共场合中实施这些活动的人以一种他们在其他地方无法获得的幸福感。与这种美国经验相比，那些最终促成了法国大革命的法国文人（hommes de lettres）所做的准备工作是极端理论化的；毫无疑问，被一位不友好的历史学家以某种方式称为法国议会的"戏剧演员"的那些人也十分享受，但由于被卷入他们不知如何控制的革命事件的洪流中，他们肯定没有时间来反思这个本就严峻的事业的这一方面。

那么，"公共自由"一词是在何种经验背景下产生的呢？这些人是谁，他们甚至都不知道（因为正如托克维尔所指出的那样，"暴力革命的概念在[他们的]心中没有位置；因为没有被设想过，所以也没有被讨论过"），这事实上是在执意地改变整个文明的旧秩序？正如我之前提到的，18世纪把这些人称作文人（hommes de lettres），而他们的一个突出特点是他们自愿退出社会，首先是从宫廷社会和廷臣的生活中退出，之后是退出沙龙社会。他们在一种自由选择的隐居中教育自己，培养自己的思想，让自己与社会和政治保持一定的距离——在任何情况下，他们都被排除在社会和政治之外——以便能同时对二者进行透视。他们生活在开明专制主义的统治之下，他们那个伴随着无尽的阴谋和无所不在的流言蜚语的宫廷生活应该为公共事务领域的份额提供全额补偿，他们的个人特点在于他们拒绝用社会的考虑来换取政治的意义，而是宁愿选择隐秘的私人研究、反思和梦想。我们从法国道德家（moralistes）的著作中了解到这种氛围，并且我们仍然为其初始阶段对社会那深思熟虑而又刻意的蔑视感到着迷，这甚至是蒙田[1]智慧的源泉，是

---

[1] 米歇尔·德·蒙田（Michel de Montaigne，1533—1592），法国思想家、作家。——译者注

帕斯卡尔[1]思想深度的源泉，并在孟德斯鸠的许多著作中留下了它的痕迹。

此外，并且更重要的是，无论这些文人属于哪一个"庄园"(estate)，他们都摆脱了贫困的负担，因此他们的处境与他们的"美国同事们"非常相似。他们对旧制度(ancien régime)下的国家和社会可能给予他们的任何突出的东西都感到不满，他们感到他们的闲暇是一种负担而非祝福，是一种强加给他们的流放，强行将他们从那个凭借他们的出生、才能和意愿(inclination)之德行(virtue)而有权进入的领域中放逐；而他们在"公共事务的世界对他们来说不仅鲜为人知，而且是看不见的"(托克维尔)这种情况下所错过的东西，被他们称为"公共自由"。

换句话说，他们的这种闲暇是罗马式的"otium"而非希腊式的σχολή[2]，它是强制的不活动，是一种"在闲散的退休生活中的煎熬"，而哲学则被认为在这种闲暇中提供了"一些治疗悲伤的良药"——正如西塞罗所说的，是一种止痛药(doloris medicinam)。当他们开始将闲暇用于公共事务——法语中 res publica 和 la chose publique 都是 18 世纪法国从拉丁文字面翻译过来的，仍旧称作公共事务领域——的利益时，他们仍旧保持着罗马的风格和心情(mood)。因此，他们转向了对希腊和罗马作家的研究，但不是——而这是决定性的——为了古书中可能包含的永恒智慧或不朽之美，而几乎只是为了了解它们所见证的政治体制。18世纪的法国就如同 18 世纪的美国，是它们对公共自由和公共幸福的追求，而非它们对真理的追求，让人们回到了古代。

托克维尔曾经正确地指出："在为革命准备的所有思想和情感中，严格说来，公共自由的概念和品味是最先消失的。"在经过适当修正之后(mutatis mutandis)，这同样可以用于美国的公共幸福观念中，在那里，"追求幸福"几乎立刻就能被使用和理解，而不需要它最初的限定

---

[1] 布莱士·帕斯卡尔(Blaise Pascal，1623—1662)，法国数学家、物理学家、哲学家。——译者注

[2] 原文分别为拉丁文 otium 和希腊文 σχολή，与罗马人的闲暇背后隐含的这种被迫不活动相反，希腊人的闲暇关联着美德，关联着富有生命力和创造力的、旨在完善自己的活动，并且这些活动是政治行动的前提，柏拉图和亚里士多德对此都进行过论述。——译者注

性形容词。导致这种影响重大的消失的原因既有理论性的，也有历史性的维度。我提到了我们的政治思想传统在理论方面的不足，在这种情况下，它导致了对于暴政的传统定义的模糊性。根据古代的、前理论的理解，暴政是一种政体（form of government），统治者在其中为自己垄断了行动的权利，并将公民从公共领域放逐到私人家庭中，在那里他们应该关心他们自己的私人事务。换句话说，暴政剥夺了人们的公共幸福和公共自由，但不一定会侵犯到他们对私人利益的追求和对私人权利的享有。根据传统理论，暴政是这样一种政体，统治者在其中出于自己的意愿和追求自己的利益而进行统治，从而侵犯了他自己的臣民们的私人福利和个人自由。18 世纪在谈论暴政和专制时，并没有对这两种可能性进行区分，只有在革命的过程中，在这两种原则相互冲突时，它才知道私人与公共之间，不受阻碍地追求私人利益与享有公共自由或公共幸福之间的区别的尖锐性。

基本上，这种冲突在美国革命和法国革命中是一样的，尽管它的表现形式非常不同。从理论上来说，把握其意义的最简单的方式可能是记住罗伯斯庇尔的革命理论，他坚信："立宪政府主要关注公民自由，革命政权主要关注公共自由。"但是，杰斐逊坚决主张某种"选区制度"（ward system）；他坚信革命是不彻底的，共和国的持久性也没有得到保证，因为它没能建立能够保持革命精神的机构——这些都指向了同一个方向。罗伯斯庇尔极其不愿意结束革命，他担心革命力量的终结和立宪政府的开始意味着公众自由的终结，这与杰斐逊半信半疑地希望每一代人都能进行革命的想法基本类似。就美国革命而言，问题在于这个新的政治体是否在其自身中为它的公民构建了一个"公共幸福"的领域，又或者说，它是否仅仅被设计于比旧制度更有效地服务和保证他们对于私人幸福的追求。就法国大革命而言，问题在于革命政权是否终结于立宪政府的建立，后者可以通过保障公民自由和权利来终结公共自由的统治，又或者说，是否应该为了公共自由而宣布革命永久化。长久以来，对公民自由和权利的保障一直被视为所有非暴政统治的必要条件，在这种情况下，君主在法律的限制下为了他的臣民们的福利和利益而进行统治。如果没有更多利害关系（at stake）的话，在 18 世纪末发生的政府的革命性变革——即废除君主制和建立共和国——就必须被视作一场不过是由旧制度的错误（wrongheadedness）和失策所引起的意外；答案应该是：不是革命而是改革，不是建立新的政治体而是用一个更好的统治者替换那个坏统治者。

然而，问题的关键在于，尽管在大西洋两岸发动这两场革命的人起初不过是想要朝着君主立宪政体的方向推动这样的改革，但法国和美国的革命很快就被驱使着要求建立共和政体。这两场革命的其中一个突出的共同点——二者在其他大多数方面都是如此不同——是君主主义者和共和主义者之间新的激烈对立，而这种对立在革命之前几乎是未知的；它显然是在行动中取得的经验的产物。无论革命者以前知道什么或梦想什么，只有在革命本身的过程中，或如这句话所说的，当他们沉醉于行动的美酒时，他们才变得完全了解公共幸福和公共自由。无论如何，这些经历的影响足够深刻，足以令他们在任何情况下——如果以这种不愉快的方式向他们提出这些选项——都会选择公共自由而非个人利益，选择公共幸福而非私人福利。在罗伯斯庇尔和杰斐逊那预示着永久革命的、注定失败的理论和建议背后，人们可以看出一个不安的、惊恐的以及令人震惊的问题，这个问题几乎困扰着他们之后的每一个称职的革命者：如果革命的终结以及宪政的交集意味着公共自由的终结，那么当时是否就应该结束革命？

在本文的限制下，显然不可能通过 18 世纪末到本世纪中叶的革命历史来追踪这些经历的曲折线索。对于一个充分的、真正现代的政治理论来说，更不可能公正地对待这些经验之间的相关性。不过，最后我想指出我的发言试图表明的未来思考的两个方向。

其中第一个方向将我们带向历史的维度，我认为这可以证实 19 世纪的主要革命一贯地、自发地再现了罗伯斯庇尔对于永久革命的驱动（drive），以及杰斐逊试图在"委员会"或"选区制度"的"初级共和"中建立一个持久的政治组织，这个组织与其说是保留了革命最初的目标，不如说是保留了革命者的精神，而这种精神在这些事件发生之前并不为他们所知。

第二个方向将我们带向理论的维度，在这里，可以在历史经验的基础上来探讨行动与幸福的关系(这可能提供了这个双重问题的关键,即什么是行动以及什么是德性?)。在这第二个维度,"革命"一词的意义必须从 19 世纪的意识形态中清洗出来,必须从 20 世纪的总体主义强加给它的扭曲中拯救出来。这样看来,革命是一种时空,在这个时空里,行动及其所有影响被发现了,或者更确切地说是在现代被重新发现了——如果人们还记得多少个世纪以来,行动一直被凝思所掩盖,公共事务领域,用托克维尔的话说,对富人和穷人来说都是"看不见的",那么这一事件就具有巨大的重要性。正是由于这个原因,每一种现代政治理论都必须与过去两百年的革命剧变(upheavals)中所揭示的事实相吻合,而这些事实当然与革命意识形态所希望我们相信的那些有很大的不同。

理解甚至感知这些事实的困难是巨大的,因为传统政治和概念思想的所有工具在这种尝试中都让我们失望。行动的重新发现以及世俗的、公共的生活领域的重新出现,很可能是现代留给我们这些即将进入一个全新世界的人的最宝贵的遗产。但是,我们作为这一遗产的继承人的地位远非不受困扰,我之前引用的法国诗人和作家勒内·夏尔最简洁地表达了这种困扰,他在总结自己的抵抗运动经验时说:"留给我们的遗产没有任何遗嘱"。

1960 年

自由与政治：一个讲座

I

在讲座中谈论自由与政治的关系是允许的，因为就算写一本书也一样讲不完。因为只有在危机或革命时期才成为政治行动直接目标的自由，实际上是政治这种东西存在于人们共同生活中的原因。我所说的自由，并不是指哲学家们以这种或那种方式定义的人性的禀赋，他们还喜欢把这种或那种方式定位在人的能力范围之内。我更不是指那种人可以从外部的强制中逃脱出来并进入其中的所谓的内在自由；它在历史上是一种后期的并且在客观上是一种次要的现象。它最初是与世界疏离（estrangement）的产物，在这个过程中，某些世俗的经验和主张被转化为一个人的自我经验，尽管事实上它们来自外部世界，并且如果我们没有首先遇到它们世俗的、有形的现实，我们就会对其一无所知。我们首先是在与他人的交往而不是在与自己的交往中意识到了自由和它的对立面。人们只有在相互关系中才能获得自由，因此只有在政治和行动领域才能积极地体验自由，这比**不受强制**更重要。

谈到政治，就不能不谈自由；同样的，谈到自由，就不能不谈政治。在人们一起生活但没有形成政治体的地方——例如，在原始部落社会或私人家庭中——支配他们活动的因素不是自由，而是生命必然性和对生命之存续的关注。此外，凡是人造世界中不成为政治行动之场所的地方——就像在专制统治的共同体中，将其臣民驱逐到狭小的家庭和私人事务中——自由就没有世俗的现实。没有一个获得政治保障的公共领域，自由就缺乏出现的世俗空间。当然，无论人们的生活条件如何，它总是能作为一种渴望存在于人们心中；但它仍旧不是这个世界的一个明显的事实。显而易见的是，自由和政治是一致的，就如同一枚奖章的两面一样相互联系。

然而，有充分的理由说明，我们今天不能把政治与自由的这种一致视为理所当然。既然我们已经熟悉了全面统治的形式，公众舆论认为没有什么比生活的全面政治化更适合于完全彻底地废除自由了。从这种最新经验的角度来看，我们当然必须始终牢记这种考虑，我们不仅要怀疑政治和自由的一致性，而且要怀疑它们的相容性。我们倾向于相信自由始于政治的终结，因为我们已经看到自由在政治变得无穷无尽的地方消失了。看起来政治越少，自由就越多，或者说：政治占据的空间越小，留给自由的领域就越大。事实上，我们会很自然地根据它给予明显非政治的活动的自由范围来衡量任何特定共同体的自由程度，例如自由经济企业，或是学术教学自由和宗教自由，又或是文化活动和知识活动的自由。我们认为，只有在政治保证了一种可能**摆脱**政治的自由的前提下，政治和自由才是相容的。

我们最近的经验敦促我们对政治自由做出这样的定义，即潜在的脱离政治的自由，这一定义在政治理论史上也发挥了很大的作用。我们首先在 17 和 18 世纪的政治思想家那里发现了这一点，他们经常简单地把政治自由等同于安全。政治的目的是保障安全，这反过来又使自由作为非政治性的东西成为可能，使之成为政治领域之外的活动的统称。即便是孟德斯鸠，尽管他对政治的本质有着与霍布斯或斯宾诺莎不同并且高明得多的看法，但他仍然可以偶尔将政治自由与安全等同起来。政治科学和政治经济学在 19 和 20 世纪的兴起甚至扩大了自由和政治之间的裂痕。这个近代以来被等同为政治的全部领域的政府，如今被认为是被委任的保护者，并且与其说它是自由的保护者，不如说它是社会及其个人的生命过程和终身权益的保护者。安全在此仍是决定性的标准，但这种安全所要实现的不是自由，而是不间断的生命过程。这个过程因其受到必然性的支配，所以与真正意义上的自由毫无关系。自由在此已经成为一种边缘现象，因为它构成了政治不允许逾越的界限，除非生命本身及其直接利益和必然性受到威胁。

因此，不仅是我们——当自由最接近我们的心灵时，我们经常变得最不信任政治——而且是整个现代都将自由与政治区分开来。不过，我想你们都相信，当我在这些话的开头说政治的"理由"是自由时，你们听到的不过是一个古老的真理。它的基础是历史的，也是事实的。就历史而言，一个令人震惊的事实是，在所有欧洲语言中，我们都使用了一个词语来表述政治，而在其中，我们仍旧可以听到它的起源——希腊的"城邦"(πόλις)。不仅在词源上，并且不仅对学者来说，这个词充满了源自共同体的联想，在这个共同体中，政治在其特定意义上首次被发现。并且正是由于这种语言用法及其联想，无论我们与城邦的距离有多遥远，在一个关键的方面——即西方世界的所有政治家和理论家一致认为暴政是所有国家形式(forms of state)中最糟糕的一种——我们从未放弃过它的政治思维方式。因为这种观点不是不言而喻的，也没有什么实质性的东西，除了这样一个事实：在所有经典的政体(forms of government)中，暴政是唯一在原则上不能与自由相调和的政体。如果我们真的像现代的理论试图说服我们的那样，相信在政治中安全与生命利益都处于危险之中，那么我们就没有理由拒绝暴政；因为暴政当然可以提供安全，而且在保护纯粹的生命方面，它常常证明自己优于所有其他的国家形式。因此，至少在这种消极的意义上，自由和政治的原初一致性——这种一致性在古典的古代是不言而喻的，但在之后就不是了——仍然存在。

在我看来，我们最近在总体主义独裁统治方面的经验似乎适合重新确证这些最古老的政治经验。因为它们已经清楚地向我们展示了，如果有人认真地想要废除政治自由，那么仅仅禁止那些我们通常理解的政治权利是不够的；禁止公民在政治上活跃，禁止他们在公共场合发表意见，禁止他们出于行动的目的而成立政党或其他社团——这些都是不够的。他还必须摧毁思想的自由，只要这是可能的，并且这在很大程度上是可能的；他必须摧毁意愿的自由，甚至是摧毁看起来无害的艺术创作的自由。他甚至必须掌握那些我们习惯于认为不属于政治的领域，正因为这些领域也包含着政治因素。或者让我们换一种说法：如果有人想要阻止人类自由行动，就必须阻止他们思考、意愿和生产，因为所有这些活动都意味着行动，从而意味着各种意义上的自由，也包括政治自由。因此，我还认为如果我们把总体主义看作是生活的完全政治化，并且通过它摧毁了自由，那么我们就完全误解了总体主义。情况恰恰相反，我们所要应对的是对政治的放弃，就像在所有独裁和专制政权（regimes）中一样，尽管这种放弃现象只有在总体主义中才会以如此激进的形式出现，并且摧毁了所有活动中的政治自由因素，而不是满足于消灭行动这一**卓越**（par excellence）的政治能力。

尽管这种对事物的看法可能是异化的，但它仍然完全符合传统的政治思想。例如，孟德斯鸠认为，一个自由国家的标志是人们完全利用他们的理性（raisonner），而且，无论他们做得是好是坏，他们在思考这一事实就足以带来自由。因此专制政权（regime）的特点是，一旦人们开始思考，它的统治原则就会受到威胁——即使他们之后试图从理论上为暴政进行辩护。[1]这与真理无关，也与思考的任何其他副产品无关；它是理性本身的活动，自由由此产生。理性在人与人之间创造了一个空间，在这个空间里，自由是真实的。现在，同样根据孟德斯鸠的说法，这种从推理（reasoning）活动中产生的自由的奇特之处在于，它提供了对理性思考（raisonnement）之结果的保护，因为在自由，或毋宁说在这个由理性产生的人与人之间的自由空间被破坏的地方，就如同在所有暴政式的国家形式（forms of state）中一样，理性思考（reasoning）的结果只能是有害的。这就是说，在自由已经不再是世俗现实的地方，自由作为个人的主观能力只能导致毁灭，现代的独裁者非常明白这一点。他们不可能允许思想自由——正如斯大林死后的事件向我们展示的那样——即使他们想这样做。

因此，当我们听到政治和自由时会产生大量的联想，这些联想包括

---

[1] 孟德斯鸠：《论法的精神》，第十九章，第 27 节。——编者注

了沉淀在我们的语言中的最古老的历史记忆，也包括了政治思想的传统，以及我们有意识地铭记在心的那些当下的经验。总的来说，它们使一种超越当代政治理论及其概念框架的理解成为可能。它们以一种不同于我们习惯的自由意识和政治概念为前提，而我们现在必须在这些问题上耽搁一段时间。

II

政治与自由之间的关系不是一个自由意愿或自由选择的问题，不是在给定的善与恶的事物之间做出选择的选择自由(*liberum arbitrium*)，例如理查三世[1]所说的："我横下心来证明自己是个恶棍。"相反，它是——用莎士比亚的话来说——布鲁图斯[2]的自由："倘若不能达到目的，我们宁愿以身为殉"，这就是说，这是一种把以前不存在的东西召唤出来的自由，这种东西没有被给予，甚至没有作为认知或想象的对象，因此它不可能被知道。指导这一行动的不是一个由想象构思出来，并且之后可以由意愿来把握的未来目标。行动是由完全不同的东西指导的，孟德斯鸠在他对政体的分析中将其称之为原则。[3]原则激发了行动，但它不能规定一个特定的结果，就好像在执行一个计划一样；它不表现在任何种类的结果上，而只表现在行动本身的执行上。在这种执行中，意愿和行动是同时存在的，它们是同一的；意愿并不是为行动做准备，它已经是行动了。[4]但行动并不执行意愿的行为，它所表现的并不是主观的意愿及其目的，而是只要行动持续着就会一直表现出来的指导原则。这样的原则是荣誉、荣耀或让自己优于他人——即希腊词 $\alpha i\grave{\epsilon}\nu$ $\dot{\alpha}\rho\iota\sigma\tau\epsilon\acute{\upsilon}\epsilon\iota\nu$ [5]——但也

---

[1] 理查三世(Richard III)，莎士比亚戏剧《理查三世》的主人公，历史原型为英格兰金雀花王朝最后一位国王理查三世，这句引文也出自这部戏剧。——译者注

[2] 布鲁图斯(Brutus，也译作"勃鲁托斯")，莎士比亚悲剧《朱利斯·凯撒》的主人公，在剧中是反对凯撒的"叛党"的领袖，这句引文也出自这部戏剧。——译者注

[3] 孟德斯鸠：《论法的精神》，第三章，第1节："政体的本质与其原则之间的差异在于，它的本质是使它成为这样的原因，而它的原则是使它采取行动的原因"。

[4] 在阿伦特的最后一部作品《意愿》(*Willing*)中，意愿被认定为行动的泉源。——编者注

[5] 大意为"始终做最优秀的人"。——译者注

包括恐惧、猜忌或仇恨。相比之下，自由不是这些原则的前提，它既不在意愿中，也不在人性的其他地方；相反，它与行动是一致的：人只要行动就自由，既不在行动之前也不在行动之后；因为自由和行动是一样的。

为了向你们说明我所说的行动中内在的自由是什么意思，我想提醒你们，马基雅维利在孟德斯鸠之前就重新发现了自由的这个古代特有的方面，并从概念上提出了它。[1]他的"美德"（virtù）[2]是对世界之机运（fortuna）的回应，不是罗马式的美德（virtus）[3]，也不是我们理解的那种高尚的道德（virtue）。也许最好把它翻译成"精湛技艺"（virtuosity），也就是说，我们把这种卓越归功于表演艺术（the performing arts），它的成就在于表演（performance）本身，而不是归功于创造性的或"制造的"艺术，后者的最终产物超越了活动本身并成为独立于活动的东西。马基雅维利的这种"德性"的"精湛技艺"与希腊语中的 ἀρετή [4]有更多的共同之处，尽管马基雅维利几乎不了解希腊人。他几乎不知道他们总是用吹笛子、跳舞、治疗和航海等比喻来描述政治行动所特有的东西，也就是那些以表演（performance）的精湛技艺为决定性品质的艺术。

因为行动需要精湛的技艺，而精湛技艺又是表演艺术所特有的，所以一般来说，政治常常被定义为一种艺术。如果有人陷入这个常见的错误，用艺术这个词来指代创造性的、生产性的艺术，并把国家或政府视为艺术作品——甚至视为人类有史以来最伟大的艺术品——那这就是完全错误的。从生产性艺术带来了有形之物——这种东西超越了产生它的活动并且完全摆脱了这种活动的束缚——的意义上来说，政治与艺术正好相反，顺便说一句，这并不意味着政治是一种科学。国家之所以不是一件艺术品，原因就在于它的存在永远不会独立于产生它的人类行为。独立的存在标志着艺术作品是制造（活动）的产物；而依赖进一步行动来保持其存在则标志着国家是行动的产物。而行动和表演艺术之间的相似

---

[1] 马基雅维利：《君主论》，第六和第七章。

[2] 马基雅维利的 virtù 是一种能力意义上的美德，没有道德的含义。——译者注

[3] 罗马人的 virtus 既有人格和道德的含义，也包括勇敢、坚强之类的品质和才能。——译者注

[4] 希腊语中的 ἀρετή（美德、德性）是一种能力意义上的美德，是人在光荣的事迹、善良的本性以及男子气概等方面表现出来的卓越。——译者注

性还在进一步加强。就像音乐制作或舞蹈或戏剧的高超技艺要靠观众来体验表演一样，行动也需要一个政治组织的空间中他人的在场。无论人们共同生活在哪一个共同体之中，这样的空间都不是理所当然的。而希腊的城邦曾经正是行动所需要的"政体"。

如果我们在希腊城邦的意义上来理解政治——城邦所接纳的人既不是受到他人强迫的奴隶，也不是受到生命的生物学过程之必然性驱使的劳动者——它意味着这种自由作为行动(它被正确地理解为精湛技艺)的空间可以出现。自由作为一种世俗的现实，它可以在公共、政治领域中通过语言、行为(deed)和事件成为现实，然后可以被记住并纳入人类的历史。根据定义，在这个表现(appearances)空间里发生的任何事情都是政治的，即使它与行动没有直接关系。在它之外的东西，例如野蛮人的帝国伟业，也许是令人印象深刻并值得注意的，但它严格来说不是政治的。如果没有这样一个为它建立的空间，自由就无法得到实现。没有政治就没有实际的自由，它根本不可能存在。另一方面，一个共同体如果不是一个技艺可以在其中自由地表现自己层出不穷的变化的空间，那么它就不是政治的。

这些关于自由和政治的概念以及它们之间的关系在我们看来是如此奇怪，不仅因为我们通常把自由理解为思想或意愿的自由，还因为我们把提供生活必需品的任务交给了政治，这些生活必需品确保了人类生存的安全和对其利益的维护。但是，在这一点上也有一个基本信念，它听起来非常熟悉，并且是不言而喻的，而只有当我们开始对这些问题进行理论研究时才会忘记它。这是一个古老的信念，即勇气(courage)是政治行为最重要的德性。勇气是一个大词，我指的不是那种鲁莽(foolhardy)的勇气，它欢迎危险，并乐意为危险和死亡的可能性所唤起的强烈刺激去冒生命危险。鲁莽(Recklessness)对生命的关注并不比怯懦少。我们仍然认为勇气是政治行动所不可或缺的，但它并不能满足我们个人的活力感，而是由公共领域的本质对我们提出的要求。因为在我们的私人领域，在保护家庭和我们自己的四壁(four walls)的隐私方面，一切都服务于而且必须服务于生命过程的安全，与此相反，公共领域对所有人来说都是共同的，如果仅仅是因为它先于我们而存在，并且要比我们在其中的生命更长久，那它就不能把个人的生命和与之相关的基本利益放在首位。这需要一种政治意义上的勇气来闯入这个比我们更长久的公共领域——不是因为那里可能有特别的危险在等着我们，而是因为我们已经来到一个对生命的关怀已经失去有效性的领域。为了世界的自由，勇气把人从对生命的关切中解放出来。勇气是必须的，因为在政治上首要的关切永远不是生命本身，而始终是世界，后者将以这种或那种形式比我们所有人都更长久。

因此，对于那些被"政治"一词勾出自由概念的人来说，他们不能仅仅把政治看作私人利益的总和，以及对他们之间冲突的平衡；也不能仅仅把国家对其领土上所有人口的态度和家长对其家庭成员的态度等同起来。在这两种情况下，自由和政治都是不相容的。只有当政治指定了一个公共领域，并因此不仅与私人领域及其利益相区别，而且还反对它们的时候，自由才能成为政治的意义。

从理论上说，一个公共的、类国家的政治实体的概念——例如一个作为大家庭、一个大家族的国家——是非常古老的；然而，只有在现代社会在政治-公共领域和纯私人领域之间推进，并且模糊了两者的界限之后，这个概念才获得了实际的意义。在这个我们所有人都生活于其中的社会无人区里，现代政治理论，无论是自由主义的、保守主义的还是社会主义的，本质上都是关于社会的，其特殊的结构（尽管我现在不能讨论这些）基本是将公共利益的事务私有化，并且将私人关注的事务公开化。在这条道路上走得最远的当然是总体主义（totalitarian）的独裁国家，众所周知，它们吹嘘自己已经消除了公共生活与私人生活的区别，消除了公共利益与私人利益的冲突，并采用暴力和恐怖的工具主义来取代社会集体的整体利益。在西方民主国家，尽管是通过一种不同的方式，但公共生活与私人生活之间的界限也变得模糊了；在这里，政党的政治家们吹嘘他们代表了选民的私人利益，就像一个好律师代表了他的客户一样；其结果是，这个公共领域，这个我们周遭的世界又充满了个人的、私人的利益。这个社会的科学，即社会科学，大家都很熟悉，从行为主义到无产阶级的马克思主义，它们的目的都是一样的，即防止行动者在他的自由中干涉事件的运动和进程。就我们正在考虑的问题而言，人的社会化是在行为主义——它把所有的行动都归结为原子化个体的行为——的意义上发生的，还是在更激进的现代意识形态——它把所有的政治事件和行动都归结为社会的、必须服从它自己的规律的历史进程——的意义上发生的，这一点并不重要。这种广为流传的意识形态思维与全面统治之间的区别就在于，后者发现了一种方法，通过这种方法它就能把人纳入历史的社会潮流之中，使他们不再有任何意愿去干涉它的自动流动，相反，通过添加他们的动力还能加速这股潮流的发展。实现这一目标的手段是施加来自外部的恐怖制度的强制，以及施加来自内部的意识形态思维方式的强制。毫无疑问，这种总体主义的发展是走向放弃政治和废除自由的关键一步；虽然从理论上来说，只要社会和历史的概念已经取代了政治的概念，自由就会开始消失。

III

我们已经看到，"政治的意义在于自由"这一论断预设了政治关心的是世界本身而不是生命，并且自由始于对生命的关注不再迫使人们以某种特定的方式行事。我们也已经看到，这种自由与政治相互依存的概念与现代的社会理论是相矛盾的。这种状况似乎是在邀请我们尝试回到现代及其理论之外，并把我们的信念放到更古老的传统中。但是，对于理解"自由是什么"而言，真正的困难来自这个事实，即简单地回归传统并不能帮助我们。因为我断言，自由在本质上是一种政治现象，它主要不是在意愿和思想中被体验，而是在行动中被体验，因此它需要一个适合这种行动的领域，一个政治领域，而这直接与一些非常古老和备受尊重的概念相矛盾。无论是最早产生于古代晚期的关于自由的哲学概念——自由在此成为一种思想现象——还是基督教和近代的自由意愿概念，它们本质上都不是政治的；事实上，这两者都含有强烈的反政治因素，但这绝不是哲学家或宗教人士（*homines religiosi*）的缺点，而是基于人类对政治本身的具有最高真实性的经验。在此必须通过回顾以下几点才能让我们满意：在回答我们关于政治与自由之间关系的问题时，传统几乎一致认为当一个人从公共生活和政治领域退出时，自由就开始了，因此他不是在与他人的交往中，而是在与他自己的交往中体验自由的——无论是以自苏格拉底以来的那种被我们称为"思考"的内在对话的形式，还是作为在"我-意愿"（I-will）和"我-能"的斗争之中他自己内心冲突的形式，保罗[1]与奥古斯丁之后的基督教认为，在这种斗争中能辨别出人类自由的不足及其价值的可疑之处。

关于自由的问题，我们自然要在基督教传统的框架内研究它并寻求答案。一个简单的事实表明了我们必须这样做，即在大多数情况下，我们会自动地把自由看作自由意愿，也就是说，把自由看作一种在古典古代几乎不为人知的能力的谓词。因为正如基督教所发现的那样，意愿与那种热切地想要拥有某些渴望的对象的简单欲望之间没有什么共同之处，甚至可能与这种冲动产生冲突。如果自由实际上不过是一种意愿的现象，我们将不得不得出这样的结论：它对古人来说是未知的。当然，这样的结论是荒谬的，但如果有人想断言这一点，他可以辩称自由的概念在奥古斯丁之前的伟大哲学家的作品中没有发挥任何作用。这一惊人事实的原因在于，在古代世界，自由完全和彻底地被视作一个政治概念，是城邦和公民身份的精髓所在，是 βίος πολιτιχός，即政治的生活方式。但我们自己那个始于巴门尼德和柏拉图的哲学传统，是建立在把城邦和政治领域对立起来的基础之上的。因此古代哲学不讨论自由这一所有古代概念中最具政治性的主题，这一点是可以理解的。在基督教从自由意愿中发现了一种非政治性的自由——这种自由可以在和自己的交往中体验到，因此不依赖于和许多人的交往——之前，不可能出现其他情况。

鉴于意愿中固有的非凡的潜在力量，我们往往会忘记它最初并不表现为"我-意愿"和"我-能"，相反，它表现为两者之间的冲突；而这种冲突确实是古代人所不知道的。"我-意愿"和"我-能"的概念对古代人来说当然是非常熟悉的。我只需要提醒你，柏拉图是如何坚持认为，只有那些知道如何统治和服从自己的人才有权利统治别人，并且没有任何需要服从的义务。这种自我控制，或者说，对于只有自我控制才能正

---

[1] 保罗（St. Paul，也被译作"圣保罗、圣保禄、使徒保罗"），约生于公元4年，卒于公元67年，早期基督教神学家和传教士。——译者注

197

当地行使权力的信念，至今仍然是一种贵族的标志。事实上，这是一种典型的政治德性，一种精湛技艺的现象，在其中"我-意愿"和"我-能"必须如此契合以至于它们实际上是一致的。但是，当我们把"我-意愿"和"我-能"分开时，从基督教的自由意愿概念的角度来看，我们是在用相互矛盾的措辞说话。如果古代哲学知道这种分离，它肯定会把自由理解为"我-能"的内在品质，而不是"我-意愿"的。作为外在环境或个人环境的结果，无论"我能"在哪里失败，都不会有自由的说法。

我选择了自我控制的例子，因为对我们来说，这显然是一个只能用意愿来解释的现象。如你们所知，希腊人对节制的问题以及对驾驭和驯服灵魂之马的必要性方面给予了很多思考；然而，在所有这些对我们来说是意愿力量的表现的现象中，希腊人从未发现意愿是一种区别于人类其他能力的独立能力，并且事实上是人类身上某种特殊的品质。这是一个值得深思的历史事实，当人们体验到意愿的无力而非其力量的时候，他们开始明确地意识到意愿的存在，并开始如圣保罗一样说："因为立志为善由得我；只是行出来由不得我。"[1]对我们来说，关键在于，这不是一个关于人类的意愿在世界中无能为力的案例。意愿不是被自然或环境的某种压倒性力量打败的，也不是被一对多的冲突打败的；这只是个人意愿的无力。所有的意愿都源自人的意愿与他达成所愿的能力之间的原始冲突；从字面上看，这意味着"我-意愿"反击自我，刺激它，激励它行动或被它毁灭。即使一个人想要征服整个世界，这种意愿对自我的束缚仍然存在；此外，作为一个原则问题，它把"我-意愿"和"我-思"(I-think)区分开来——这也意味着一种自我反思的品质，尽管在这种情况下，自我不是对话的对象。也许正是因为意愿的无能首先让我们意识到了它的存在，所以它现在变得如此不同寻常地渴望权力，以至于意愿和权力意愿在我们听来实际上成了同义词。不管怎样，暴政是唯一产生于"我-意愿"的单一性及其绝对的自我主义(egoism)的政体，它比哲学家们用"我-思"的模型构想出来的，想要用来强迫人们的理性的乌托邦政府要来得贪婪和残酷得多。

---

[1] 《圣经·新约·罗马书·7:18》。

我已经说过，当自由不再是在行动和与他人交往中被体验，而是在与自己的交往的意愿中被体验时，哲学家们才第一次对自由表现出兴趣。自由就这样从一个主要的政治事实变成了一个首要的哲学问题，而这一事实当然不妨碍这个新的哲学问题后来被应用到政治领域。但现在重点已经如此决定性地从行动转移到了意志力上，自由的理想不再是与他人协同行动的精湛技艺，而是变成了主权，即独立于他人并在必要时战胜他人的能力。在政治上，也许在传统的关于自由的哲学概念中，没有任何其他因素被证明如同这种把自由及其内在的主权等同起来的做法一样有害。因为，这要么导致对自由的否定——当人们意识到无论人是什么，他们都不是主权者的时候——，要么导致一种看似与这种否定相矛盾实则不然的洞见，即一个人或一群人的自由只能以所有其他人的自由为代价来换取。在这种造成困难的关系中，一个简单的事实——即自由只有在非主权条件下才能被赋予人类——是极其难以理解的。此外，因为人的这种非主权性而否认自由是不现实的，就像认为一个人——作为个体或是被组织起来的群体——只有作为主权者才能自由一样危险。即便是一个政治体（political body）的主权也始终是一种幻觉，并且它只能通过暴力手段来维持。

诚然，为了正确理解这种对自由和主权的确认是多么不真实和有害，我们必须把自己从一种古老的偏见中解放出来，这种偏见可以追溯到罗马时期的斯多亚学派（stoa）。这种偏见认为，非主权性与依赖性是一样的，这意味着人类存在的非主权性仅仅是人类需要彼此来维持生命这一事实。人类在所有只关乎生命的问题上相互依赖，这是显而易见的；它被密封在出生这一事实中，正如希腊人所说的，就人类而言，他们是在彼此之间（ἐξ ἀλλήλων）诞生的。但人类生活的**这种**依赖性只适用于个人；它不适用于对其他所有人都拥有绝对权力的群体，或是那些足够强大和温和（moderate）从而能使自己脱离于所有其他群体的群体。但是，比个人的这种依赖性更具有决定性的是，单数的人（man in the singular）是无法想象的，人的整体存在取决于总有其他同类的存在。如果只有**一个**人，就像我们说只有**一个**上帝一样，那么我们所知的人类的概念就不会存在；如果地球上只有**一个**国家，或者只有**一个**民族，那么当然没有人知道什么是国家或民族。在自己同类中的存在只能以死亡为终结，正如拉丁文所暗示的那样，它把"在人类之中"（inter homines esse）等同于"生"，把"不再在人类之中"（desinere inter homines esse）等同于"死"。只有在死亡或在面对死亡时，人类的存在才能变得完全单一。

正如我已经指出的，一个群体或政治体的主权就如同个人的主权那样是一种幻觉，因为只有当许多人表现得好像他们是**一个人**，而且实际上是**唯一的**一个时，它才会出现。这种行为当然是可能的，正如我们非常清楚地从大众社会的许多现象中知道的那样，而这些现象也表明在这种社会中没有自由。在每个人都在做同样事情的地方，即使没有直接受到胁迫或强制，也没有人自由地行动。因此，在由这一事实——只有**复数的人**（men），没有**单数的人**（man），只有许多民族，没有单一民族——所支配的人类关系中，自由和主权是如此的不同，以至于它们甚至不能同时存在。无论是作为个体还是作为有组织的群体，当人们想要成为主权者时，他们必须废除自由。但如果他们希望获得自由，他们必须放弃的则恰恰是主权。

为了说明在我们的哲学传统的概念结构中，提出一个符合政治经验的自由概念是多么困难，我想要考察两位在政治哲学和理论方面也许是最伟大和最深刻的近代思想家——孟德斯鸠和康德。

孟德斯鸠非常清楚哲学传统在这些问题上的不足，所以他明确区分了哲学意义上的自由和政治意义上的自由。不同之处在于，哲学对自由的要求不过是按意愿行事（l'exercice de la volonté），并且独立于世界环境和意愿为自己设定的目标的实现。相反的，"政治自由在于安全"[1]，它并不总是存在于任何地方，而只存在于受到法律管辖的政治共同体中。没有安全就没有政治自由，"自由只在于能够做自己应该的事情"[2]。显而易见的是，这些句子显示了孟德斯鸠倾向于将哲学上意愿自我（willing self）的自由与一种作为世俗的有形现实的政治自由并列起来，他对自由意愿的哲学传统的依赖同样明显。因为孟德斯鸠的

---

[1] 原文为法语"la liberté politique consiste dans la sûreté"，引自孟德斯鸠的《论法的精神》第十二章，第2节。——译者注

[2] 原文为法语"la liberté ne peut consister qu'à pouvoir faire ce que l'on doit vouloir"，引自《论法的精神》第十一章，第3节。——译者注

定义听起来好像政治自由不过是哲学自由的一种延伸，即实现一个"我-意愿"的自由必不可少的那种自由。然而，如果我们想要理解孟德斯鸠的真正意图，我们就必须不厌其烦地去读他的句子，并把重点不是落在"我-能"上——即一个人必须能够做他想做或应该做的事的概念——而是落在行动上。应该补充的是，在这里，行动和行为被视为要比意愿的准自动实现来得重要得多。自由本身是在行动中实现的，而保障能力得以实施的安全是由他人提供的。这种自由并不存在于"我-意愿"中，"我-能"既可以遵守也可以违背这种意愿，而不会使人的哲学自由受到质疑；政治自由只能始于行动，因此，即使哲学的自由意愿继续完整地存在，不能行动和不能自由也是同一回事。换句话说，政治自由不是一种"内在自由"；它不能隐藏在一个人的内部。它依赖于自由人民给予它一个行动能在其中出现、能被看到和有效的空间。那种的意愿的自我主张的权能（power）——去强迫他人——与这种政治自由之间没有任何关系。

在伟大的哲学家中只有康德认为这个问题——"我应该做这么？"——具有和这个具体的哲学问题——"我能做什么？ 我能期待什么？"——相同的尊严，在康德这里，哲学中反政治的传统的力量并没有像在孟德斯鸠那里一样表现在不充分的表述中，而是表现在这样一个显著的事实中——在康德那里有两种截然不同的政治哲学：一种是在《实践理性批判》（*Critique of Practical Reason*）中被普遍接受的政治哲学，另一种则是在《判断力批判》（*Critique of Judgment*）中被普遍接受的政治哲学。关于康德的文献很少提到《判断力批判》的第一部分实际上是一种政治哲学；但我相信人们可以证明，在他所有的政治著作中，判断力的主题对康德来说比实践理性的主题更重要。自由在《判断力批判》中是作为想象力而非意愿的前提出现的，而想象力与那种"扩大的见地"（enlarged mentality）的关系最为密切，它是一种卓越的政治思维方式，因为通过它我们可以"站在每个别人的位置上思维"[1]。

---

[1] 康德：《判断力批判》（*Critique of the Power of Judgment*），保罗·盖耶尔（Paul Guyer）编，保罗·盖耶尔、埃里克·马修斯（Eric Matthews）译，剑桥：剑桥大学出版社2000年版，第 174 页（5：294）。——编者注

只有在这种情况下才能在哲学上明确为什么康德能够强调说："夺走人们公开地传达思想的自由的那种外部强制力，也夺走了他们思考的自由。"[1]在这里，不自由是对自由"内在"能力的报复，并破坏了它。即使思想的自由如康德所说的那样，是内在的"与自己对话"，如果它要想在思想中展开，同样要取决于他人的存在，进而取决于有机会"公开地提出我们的思想，看看它们是否也与其他人的知性相符合"[2]。

但这种完全独立于自由意愿的自由概念，在接受康德哲学的过程中几乎没有发挥任何作用。甚至在康德哲学自身中，它也被"实践理性"所掩盖，后者将人类事务中所有的权力，无论善恶，都赋予了意愿，而行动本身，正如你们记得的那样，不再属于人类权力和自由的范围，而是服从于必然性，受制于因果律。只有当一个人能意愿(will)时才是自由的，这意味着只有当"我-意愿"没有被内在的"我-不能"所反对时他才是自由的，而这又意味着一旦开始行动，人就会变得不自由。康德在其狭义上的实践-政治哲学中对这两个基本命题几乎没有任何怀疑。

IV

我们会发现很难理解可能存在着一种不是作为意愿的属性，而是作为行为和行动的属性的自由。对我们来说，关于自由的这一整个问题都被基督教和一个从根源上反政治的哲学传统所掩盖了。现在，为了让我们能更准确地定义这种只有在行动的过程中才能体验到的自由，让我们再一次回到古代——不是为了博学，甚至不是我们的传统的延续，而仅仅是为了把握那些经验，尽管我们都在某种程度上熟悉它们，但从未再以同样经典的明晰性来表述它们。

---

[1] 参见康德：《什么叫在思维中确定方向?》（*"What Does It Mean to Orient Oneself in Thinking?"*），艾伦·伍德(Allen Wood)译，载《剑桥版康德著作集：宗教与理性神学》(The Cambridge Edition of the Works of Immanuel Kant: *Religion and Rational Theology*)，剑桥：剑桥大学出版社 1996 年版，第 16 页。——编者注
[2] 康德：《实用人类学》（*Anthropology from a Pragmatic Point of View*），剑桥：剑桥大学出版社 2006 年版，第 114 页。——编者注

我们首先想到的是，在希腊语和拉丁语中都有两个词语可以表述动词"去行动"，它们表示两个非常不同的过程。这两个希腊语词是ἄρχειν[1]（意为"去开始，去领导和去统治"）和πράττειν[2]（意为"去完成某事"）。相应的拉丁语词是 agere[3]（意为"使某物开始运动"）和 gerere[4]，后者很难翻译，在某种程度上它意味着过去的行为持久的、支持性的延续，这些行为导致了 res gestae（事迹），即我们称之为历史的那些行为和事件。在这两种情况下，行动的第一阶段都是一个开端，通过这个开端，一些新的东西进入了世界。自由最初是在这个创造新开端的能力——自康德以来我们将其称作自发性（spontaneity）——中被体验到的，这一事实可以从这个希腊词的一系列含义中看出来，正如我之前提到的，在希腊词中，开端与领导以及最终的统治是结合在一起的，是自由人的杰出品质。希腊词 ἄρχειν 的这种多重含义表明，开启新事物只能落在那些已经是统治者的人身上，而在希腊，这意味着一个管理着奴隶家庭的人将他从生命必然性中解放出来，并因此可以自由地和同龄人一起生活在城邦中；而开端自身与领导他人是一致的，因为只有在他人的帮助下，初学者才能把他已经开始做的事情完成（πράττειν）。

在拉丁语中，自由和开始也是相互联系的，尽管是通过一种不同的方式。罗马的自由是罗马的国父们留给罗马人民的遗产；他们的自由与他们的祖先通过建城而确立的开端息息相关，而罗马的历史也随之开始。子孙们必须处理他们祖先的事务，承担其后果（gerere），并以同样的方式扩大罗马的基础（res gestae）。因此，罗马的历史编纂虽然在本质上与希腊的历史编纂一样具有政治性，但它从不满足于像修昔底德和希罗多德那样，将某些伟大的事件和故事推荐给公民；罗马的历史学家总是被束缚在罗马历史的开端，因为这个开端包含了使他们的历史具有政治性的真实因素。无论罗马人要讲述什么，他们都是从

---

[1] 希腊词 ἄρχειν，是动词 ἄρχω（开始、领导、命令、统治等）的现在时主动语态不定式形式。——译者注
[2] 希腊词 πράττειν，是动词 πράσσω（达成、实现、经营等）的现在时主动语态不定式形式。——译者注
[3] 拉丁词 agere，是动词 agō（开动、行动、做等）的现在时主动态不定式形式。——译者注
[4] 拉丁词 gerere，是动词 gerō（从事、产生、完成等）的现在时主动态不定式形式。——译者注

《建城以来史》[1]开始的，是从这座城市的基础开始的，这座城市是罗马自由的保障。

更进一步，我们可以说，在古代政治的内在含义和这种开始的能力密切相关。有一个很好的理由可以解释为什么古代人发现没有城市就不能去考虑政治。只有建立一座城市才能提供一个开端并启动一些东西，才能产生ἄρχειν和agere。城市给了开端一个可靠的机会，因为他人的帮助对于完成——词语πράττειν和gerere所指示的那种完成——某件事来说是不可或缺的，而这种帮助在一个规范的公民共同体中总是随手可得。因此，一个城邦的公民比那些已经成为生命必然性的主人的人有能力去做更多的事，并且总是可以行动：公民始终可以是自由的。按照城邦发展的本性，随着时间的推移，表演（performance）和延续对于政治生活的意义要大于启动本身，其结果是，在希腊语和拉丁语中，最终都只有一个表示行动的动词，即πράττειν和gerere，与此同时，ἄρχειν和agree这两个词虽然没有从语言中消失，但也不再保留其完整的政治含义。然而，亚里士多德在其政治哲学中完全用πράττειν一词来指代整个人类事务和活动领域，他说，城邦是由ἄρχοντες[2]而非πράττοντες[3]组成的。前者既含有统治的意思——即对奴隶的统治，这使自由成为可能——也含有开端的积极自由。

我已经提到，正是因为古代的自由概念完全是政治性的，所以它在苏格拉底学派的哲学中没有发挥任何作用。诚然，罗马作家偶尔会反抗希腊哲学流派的这种反政治倾向，但他们并没有进一步或果断地改变传给他们的这些学说中的主题或思维方式。当然，他们也从未给他们在政治领域中所体验的自由找到一个理论和哲学上的公式。我们更没有希望在基督教哲学中找到一个有效的关于自由的政治理念，而在这些伟大的基督教思想家中希望最小的也许是奥古斯丁，他把这个新的意愿的"内

---

[1] 《建城以来史》（*ab urbe condita*）是古罗马历史学家提图斯·李维（Titus Livius）的名作，原书共142卷，记叙了从传说中罗马人的祖先埃涅阿斯达到意大利以来的历史，歌颂了罗马的伟大和祖先的伟业。——译者注

[2] 希腊词ἄρχοντες大意为"统治者、执政官、主权者"，是第三变格名词ἄρχων的复数主格形式。——译者注

[3] 希腊词πράττοντες大意为"行动者、实干家、代理人"，是第三变格名词πράττων的复数主格形式。——译者注

在"自由——可能是由保罗最先体验到的——变成了西方哲学传统的基石之一。然而，在奥古斯丁身上，我们不仅发现了作为意愿的自由选择的 liberum arbitrium（选择自由）成为了传统的定论，而且还发现了一个以完全不同的方式构想的自由概念，这典型地出现在他唯一的政治论文《上帝之城》（*De Civitate Dei*）中。在《上帝之城》中，奥古斯丁从他特定的罗马背景出发进行的论述来得比其他任何作品都多。在这里，自由不是被视为人类的内在倾向，而是被视为人类在世界中存在的特征，他将这种自由建立在这样一个事实中，即人本身就是世界的一个开端，一个初始（*initium*）——只要他没有像世界本身一样存在，没有与世界同时被创造，而是在世界出现后作为一个新的开端。在每个人的诞生中，这一最初的开端都得到了重申，因为在每一个例子中都有新的东西进入了一个已经存在的世界，而这个世界将在每个人死后继续存在。奥古斯丁说，因为他**是**一个开端，所以人可以开始，从而获得自由；上帝创造了人，所以世界上有这样一个开端："[Initium] ut esset, creatus est homo, ante quem nullus fuit."[1]（"正是为了有这样一个[开端]，第一个人被创造出来，而在他之前没有人存在。"）

早期基督教强烈的反政治倾向是如此令人熟悉，以至于我们会觉得一个由基督教思想家发展出来的古代政治自由观念的哲学意蕴几乎是自相矛盾的。然而，这第二个奥古斯丁式的自由概念对基督教或现代哲学的传统都没有影响，我们只有在康德的著作中才再次找到它的痕迹。如奥古斯丁一样，康德承认这两个自由的概念，这两个概念完全是相互独立的[2]：实践自由，他将其定义为"任意性对于由感性冲动而来的强制性的独立性"，因此它仍是一种消极自由；以及"自发性"，在康德哲学中，自发性对思考和认知尤为重要，而康德将其定义为"完全自行开始一个事件序列"的能力。从奥古斯丁也将开端称作"宇宙论意义上的自由"这一事实中，我们能看出康德式的自发性与奥古斯丁的开端之间

---

[1] 奥古斯丁：《上帝之城》，第十二卷，章 20—21。

[2] 参见康德：《纯粹理性批判》（*Critique of Pure Reason*），保罗·盖耶尔、艾伦·伍德译，剑桥，1998 年版，第 533—534 页。——编者注

中译本参见《纯粹理性批判》，邓晓芒译，杨祖陶校，北京：人民出版社 2004 年版，第 450—452 页。——译者注

的联系是多么紧密。如果自由主要或完全是意愿的现象，那么就很难理解为何知识不会脱离精神概念的自发性而发生，也很难理解康德为何如此强调"思考的自发性"。

尽管如此，只有当我们根据古代基督教思想的反政治倾向，特别是圣保罗书信中的意愿学说来确定我们对基督教的看法时，我们在一位罗马基督教思想家的作品中首次发现政治自由的哲学基础这一事实才会显得奇怪。然而我相信，如果我们更仔细地观察拿撒勒的耶稣（Jesus of Nazareth）——这个人和他的教义——这种印象会大大改变。我们在此发现了一种相当特别的对于自由以及人类自由之内在力量的理解；但与这种力量相应的人类能力——用《福音书》（*Gospel*）的话说乃是移山之能——不是意愿，而是信仰。信仰的作品乃是"奇迹"，这个词在《新约》（*New Testament*）中具有很多种含义并且难以理解。然而，我们在此可以通过只参考那些奇迹在其中不完全是超自然事件的段落来忽略这些困难，尽管所有奇迹都打断了一些事件的自然序列或自动过程，在这些事件和过程中，它们构成了完全出乎意料的东西。

我想说的是，如果行动和开端在本质上是相同的，那么，创造奇迹的能力同样也必须在人类能力的范围之内。为了让这个理论变得更容易接受，我想提醒你们每一个新开端的本质：从以前的观点来看，它是以出乎意料和不可预见的方式闯入世界的。从根本上说，每一个事件在我们看来都像是一个奇迹，而仅仅在宗教背景下将奇迹视为超自然现象很可能是一种偏见。为了反过来解释这一点，我也许可以提醒你们，我们现实存在的这整个框架——地球，地球上的有机生命，从动物中进化而来的人类——都依赖于一连串的奇迹。从宇宙的过程及其统计学上压倒性的概率来看，地球的形成是一种如自然科学家所说的"无限的不可能性"——或者如我们所说的那样，是一个奇迹。从无机过程中形成有机生命，或从有机生命的过程中进化出人类，也是如此。换句话说，当我们从它打断的过程的角度来看时，每一个开端都成为一个奇迹。要记住的关键是，这种观点并不特别或特别复杂；相反，它是最自然的，事实上，在普通生命中几乎是司空见惯的。

我选择这个例子是为了说明，我们所谓的真实总是一种关于地球-

有机物-人类的网状结构的现实，它是通过无限的不可能性的出现而产生的现实。当然，这个例子有其局限性，不能简单地适用于人类事务领域。因为在政治领域，我们面对的是历史过程——是一个接一个的事件——而不是自然的发展及其伴随的意外。这样做的结果是，意外的奇迹和无限的不可能性在人类事务中是如此频繁地发生，以至于谈论奇迹似乎都变奇怪了。然而，这种频繁的原因仅仅是，历史过程是由人类的主动性创造并不断中断的。如果把历史过程仅仅看作过程，那么其中的每一个新的开端，无论好坏都变得如此无限地接近不可能，以至于所有的大事件都显得像是奇迹。客观地说，从外部来看，明天与今天一模一样的机会总是压倒性的——也不完全是压倒性——但在人类的比例上，这几乎和地球**没有**从宇宙事件中诞生，生命**没有**从无机过程中发展出来，人类**没有**从动物生命的演化中出现的可能性一样大。

地球上的生命和自然界的现实所依赖的"无限的不可能性"与人类事务中的奇迹事件之间的决定性区别是，在后者的情况下，有一个奇迹创造者（worker），也就是说，人类似乎有一种可以让奇迹发生的高度神秘的天赋。这种天赋通常被称为行动。就行动和开端是相同的而言，在每个人的活动中都有一个行动的因素，它不仅仅是一个反应。简单的生产行为给世界增加了一个新的物品，而纯粹的思想总是自己开始一个序列。

V

最后，让我们试着从这些在政治中被体验的自由概念的哲学基础中找回我们的道路，这可能有助于在我们目前的政治经验领域中简要地确定我们的方向。我们可以说，总体主义对于人类未来的那种超乎寻常的危险，与其说在于它是暴政并且不能容纳政治自由，不如说它有可能扼杀一切形式的自发性，即人类所有活动中的行动和自由要素。这种最可怕的暴政形式的本质是，它努力消除"奇迹"的可能性，或者更熟悉的说法是，排除政治事件的可能性，从而将我们完全交付给那些始终围绕着我们的自动过程——地球上的自然界和包围着地球的宇宙——只要我们也是有机的自然物，我们就会被这些过程所驱动。在这些自动过程的背景下希望有"无限的不可能性"，那纯粹是迷信，是对奇迹的消极信仰，尽管它永远不能完全被消除。但这丝毫不是迷信，这甚至是一种现实主义的忠告：寻找不可预见的情况，准备并期待政治领域"奇迹"的发生，事实上，这些奇迹总是可能发生的。因为人类自由不仅是一个形而上学的问题，也是一个事实问题，就如它总是声称自己是内部和外部的自动过程一样。另一方面，由行动开启的过程也倾向于成为自动的，这意味着没有任何一个单一行为和事件能够一劳永逸地救赎或拯救全人类和一个民族。

这些自动过程的本质决定了它们只能给人类的生活带来灾难，除非有自由的奇迹，否则人类将绝对受制于它们。它们就像贯穿人类整个存在的生物过程一样具有毁灭性，从生物学上讲，这些过程只能导致从出生到死亡。只有世界和复数的人可以通过所有政治事务中可能出现的奇迹来期待救赎，至少自由——人类中止毁灭的天赋——要保持不变。不需要奇迹来拯救生命本身，因为从本质上讲，它与物种一起存在，奇迹也不可能拯救单数的人，因为人总是要作为一个个体死去。这些毁灭性的过程只有在我们共同的世界中才能被打断，这个世界比我们的生命更长久，或者至少可以比我们的生命更长久，而这正是政治的特殊关切。由此可见，尽管开始的能力可能是人在其单一性中的一种天赋，但他只能在与世界的关联中，在与同伴的共同行动中实现它。

与思考和生产相反，一个人只有在他人和世界的帮助下才能**行动**。正如柏克所说的，"[要]一致行动"[1]，以便把自由**状态**下开始的能力实现出来。一方面是行动，另一方面是生产和思考，两者之间的区别在于，在生产和思考中，只有开端是自由的；它的完成——如果是成功的——从未超过在开始时就已经掌握的思想，或是那些通过想象力事先被设想的事物，而这两者都受制于生产或思考的过程。相比之下，无论

---

[1] 埃德蒙·柏克在他的《论当前不满情绪的根源》(1770)中写道："他们相信，不能一致行动的人，必不能有效行动；无法相互信任的人，必不能一致行动；不被共同的意见、共同的情感以及共同的利益联系起来的人，必不能相互信任"，引自《论政府、政治以及社会》，B. W. 希尔选编，纽约，1976 年，第 113 页。——编者注

一个行动取得的成果有多小，它的表现仍旧指向那伴随着新的开端不断涌向已经开始的东西而来的，自由的不断更新之实现。因为行动的结果不是一个一旦被设想出来就能被生产出来的对象。行动的结果反而具有故事的特质，只要人继续行动，故事就会继续下去，而其结局和结果则没有人——即使是那些开始了这个故事的人——能预料或设想到。因此，在行动的情况下，开端和表现并不是如此分离，以至于开始行动的人提前知道了一切，而帮助他完成行动的人只需要知道他的知识，遵循他的命令，执行他的决定。在行动中，开端和执行是融为一体的，而当它应用于政治时，这就意味着那个主动并因此开始领导的人必须始终在那些作为同伴加入并帮助他的人中间活动，而不是在他的奴仆中成为领导，也不是在他的学徒或门徒中成为师父。这正是希罗多德的意思，他说自由既不是统治也不是被统治，因此人们只有在 ἰσονομία（权利平等）中才能自由——就如民主最初被称作的那样——只有在平等中[1]才能自由。

在自由的状态下——自由的天赋和开始的能力在那里成为有形的世俗现实——政治的现实空间与行动产生的故事一起出现了。这个空间始终是人自由地共同生活的地方，在这里没有支配或征服。但是，即使围绕着它的建制-组织框架保持不变，如果停止行动并用安全和维持现状来取而代之，或是如果在行动最初开始的过程中设计新开端的主动性有所减弱，那么这个空间就会立刻消失。随后，那个由自由首先带来的过程也变成自动的了，而由人生产出来的自动过程对于世界的破坏性丝毫不亚于自然的自动过程对于个人生命的破坏性。在这种情况下，历史学家谈到了僵化或衰落的文明，而我们知道，衰落的过程可以持续数个世纪。从数量上看，迄今为止它们在有记录的历史中占据了最大的空间。

在人类历史上，自由的时期总是比较短。相比之下，即使在漫长的僵化和衰落的时代，纯粹的开始能力——即所有人类活动中固有的自由元素——也可以保持不变，因此，我们倾向于将自由定义为可以在政治之外实现的东西，定义为脱离政治的自由，就一点也不奇怪了。然而，

[1] 希罗多德：《历史》，第 3 卷，第 80—82 节。

这种自我理解是一种误解，它源于并对应于这样一种情况，即一切具体的政治事务都变得停滞不前或陷入一种可能是不可避免的自动化。在这种情况下，自由确实不再被体验为一种具有自身特定的"精湛技艺"的积极活动。之后，自由似乎成为所有地球上的生物中只有人类才拥有的天赋。虽然我们在非政治活动中发现了它的暗示，但只有在行动创造了自己的世界空间，使自由得以显现时，这种天赋才能得到充分发展。

　　欧洲人一直都知道，自由作为一种存在方式和世俗的现实是可以被摧毁的，而且在历史上，它也鲜有展开其全部的精湛技艺。既然我们已经熟悉了总体主义，我们也必须怀疑，不仅自由，还有纯粹的自由天赋——它不由人产生，而是给予人的——也可能被摧毁。这种知识或怀疑在现在比在以往任何时候都更加沉重地压在我们身上。因为今天比以往任何时候都更依赖于人类的自由，依赖于人类向天平上灾难一端加权的能力，而灾难总是自动地发生，因此看起来总是不可抗拒的。这一次，正如人类继续在地球上存在可能取决于人类的创造"奇迹"天赋，也就是说，创造无限的不可能，并让它在世界上成为现实。

1960 年

冷 战 与 西 方

迄今为止，战争和革命决定了 20 世纪的面貌；与在过去 20 年中越来越多地沦为空谈的意识形态相比，战争和革命仍然是我们要面对的两个主要的政治问题。实际上，这两者在许多方面是相互关联的，然而为了澄清这些问题，必须把它们分开。从历史上看，战争是有史以来最古老的现象之一，而现代意义上的革命在 18 世纪末之前可能并不存在；它们是所有政治资料中最新的。此外，革命很有可能在可预见的未来继续伴随着我们，而战争，如果它们继续威胁人类的生存，因而在理性的基础上仍然是不合理的，那么即使没有伴随着国际关系的彻底转变，战争——至少以目前的形式——也可能会消失。因此——根据我的预测——在缺乏完全毁灭（total annihilation）和缺乏决定性战争技术发展的情况下，目前世界上两个阵营之间的冲突很可能由这样一个简单的问题来决定：哪一方更了解革命的内容和利害所在。

在下文中，我想随便谈谈我的一些考虑，它们似乎都指向了同一个方向。

1. 显然，克劳塞维茨[1]将战争定义为用其他手段延续政治，然而无论它对 18 和 19 世纪欧洲民族国家的有限战争多么合适，都不再适用于我们的情况。即使没有核战争也是如此。自第一次世界大战以来，我们已经知道没有一个政府以及没有任何形式的政府能指望在战败后幸存

---

[1] 卡尔·菲利普·戈特弗里德·冯·克劳塞维茨（Karl Philip Gottfried von Clausewitz, 1780—1831），普鲁士军事理论家和军事历史学家，著有《战争论》。——译者注

下来。即使我们排除了完全毁灭和完全混乱的可能性，政府的革命性变革——要么是由人民自己带来的，就像第一次世界大战后那样，要么是由战败国通过无条件投降和战争审判而强制进行的——也是战败最为确定的后果之一。因此，即使在核战争以前，战争也已经在政治上——尽管还没有在生物学上——成为了一个生与死的问题。

在我们如此专注于完全毁灭的威胁的时候，这可能显得无关紧要。但并非完全不可想象的是，下一阶段的技术进步可能会将我们带回到这样一种战争，虽然它可能仍然足够可怕，但不会是自杀性的，甚至可能不会给战败者带来彻底的毁灭。这样的发展之所以似乎是在明确的可能性范围之内，原因很简单，现阶段我们的外交关系仍是以国家主权为基础的，如果没有武力或武力威胁作为所有外交政策的最后手段(ultima ratio)，它就无法发挥作用。无论我们喜欢与否，如果没有战争作为最后的手段，我们目前的外交事务体系是没有意义的；而在彻底改变这一体系，或做出一些技术发现来使战争重新回到政治舞台的选择面前，后一种办法很可能是更容易和更可行的。

从政治上来看，问题的关键在于，即使是在变化了的技术环境中，无论政府被其公民建立得有多好、多受信任，都不太可能在战败后幸存下来，而这种幸存必须被算作是对政府实力和权威的最高考验之一。换句话说，在现代战争的条件下，甚至在它的前核战争阶段，所有的政府都是靠借来的时间过活的。因此，战争问题——在其最极端的形式下是一个生物逻辑的生存问题——在任何情况下都是一个政治生存问题。只有当我们成功地把战争从政治中完全排除出去，我们才有希望实现政治体的最低限度的稳定性和持久性，而没有这种稳定和持久的政治体，就不可能有政治生活和政治变革。

2. 对战争问题的讨论出现混乱和不足并不令人惊讶。事实上，一旦我们发现自己陷入了一个技术发展阶段，而战争手段在此无法合理使用，那么理性的讨论就是不可能的了。试图在"宁死不赤"[1]和"宁赤勿死"之间做出决定，无异于试图"化圆为方"。对于那些告诉我们

---

[1] 这句话是冷战时西方阵营的宣传口号，引申为宁愿死也不要共产主义。——译者注

“宁死不赤”的人来说，他们忘记了为国家的生存和自由以及子孙后代而去冒生命危险，与为了同样的目的而去冒人类生存的危险是完全不同的事情。此外，这个公式可以追溯到古代并建立在古代的信念——即奴隶不是人——之上，失去自由意味着改变自己的本性，成为非人。[1]我想，我们中没有人可以说他相信这一点，尤其是所有那些在今天试图利用这个古老公式的自由主义者。但这并不是说把它倒转过来会更可取。当一个古老的真理变得不再适用时，它并不会因为被颠倒过来就变得更加真实。在我们所面对的现实框架内，“宁死不赤”的口号只能意味着在宣判前就签下自己的死刑判决。

就对战争问题的讨论是在这个荒谬的替代方案的封闭圈子里进行的而言，双方几乎总是在思想上有所保留。那些嘴上说着“宁死不赤”的人实际上是想着：“损失可能没有一些人预料得那么大，我们的文明会幸存下来”；与此同时，那些嘴上说着“宁赤勿死”的人事实上是在想：“奴隶制没那么糟糕，人不会改变本性，自由不会从地球上永远消失”。我们应该警觉的是双方在这些讨论中的盲目乐观——一方是准备计算数以千万乃至亿计的损失，这些损失部分的原因可能在于想象力的简单失败，部分在于人口的可怕增长；另一方是准备忘记集中营与灭绝营以及随之而来的自由从地球上永远消失的可怕前景。

这场辩论唯一令人欣慰的地方似乎是所有相关人员现在都同意，不仅战争本身需要理由，并且其唯一可能的理由是自由。这并不是一个理所当然的事情，原因有很多。首先，自由被一些人含蓄地认为是政治的中心和存在理由（raison d'être），而这些人在 15 到 20 年前会认为这是政治上最大的幼稚，如果不是出于中下阶级的偏见的话。更重要的是，战争的正当性可能至少与古罗马一样古老，但与我们倾向于认为的相反，这些正当性依据的通常不是自由，而是必要性。李维说：“战争是必要的，武器是神圣的，此外别无希望”；他和他的后继者们几个世纪以来是用必要性来理解权力政治中所有那些众所周知的现实的——诸如征服和扩张，捍卫既得利益和维护权力，或保持权力平衡，等等——尽管我

---

[1] 阿伦特指的是古代奴役战败者的做法。——编者注

们当然知道它们是历史上大多数战争爆发的原因，但我们今天会认为它们足以使得战争成为非正义的。即使是我们今天的观念，即侵略是一种罪行，也是在第一次世界大战证明了现代技术条件下战争的可怕的破坏性潜力之后，才获得了其实际和理论的意义。

3. 由于在第二次世界大战中取得胜利的联盟并不足以实现和平，所以在整个战后时期，两个主要大国都在确定自己的利益范围，并在一个动荡世界的迅速变化的权力结构中争夺地位。这一时期被称作"冷战"，如果我们回顾一下，对于一场大战的恐惧决定了外交事务的实际运行，并且比任何其他问题都更受公众舆论的关注，那么这个词就足够准确了。但实际上，尽管偶有一些小插曲，这整个时期更像是一个寒冷和不安的和平时期，我之所以坚持这一点，并不是因为我对语义学感兴趣，而是因为我觉得我们不应该过早地喊"狼来了"。

换句话说，我担心的是作为热战真正替代品的冷战可能终有一天会爆发，因为它可能构成我们在目前情况下唯一的选择，在这种情况下，我们必须在不知如何将战争排除在外交政治领域的条件下避免完全毁灭。最近，并且我们希望是暂时恢复的核试验表明了冷战实际上可能是如何进行的。因为与之前的试验不同，这些试验不再仅仅是为了完善某些军备而进行的。这些试验本身就是一种政策工具，并且人们马上就明白了这一点。它们给人一种相当不祥的印象，就好像是在进行某种试探性战争，在这种战争中两大阵营都向对方展示了他们所拥有的武器的破坏力。尽管这种致命的条件和时间未定(ifs and whens)的游戏总是有可能突然变为现实，但我们并非不能想象有一天，一个假想的胜利和一个假想的失败能够结束一场前所未有的战争。

这是纯粹的幻想吗？ 我认为不是。至少在第二次世界大战结束的时候，在原子武器首次出现的那一刻，我们就潜在地面临着这种事情了。当时，有人认为在一个荒岛上展示这种新武器的威力，可能还不足以迫使日本人无条件投降。这一替代方案的优势已经在道德上被多次论证过了，并且我认为这是正确的。支持这种做法的决定性政治论据是，它更符合我们实际和宣称的战争目标；当然，我们希望实现的是无条件投降，而不是灭绝或大肆屠杀平民人口。

必须承认，假想中的战争至少建立在两个假设的基础之上，这两个假设都是这两个发达大国之间关系的实际情况，即它们完全可能进入核战争。首先，它预设了一个技术发展阶段，在这个阶段中，风险能够被完美精确地计算出来，因而留给偶性的空间是非常小的。其次，它预设了参战者在知识和技能方面的平等。因此，两个同样经验丰富的棋手之间的棋局会以其中一方认输而告终，或者在导致僵局的所有棋步完成之前，双方就已经达成了共识。将战争与棋局相比较的做法由来已久但名不符实，因为其结果在很大程度上取决于偶性和个人因素——例如部队的士气和军事战略。技术战争已经把这些因素取消到了这样一个程度，即这个古老的比喻可能出乎意料地获得一定的真实性。或者，让我们换一种说法，对于实际上是战争的冷战之后果的相互承认，并不意味着人性的改变；对原子弹的展示可能会迫使敌人无条件投降，但并不能说服他。对专家们来说，试验的结果可以像热战中战场、对领土的征服、对损失的计算等因素之于双方的将领那样，成为关于胜利和失败的决定性的、令人信服的证据。

这些问题[1]的麻烦之处与其他关于战争问题的讨论一样：它们是徒劳的，我们对整个事情没什么可做的。即便是澄清和理解的尝试——尽管它们总是诱人的，并且对人类的尊严来说也许是必要的——也很难产生任何实际的甚至是理论上的结果。每当我们接近这个问题时，似乎正是一种徒劳的感觉在困扰着我们。

对于我们面临的另一个重大问题，即革命问题，则完全不是这样的。这个问题可以根据过去和现在的经验加以澄清，而且这种澄清也不可能是徒劳的。它的第一个前提是认识和理解一个似乎过于明显以至于没有人愿意谈论的问题，即革命固有的目标始终是自由而非其他东西。这种理解的主要障碍当然是各种意识形态——资本主义、社会主义、共产主义——所有这些意识形态的存在都归功于19世纪，归功于与我们完全不同的社会和经济条件。今天，我们无法预知在全世界迅速变化的技术和科学条件下，什么样的经济体系最终会被证明是最好的。但我们

---

[1] 这些言论是由《党派评论》(*Partisan Review*)提出的一系列关于冷战的一般性问题引起的。——编者注

现在就可以说，西方已经不再按照资本主义的信条来生活和行动了，正如我们可以看到，在共产主义专政统治(dictatorship)下的国家，迅速进步的主要障碍正是他们对于意识形态的僵化信仰。事情的真相是，西方和东方现在都在进行各种经济试验，而这也是应该的。这些试验越是不受意识形态的影响，结果就可能越好；考虑到这其中所涉及的巨大的客观问题，两个不同经济体系之间的竞争可能最终导致其健康性不亚于那些在更受限制的国家经济框架之内的竞争。在政治上，西方和东方之间的唯一问题是自由与暴政；而经济领域内唯一的政治自由涉及公民选择职业和工作地点的权利。

如果 19 世纪的意识形态对于理解今天那些分裂世界的冲突的危险和潜力方面构成了严重的障碍，那么 18 世纪的两次伟大革命——虽然在经济上不是，但它们在政治上可以说是现代世界的发源地——很可能就包含了那些仍旧处于危急之中的原则。由于我不可能希望在这个随意评论的框架内合理地论证这个问题，我将尝试提出几个观点，这些观点在我看来可以概括我在阅读你们的问题时想到的东西。首先，我必须承认自己立刻就对它们进行了解释或重新表述，直到它们似乎被包含在了这样一个问题中：如果能够避免核战争，并且如我所认为的那样，革命在 20 世纪仍会是一个主要问题，那么西方在不久的将来会有什么样的前景呢？

我的第一个观点是，每一场革命都必须经过两个阶段，一个是自由的阶段——摆脱贫困(这是从必然性中获得解放)，或者是摆脱国外或国内的政治统治(这是从武力中获得解放)——另一个是建立的阶段，即建立一个新的政治体或新的政体。就历史的进程而言，这两者是连在一起的，但作为政治现象而言，二者却是非常不同的事情，必须保持区别。在此，我的观点不仅仅是"自由必须以解放为前提，因此解放与自由完全不同"这种陈词滥调(理论上足够有趣)，而是这样一条实际的真理：由于必然性中所固有的那种紧迫性，解放——尤其是从必然性中获得解放——总是优先于自由的建立。此外，即使成功实现了解放，也不能保证自由的建立；它不过消除了自由的明显障碍。

我的第二个观点是，关于革命的整个记录——如果我们知道如何阅读它的话——无疑表明了所有通过政治手段消除贫困的尝试，即所谓的解决社会问题的尝试都注定要失败，并因此导致恐怖；另一方面，恐怖则将革命送上了绝路。没有一场革命在革命最重要的事情——即为自由建立一个新的政府——上取得成功，除了美国革命，而就美国革命没有面对大规模的贫困，而是在其他未知的繁荣的条件下进行而言，它也是独一无二的。

由此，我得出了结论，如果我们仍旧生活在匮乏和富足超出人类能力范围的条件下，那么革命确实不会有很大希望在世界上普遍取得成功。美国革命，即美利坚合众国赖以存在的基础的经验，将继续保持其长久以来的状态，是一个铁律中的例外，一个几乎只具有局部意义的事件。但现在的情况不再是这样了。尽管在解决大规模贫困之困境的道路上，困难仍是惊人的，但至少在原则上，它们不再是不可克服的。自然科学及其技术的进步带来了各种可能性，使我们很可能在不远的将来能够在技术和科学的基础上处理所有的经济问题，而不需要考虑任何政治因素。即使在今天，在西方充分发达的地区，必然性（而不是政治或人道主义的考虑）也在迫使我们实施各种第四点[1]计划，原因很简单，我们的经济在使用与现代早期生产大规模贫困一样的方式生产富足和超级富足。我们目前的技术手段允许我们在完全政治中立的情况下与贫困作斗争，并迫使我们与超级富足作斗争；换句话说，经济因素不需要以这样或那样的方式干扰政治发展。这对我们未来的政治来说意味着，自罗伯斯庇尔的"自由的专制主义"以来，我们一次又一次地目睹自由在必然性的岩石上的残骸，而这不再是不可避免的了。

在没有战争和完全毁灭的情况下——我担心这两者仍将是实际的危险——整个西方，特别是美国的地位将在很大程度上取决于明确理解这两个革命因素：自由和征服贫困。在技术上和经济上，西方处于一个极好的位置，可以助力正在世界各地进行的消除贫困和痛苦的斗争。如果我们没有在这场斗争中尽到自己的责任，恐怕我们将有机会通过痛苦的经历了解到法国大革命时期的人们在呼喊"不幸的人是强大的世俗力

---

[1] 哈里·杜鲁门在1949年宣布了第一个第四点计划，旨在使"我们的科学和工业上的进步所产生的效益可以用于不发达地区的改善和增长"。——编者注

量"(Les malheureux sont la puissance de la terre)时是多么正确。我们似乎并没有理解——在整个西方，特别是美国——一旦这种不幸(malheur)被公开，并在公众面前发出声音，就会从悲惨中产生巨大的力量。这种情况在法国大革命时期第一次发生，此后便一再地发生。从某种意义上说，与贫困的斗争虽然要通过技术的、非政治的手段来进行，但也必须被理解为一种权力斗争，即与必然性的力量作斗争并为自由的力量铺平道路。在美国，未能理解社会问题的政治相关性的原因可能根源于产生该国政体的革命历史。同样地，这个国家的人民应该处于最好的位置，来为全世界——特别是那些正在迅速崛起为独立国家的新族群和人民们——在建立一个新政治体和建立持久的自由机构方面树立一个新的榜样。我认为，有两个原因使我们甚至在这方面也显得力不从心，一个原因是我们未能记住并在概念上阐明美国革命的利害关系，而这种情况已经到达了这样一个程度，即否认在这里曾经发生过革命，已经在很长一段时间内成为公众乃至学术意见的宝贵原则。我们失败的第二个原因或许更加严重，因为这显然涉及革命本身以及国家随后的整个历史的失败，即无法解决种族问题。

最后，请允许我指出最近的两场重大革命——如此迅速且如此残酷地被俄国镇压的匈牙利革命，以及已经陷入俄国的影响下的古巴革命。在美国革命之后，匈牙利革命是我所知道的第一个面包问题、贫困问题、社会秩序问题没有发挥任何作用的革命；它完全是政治性的，因为人民只为自由而战，他们最关心的是新政府应该采取何种形式。甚至没有一个参与其中的团体——而他们几乎包括了全部人口——想要撤销共产主义政权(regime)在该国带来的深刻的社会变革。这正是大家认为是理所当然的社会条件——就像在大不相同的情况下，美国革命的人们也认为人民的社会和经济条件是理所当然的一样。显然，古巴革命提供了一个相反的例子；到目前为止，它一直忠实于法国大革命的路线，而正是出于这个原因，它才如此轻易地落入布尔什维主义的掌控之中。如果让我反思我们对最近这两场革命的态度，那么在我看来，无论我们在匈牙利危机期间做了什么，或没有做什么——不论对错——都是基于对权力政治的考虑，而不是因为不理解这整个事件的来龙去脉。然而，就古巴革命而言，它在地理上距离我们要近得多，但显然距离我们的理解范围又远得多，我认为我们的行为表明，我们没有理解当一个贫困的人生活在腐败猖獗已久的落后国家时，当他突然从他们的农场和房屋的阴影中被释放出来，被允许展示他们的苦难，并被邀请到首都的街头——他们以前从未见过——的时候，这意味着什么。古巴冒险的错误与其说在于错误的信息，不如说在于对革命精神明显的不理解，不能理解当不幸的人（les malheureux）来到公开场合并被告知：所有这些都是你们的，这些是你们的街道，你们的建筑，你们的财产，因此也是你们的骄傲——的时候，这意味着什么。从现在起，你们将不用给任何人让路，你们将有尊严地行走。

归根到底，在灾难发生之前，西方的地位将取决于它对革命的理解。而革命既包括从必然性中解放出来，以便人们可以有尊严地行走，也包括建立一个政治体来让他们可以自由地行动。

1962 年

民族国家与民主

在各种合法的国家形式中——当然，我既不考虑各种形式的总体统治（total domination），也不考虑帝国主义的行政机构——民族国家在历史和时间上都是最年轻的。它最早出现在法国，在法国大革命的过程中，并且直到今天，它仍然是这场革命的唯一毋庸置疑的成就。这个起源本身就证明了民族国家和民主是相互关联的。它们所缔结的婚姻——像很多婚姻一样——在18世纪末开始的时候看起来非常有希望；但后来正如我们所知的，它有一个糟糕的结局。民族国家中的民主因素——即取代了专制君主主权的人民主权——在拿破仑仍然掌权的时候，很快就被证明是极其脆弱的。民族，也就是把他们的政治解放归功于民族国家的人们，很快就表现出一种命途多舛（ill-fate）的倾向，把他们的主权交给了各种类型的独裁者和领导人。多党制至今仍是人民主权在民族国家中得以确立的唯一形式，而自其在19世纪中叶诞生以来，这些人一直对其抱有一定程度的不信任。在很多情况下——并且总是在最广泛的意义上取得群众同意的情况下——它以建立一党专政（dictatorship）和废除民族国家的具体民主机构而告终。今天，我们有时会忘记，早在希特勒夺取政权之前，绝大多数欧洲国家就已经处于一党专政之下了，因此既不是民主统治也不是王朝统治。我们不应忘记，当时的情况和今天一样，独裁者可以依靠被他们剥夺了决定权的人们的民族感情。

这些历史回忆以及民族国家体系内的当代政治观察，让任何认真对待民主的人都感到不安。在此，我认为民主是指人民积极参与公共事务的决策，而不仅仅是对某些基本权利的保障。近几十年来，许多国家的经验表明，一旦一个民族作为一个国家被团结起来，只要国家利益得到维护，它就做好了遭受几乎任何暴政的准备。只有在外国政府掌权的情况下，才会出现严重的抵抗。换言之，人民认为其政治解放，正如在一个充分发达的民族国家中实现的那样——被允许进入公共领域，在那里每个公民都有权利被看到和被听到——在大多数情况下，其重要性远低于政府对继续允许他们生活在历史和祖先为其指定的领土上的保证。谈论外交政策的首要地位，以及目前流行的只有外交政策才是真正的政策的信念，是这种事态的另一种表现。

继承了专制主义（absolutism）遗产的欧洲民族国家，建立在人民、领土和国家三位一体的基础上。在其要求中，首先是历史上预先存在的与某一特定民族有关的领土，这一点绝非不言而喻。从这种对本乡本土（native soil）的依恋产生之日起，直到我们这个世纪，它在中欧和西欧国家的代表是农民阶级；甚至对城市而言，也可以说是农民构成了这种人与土的亲缘关系的典范。纳粹关于"血与土"的口号，就如所有特定的沙文主义口号一样，是在这种亲缘关系相当明显地崩溃，农民在社会结构中失去优先地位时提出的；但它仍然向着民族与民族国家的情感发出了民族主义的呼喊。西方民主国家的第二个基本要求——而这主要甚至可能只是在说法国模式的民族国家——是只有同一民族的成员生活在国家领土上，并且在理想情况下是这个民族的所有成员都生活在这个领土上。只要有不同民族根源的人也生活在这个国家里，民族情感就要求他们要么被同化，要么被驱逐。然而，谁是自己人的标准可以有很大的差异。有关民族的文化和文明程度越高，语言归属就越具有决定性；民族的生活越是野蛮，纯粹种族的（völkisch）考虑就越是有效。但是，一个人只有属于同一个民族，或者完全被这个民族同化，才能成为公民，这个原则在所有民族国家都是一样的。这个原则的最终结果也许是这种国家形式的最重要的、不言而喻的先决条件，即国家本身，无论是作为法治国家或宪政国家，还是作为行政机构（administrative apparatus），既不能超出国家领土的边界（民族国家没有能力吞并其他国家），也不能确保国家对非其公民或不属于同一民族的居民的法律保护。

我想进一步解释一下这点。我敢说，在民族与国家不完全相同这一点上，我们都是一致的，民族要比国家多得多，而当一个民族拥有共同属于他们的公共空间，在一个只属于他们的领土上时，我们才会谈论国家。在这个意义上，民族当然比民族国家更古老；民族甚至在专制主义时代就已经存在了。当民族占有了国家和政府机器的时候，民族国家就产生了。

此外，在这个意义上，美国和英国都不是一个民族国家。英国不是那种法国大革命时期建立的模式意义上的民族国家，因为很大一部分英国人生活在联合王国的领土之外。英国人民团结在横跨世界的英联邦中，而不是在不列颠群岛的有限领土上。美利坚合众国是在美国革命中建立的，是一个联邦制国家体系，这种联邦制的原则建立在有意识地设计和实施的对国家权力的划分上，使得权力不集中在任何地方，而这与欧洲在专制主义的过程中形成的中央集权原则是相反的。而与这一发展密切相关的事实是，美国人民实际上是一个多民族的混合体，并且无论从理论还是从实际来讲，国籍都不是公民身份的要求。可以说，在美国，国籍——即每个人不同的民族根源——已经成了一个私人问题，就像宗教信仰在所有颁布了政教分离原则并通过法律固定下来的国家里那样。因此，在美国，国籍在社会领域发挥了非常重要的作用，而这在那个众所周知的歧视中表现得最为明显；但在政治上，即使是这种歧视也毫无意义——除了黑人的情况，他们构成了一个更特殊的问题。

在第一次世界大战之后，当东欧和西欧的人们根据自决权组建民族国家时，对于如何在国家建立时使用国籍原则的非同寻常的事实限制（extraordinary de facto limitations）就立即得到了强调。在从波罗的海延伸到亚得里亚海的人口带中，既没有与本土根深蒂固的历史联系，即人民与领土的双重统一，也没有任何同质性能让这些人口成为一个单一民族。这一地区在两次世界大战间建立的每一个国家都拥有数个民族，每一个民族都对国家主权提出了要求，这使得他们不可能被同化。我们知道，当时找到的解决办法，即保障那些未能建立自己国家的民族的少数民族权利，并没有证明是成功的。少数民族始终认为这些权利仅仅是次要权利，而那些拥有了一个国家的人们则要么把《少数民族条约》

（Minority Treaties）看作一种限制条款——在民族国家原则上要求实现的同化实现之前是有效的——要么把它看作是对西方列强的一种让步，一有机会就要摆脱掉，以便以这种或那种方式消除少数民族。

一个更为严重的发展——尽管它没那么显眼，并且因此几乎没有得到任何关注——是在两次世界大战之间大规模的无国籍状态的出现，它动摇了民族国家的原则。这是难民涌出中欧和东欧的结果，根据民族国家原则，他们在任何地方都无法入籍，这意味着他们在任何地方都无法因失去祖国的法律保护而得到补偿。由于他们置身于所有法律之外，既无定居权，也无工作权，因此他们无论走到哪里都会成为当地警察机构的猎物，因此这些警察机构的权力在各个国家都得到大规模且非法的加强。民族国家的特殊局限性再次显现，因为由宪法保障的国家法律保护以及那些治理国家的法律，显然不适用于这片领土上的所有居民，而只适用于那些属于国家组织本身的人。无国籍人员的涌入以及他们所造成的完全无法无天的状态，威胁到了民族国家作为法治国家和宪政国家的存在，从而威胁到了它的根基。

因为民族国家在本质上是宪政的并由法律所治理，而它也只能以这种形式存在。这一事实在其早期的历史中就已经得到了证明，并且在第二次世界大战后变得相当明显。到 19 世纪末，我们已经很清楚欧洲人民的现代工业和经济的发展已经达到远远超出其国界的能力。从这种被严格限制的国家领土和几乎无限的经济能力的矛盾中产生了帝国主义，其座右铭是"为了扩张而扩张"。这种增长并不是试图征服或吞并任何其他领土；这只是在一个不断增长的经济规律下发生的事情。帝国主义是民族国家试图在工业和现代经济条件下作为一个政治实体生存的结果，而工业和现代经济是欧洲人民生活的新条件，并将很快统治整个世界。这种发展给民族国家带来了一个两难的局面：在实践上，这种民族的经济利益所需要的那种扩张既不能与这种国家形式的传统的民族主义（人民、国家和历史赋予的领土的三位一体）相协调，也不能与它的法律特征相协调，因为它不允许国家机关压迫人民。它也不符合帝国主义政策一贯的要求。帝国主义试验对民族国家的基础构成非常严重的威胁，特别是当这种试验将民族主义意识形态扩展和扭曲为日益兽化的种族意识的时候。但是，民族国家的法律和政治机构最终还是取得了胜利——至少在海外帝国主义方面是如此——并且几乎总是阻止了最坏的情况发生，也就是被 20 世纪 20 年代的英帝国主义者认为是保持对印度控制的唯一途径的"行政大屠杀"。欧洲人民有理由担心帝国主义式的控制方法会对母国产生反作用并导致帝国主义的建立——当然，这并不意味着它没有任何后果。相反的：民族国家的帝国主义试验最重要的(并且不仅是灾难性的)后果甚至正是在它崩溃的时候出现的。简而言之，其结果并不像看上去那么自相矛盾，即当欧洲自己近距离体验到民族国家的不足以及民族主义的危险的时候，它看到自己面对的是全世界非欧洲的和非美国的人民，他们最大的雄心仍是将自己组建成一个欧洲式的民族国家，而他们最强大的政治引擎是一个欧洲的，并且最终是一个法国民族主义的品牌。非洲和亚洲人民只能在已经失败的民族国家模式中想象政治自由这一事实，只是帝国主义时代的遗产留给我们的最次要的危险。更严重和更具威胁性的是，同样源于帝国主义的种族思维已经在世界各地不同民族中占据了如此庞大的阶层。

对于已经摆在我们面前的问题，现在情况如何了？ 民族国家是民主的要素吗？ 如果人们认为民主只不过是对公民基本权利一贯的保护——其中很可能包括利益代表权，特别是出版自由，但不包括直接参与政治决策的权利——那么在我看来，在历史的背景下，这个问题毫无疑问必须得到肯定的回答。即使民族国家为了国家利益而牺牲实际的政治自由，并且在不同种类和起源的专政(dictatorships)中迫使人民形成一致的、统一的舆论，这种灾难性的趋势也不一定意味着在所有的情况下，公民的基本权利都会遭受威胁——正如我们在法国可以清楚看到的那样。但是，如果我们所说的民主是指人民的统治，或者——由于"统治"一词在这个短语中已经失去了它的真正含义——是指所有人都有参与公共事务的权利，在公共领域出现并发出自己的声音，那么，即使从历史上看，民族国家的民主也从未处于特别良好的状况。欧洲民族国家是在一个阶级社会的背景下产生的，尽管由于民族国家的存在，即使人口中的底层也得到了解放，但即使是在那个我们称之为古典时期的年代也存在一个掌权阶级(a ruling class)，尤其是一个统治阶级来代表国家处理公共事务。

但在我看来，在今天，民族国家的所有这些毋庸置疑的优势都已成为过去，不再被允许具有很大分量。民族国家不适合现代世界的生活，这一点早已被证明，而人们对它坚持得越是长久，民族国家和民族主义被扭曲的方式就表现得越是邪恶和肆无忌惮。人们不应该忘记，总体主义，特别是希特勒政权式的总体主义，是从民族国家的崩溃和民族的阶级社会的解体中产生的。在今天的权力关系中，民族国家主权概念——它在任何情况下都出自专制主义——是一种危险的狂妄自大（megalomania）。在今天的交通和人口条件下，民族国家典型的排外主义是如此的狭隘，以至于一种有意识的以民族为取向的文化很可能很快就会沦落到民俗和家园刻奇（Heimat kitsch）的水平。但是，只有当民族国家的权力集中被打破，并代之以权力被分散到联邦系统的众多权力中心时，才可能会有真正的民主——而这也许是这方面的决定性观点。无论是个人还是由个人组成的团体，都无力对抗中央组织的国家机器的垄断，而公民的这种无力，即使在他所有的权利都得到了保障时，也基本是与所有形式的民主相对立的。正如今天在外交政策中，我们到处都面临着如何组织国家间的关系以消除作为最后手段的战争的可能性的问题，在国内政策中，我们也面临着这样的问题，即如何重新组织和分割现代大众社会，以允许自由地形成意见、明智地交换意见，从而使个人积极地对公共事务承担责任。民族主义以自我为中心的狭隘心态，以及民族国家从根本上无法超越自己的边界，有可能为此提供了可想象的最糟糕的前提条件。

1963 年

肯尼迪及其后

这是"萨拉热窝事件[1]以来最响亮的枪声[2]"吗？——正如一位 BBC[3]的评论员所说的，他被这一新闻的影响震惊了。这一枪是否意味着短暂的"相对平静的时刻"和"不断升起的希望"——而这正是这位死去的总统两个月前在联合国的讲话中谈到的——很快就会结束？我们是否有一天会被迫在这场悲剧中看到一个历史转折点？从比较的角度来思考，将历史的范畴应用于当代的事件是很诱人的，因为历史学家预测未来是为了逃避可怕的现实以及悲剧那赤裸裸的恐怖，而这出悲剧就在眼前。这也是一种误导；因为未来是不可预测的，它取决于我们自己和我们的同代人，而历史只有在它要告诉我们的故事结束后才开始。

在我们对美国国内和国际政策的连续性感到放心的时候，这个国家非但没有进入一个新时代，反而还退回到它的老路上。与杜鲁门先生不同，这位新总统[4]不仅仅是肯尼迪的竞选伙伴，他还曾是总统候选人，并且如果不是这位来自马萨诸塞州的参议员[5]具有相当新颖和出人意料的品质的话，他是很有机会的。在这短短的几天里，人们一再强

---

[1] 指"萨拉热窝事件"（Sarajevo Assassination）。1914 年 6 月 28 日，奥匈帝国皇储弗朗茨·斐迪南大公在萨拉热窝被塞尔维亚族青年普林西普开枪刺杀，该事件成为了第一次世界大战的导火索。——译者注
[2] 1963 年 11 月 22 日，肯尼迪总统在美国得克萨斯州达拉斯市遇刺，遭枪击身亡。——译者注
[3] 即英国广播公司（British Broadcasting Corporation）。——译者注
[4] 指林登·约翰逊（Lyndon Baines Johnson），在肯尼迪遇刺的第二天，副总统约翰逊继任总统。——译者注
[5] 指肯尼迪，肯尼迪于 1952 年当选为马萨诸塞州的联邦参议员。——译者注

调，一切都会像以前那样继续——只是会以不同的方式继续下去。

正是肯尼迪所说和所做的一切的风格，使这届政府显得如此与众不同——不是在对美国政策制定或实施方面不同，而是在对政治本身的看法方面不同。毫无疑问，约翰·F.肯尼迪对政治的思考咋一看像是老式的说法，即荣誉和荣耀的说法，以及他这一代人与他的国家注定要面对的那个不可回避的、受到高度欢迎的挑战。但他并不守旧，甚至从未试图"超越政治"，去回避作为政党政治本质的激烈的竞争性权力斗争。他并不鼓励树立"伟人"的形象，等待被"征召"到一个他并不寻求的职位上。他是在知道它的危险性和它那令人敬畏的孤独责任的情况下去追求这份工作的，因为对他来说，这是世界上最令人向往的事情。他对惯例和礼节感到不耐烦，因为它们倾向于将他提升到高于普通人的地位，以至于他不再能够保持他的初衷——成为首席平等者（primus inter pares）。

如前所述，正是他的风格将政治提升到一个新的、更高的水平，并为整个政府领域赋予了新的威信和新的尊严。他的意图的第一个明显迹象早在就职典礼上就出现了，当时他邀请了许多以"非政治"著称的艺术和文学界的知名（eminent）人士。他并不是要利用这些诗人、艺术家、音乐家和学者来达到任何狭隘的目的；而且我怀疑他甚至不想——至少不是主要地——在公共领域为那些传统上与之最疏远的人腾出空间。情况正好相反；他希望他们能为公共事务带来光彩和卓越，因为在危机和紧急情况下，这些公共事务很少只靠自己的优点就能发光闪耀（shine）。他用"知识分子"的眼光看待艺术和文学，就像哈姆雷特一样，觉得自己的感性可能使他无法满足行动和决策的要求。

那种影响并控制着他的精神被称作青年志气（the spirit of youth）（这肯定不是年龄的问题，因为这从来不会被拿来描述仅仅比他大三岁的尼克松先生）。这是一个非常现代的人的精神，正如史蒂文森先生[1]如此公开地称他为：一个完全"当代的人"。20世纪有两次，即第一次世界大战后和第二次世界大战后，新生代未能在各自国家的公共事务中

---

[1] 即阿德莱·尤因·史蒂文森。——译者注

发出自己的声音。肯尼迪也许是第一个这样做的身居高位的现代人。但是，如果他是年轻人和 60 年代的代言人，那么他的言行所显示出的政治家的两个最高德性——节制和洞察力——就更加引人注目了。在他处理古巴危机和民权冲突的过程中，最引人注目的是他**没有**走极端。他从不忽视对手的想法，并且只要他们的立场本身不是极端的，因而没有对他认为是国家利益的东西构成危险的话，他就不会试图去排除它，即使他可能不得不去推翻它。正是本着这种源于他掌握对手思维能力的精神，他在决定恢复核试验后迎接了学生的示威，而这场示威就发生在白宫外。

在我们今年失去的两位最伟大的人物——一个非常老，另一个正值壮年——的死亡之间，有一种奇怪的、无限悲哀的相似之处。就已故教皇[1]和已故总统发起的并且尚未完成的工作而言，他们都走得太早了。当他们的声音沉寂下来时，整个世界都变了，变得黑暗了。然而，这个世界将永远不会像他们说话和行动之前那样了。

1963 年

---

[1] 即教皇若望二十三世(安吉洛·朱塞佩·隆卡利，Angelo Giuseppe Roncalli)。——编者注

娜塔丽·萨洛特[1]

　　除了早期的《向性》（*Tropismes*）外，娜塔丽·萨洛特的所有作品现在都有了英文版本。感谢她的出版商和玛利亚·乔拉斯[2]（Maria Jolas），引用《纽约客》（*The New Yoker*）里珍妮特·弗兰纳[3]（Janet Flanner）的话说，后者将她的作品"如此真实地翻译成了英文，就好像只是用另一个调子演奏管弦乐一样"。小说鲜有杰作，而这也是理所当然的；找到一个完美的翻译的情况则更是少之又少，而这也许不是它应该或可以做到的。

　　当娜塔丽·萨洛特在 1948 年出版她的第一部小说《一个陌生人的画像》时，萨特在一篇导言中将她与纳博科夫[4]、伊夫林·沃[5]以及《伪币制造者》（*Les Faux Monnayers*）的作者纪德[6]等"完全消极的作品"的作者放在了一起，并将整个体裁称为"反小说"（anti-novel）。到了 50 年代，"反小说"发展为"新小说"，而萨洛特成了它的开山鼻祖。所有这些分类都有几分刻意，并且如果运用到萨洛特夫人身上，就会有些难以解释。她自己指出了她的前辈，陀思妥耶夫斯基（尤

　　［1］　娜塔丽·萨洛特（Nathalie Sarraute，1900—1999），法国新小说派作家和理论家，新小说派中被翻译和讨论最多的作家之一，代表作有《向性》（*Tropismes*）、《一个陌生人的画像》（*Portrait d'un Inconnu*）、《天象仪》（*Le Planetarium*）等。——译者注
　　［2］　美国编辑、翻译和作家，萨洛特《向性》一书的英译者。——译者注
　　［3］　美国作家和记者，担任《纽约客》杂志驻巴黎记者长达半个世纪。——译者注
　　［4］　弗拉基米尔·纳博科夫（Vladimir Nabokov，1899—1977），俄裔美籍作家，代表作有《洛丽塔》《微暗的火》等。——译者注
　　［5］　伊夫林·沃（Evelyn Waugh，1903—1966），英国讽刺小说家，代表作有《衰弱与瓦解》《旧地重游》等。——译者注
　　［6］　安德烈·纪德（André Gide，1869—1951），法国作家，代表作有《背德者》《窄门》《田园交响曲》《伪币制造者》等。——译者注

其是《地下室手记》)以及被她视为陀思妥耶夫斯基的合法继承人的卡夫卡。但有一点是真实的：她至少写了她的第一对小说《画像》和《马尔特洛》(1953 年)，来反对 19 世纪古典小说的假设，即作者和读者都在一个由众所周知的实体组成的共同世界里活动，并且可以通过赋予品质和财产的方式来理解那些容易识别的人物。"从那时起"，她在自己的散文集《怀疑的时代》(*The Age of Suspicion*)中写道："［这个人物］失去了一切；他的祖先，他精心建造的房子，在那里从地窖到阁楼摆满了各种物品，甚至是最微小的珠宝；他的收入来源和财产，他的衣物，他的身体，他的面容……他的个性，甚至常常是他的名字。"这样的人或者已经变得不为人知，因此对于小说家来说，选择谁作为他的"主人公"并不重要，而把他放在什么样的环境里就更不重要了。并且，由于"这个人物在读者和小说家之间占据了贵宾席(place of honor)"，由于他是"他们共同奉献(devotion)的对象"，那么这种选择的随意性就表明了交流的严重中断。

为了恢复这种失去的共同点，娜塔丽·萨洛特十分巧妙地把被认为是作者与读者的共同文化遗产的 19 世纪小说作为她的出发点，并开始从这个人口丰富的世界中选择她的"人物"。她从巴尔扎克和司汤达的作品中抽出这些人物，剥去他们身上所有这些次要的品质——习俗、道德、财产——根据这些东西可以确定他们的年代，只保留了那些能够被我们记住的基本要素：贪婪——吝啬的父亲和他那家徒四壁的老处女女儿生活在一起，情节围绕着她的诸多疾病展开，或虚或实，就像在《画像》里那样；仇恨与无聊——在法国仍然存在着联系紧密的家庭单位，在《马尔特洛》(*Martereau*)中，母亲、父亲、女儿和侄子组成了一个"完全封闭的黑暗世界"，情节则围绕"陌生人"展开，陌生人从父亲那里骗取了他想从税务员那里省下来的钱；甚至在她后来的作品《天象仪》(*The Planetarium*)中，主人公也是野心的化身(这是一个熟悉的情节，描绘了他无情地在"社会空间中上升")。

萨洛特揭开了这些传统人物("不过是制作精良的玩偶")"光滑而坚硬"的外表，以发现情绪和情感无休止的共鸣(vibration)，它们在外部的宏观世界中几乎无法被察觉，但在自我的微观世界中却如同一连串永不停歇的地震般震颤着。这种内在生命——她称之为"心理的"——就像在身体外表的皮肤下的内在器官中进行的生理生命过程一样，在表象的"表层世界"中隐藏起来。两者都没有主动展示自己。正如生理过程只有通过疾病的症状——用她自己的形象来说，小疙瘩是癌症的征兆——才能自然地宣示自己的存在，但这需要特殊工具，需要用手术刀和 X 射线才能让它变得可见；因此这些心理活动只有在大灾难的情况下才会引起症状的爆发，并且需要小说家的怀疑的放大镜来探究。为了选取家庭生活的亲密性，用这种封闭的窗帘后的"半黑暗"及其斯特林堡[1]式的意味来取代沙发，作为这种心理活体解剖的实验室，这完全是天才之举：因为在这里，"[通常]将谈话和次谈话分开的浮动边界"最频繁地被打破，以便自我的内在生活可以在通常所说的"场景"中爆发出来。毫无疑问，这些场景是这个完全专注于自身的世界的无限无聊中唯一的消遣（distraction），然而，它们也构成一个地狱（hell）的心跳，在这个地狱中，我们注定要"永远地转来转去"，在那里，所有的表象（appearances）都被穿透，却从未达到坚实的基础。在谎言和伪装的背后，只有一种永远存在的刺激（irritation）的共鸣——一种"千变万化的混沌"，一个每一步都让你更深地陷入毁灭之中的泥潭。

娜塔丽·萨洛特在开始她的第二个小说系列——《天象仪》（1959年）和《金果》（1963 年）——之前，就已经成了刻画这种"全能的我"的动荡的、爆炸性的内心生活的大师，尽管这两部作品的技术和风格相似，但它们属于不同的类型。在她写于第一阶段并于 1956 年发表的文章中，以及在采访和小说本身的许多段落中，她都非常清楚地解释了她的意图，于是评论家发现回应她自己的见解确实是很诱人的。因此，她不厌其烦地谈到了"心理活动"，它"事实上构成了我研究的主要内容"；她还提到——尽管是比较克制地——她希望能突破一些真正现实的领域，不是歌德式的"美、善、真"，而是一些微小的、未被稀释的、未被扭曲的事实问题。也许它会变成"什么也不是，或者几乎什么

---

[1] 约翰·奥古斯特·斯特林堡（Johan August Strindberg，1849—1912），瑞典剧作家、小说家，他将心理学与自然主义结合为一种新的戏剧并逐渐演变为表现主义戏剧，代表作有《父亲》《朱丽小姐》等。——译者注

也不是"——"第一片青草……一株尚未绽放的番红花……一只依偎在我自己内心深处的孩子的手"。但是，"相信我，这才是最重要的"。最后，她引用了《卡拉马佐夫兄弟》中的一句名言，这句话完全可以看作是她全部工作的座右铭："'大师，我必须做什么才能获得永生？'长老[1]走近了一点：'最重要的是，不要对自己撒谎'。"（在这一点上，和其他方面一样，她和玛丽·麦卡锡[2]的共同点几乎比任何其他在世作家都要多。）

在一个不遗余力地解释自己在做什么的作者身上，她没有提到的那些引人注目的因素可能更值得注意。首先，她的发现具有完全消极的特征，萨洛特发现这一点非常引人注目。无论是她的方法还是主题，都无法解释内心生活的灾难本性，而爱、慷慨、宽宏大量等因素在她的作品中完全或者几乎完全缺失。如果不是为了欺骗，每一个字都是一件"武器"，所有的思想"都像一只庞大且强大的军队，在它的旗帜后方集结……即将向前推进"。战争的意向无处不在。正如她自己指出的，甚至在卡夫卡那里——在陀思妥耶夫斯基、普鲁斯特和乔伊斯这些早期的内心独白大师那里同样如此——仍然有这些"真诚的时刻，这些优雅的状态"，而这些在她自己的作品中是没有的。其次，并且更令人惊讶的是，她从未详细地说明过她对"他们"——"他们说的"，那些老生常谈，那些陈词滥调，那些习语的仅仅是惯用的转折——极为有效的使用，她的许多评论家和崇拜者都强调了这一点。"他们"在《画像》中首次登场，在《天象仪》中进入情节的中心，并在《金果》中成为"主人公"。

在《画像》中——它像希腊悲剧一样有三个主要人物：父亲、女儿和观察者，一个乔装打扮的老信使，并由他来讲述这个故事——"他们"组成了歌队（chorus）。父亲和女儿都被来自外部世界的"保护群"所包围和支持，父亲被他在酒馆里经常遇到的"老伙计们"所包围，女儿被那些在大公寓门口不停地闲聊的老女人所包围，从她躺在摇篮里开始，她们就围着她，"摇头晃脑……就像童话里那些邪恶的教母一样"。

---

　　[1]　长老（Staretz）是东正教传统中受人尊敬的老师和精神上的引导者。——译者注
　　[2]　玛丽·麦卡锡（Mary McCarthy，1912—1989），美国小说家和文学评论家，代表作有《美国鸟》《食人族与传教士》等。——译者注

"歌队"唱出了他们永恒的陈词滥调，支撑着主要人物（"孩子们从不表现出任何感激，相信我"），并在战线后面形成了一个平凡的"坚固堡垒"，而人物则要投身其中去恢复"密度、重量和稳定性"，并重新成为"某个人"。而当女儿最终找到了一个平凡的丈夫，并期待着加入"歌队"时，和平就来临了："我将虔诚地把我的声音与他们的声音融为一体"。

这种"我"和"他们"之间的关系在后来的小说中有时会发生逆转。在《天象仪》和《金果》中，"他们"经常作为敌人的化身出现，是"我"所遭受的所有灾难的根源——只要一不留神，"他们"就会毫不怜悯地过来"逮捕、抢夺"你，"像狗一样，在每个角落嗅着气味，搜寻它们将用牙齿咬走的猎物，过了一会儿，它们就会把还暖乎并且颤动着的猎物放在它们脚下"，不管它们碰巧在那个特定时刻认出谁是它们的主人。

最后是"蜕变"，即真相时刻，每部小说都围绕着这一时刻展开，就像希腊悲剧围绕着承认时刻展开一样。这就使得娜塔丽·萨洛特的写作具有戏剧性，我认为这在当代小说中是独一无二的。（她可能是从卡夫卡的著名故事中借用了这个词——在《画像》中，她甚至使用了原始信息：父亲和女儿"就像两只昆虫，两只巨大的蜣螂"一样剑拔弩张。）蜕变发生在"次级对话"（sub-conversation）与"次级对话"相互对峙的罕见时刻，也就是说，是在从看似光明的世界下沉到"井底"的那一刻，在那里，人物赤裸着，"紧紧拥抱着彼此"，在一个阴暗的世界里潜行（slipping）和战斗，这个世界犹如梦境和噩梦一般私密和无法言表，他们在一种残忍（murderous）的亲密关系（intimacy）中相遇，它不会掩盖任何东西。

在前两部小说对真理的猛烈追求中（你就是这样的，别骗自己了），它们给读者留下了斯特林堡对这整个物种的同情："哦，人的怜悯。"毕竟，家庭是人类最自然的共同体，它的情节（settings）所揭示的东西似乎表明了某些关于"人性"的东西。后两部小说设置的背景是社会，与家庭相比，它是"人造的"，并且在这种情况下就更加是人造的，因为它是文学中的社会。（正如萨洛特夫人在 1963 年 12 月接受《世界报》记者弗朗索瓦·邦迪的采访时解释的那样，天象仪"不是真正的天空，而是一个人造的天空"。)奇怪的是，不同情节的结果是，一方面，对话和次级对话的关系变得更为密切，另一方面，在早期作品中令人绝望的、几乎是悲剧性的一切，现在都变成了纯粹的、令人捧腹的喜剧。在这里，在社会领域中，"没有什么是神圣的……没有圣地。没有禁忌"可以被侵犯：在这里，"我们都是一样的，都是人……都是一样的"，不需要任何亲密关系就可以相互虚张声势：每一个区别，甚至仅仅是差异，"那是一个意外，是一个奇怪的累赘(excrescence)，是一种疾病"，如果它变成了一件物品，一些艺术品——"无法解释……但对于其他的，多么相似啊"——那么它甚至可能是"一个小奇迹"。(摘自《金果》)

《天象仪》仍然保留了一些取自家庭的"人物"——父亲、姑妈以及岳父母——而他们绝不是"都一样的"，它有两个主要人物，朱利安·索莱尔(Julien Sorel)和德·雷纳尔夫人(Mme. de Rênal)，都以现代的装扮出现：年轻的野心家已经成为一个普通的社会攀登者，"一个小恶棍……当他想要些什么的时候，没有什么能够阻止他，没有什么是他不会做的"，而上流社会中的热情洋溢的女性(femme passionnée)已经成了文学界的名人。他们没有风流韵事，这个社会已经没有激情了；他们不是真正的主角，而更像是一个失去了主角的歌队的成员，是几乎意外被选中的"他们"的形象。

这个故事讲述了这对新婚夫妇如何获得这个年轻人姑妈的公寓(他们有一套公寓可以住，但他们需要一套新的公寓来"招待客人")，而令姑妈自己非常伤心的是，她在公寓里安装了一扇"品位不佳"的全新的门，故事的大部分情节都是围绕着家具和这扇不幸的门展开的。蜕变发生在书的结尾，令人高兴的是，它与同一扇门有关：年轻人带着这位名人四处参观，他对这位名人可谓是费尽心力。他因这扇门而备感煎熬，但他得救了：当这位名人环顾四周时，"在一秒钟内，发生了最惊人、最奇妙的蜕变。这扇门仿佛被仙女的魔杖触碰过一样，一旦他把目光投向它，这扇被薄薄的纸糊的墙壁以及市郊房屋的丑陋的水泥所包围的门……就恢复了它原来的面貌，那时，它焕发着生命力，装裱在一面古老的修道院回廊的墙壁上"。唉，这扇可怜的门并没有被允许长时间保持它重新恢复的优雅状态：公寓里还有另一件令人尴尬的东西，一座哥特式圣母的一只被修复了的手臂被弄脏了，而这位名人，噢，可怕的是，没有发现它：她"愣愣地凝视着这肩膀，这手臂，无动于衷地吞下它们，她强健的胃毫不费力地消化它们，她的目光依旧保持着牛眼般平静、冷漠的印象"。这是真相的时刻，一切都在"一个缺口，一个突如其来的裂缝中"破裂：圣母失去了创造奇迹的能力，而"椭圆形的门……漂浮着，渺茫着，悬而未决……巨大的古老的修道院的门或廉价平房的门"又回来了，从此永远地困扰着他。

据我所知，这是当代文学中最精致有趣的段落之一：这当然是我们美国人的"他人导向性"的喜剧，或者用法国人的话来说是"不真实"的喜剧。但是，与事情本身的悲惨怪诞的现实相比，这些话听起来是多么的无力和迂腐啊！它之所以如此滑稽，是因为这一切都发生在所谓"内向型"的"高品位"精英的环境中，发生在标榜最高标准的知识分子中，他们假装什么也不关心，什么也不谈论，只关心和谈论最高级的东西。当他们被要求描绘自己的时候，正如《纽约时报书评》所言，他们表现得像是"与一个黑暗敌对的世界格格不入的高度敏感而脆弱的人"——这篇书评仿佛被要求对《天象仪》所揭露的欺诈行为进行补充一样，并给予了后者高度评价。但这也许是必须的，因为事情的真相是，《天象仪》和《金果》一起构成了对"知识分子"最严厉的指控。这就像是萨洛特所说的：知识分子的背叛？ 别逗我了。这些走狗（creatures）有什么能让他们背叛的？

这种喜剧在《金果》中最为纯粹。在这里，"他们"就在他们自己之中，不受任何来自文学团体（literary clique）以外的人物干扰。该书讲述了关于另一本书的故事，一本名为"金果"的刚刚出版的小说，从它最初的辉煌成功到悄然湮没并被遗忘，最后还展望了它不确定的未来。（我被告知，它起初在法国并未受到热情欢迎，这或许是因为评论家们自问，他们怎么可能考虑到一部作品中的每一句话，每一个聪明或愚蠢的赞扬和指责都已经被预料到，并被揭示为空话。）我们从未了解过这本书本身——作者被提及是因为他属于这个文学团体——因为这是关于每一本书的故事，它不幸落入每一个有文化的人手中，他们的窃窃私语

235

和呼喊一直持续到一切都被说出来。

事实上，每个人都在场：批评家；主人；还有那些仰慕的女士们；曾经因为冒犯无可挑剔的品位而"失宠"的"罪人"，但他"早就被消毒过了"；被怀疑没有自己发现"金果"的丈夫，但他的妻子说他发现了；远离"他们"的外省人，他发现这部小说充满了陈词滥调（但这是"故意的"，他被说服了）；学者们（"脑袋里装满了学问"），他们把死者"根据类别，小，中，大"分组，为新来的人找到一个位置；甚至是怀疑者，一个"疯狂的、高高在上的家伙，赤着脚，穿着破衣服，在这世界上走来走去"，扰乱世界的和平；甚至是"外国人，旁观者"（但"你是我们中的一员"，"不可以把你排除"）。他们穷尽了所有方面，所有争论，并用最高级的词语来胜过对方，直到他们都知道："将有《金果》问世之前的人，和《金果》问世之后的人"。他们中的每一个都经历了这个神秘的、令人愉悦的过程，即"清空自己——成为一个空荡荡的接受者，将会完全被他们要放入的东西填满"。

那么"他们"是什么人？ 他们中的每一个都是同一个"全能的我"，其灾难性的内心生活是早期小说的主题内容。他们中的每一个都是从地狱里出来的，害怕被送回那里，他们清楚地记得，当他独自一人之时是怎样的情况，一个"可怜的魔鬼，不起眼的小家伙，不知名的作者"，总是试图被接纳，却总是被打倒。如果他没有紧紧抓住"另一个[自己的]形象……拥有巨大的比例，越来越大，向四面八方扩散"，那么他可能会发生什么？ 这就是为什么"他们"都是一样的，并且在彼此的陪伴中找到了"最微小的共鸣也能立即被传递"的媒介，并在"不断增强的波纹中被放大"。这种社会是"我"的宏观世界，是大写的"我"。或者，也许正好相反，"心理的"内在生活——萨洛特对其颤抖的波动性进行了探索——只是那些自大狂的"内在"生活，他们看起来是"外向的"，但实际上除了自己，他们对谁都不感兴趣。不管怎么说，没有什么比"他们"那被抛来抛去的时尚品位的翻涌的浪潮，更接近那些倾泻而下和蜂拥而至的情感之灾难性的不稳定了——根据定义，所有的忠诚、忠贞和坚定都必须从这些情感中消失。

可以肯定的是，潮水在涌动；它的涨起伴随着它的退去，一切都迅速瓦解了，尽管"你永远不知道到底是怎么回事"。你所知道的是，从一天到另一天，一切都在逆转——我们听到了同样的人，同样的批评家，同样永远可爱的妻子，她的丈夫现在"从一开始就没有被接纳"，以及所有其他的"他们"，直到最后，这本书被给予了致命一击（*coup de grâce*）——"你还在……《金果》吗？"，可以肯定的是，"他们"并没有被这一转变所困扰，他们仍然处于同一种媒介，处于同一种陪伴之中，他们几乎不知道发生了什么。如果他们中的任何一个人被怀疑所困扰，那么他将被告知唤起历史，唤起变化女神，通过她，"他们［被］载着……就像一艘极好的远洋客轮"。

这是一部喜剧，并且与所有优秀喜剧一样的是，它关注的是一些极其严肃的事情。作为知识分子的"他们"的虚假是特别令人痛苦的，因为这触及了共同品味中最微妙的，同时也是最不可或缺的因素之一，对于它来说，确实"没有价值标准"存在。品味（taste）不仅决定了世界的面貌，还决定了那些属于世界的人的"亲和力"（elective affinities）。我们用来认识彼此的"秘密标记"，除了说"我们是兄弟，不是吗？……我把这圣洁的面包献给你。我欢迎你来到我的餐桌"之外，还能有什么呢？在一个我们都是陌生人的世界里，这种自然的亲切感在这个"被认可"的社会中被可怕地扭曲了，这些人在一个共同的对象世界中制造了密码和护身符，作为社会组织的手段。但他们果真成功地毁掉它了吗？在故事结尾的不远处，娜塔丽·萨洛特从"他们"和"我"转向了"我们"，即作者与读者的古老的"我们"。读者会说："我们是如此脆弱，而他们是如此强大。或者说……直到现在，我们，你，还有我，都是更强者。"

1964 年 3 月 5 日

"如同对着一堵砖墙说话"

——与约阿希姆·费斯特[1]的对话

费斯特:阿伦特夫人,您认为艾希曼[2]审判与在德国的所谓后续审判之间有什么联系吗? 特别是,德国和以色列的反应有任何可比性吗? 人们偶尔会说,德国人和犹太人有一个共同点,即所谓——用一种不恰当的表达来说——"未被掌握的过去"。

阿伦特:好吧,这实际上是两个问题。也许我可以先回答第一个:在我看来,艾希曼审判确实对德国的审判起到了催化作用。让其中一些审判发生得更早,一些逮捕行动也发生得更早。但是,当你从统计学的角度来看待这个问题,并牢记艾希曼被绑架的日期[3]而不是他接受审判的日期[4],纯粹从概率的角度来看,你当然会不知所措。我不是想要在这里说为什么我认为它是这样——这只是一个事实。

现在您说未被掌握的过去是犹太人和德国人的共同点,这一点非常正确。我想对这个说法稍作限定。当然了,首先就受害者和肇事者的情况而言,他们所共同拥有的未被掌握的过去的实际类型是非常不同的;尽管犹太人确实是受害者。这并不意味着他们百分之百地无罪,但他们

---

[1] 约阿希姆·费斯特(Joachim Clemens Fest,1926—2006),德国记者、评论家和编辑。费斯特以其关于纳粹德国的著作和公开评论而闻名,包括一本关于希特勒的传记,以及其他关于德国抵抗纳粹运动的作品。——译者注

[2] 阿道夫·艾希曼(Adolf Eichmann,1906—1962),纳粹德国高官,犹太人大屠杀中执行"最终方案"的主要负责人。战后,艾希曼四处逃亡,最终被以色列情报机构摩萨德的特工绑架回以色列,并在耶路撒冷接受审判,1962年6月被处以绞刑。——译者注

[3] 1960年5月11日。——译者注

[4] 1961年2月11日。——译者注

显然是站在另一边的——这一点很清楚。

我是在美国知道这一点的：未被掌握的过去事实上是某种犹太人和德国人与世界上几乎所有国家和民族共同拥有的东西，至少在欧洲和美国是这样的。整个事件所引起的恐怖影响到每一个人，而不仅仅是犹太人和德国人。犹太人和德国人的共同点在于他们是直接参与者。

而您现在问："这种反应在德国和以色列是一样的吗？"，您看，以色列人口的四分之一，也就是百分之二十五的人口是由那些立即受到影响的人组成的。这在人口中是一个巨大的比例。作为受害者，他们的反应显然与任何一代的普通德国人不同，后者只有一个愿望——永远不要再听到任何关于它的消息——这一点很清楚。但**他们**也不想听到这个消息，原因却完全不同。

现在我注意到一件事，那就是以色列年轻一代的态度，当然还有那些在那里出生的人的态度。目前存在一种缺乏兴趣的情况，它在某种方面与德国的那种缺乏兴趣的情况相似。在以色列，他们也觉得，"这是我们父母的问题"……当然，情况在那里是不同的："如果我们的父母想让这个或那个事情发生……好吧，当然！ 欢迎！ 但是他们应该把我们排除在外……我们对此并不感兴趣"。这确实是一种普遍的感觉。所以这是一个代际问题，在以色列和在德国都是如此。

费斯特：这些审判——在某种程度上与纽伦堡审判以及主要在纽伦堡进行的后续审判一样——使一种新型的罪犯得以曝光。

阿伦特：这的确是一种新型的罪犯，我同意您的看法，尽管我想对它进行限定。当我们想到一个罪犯时，我们会想象一个有犯罪动机的人。而当我们审视艾希曼时，他实际上并没有任何犯罪动机。不是那种通常所理解的"犯罪动机"。他想跟着其他人一起行动。他想说"我们"，而他的"跟其他人一起行动"以及"想说我们"，就足以使所有罪行中最严重的罪行成为可能。毕竟，希特勒们的确不是这种情况下的典型——如果没有这些人的支持，他们就会缺乏权力。

那么，这里究竟发生了什么呢？ 我想只专注于艾希曼，因为我很了解他的情况。您看，我想说的第一件事情是，与他人一起行动——那种涉及很多人的共同行动——产生了权力。只要你是孤身一人，无论你多么强大，你始终是没有权力的。这种因共同行动而产生的权力感本身绝不是坏事，而是完全属于人类的。但这也并不意味着它就是好的。它只是中性的。这仅仅是一种现象，一种需要被描述为一般人类现象的东西。这种行为方式有一种极端的快感。我不打算在此开始引用成堆的材料——你可以以每次都花上好几个小时来引用美国革命的例子。现在我想说的是，这种行为方式真正变态的地方在于它的运作，在运作中，这种快感也一直存在。然而，与他人一起行动的其他一切，也就是一起讨论事情，达成某些决定，接受责任，思考我们正在做的事情，都在运作中被消除了。你在那里得到的是空洞的忙碌。而在艾希曼身上，这种空洞的运作所带来的快感是相当明显的。他是否在权力中寻求快感？ 我不这么认为。他只是一个典型的官员（functionary）。而一个官员，如果只是作为一个官员，那么他确实是一位非常危险的先生。在我看来——并且我相信——意识形态在这里没有发挥很大的作用。这在我看来是决定性的。

费斯特当我提到一种新型的罪犯时，我的意思是：战后无论是在德国还是在盟国，都有一种把第三帝国领导人妖魔化的趋势。德国人总是把这些人物，从希特勒一直到艾希曼，视为来自深渊的野兽，他们可能把这种做法理解为是为自己创造不在场证明的一种方式。如果你屈服于野兽的力量，你的罪恶感自然会比屈服于艾希曼这样一个地道的普通人要轻得多。

阿伦特：这也更加有趣！

费斯特：真的吗？ 我想是的。盟国的情况完全类似。在他们的情况里，他们给自己的缺乏决心找到了部分借口，即一直持续到1939年的绥靖政策。而在另一方面，战胜这个来自深渊的野兽也就显得更加光荣了，因为你面对的是魔鬼的化身。

阿伦特：在我看来，对希特勒的妖魔化在德国人那里，包括在德国移民中，比在盟国要普遍得多。事实上，当真相大白的时候，盟国感到震惊，是无法估量的、前所未有的震惊。这一点在德国被灾难性地低估了。当他们得知此事时，当一个普通士兵看到贝尔根-贝尔森集中营[1]等地

---

[1] 贝尔根-贝尔森集中营（Bergen-Belsen），是纳粹德国用于关押战俘和转运犹太人的集中营。在整个战争期间大约有5—7万人死于贝尔根-贝尔森集中营，其中包括著名的《安妮日记》的作者安妮·弗兰克。——译者注

时，他们从内心深处被深深地震撼了……我在无数次的谈话中体验到了这一点。我在国外生活过——所以我可以对您说这些……

现在，正如您所说的，妖魔化有助于提供不在场证明。你屈服于魔鬼的化身，结果就是你自己没有罪。但最重要的是……您看，我们的整个神话，我们的整个传统都把魔鬼看作是堕落的天使。而堕落的天使当然比始终保持天使身份的天使要有趣得多，因为后者甚至不能给你提供一个好故事。换句话说，恶——特别是在 20 年代和 30 年代——起到了确保它独自具有真实深度的作用，难道您不同意吗？而在哲学中也有同样的情况——负面的东西（the negative）是唯一能给历史带来动力的东西，等等。你可以长久地追求这个想法。而结果是，如果你把某个人妖魔化，你不仅会让他看起来很有趣，还暗中赋予了他一种其他人所没有的深度。其他人都太肤浅了，不可能在毒气室里杀死任何人。当然，我现在是故意这样说的，但这就是问题的关键所在。总之，如果说有谁剥夺了自己的任何魔鬼光环，那就是艾希曼先生。

费斯特：艾希曼实际上是一个如此小的人物，以至于有一位观察家问道，他们是不是抓错并且审错了人。他实际上不是一个**残忍**的人——这一点在所有的文件中都有明确的体现。恰恰相反：他总是觉得做自己被要求做的事情很困难，并且因为他总是觉得困难，所以他产生了一种价值感。

阿伦特：是的。这是真的，而且不幸的是，这很常见。你认为你可以从自己是否喜欢做某件事来判断什么是善、什么是恶。你认为恶总是以诱惑的形式出现，而善是那些你永远不会主动想做的事。我认为这完全是胡说八道，如果您不介意我这么说的话。布莱希特[1]总是把向善的诱惑表现为某种你必须经受的东西。如果你回到政治理论中去，你可以在马基雅维利那里读到同样的东西，甚至某种意义上在康德那里也是如此。因此艾希曼和其他许多人经常被引诱去做我们所说的好事。他们经受住了诱惑，因为这的确是一种诱惑。

费斯特：是的，您已经指出，在我们想象恶的方式中，或者说，在

---

[1] 贝尔托·布莱希特（Bertolt Brecht，1898—1956），德国戏剧家和诗人。——译者注

我们的文化中，在宗教、哲学和文学方面对于恶的想象和构想的方式中，没有像艾希曼这样的人的位置。您书中的一个主要观点——它已经出现在副标题中了——是"恶的平庸"。而这已经引发许多误解了。

阿伦特：是的，您看，这些误解实际上贯穿了整个论战，它们是那个真正论战的一小部分。换句话说，我认为这些误解在任何情况下都会产生。不知为何，它让人们震惊不已，我完全能理解这一点；因为我自己也对此感到非常震惊。对我来说，这也是我完全没有料到的事情。

现在，有这样一个误解：人们认为平庸的东西也是普遍的。但我认为……这不是我的意思。我根本不是说我们每个人都有一个艾希曼，每个人的内心都住着一个艾希曼，鬼知道还有什么。绝非如此！我完全可以想象，在与某人交谈时，他对我说了一些我从没听过的话，所以这一点都不寻常。而我说，"这真是太平庸了"。或者我说，"这简直是胡说八道"。这就是我的意思。

这种平庸是一种不容忽视的现象。这种现象表现在那些我们反复听到的、难以置信的陈词滥调中。我来告诉您我说的平庸是什么意思，因为在耶路撒冷，我想起了恩斯特·荣格曾经说过的一个故事，而我后来忘记了……

在战争期间，恩斯特·荣格在波美拉尼亚[1]或梅克伦堡[2]——不，我想是在波美拉尼亚（这个故事是在《辐射》（*Strahlungen*）中讲述的，这是恩斯特·荣格在第二次世界大战中的日记集的书名，首次出版于 1949 年）——遇到了一些农民，一个农民直接从集中营中收留了几个俄国战俘，那时他们自然在忍饥挨饿——您知道俄国战俘在那里的待遇。他对荣格说，"嗯，他们都不像人了，而且……像牲口一样！很容易就能看出来：他们吃的是猪食"。对于这个故事，荣格评论道，"有时候德国人就像魔鬼上身了一样"。而且他的意思并不是什么"恶魔"。您看，这个故事有一些愚蠢至极的地方。我是说这个故事本身就很愚蠢。这个人看不出这就是饥肠辘辘的人会干的事。任何人都会这么干。

---

[1] 波美拉尼亚(Pomerania)，中欧历史地域名称，现位于德国和波兰北部，处于波罗的海南岸。——译者注

[2] 梅克伦堡（Mecklenburg），德国东北部地名，北临波罗的海，东邻波兰。——译者注

不过，这种愚蠢还是有些令人发指（outrageous）了。［……］艾希曼相当聪明，但在这方面他很愚蠢。正是他的顽钝（thick-headedness）才如此令人难以忍受，就像对着一堵砖墙说话一样。而这正是我所说的平庸的真正含义。它没有什么深奥的东西——没有什么魔鬼般的东西！想象别人正在经历的事情向来会有些许阻力（resistance），不是吗？

费斯特：您会说艾希曼和霍斯[1]是特殊的德国人吗？您刚才提到了康德，而艾希曼本人在审判中也不时地提到了康德。他说他一生都在遵循康德的道德戒律，并把康德的义务概念作为他的指导原则。

阿伦特：是的。就艾希曼先生的部分而言，这当然是一种十分无礼的说法，不是吗？毕竟，康德的整个伦理学是这样的：每个人在每一次行动中，都必须反思他的行为准则能否成为一条普遍的法则。换句话说……可以说是与服从完全相反的！每一个人都是一个立法者。在康德那里，没有人有权利去服从。艾希曼从康德那里获得的唯一的东西是那个致命的偏好事务（business of inclination）。而不幸的是，这种情况在德国非常普遍。在德国，这种奇怪的义务概念……我想对您说的是：您看，希特勒或者奥斯维辛审判[2]中的博格[3]这样的虐待狂——希特勒可能是一个普通的杀人犯，一个具有杀戮本能的人。在我看来，这些人并不是典型的德国人。

在我看来，德国人作为一个民族并不是特别残暴的。事实上，我不相信有那种民族特性……不过，我刚才讲的故事，荣格的故事，还是具有典型的德国色彩。我的意思是这种无能，就像康德说的，如果我真的能在这里引用他的话，"站在每一个他人的立场上思考"——是的，这种无能……这种无思想的状态就像是对着一堵砖墙说话。你永远得不到回应，因为这些人从来没有注意过你。这就是德国人。第二个让我印象深刻的典型的德国人的做法是这种坦率而狂热方式，服从被理想化了。当

---

［1］ 鲁道夫·霍斯（Rudolf Höss），1940年5月中旬至1943年11月期间担任奥斯维辛集中营的指挥官。——编者注

［2］ 奥斯维辛审判（The Auschwitz trial）是1947年11月24日至12月22日期间，在波兰克拉夫克（Kraków）进行的针对奥斯维辛集中营前工作人员的审判。——译者注

［3］ 威廉·弗里德里希·博格（Wilhelm Friedrich Boger，1906—1977），德国警察局长和集中营监督员，被称为"奥斯维辛之虎"（The Tiger of Auschwitz），因其在奥斯维辛集中营所犯下的罪行而臭名昭著。——译者注

我们是孩子的时候，当服从是必要的时候，在这个意义上我们会选择服从。在那时，服从是一件非常重要的事情。但这在十四岁的时候，或者最晚在十五岁的时候就应该结束了。

费斯特：难道您不认为在提到"誓言""命令""服从"的背后，不仅仅存在着一个借口吗？ 艾希曼一直都在说这些东西。他解释说，他从小就被教育要服从；他问："不服从对我有什么好处？ 对我有什么用处？"然后他说，到 1945 年 5 月，当他不再收到更多命令时，他突然被世界末日来临的感觉所淹没了。

阿伦特：没有元首的生活！

费斯特：服从的问题就像一个主题词一样贯穿了他的整个人生——比如说，你可以在审判记录中读到它，它永远都会出现。这是一个完全虚假的存在(existence)的主题词。

阿伦特：是的，这种虚假的存在当然随处可见。但是，如您所知，他并不是唯一一个提到这一切的人，不是吗？ 这些"命令""誓言""上帝""要履行的义务"，以及"服从的德性"。此外，艾希曼还谈到了"奴性的服从"。在耶路撒冷，他陷入了一个可怕的泥潭，并且突然说这是一个奴颜婢膝的问题，根本就没有什么善，等等。不是吗？ 所以它永远在人们的脑海中转来转去。不，关于"誓言"的提法，以及"你的责任已经被剥夺了"的想法，等等——你不会只在艾希曼身上发现这一点，我在纽伦堡审判的记录中也发现了这一点——这也有一些不经意的荒谬之处。您看，艾希曼制造了这些愤怒的攻击——就像其他人一样——并且他说："但他们向我们保证，我们不会被追究责任。而到了现在，我们就这样被留下来背锅，不是吗？ 那些大人物呢？ 他们当然已经逃避责任了——像往常一样。"但你知道他们是如何逃避责任的：要么自杀，要么被绞死。当你谈论责任的时候，忘记这一点是很荒唐的，并且这会导致整个问题变得很可笑！ 是的，事实是他们已经不在人世了！ 当你无法想象这一切只在人们还活着的时候才有意义时——那么，在这种情况下，你就没有办法了。

费斯特：但是，这里在多大程度上潜伏着一个更深的问题呢？ 生活在总体主义环境下的人在多大程度上还能被追究责任呢？ 这不仅仅适用于艾希曼类型的人，它同样适用于处在另一方的犹太人。

阿伦特：在我回答这个问题之前，请稍等片刻。您看，这真是一个惊人的现象：这些人都没有表达任何悔意。是的，弗兰克[1]显然是这样；也许海德里希[2]在临死前也是如此——他们是这么说的；还有莱伊[3]……

费斯特：是的，就弗兰克的例子来说，我会说这是一种纯粹情感上的悔恨。他在对法庭的总结发言中直接收回了这一说法。

阿伦特：是的！

费斯特：他的感觉是最矛盾的。

阿伦特：所以我可以说，"没有人表达过悔意"。

费斯特：总的来说，无论如何，一个案例是无法明确证明这一点的。

阿伦特：而且，众所周知的是，艾希曼说，"悔恨是给小孩子的"。没有人表达过悔意。另一方面，我们应该设想，当没有人表达悔意时，至少应该有一个人站出来为自己的行为辩护，"是的，事实上出于这样和那样的理由，我们确实做了，而且我今天仍是这样想的。我们输了。但无论我们是赢是输都不影响这个事业（cause）本身"。实际上，这个事业（cause）就像一块湿抹布一样垮掉了。没有人站出来。没有人提出任何辩护。而这对您刚刚提到的现象——服从——来说似乎是相当关键的。难道您不这样认为吗？　换句话说：他们只想随波逐流（go along）。他们已经准备好要顺从一切了。当有人对他们说："只有你犯了谋杀罪，你才能成为我们其中的一员"——好吧。当他们被告知："只有你从不杀人，你才能成为我们中的一员"——这样也好。不是吗？　我就是这么看的。

费斯特：这是事实——实际上，艾希曼在被美国人监禁的时候说，他很高兴再次服从别人的领导。而他准备告诉法庭或者更确切说是审

---

[1]　汉斯·弗兰克（Hans Frank），纳粹德国的首席法学家和"一般政府"领土的总督，在战争期间这个领土包括波兰南部和西部的大部分地区，以及乌克兰西部的大部分地区。他因战争罪和反人类罪在纽伦堡受审，被判有罪，并于1946年被处决。——编者注

[2]　莱因哈德·海德里希（Reinhard Heydrich），纳粹高级官员，"最终解决方案"的主要设计者之一。1942年5月27日，他在布拉格被捷克斯洛伐克流亡政府派来的一队捷克和斯洛伐克士兵袭击，一周后因伤势过重死亡。——编者注

[3]　罗伯特·莱伊（Robert Ley），纳粹政治家，1933年至1945年间担任德意志劳动阵线的领导人。1945年，他在纽伦堡等待战争罪的审判时自杀。——编者注

讯——初步审讯——他所知道的一切的那种特殊方式，很可能以同样的方式被解释为他已经准备好对任何当前的权威给予绝对的服从，在可能的限度内——他准备服从任何权威。

阿伦特:妙极了。他在耶路撒冷感到欣喜若狂。这一点是毋庸置疑的，不是吗？兰道[1]仿佛变成了上司，每个人都能看出来，之后是其他各种级别的人，直到莱斯[2]队长先生，艾希曼把他——正如穆利什[3]先生正确地指出的——当作了祷告神父。他说:"队长，我愿意说出一切。"当然，他也想塑造一个良好的形象。不管怎么说，讲讲他的人生故事。总之，关于责任的问题——我们是否应该回到这个问题上来？

费斯特:是的，请吧。

阿伦特:您看。当我们把人送上法庭时，我们把责任归于他们。而且，从法律的角度来看，我们有权利这样做……我们有这个权利，因为选择不是殉道。两边都有一个选择:你不必顺从，你可以自己做决定。"谢谢你，但……我不打算这样做。我不想拿我的生命来冒险。我想要离开，我想看看我是否能够溜走。"难道不是这样吗？"我不会跟从任何人，并且如果我被迫这样做，那我就自己去死。"这种可能性是存在的。这意味着不是说"我们"，而是说"我"——为自己做判断。而为自己做判断正是人们所做的，在任何地方，在民众的各个层面:宗教人士和非宗教人士，老年人和年轻人，受过教育的人和未受教育的人，贵族与资产阶级，以及数量惊人的工人，特别是在柏林，我在那里目睹了这一切的发生。

正如我们所看到的，那些跟从的人总是以同样的方式为自己辩解。他们总是说，"我们留下来只是为了让事情不会变得更糟"。不是吗？但是，好吧——这个辩解就应该被彻底拒绝——它已经不可能变得更糟了。

---

[1] 摩西·兰道(Moshe Landau)，艾希曼审判的主法官，他本人就是来自纳粹德国的难民。——编者注

[2] 阿夫纳·W.莱斯队长(Captain Avner W. Less)，一位年轻的以色列警官，在1961年进行的预审中对艾希曼进行了长达275个小时的审讯。——编者注

[3] 阿伦特指的是荷兰记者哈里·穆利什(Harry Mulisch)关于艾希曼审判的书，《刑事案件40/61》(*Strafsache 40/61*)，她非常欣赏这本书。——编者注

费斯特:美国检察官杰克逊[1]在纽伦堡审判中以一种非常恰当而独特的方式表达了他的想法。在提到沙赫特和巴本[2]时,他说:"如果我们问这些人,为什么他们在这么长的时间里都在顺从,那么他们会说这是因为他们想防止出现更糟糕的情况。而如果我们问他们为什么一切都变得如此糟糕,他们会说他们没有权力。"在这一点上,一切都崩溃了,他们的辩解变成了一个单纯的借口。

阿伦特:是的,他们也都是官僚分子(bureaucrats)。

费斯特:绝对是。

阿伦特:伴随着顾虑——他们都是有顾虑的官员(functionary)。但他们的顾虑还不足以让他们清楚地看到有一个界限,在这个界限上,人不能仅仅作为官员而存在。如果他们离开并说:"看在上帝的份上,让别人来做这些肮脏的工作吧!"——他们岂不是突然又变成了人,而不是官员?

费斯特:是的。但我还是想再问一次,在一个总体主义政权或总体主义社会中,有没有什么保持无罪的可能性。许多人都不是英雄,并且你也不可能指望他们是……但他们也不是罪犯。有时候他们只是帮凶,因为他们知道发生了什么。

阿伦特:是的,您知道的,从这个意义上说,成为一个帮凶是很可怕的。这里的关键问题在于那些袖手旁观者的罪责(guilt),他们并没有跟从,或者说他们——有很多人——起初有一种与那些被杀害的人团结一致的冲动……我认为,雅斯贝尔斯已经就这种"帮凶"所导致的后果做出了决定性的发言。他说,"我的罪责(guilt)就是我还活着"[3]。不是吗?"因为我们只有缄口不语才能活下去。"但是您看,在这种知识和行为之间有一个深渊。在那些看到了它并离开的人,以及那些留下来并

---

[1] 罗伯特·H. 杰克逊(Robert H. Jackson),纽伦堡审判中的美国首席检察官。——编者注

[2] 亚尔马·沙赫特(Hjalmar Schacht),经济学家、银行家和政治家,曾在希特勒的政府中担任国家银行总裁和经济部长;弗朗茨·冯·巴本(Franz von Papen),政治家,1933年和1934年在希特勒的内阁中担任德国副总理。——编者注

[3] 卡尔·雅斯贝尔斯:《德国人的罪责》(*The Question of German Guilt*),第二版(New York:Fordham University Press,2000),第66页。雅斯贝尔斯把这个罪责称作"形而上学的",并将其与道德和政治意义上的罪责区分开来。——编者注

执行的人之间……因此，当那些什么也没有做的人，那些只是看到了并且离开的人，他们说"我们都是有罪的"的时候，他就是在为那些实际执行的人进行掩饰——这就是在德国发生的事情。因此我们不能把这种罪责一概而论，因为那就是在文过饰非。总之，如果可以的话，我还想多说几句。

费斯特：请继续。

阿伦特：我们要明白，在总体主义的情况下，无力（powerlessness）的现象是存在的，我们还需要明白，即使在绝对无力的情况下，仍然有不同的行为方式。换句话说，这并不意味着你一定会成为一个罪犯。无力的现象使天平倾斜，这就是所有这些人的情况。他们已经变得绝对无力。没有反抗的可能性，因为他们都是孤立的，因为他们在任何地方都无法团结，因为甚至连十几个人都不能聚在一起，就像这样，彼此信任。

费斯特：阿伦特夫人，在这种情况下，您说我们可以用一个古老而简单的命题（proposition）——遭受不公正比犯下不公正更好——来勉强应付吗？

阿伦特：您看，这个命题来自苏格拉底。换句话说，它在基督教和西方人类的宗教戒律（取自犹太人）成为权威之前就形成了。苏格拉底总是补充说——或者更确切地说是柏拉图做的——我们无法证明这个命题。对某些人来说，这是不言而喻的，但你无法向其他人证明这是他们应该做的。那么，那些认为它是不言而喻的人，他们形成这种看法的原因是什么呢？

现在，苏格拉底的另一个命题，在我看来确实为我们提供了理由。这个命题是这样的："与其与自我不和谐一致，不如与世界不和谐一致，因为我是同一的。"因为，如果我与自己不和谐一致，那么就会产生一种难以忍受的冲突。换句话说，这就是道德领域的矛盾理念，而这在康德的绝对命令（categorical）中仍是权威性的。这个理念的前提是，事实上，我和我自己一起生活，并且可以说是合二为一的，因此我能说："我不会做这个或那个"。因为，如果我做了这个或那个，那么之后我唯一的出路就是自杀，或者以后，当我在基督教的范畴内思考的时候，改变我的主意并忏悔。

现在，与自己一起生活当然意味着和自己交谈。而这种与自己交谈基本上是思考——一种非技术性的思考，任何人都有能力做到这一点。因此，这个想法背后的预设是：我可以与自己交谈。因此，在某些情况下，我与世界变得如此得不和谐以至于我只能求助于自己——或许还可以求助于一个朋友，求助于另一个自我，正如亚里士多德非常美妙地指出的：另一个自己（αλλος αυτος）。在我看来，这就是无力（powerlessness）的真正含义。而有些人什么都没有做就离开了，他们向自己承认了他们的无力并紧紧地抓住这一命题，即无力的人仍然能够思考。

费斯特：让我们回到艾希曼和官僚系统在大屠杀中扮演的角色。个人被嵌入一个官僚机构中意味着什么呢？ 而对不公正的认识能消失到何种程度呢？ 难道赋予一个人仅仅是部分的责任就能隐藏掉任何道德洞察力的可能性吗？ 艾希曼说："我坐在办公桌前，做我的工作。"而一位但泽的前高官[1]说，他的官方灵魂一直认同他所做的事情，但他的私人灵魂却一直反对它。

阿伦特：是的，这就是杀人犯中的所谓内心流亡（internal emigration）——而这意味着整个内心流亡或内部抵抗概念的消失。只有外部的抵抗，内部充其量不过是一种保护心理（*reservatio mentalis*），不是吗？ 这些都是虚假存在的谎言，透明且令人作呕。换句话说，官僚机构管理着大屠杀，这自然会产生一种匿名的感觉，就像任何官僚机构一样。个体的人被消灭了。而只要当事人出现在法官面前，他就会重新成为一个人。而这实际上就是法律制度的精髓所在，不是吗？ 一个真正的转变发生了。因为，如果这个人接着说，"但我只是个官员"，法官就可以说："你现在听着，这不是你来这里的原因。你站在这里是因为你是一个人，是因为你做了某些事情。"而这种转变有其精彩之处。

除了官僚主义本质上是匿名的这一事实外，任何没完没了的活动都会使责任消失殆尽。有这样一个英文俗语，叫"停下来想想"。没有人

---

[1] 费斯特在这里指的是阿尔伯特·弗斯特（Albert Forster），1935年至1945年期间担任但泽-西普鲁士地区的地方长官（gauleiter）（纳粹党的一个地区分部的党魁）。福斯特在其执政期间直接负责大屠杀、重新安置和强迫同化数以万计的犹太人和非德国人。——编者注

能够思考，除非他停下来。如果你强迫某人进行没完没了的活动，或者如果他允许自己被强迫，那么你将永远听到同样的故事。你总是会发现，责任意识是无法发展的。而这只能发生在一个人反思的时刻——不是反思他自己，而是反思他在做什么。

费斯特：让我们先来看看这个复杂事物所产生的一些法律后果，特别是和我们刚才谈论的问题相关的：艾希曼这种类型的人是否仍然属于传统的概念中的杀人犯呢？ 与杀人犯相比，难道他不是更像一个杀人机构(murderous apparatus)中的工作人员吗？ 而他所承担的部分责任能证明他具有完全罪责感吗？

阿伦特：我们已经提到了没有动机的杀人犯，我的意思是没有那些我们熟悉的犯罪动机：激情、自我利益等等……或者是出于信仰——一个中介——而犯罪的犯罪者。这一切都很好！ 但是，我们所继承的概念对处理这种在办公桌上或在集体中杀人的方式毫无办法……当然，那是一种比任何普通的杀人犯都可怕的类型，因为他与受害者根本没有半点关系。他真的把人当苍蝇一样杀了。

当然，部分责任从来不是部分罪责的理由。艾希曼并没有被委托去实际杀人，因为他并不合适。但他是杀戮过程的一部分！实际上谁做这个或那个并不重要。我的意思是……当我说"但他不是一个典型的杀人犯"时，我并不是说他能好多少。我的意思是，尽管他没有我们所说的那种实际的"犯罪本能"，但他也糟糕透了。他是被拉进来的。但我可以想象——如果我可以这么说的话——我可能会发现那些谋杀者比艾希曼先生更讨人喜欢。

费斯特：耶路撒冷的法庭也对这个问题给出了一个结论性的答案，它说这个案件不仅仅是关系到受害者的大规模犯罪，也是关系到犯罪者的大规模犯罪。也许在这一点上我能引用："靠近或远离……实际杀害受害人的人[可能]对责任的程度没有影响……相反，当我们离亲手使用致命工具的人越远，责任的程度也就越大"[1]。

阿伦特：是的，非常正确。我自己也引用了同样的话。它们来自最

---

[1] 参见《艾希曼在耶路撒冷》(*Eichmann in Jerusalem*，New York：Viking Penguin，1963)，第 247 页。

后的判决。我完全同意。

费斯特：但问题是，现有的法律规范是否还能把握住本案中的责任之本质。您会这么说吗？

阿伦特：法律教科书没能让我们对行政性大屠杀做好准备，也没有什么能够让我们对这种类型的罪犯做好准备。那么我们还能够行使正义吗？不是根据法律教科书，而是根据事实？事实上，法官们——尽管他们总是竭力否认这一点——总是毫无阻碍地通过判决。

正义导致了两件事。首先，它应该恢复被扰乱的秩序。这是一个愈合的过程，只有当那些我们所说的扰乱秩序的人被问罪时，它才能成功。其次，在我看来是对我们犹太人的影响……有一位法官引用了格劳秀斯的一段话，但他们并没有太在意，唉；他说，惩罚犯罪者是受害者荣誉和尊严的一部分。这与所承受的痛苦无关，也与拨乱反正无关。这其实是一个荣誉和尊严的问题。您看，对我们犹太人来说，当我们在德国的时候，这是一个至关重要的问题。如果德国人民认为他们可以在他们中间存在杀人犯情况下继续不受干扰地生活，那就违背了一个犹太人的荣誉和尊严。

费斯特：阿伦特夫人，让我们回到您的书上来。您在书中提到，艾希曼审判揭露了欧洲中心的道德崩溃的全部本质，在每一个国家的迫害者和被迫害者中间都是如此。而对您的书的反应——一方面是否认这种崩溃，另一方面是承认自己完全有罪——是否恰恰表明了您想要证明的东西？

阿伦特：好吧，是的，对我的书的这种反应对我来说……当然，这是一个测试案例——但是在事件发生之后，也不是在我期望的那种意义上。让我给您举个例子，这个例子我经历了好几次了……这本书的手稿被非常多的人阅读过（这对我来说是不寻常的），而在这些阅读过手稿的人当中，至少有百分之五十——可能更多——是犹太人。他们中没有一个人表达过后来的那种反应——他们甚至都没有暗示过！事实上，这些人当然包括了我的朋友和我很熟悉的人。就拿这本书来举例，他们中的一个……不只一个，而是几个犹太人都读了这本书的手稿，而他们都非常热情，不是吗？然后运动开始了，他们完全忘记了自己已经读过这本书的手稿。如果您想更好地理解这种现象——您知道，这又是一个现象——那么您真的应该读一读娜塔莉·萨洛特（Nathalie Sarraute）的《金果》；她把它描绘成一出喜剧。而这的确是一出喜剧，是知识社会的喜剧，不是吗？ 这些意见的摇摆方式，当然是在受影响下这样或那样地摇摆……而受这些影响的人比人们普遍认为的要多得多。不是吗？而这与智力完全没有关系。一个人可能非常聪明，但还是会有这样的行为。

费斯特：您提到了这场运动。当然，对于您在书中得出的联系遭到抵制的背后有许多原因，其中一些原因——不得不说——应当得到尊重。这就产生了一个问题：我们是否应该说实话，即使我们一方面与某些合法的利益相冲突，另一方面又与人们的感情相冲突？

阿伦特：您看，现在您触及了整个争论中唯一一个让我真正感兴趣的问题。

我不认为我损害了任何人的合法——让我强调一下，是合法的！——利益。但让我们假设这是一个有争议的问题，而且我确实损害了他们的利益。我应该这样做吗？ 好吧，我认为这是历史学家的任务，也是生活在当时的独立的人的任务——是有这样的人，他们需要成为事情真相的守护者。当这些守护者被社会驱逐，或者被国家赶到角落里，或者被国家推到墙边时，会发生什么呢——我们已经在历史写作中看到过这种情况了，例如在俄国，每五年就会有一部新的俄国史问世。国家或社会的合法利益可能会与真相发生冲突，但在原则上，它们是否会与这些事情真相的守护者有利益关系呢？ 在这种情况下，我会说是的。之后发生的事情当然是，一系列的道歉或辩护被提出来并投放到市场上，只是为了掩盖这本书中实际上相当边缘化的两三个真相。这是不会成功的，因为这种事情从来就没有成功过。

但还有一件事情：这些也是合理的感受。而且这一点毋庸置疑：我已经伤害了一些人。而且您知道，对我来说，伤害别人比妨碍组织及其利益更让我不快，不是吗？ 我必须要说，我很重视这一点，而另一件事更多地是一个原则问题。好吧，我已经伤害了这些合法的利益——基本上是通过我的风格，对此我不能说太多。您看，在我看来，这里的合理情感是悲痛。这是唯一的一种！不是自我安慰！而很少有人明白这一点。我对此无能为力。事实上，在我看来，人们不应该采用慷慨激昂的语气来谈论这些事情，因为那只会贬低它们。但所有这一切……我还认为，你必须能够笑出来，因为这是独立自主的一种形式。而且我觉得，所有这些对我的讽刺的批评，从品位的角度来看，确实是非常令人不快的。但这些都是个人问题。在很多人眼里，我显然是非常不讨喜的。我对此无能为力。我应该怎么做呢？ 他们就是不喜欢我。人们表达自己的风格——好吧，这是他们自己没有意识到的。

费斯特：还有最后一个问题，阿伦特夫人。在德国，有一大帮人反对出版《艾希曼在耶路撒冷》。他们使用了"对公众意识产生负面影响"这样的话语。这种负面影响究竟是如何产生的？

阿伦特：好吧，这些犹太组织显然有一种奇怪的顾虑：他们认为人们可能会滥用我的观点。"就是这样，"他们认为，反犹主义者会说："犹太人自己应该受到谴责。"反正他们都这么说。但是如果您读了我的书，就会发现里面没有任何反犹主义者可以利用的东西。而许多人认为德国人民还不成熟。好吧，如果德国人民还不成熟，那么我们可能要等到最后的审判了。

1964 年

劳动，制作，行动

在这个短短的一小时里，我想提出一个看起来很奇怪的问题。我的问题是：积极生活包括哪些内容？当我们活动时，我们在做什么？在提出这个问题的时候，我将假定，一直到现代的开端（threshold）为止，我们在我们的哲学和宗教思想的传统中遇到的这两种生活方式——即凝思生活（vita contemplativa）和积极生活（vita activa）——之间的这种古老的区分都是有效的，当我们谈论凝思和行动时，我们不仅是在谈论某些人类能力，而且在谈论两种不同的生活方式。当然，这个问题有一定的现实意义。因为，即使我们不去质疑传统的假设，即凝思比行动更高级，或者所有的行动实际上不过是一种手段，其真正的目的是凝思，我们也不能怀疑——也没有人怀疑过——人类极有可能在一生中不沉迷于凝思，而在另一方面，没有人能够在他的整个生命中保持凝思状态。换句话说，积极生活不仅是大多数人所从事的，甚至是没有人能够完全逃避的。因为在人类条件（condition）的本质中，凝思仍然依赖于各种活动——它依赖于劳动来生产维持人类机体生存所必需的东西，它依赖于制作来创造容纳人类身体所需要的东西，它需要行动来组织许多人的共同生活，以确保和平，即凝思之宁静所需的条件。

由于我是从我们的传统开始的，所以我只是以传统的方式描述了对积极生活的三种主要表达，即为凝思的目的服务。积极生活总是由那些遵循着凝思生活方式的人来描述，这是很自然的。因此，积极生活总是以凝思的角度来定义；与凝思的绝对宁静相比，人类的各种活动似乎都是相似的，因为它们都表现为"不宁静"（un-quiet），表现为某种消极的东西，表现为"不宁静"（a-skholia）或"无闲暇"（nec-octium），是"非闲暇"或是缺乏使凝思成为可能的条件。与这种宁静相比，积极生活中所有的区分和表达都消失了。从凝思的角度来看，只要必要的宁静被扰乱了，扰乱它的是什么并不重要。

因此在传统上，积极生活从凝思生活那里获得了它的意义；它被赋予了一种非常有限的尊严，因为它在一个活生生的身体里为凝思的需要和意愿服务。基督教及其对来世的信仰——这种喜悦在凝思的喜悦中宣示自身——赋予了对积极生活的贬低以宗教上的认可，而在另一方面，"爱你的邻人"的命令则是作为一种平衡，用以对抗对这种古代未知的认可。然而，秩序本身的确定——即凝思是人类能力中最高的能力——在起源上是希腊的，而不是基督教的；它与发现凝思是哲学家的生活方式是一致的，而这种生活方式被认为优于城邦公民的政治生活方式。问题的关键在于，我只能在这里顺便提一下，与人们经常假设的相反，基督教并没有把积极生活提升到一个更高的位置，并没有把它从它的衍生物中拯救出来，也没有——至少在理论上没有——把它看作是自身具有意义和目的的东西。只要真理是一个在人类能力中建立秩序的综合原则，那么这种等级秩序的改变就确实是不可能的，而且这种被理解为启示的真理，本质上是某种给予人类的东西，它与作为某种精神活动——思考或推理——结果的真理，以及"我"通过制作而获得的知识不同。

因此，问题就出现了：为什么在现代人与传统决裂并最终颠覆其等级秩序，即通过马克思与尼采"重估所有价值"之后，没有发现积极生活及其所有的区分与表达呢？ 而答案，尽管在实际分析中相当复杂，但在此可以简单总结一下：正是这个著名的对哲学体系或价值等级的颠倒的本质，使得概念框架本身被完整地保留下来了。这对马克思来说尤其如此，他坚信把黑格尔颠倒过来就能找到真理——即黑格尔体系的真理，也就是发现历史的辩证本质（nature）。

让我简短地解释一下这种特性（identity）在我们的环境（context）中是如何体现的。当我列举主要的人类活动时：劳动-制作-行动，很明显，行动占据了最高的位置。就行动关联着人类生活的政治领域而言，这种看法与前哲学的、前柏拉图的希腊城邦生活的普遍观点一致。凝思作为这一等级秩序的最高点的引入导致了这一秩序事实上被重新安排了，尽管并不总是在明确的理论中被重新安排。(在哲学家的实际教学中，当旧的等级秩序已经被推翻时，他们仍经常性地对其表达口头上的支持。)从凝思的角度来看，最高的活动不是行动而是制作；工匠们的活动在评价体系中的上升首次戏剧性地出现在柏拉图的对话中。可以肯定的是，劳动仍然处于底层，但政治活动作为凝思生活所必需的东西，现在仅仅被认为是通过与工匠的活动相同的方式进行的。只有当政治行动以制作的形象出现时，才能相信它能产生出持久的结果。而这种持久的结果意味着安宁(peace)，凝思所需要的安宁：没有变化。

如果你现在看一下在现代的这种颠倒，你立刻就会意识到，它在这方面最重要的特点是对劳动的赞美，可以肯定的是，任何一位古典社会的成员，无论是罗马人还是希腊人，都不会认为劳动能配得上这个地位。然而，当你深入地研究这个问题的时候，你会发现占据这一地位的并不是劳动本身[亚当·斯密，洛克和马克思都一致鄙视"奴性任务"(menial tasks)以及仅仅有助于消费的非技术性劳动]，而是生产性(productive)劳动。同样，持久性的标准是以实际的尺度来衡量的。因此，马克思肯定是最伟大的劳动哲学家，他不断地试图以制作活动的形象来重新解释劳动——而这又是以牺牲政治活动为代价的。可以肯定的是，事情已经发生变化。政治活动不再被视为制定永恒不变的法律，从而使一个国家(其最终目的是成为一个可靠的产物)看起来与制造者的蓝图一模一样——就仿佛法律或宪法与木匠根据他在制作开始之前就在脑海里形成的蓝图所制作的桌子具有相同的性质。政治活动现在被认为是"制造历史"——这个词最初是在维科[1]那里出现的——而非国家，而我们都知道，这个历史的最终产物是无阶级的社会，那将是历史过程的终结，正如桌子确实是制造过程的终结。换句话说，既然在理论的层面上，旧价值的伟大重估者们除了把事情颠倒过来以外没有做更多的事情，那么积极生活内的旧等级秩序也就几乎没有受到干扰；旧的思维模

---

[1] 詹巴蒂斯塔·维科(Giambattista Vico，1668—1744)，意大利哲学家，代表作有《新科学》。——译者注

式占据着上风，而新旧之间唯一相关的区别在于，这种起源和意义在于实际的凝思经验的秩序变得非常值得怀疑。因为在这方面，现代的实际特点是凝思本身变得毫无意义。

对于这一事件，我们在此将不做讨论。相反，就接受了最古老的、前哲学的等级秩序而言，我建议研究这些活动本身。而你们现在可能已经意识到了这其中的第一件事是我对劳动和制作的区分，这对你们来说可能听起来有些不寻常。我是从洛克的一句相当随意的话中得出这一区分的，他谈到了"我们身体的劳动和我们双手的工作"。（用亚里士多德的话来说，劳动者是那些"用他们的身体来满足生命需要"的人。）支持这种区分的现象证据太过明显了，以至于没法忽视，然而事实是，除了一些零星的言论和社会及制度史的重要证词外，几乎没有任何东西可以支持这种区分。

在这种缺乏证据的情况下，有一个简单而顽固的事实，即每一种欧洲语言，不管是古代的还是现代的，都有两个在词源上不相关的词来表示我们所认为的同一种活动：即希腊语中 ponein（劳动）[1]和 ergazesthai（制作）[2]的区分，拉丁语中 laborare[3]（劳动）与 facere[4]（制作）或者 fabricari[5]（制作）的区分，法语中 travailler（劳动）与 ouvrer（工作）的区分，以及德语中 arbeiten（劳动）与 werken（工作）的区分。在所有这些情况当中，劳动的对应词都有明确的关于身体体验、劳累以及苦恼的含义，并且在大多数情况下，它们也明显地适用于生育的痛苦。最后一个使用这种古老的联系的人是马克思，他把劳动定义为"个体生命的再生产"，而把生育——即"另一个生命"（foreign life）的生产——定义为种族（species）的生产。

如果我们抛开所有的理论，特别是马克思之后的现代劳动理论，只

---

[1] 希腊词 πονεῖν 是动词 πονέω（大意为"劳动、劳苦、辛苦"）的现在时主动态不定式形式。——译者注

[2] 希腊词 ἐργάζεσθαι 是动词 ἐργάζομαι（大意为"劳作、制作、生产"）的现在时被动态不定式形式。——译者注

[3] 拉丁词 laborare 是动词 faboro（大意为"劳动、苦干"）的现在时主动态不定式形式。——译者注

[4] 拉丁词 facere 是动词 faciō（大意为"制作、建造"）的现在时主动态不定式。——译者注

[5] 拉丁词 fabricari 是动词 fabricor（大意为"制作、建造"）现在时被动态不定式。——译者注

遵循词源学和历史证据，那么显然，劳动是一种与身体的生物过程相对应的活动，正如年轻的马克思所说的，它是人与自然之间的新陈代谢，或者说是我们与所有有机生物体所共享的这种新陈代谢的人类模式。通过劳动，人类生产出了必须进入人体生命过程的生命必需品。并且由于这个生命过程，尽管它引导我们从出生到死亡呈现出一种线性的衰亡过程，但它本身是循环的，劳动活动本身必须遵循生命的循环，即我们身体机能的循环运动，这就意味着只要生命还在持续，劳动活动就不会结束；它是无止境地重复。与制作——它在对象完成并准备加入这个事物与对象共同的世界之中时就已经结束了——不同的是，劳动总是在生物有机体所规定的同一个循环中运动，而其劳苦愁烦(toil and trouble)的终结只有在结束——即单个有机体的死亡——时才到来。

换句话说，劳动生产了消费品，而劳动和消费只是生物生命不断循环的两个阶段。生命过程的这两个阶段彼此是如此紧密地相连，以至于它们几乎构成了同一个运动，而当它们必须重新开始的时候，它们几乎没有结束。劳动与所有其他人类活动不同，它处于必然性的标志之下，即洛克曾经说过的"生存的必然性"，或马克思所说的"自然界所强加的永恒必然性"。因此，在马克思那里，革命的实际目标不仅仅是劳动者或工人阶级的解放，而是人从劳动中获得解放。因为"自由王国只有在被需求决定的劳动"和"肉体需要"的迫切性结束时才开始。而正如我们所知道的，这种解放在可能的范围内，不是通过政治解放——所有阶级的公民的平等——实现的，而是通过技术实现的。我说：在可能的范围内，我的意思是，消费作为有机生物体周期性运动的一个阶段，在某种程度上也是辛劳的(laborious)。

消费品，即劳动过程的直接结果，是有形物品中最不耐用的。正如洛克所指出的那样，它们是"短暂的，如果它们不被消耗，就会自己腐烂和消亡"。在世界上短暂停留之后，它们要么通过进入人类的动物生命过程的方式，要么通过腐烂的方式，回到产生它们的自然过程中；在它们的人造形式中，它们消失得比世界上任何其他部分都要快。它们是最不世俗的，同时也是所有事物中最自然和最必要的。尽管它们是人造的，但它们来来去去，被生产和消费，与自然界不断循环的周期性运动相一致。因此，它们不能被"堆积"和"储存"——如果它们要服务于洛克的主要目的，即在人对自己身体的权利上确立私有财产的有效性，那就必须如此。

但是，尽管在生产任何持久的东西——超越活动本身甚至生产者寿命的东西——的意义上，劳动是相当"非生产性的"和徒劳的，但在另一种意义上，它是高度生产性的。人类的劳动能力使他生产的消费品超过了自身和家庭生存所需的数量。可以说，劳动过程的自然丰裕（abundance）使人们能够奴役或剥削他们的同胞，从而把自己从生活的负担中解放出来；虽然这种少数人的解放总是通过统治阶级使用武力来实现的，但如果没有人类劳动本身固有的繁殖力，这种解放是永远不可能的。然而，即使是这种特定的人类"生产力"也是自然的一部分，它属于我们在自然大家庭中随处可见的这种过剩（superabundance）。它是"你们要生养众多，在地上繁茂昌盛"的另一种模式，在这种模式中就仿佛是自然本身在向我们说话。

由于劳动与生命本身的条件相对应，它不仅参与了生命的劳苦愁烦，还参与了我们可以体验到的活着的纯粹幸福（bliss）。在现代劳动理论中占有重要作用的"劳动的幸福或喜悦"并不是空洞的概念。人是那个被我们称为"世界"的、区别于自然的人造物品的创造者，人总是通过行动和言语相互牵连，因而绝不仅仅是自然存在物。但是，只要我们也是生物，那么劳动就是我们可以在自然所规定的循环中——劳作与休息，劳动与消费有着与日夜相继、生死轮回同样的快乐和同样无目的的规律性——心满意足地转动的唯一方式。尽管劳动本身没有留下任何东西，但它的回报甚至比其他任何形式的幸福都来得更真实，更不虚无。这种回报取决于自然的繁殖力，取决于在"劳苦愁烦"中的人在一种平静中相信他做了该做的，相信他会通过他的孩子以及孩子的孩子在未来成为自然的一部分。与古典时代不同，《旧约》认为生命是神圣的，因而无论是死亡还是劳动，它们都不是恶（这当然不是一种反生命的论述），《旧约》中关于族长的故事显示了他们对于死亡是多么地不关心，以及死亡是如何以熟悉的黑夜的形式降临在他们身上，并让他们安静而永远地"安享晚年与颐养天年"。

内在于劳动中的整个生命的幸福不可能在制作中找到，并且也不应该被误认为是伴随着完成任务与获得成就而来的不可避免的短暂快乐。劳动的幸福在于努力(effort)与满足就像生产与消费一样紧密相连，因而幸福只是过程本身的伴随物。在这个规定的痛苦消耗和快乐再生的循环之外，人类没有持久的幸福和满足。任何使这个循环失去平衡的东西——苦难，以及在其中伴随着筋疲力尽而来的悲惨，或者，在另一方面，在一种完全不费力的生活中，无聊取代了疲惫以及对生活必需品的消费和消化，无情地将人类孱弱的躯体碾压至死——都破坏了从活着中获得的根本幸福。只要劳动是作为我们用来谋生以及维持生命的"常规"工作来进行的，劳动的因素就存在于所有的，哪怕是最高级的人类活动中。它们的重复性往往让我们感到是一种筋疲力尽的负担，然而正是这种重复性提供了最低限度的动物性满足，而这种满足是那种罕见的、永不持久的巨大而有意义的快乐所永远无法代替的，没有这种满足，我们就很难忍受那种尽管同样罕见但持久得多的真正的悲伤和痛苦。

与我们身体的劳动不同，我们双手的制作制造了各种各样的东西，而这些东西的总和就构成了人造物，也就是我们生活的世界。它们不是消费品，而是使用物，对它们适当的使用并不会使它们消失。它们给予世界稳固性，如果没有这些东西，就无法依靠世界来庇护人类这种漂浮不定又难逃一死的生物。

可以肯定的是，这个物的世界的持久性不是绝对的；我们不是在消费这些使用物，而是在耗尽它们，而如果我们不这么做，它们也会简单地蜕化变质，返回到它们被我们从中抽离并建立起来、又始终抗拒的整个过程中。如果任其自生自灭或把它们从人类世界中遗弃，那么椅子将再次变成木头，而木头将腐烂并重新回到土地之中，此前，木头正是在这片土地上生长，之后它才被砍伐并成为人们制作和建造的材料。然而，虽然使用必定会耗尽这些东西，但这个目的并不是以前就计划好的，这不是制造它的目标——就像面包的"毁灭"或立即消费是它固有的目的；使用所损耗的是耐久性(durability)。换句话说，毁灭虽然不可避免，但在使用中是偶然的，在消费中却是固有的。一双最脆弱易损的鞋子和单纯消费品的区别在于，如果我不穿它们，它们就不会坏，它们是物品，因此拥有自己的某种"客观的"独立性——不论多么有限。无论使用或不使用，它们都会在这个世界上持存一定的时间，除非它们被肆意地毁坏。

正是这种耐久性使世界上的东西相对独立于它们的制造者和使用者，它们的"客观性"使它们能够承受、"抵御"并且至少在一段时间内忍受它们的活生生的使用者的贪婪需求和欲望。从这个角度来看，世界上的东西具有稳定人类生活的功能，而它们的客观性在于，尽管人的本性在不断变化，但可以通过将他们与物品的持久同一性联系起来的方式重新获得他们的身份：今天与明天的同一把椅子，从出生到死亡的同一间房子（至少以前是这样）。与人的主观性相对的是人造物的客观性，而不是自然的冷漠。只有因为我们从自然给予我们的东西中建立起一个物的世界，并将这个人工环境建立到自然界中，从而保护我们免遭大自然的伤害，我们才能将自然界视为某种"客观"的东西。如果在人与自然之间没有一个世界，那就只有永恒的运动，而没有客观性。

耐久性和客观性是制造的产物，是技艺人（homo faber）的制作。它是由物化（reification）构成的。即使是最脆弱的事物所固有的稳固性，最终都来自被转化为材料的物质。就材料已经从它的自然位置中被取走而言，它已经是人手的产物了；这种获取要么是扼杀一个生命过程，就像为了获得木头我们必须砍树，要么是打断某个自然的缓慢过程，就像从地球的子宫中获取铁、石头或者大理石。这种侵犯和暴力的因素存在于所有的制作过程中，而人类作为人造物的创造者，一直是自然的破坏者。这种暴力的体验是人类力量的最基本的经验，从而与人在纯粹的劳动中所体验的痛苦与筋疲力尽的付出（effort）完全相反。这不再是用"他额头的汗水"来挣得面包，在这种情况下，人类可能确实是所有生物的主人，但他仍是自然、他自己的自然需求以及地球的仆人。只要技艺人（homo faber）侵犯并部分地破坏了给予他的东西，他就会成为自然的主宰和主人。

制作的过程本身完全是由手段和目的的范畴决定的。被造物在双重的意义上是一个最终产品：其一是生产过程在它身上达到了目的，其二是生产过程仅仅是达成这一目的的手段。与把劳动和消费作为同一个过程——个人或社会的生活——的两个阶段的劳动活动不同，制作和使用是两个完全不同的过程。当事物被完成后，制作过程就结束了，并且这个过程不需要被取代。重复的动力来自工匠获取他生活资料(means of subsistence)的需要，也就是说，来自他制作中固有的劳动要素。它也可能来自市场对增殖(multiplication)的需求。在这两种情况下，这个过程都是出于它自身以外的原因而重复进行的，这与劳动中固有的强制性重复不同：为了劳动就必须吃饭，而为了吃饭就必须劳动。增殖不应与重复混为一谈，尽管个体工匠可能觉得它仅仅是重复，而机器可以更好、更有效地实现这种重复。增殖实际上是在使事物成倍增加，而重复仅仅是遵循着生命循环，而在这一循环中，它的产品几乎是一出现就消失了。

有一个明确的开始和一个明确的可预测的结束是制造的标志，只有通过这一特点才能使它与所有其他人类活动区分开来。劳动，在生物过程的循环运动中既没有开始，也没有结束，严格来说，只有停顿，只有耗尽和再生之间的间隔。行动，尽管可能有一个明确的开始，但正如我们将看到的，它从来没有一个可预测的结束。制作的这种巨大的可靠性体现在，与行动不同，制造过程不是不可逆转的：由人类的双手生产的每一件东西都可以被他们摧毁，在生命过程中，没有一个使用物是如此亟需，以至于它的制造者无法生存并无法承受其破坏。人，这个人造物的制作者，他自己世界的制作者，确实是一个主人，不仅是因为他把自己设定为所有自然的主人，还因为他是他自己和他行为的主人。这既不是劳动的真实情况，也不是行动的真实情况，因为在劳动中人仍然受制于他们生活的需要，而在行动中他们仍然依赖他们的同伴。单单凭着未来产品的形象，技艺人就可以自由地生产，而单单面对他双手的制作，他又可以自由地破坏。

我之前说过，所有制造过程都是由手段和目的的范畴决定的。这最清楚地展现了工具和器具(tools and instruments)在其中发挥的巨大作用。从技艺人的角度来看，人类的确如本杰明·富兰克林所说的，是一个"工具制造者"。可以肯定的是，工具和器具也被用于劳动过程，就像每一个自豪地拥有现代厨房的所有小玩意儿（gadgets）的家庭主妇所知道的那样；但这些器具在被用于劳动时具有不同的性质和功能；它们的作用是减轻劳动者的负担并使劳动机械化，它们可以说是以人类为中心的，而制造用的工具则是为了制造东西而设计和发明的，它们的适用性和精确性是由"客观的"目标而不是主观的需要和意愿所决定的。此外，每一个制造过程所生产出来的东西能够存续的时间都比使其存在的过程要长得多，而在生产这些"不耐久"的产品的劳动过程中，它所使用的工具和器具是唯一能从劳动过程本身中幸存下来的东西。它们对劳动是有用的，并且不是劳动活动本身的产物。支配着身体劳动以及所有以劳动模式进行的制作过程的，既不是有意图（purposeful）的努力，也不是产品本身，而是过程本身的运动以及它强加给劳动者的节奏。劳动工具被卷入到这种节奏中，身体和工具在其中以相同的重复运动来回摆动——直到机器被使用，身体的运动不再决定工具的运动，而是机器的运动强制了身体的运动，在更先进的情况下，机器完全取代了身体。在我看来，非常典型的是，这个被广泛讨论的究竟是人类来适应机器，还是机器来适应人类本性的问题，从来没有在单纯的工具或器具方面出现过。其原因在于，所有工艺工具仍然是手的仆人，而机器确实要求劳动者为它们服务，根据它们的机械运动来调整他的身体的自然节奏。换句话说，即使是最精致的工具，也仍旧是仆人，无法指导和取代手；即使是最原始的机器，也能指导和绝好地取代身体的劳动。

我们在工具性方面最基本的经验来自制造过程。在这里，目的确实证明了手段的正当性；它还生产并组织了这些手段。目的证明了为获取材料而对自然施加暴力的正当性，正如木材证明了杀死树木的正当性，桌子证明了破坏木材的正当性。最终的产品以同样的方式组织了制作过程本身，决定了所需的专家、合作的尺度、助手以及合作者的数量。因此，在这里，每件事和每个人都是根据其对渴望的最终产品的适用性和有用性来判断的，而不是根据其他东西。

奇怪的是，手段-目的范畴的有效性并没有随着成品的出现而耗尽，因为所有事物和所有人都成了手段。尽管物品就其生产手段和制作过程的实际目的而言是一种目的，但可以说，至少只要它还作为一种使用物，它就从来不是目的本身。由于物品的极度（very）有用性，它就立刻在另一个手段-目的的链条中占据了一席之地；作为一个单纯的使用物，它成为——比方说——一种舒适生活的手段，或者作为一个交换物，也就是说，只要用于制造的材料被赋予一定的价值，它就成为获取其他物品的手段。换句话说，在一个严格的功利主义世界中，所有的目的都注定是短暂的；它们被转化为某些进一步目的的手段。一旦达到目的，它就不再是目的，而是成为众多物品中的一个，随时都可以转化为追求进一步目的的手段。而功利主义的困难——也就是技艺人的哲学——在于它陷入了手段和目的的无穷链条，没能达到某种能够证明手段-目的正当性的原则，也就是功利原则本身。

摆脱这种困境的通常方式是将使用者（人本身）作为最终目的，以阻止目的和手段的无穷链条。我们从康德的道德哲学中可以知道，人本身就是目的，绝不应该被用作追求其他目的的手段，无论这些目的有多么高尚（elevated），康德无疑是想首先把手段-目的的范畴及其功利主义哲学降低到合适的位置，并且防止它统治人与人之间的关系而不是人与物之间的关系。然而，即使是康德的内在悖论公式也未能解决技艺人的困惑。通过把人这个使用者提升到最终目的的位置，他甚至更有力地把所有其他"目的"都贬低为纯粹的手段。如果人这个使用者是最高的目的，是"万物的尺度"，那么，不仅自然界会被制作过程视作是几乎"无价值的材料"，可以在它们上面制作并赋予其"价值"（如洛克所说），而且有价值的东西本身也会变成单纯的手段，从而失去了它们本身的内在价值。或者让我们换一种说法，最世俗的活动失去了它原有的客观意义，它变成了满足主观需要的手段；就其本身而言，不管它多么有用，它都不再有意义。

从制作的角度来看，成品本身就是一个目的，是一个有其自身存在的独立持久的实体，就像在康德的道德哲学中人自身是一个目的一样。当然，这里的关键问题不是工具性本身，即用手段来达成目的，而是对制作经验的普遍化，在其中有用性和功效被确立为世界以及在世界中活动的人类的生活的最终标准。我们可以说，当技艺人在功利主义的伪装下提议完全用工具性来统治这个完成了的世界领域，就如同它完全统治了包含了所有事物的产生的活动时，他就已经越过了他的活动界限。这种普遍化对技艺人来说永远是一种特殊的诱惑，尽管——归根到底——这将是他的失败：他将在有用性中失去意义；功利主义永远无法回答莱辛[1]对他那个时代的功利主义哲学家提出的问题："那么，请问用处的用处（use of use）是什么呢？"

在制造领域本身之中，只有一种物品不适用手段与目的的无穷链条，那就是艺术作品，它是人类的双手所能制造的最无用同时也最持久的东西。它的特点是远离整个日常用途的背景，因此一旦一件以前的物品，例如一件过去时代的家具，被后人认为是一件"杰作"，那么它就会被放入博物馆中，从而被小心翼翼地从任何可能的用途中移除。正如一把椅子的目的在它被坐上时得以实现一样，一件艺术作品的内在目的——无论艺术家是否知道，无论目的是否实现——是为了跨越时代而达至永久。没有任何地方能够把人造世界的纯粹持久性显示得如此纯粹和清晰，因此也没有任何其他地方能够让这个事物的世界如此壮观地显示出它是有死者的不朽家园。尽管这些恒久之物的实际灵感来源是思想，但这并不妨碍它们成为物。除了纯粹使用工具来生产物品的能力以外，思想过程不会产生任何有形的东西。而正是在写下一些东西、画出一幅图像、谱写一段音乐等过程中发生的物化，真正使得思想成为现实；为了生产这些我们通常称作艺术品的思想之物，则需要那种与通过人类双手的原始工具来打造其他不那么耐久却更有用的人造物相同的工艺。

人造物的世界，只有当它同时超越了消费品的纯粹功能主义和使用物的纯粹功用时，它才能成为有死者的家园，它的稳定性才能持续并超越这些有死者的不断变化运动的生命和行动。非生物学意义上的生命——即每个人从出生到死亡的时间跨度——表现在行动和言说上，现在让我们转向这一点。我们用言语和行动将自己嵌入人类世界，这种嵌入就像是第二次出生，我们在其中确认和承担了我们最初的形体表现（appearance）这一赤裸裸的事实。由于我们是通过出生而存在的，我们

---

[1] 戈特霍尔德·埃夫莱姆·莱辛（Gotthold Ephraim Lessing，1729—1781），德国作家和文艺理论家。——译者注

就与所有其他实体共享了"他者性"这一品质，这是复多性(plurality)的一个重要方面，而我们只能通过区分来对其进行定义：如果我们不把一样东西与其他东西区分开来，我们就无法说它是什么。除此之外，我们还与所有的有机生物体共享了使我们成为独立实体的区分标志。然而，只有人能表达他者性和个性，只有他能把自己与他人相区别，也只有他能与自己进行交流，而不仅仅是表达某些情感——饥渴、爱恨或恐惧。在人身上，他者性和差异性变成了独特性(uniqueness)，因为他用言语和行动插入他的同类中的东西是独一无二的。这种嵌入并不像劳动那样通过必然性来强迫我们，也不像制作那样由意愿和欲望所驱动。它没有这样的条件；它的冲动来源于我们出生时进入世界的开端，而我们通过主动开始一些新的东西来回应它。在其最普遍的意义上，"去行动"正如希腊词 ἄρχειν 所表示的那样，意味着"采取主动"，"去开始"，或是意味着"使某些东西开始运动"——而这就是拉丁词 agere 的原始含义。

所有的人类活动都受制于人类的复多性这一事实，即不是单个人，而是复数的人生活在地球上，并以这样或那样的方式一起生活。但只有行动和言说与这一事实——即活着总是意味着生活在人们中间，生活在那些与我平等的人中间——具体相关。因此，当我把自己嵌入这个世界时，它已经是一个其他人存在于其中的世界了。行动与言说之所以联系得如此紧密，是因为原始的、特定的人类行动也必定要回答"你是谁？"这个向每一个新来者提出的问题。对"某人是谁"的彰显隐含在这样一个事实之中：无言的行动在某种程度上是不存在的，或者即使存在也是无关紧要的；如果没有了言说，行动就失去了行动者，而行动者只有在他同时是言说者的情况下才是可能的，他将自己确定为行动者并宣布他正在做什么，已经做了什么，或者他打算做什么。而这正是但丁曾经说过的(并且比我说得更为精炼)："因为在每一个行动中，行动者的主要目的……是彰显自己的形象。因此，每一个行动者就其所作所为而言都以行动为乐；既然一切事物都渴望它自己的存在，既然在行动中行动者的存在以某种方式得到了强化，那么快乐必然随之而来……因此，除非通过行动使其潜在的自我得以显现，否则没有任何东西会采取行动。"(《帝制论》I，13)可以肯定的是，对"谁"的彰显总是隐藏在人自己身上——就像希腊宗教里的守护神（δαίμων）一样伴随着人的一生，总是从背后注视着人，因此只有与他迎面相遇的人才能看到。尽管如此，尽管不为人所知，但行动是非常个人化的。没有名字的行动——没有"谁"附加于其上——是没有意义的，而对一件艺术品来说，无论我们是否知道作者的名字，它都能保持其相关性。请让我提醒你们注意第一次世界大战后的无名战士纪念碑。它们证明了需要找到一个"谁"，一个历时四年的大屠杀本应该揭示的、可以识别的某个人。正是由于不愿意接受战争的推动者（agent）是"无名之辈"这样一个残酷的事实，促使人们为无名者——那些战争使其变得不为人知的人，那些战争剥夺了他们为人的尊严（而不是他们的成就）的人——建造了纪念碑。

　　无论人们在何处共同生活，都存在着一张人际关系网，它是由无数人的言行举止编织而成的，其中既有生者，亦有死者。每一个行动和每一个新的开端都会落入已经存在的网络之中，然而，它在这里以某种方式开启了一个新的过程，而这将影响到其他许多的人，甚至超出了这些行动者能够直接接触的人。正是因为这个已经存在的人际关系网及其相互冲突的意愿和意图，行动几乎从未达到其目的。也正是因为这种媒介和随之而来的不可预测的品质，行动总是产生故事——无论是否有意——就像制作活动生产有形之物一样自然。之后，这些故事可能会被记录在文件和纪念碑中，它们可能会在诗歌和史学中被讲述，并被加工成各种各样的材料。然而，它们本身的性质与这些物化是完全不同的。行动更多地告诉了我们它们的主题，讲述了每一个故事的"主人公"，比任何产品用人手告诉我们关于它的生产者的故事都要多，因而确切地说，它们并不是产品。尽管每个人都开始了他自己的故事——至少是他自己生活的故事——但没有人是这个故事的作者或生产者。然而，正是在这些故事中，人类生命的真正意义最终显现了出来。每个人在出生和死亡之间的生命最终都可以作为一个有头有尾的故事来讲述，这是历史的前政治和前历史的条件，是无始无终的伟大故事。但是，为何每一个人的生命都在讲述它的故事，为何历史最终变成了人类的故事书——有很多行动者和言说者，但却没有任何可以辨认的作者——二者的原因都在于它们是行动的产物。只要我们活着，我们所参与的真实故事就没有可见的或不可见的制造者，因为它们不是被制造的。

在这个领域中没有一个制造者，这说明了严格意义上的人类事务领域异常脆弱和不可靠。由于我们总是在一个关系网中行动，因此每一个行动的后果是无限的，每一个行动都触发了一个反应，并且是一个连锁反应，每一个过程都是不可预知的新过程的原因。这种无限性（boundlessness）是不可避免的；它不可能通过将一个人的行为限制在一个有限的可理解的框架或环境中，或者通过将所有相关的材料输入巨型计算机中来消除。即使在最有限的环境里最微小的行动也承载着同样的无限性和不可预测的种子；一个行动、一个手势、一句话就足以改变整个局面。并且与制作相反的是，在行动中我们确实永远无法知道我们正在做什么。

然而，与人类事务的这种脆弱和不可靠形成鲜明对比的是，人类行动的另一个特点似乎使它比我们所能假设的更加危险。这是一个简单的事实：虽然我们在行动时不知道自己正在做什么，但我们永远不可能撤销我们已经做过的事情。行动过程不仅是不可预测的，而且是不可逆转的，也就是说，在行动中没有这样一个能在他不喜欢或者在结果被证明是灾难性的时候，能够撤销、破坏他所做的事情的作者或制造者。行动的这种特殊复原力（resiliency）显然是与它的产物的脆弱性相对立的，如果这种能力在它自己的范围内没有某种补救措施（remedy），那将是完全无法忍受的。

从不可逆转的困境中得到可能的救赎是宽恕的能力，而对不可预见性的补救则包含在作出承诺和履行承诺的能力中。这两种补救措施是相辅相成的：宽恕关联着过去并有助于消除它的行为，而通过承诺来约束自己则有助于在未来的不确定的海洋中建立起安全的岛屿，如果没有这些岛屿，在人与人的关系中就不会有任何连续的东西，更不用说持久的东西了。如果没有被宽恕，没有从我们所作所为的后果中摆脱出来，我们的行动能力就会被限制在一个单一的行为中，永远无法恢复；我们将永远是其后果的牺牲品，就像没有咒语就无法打破魔咒的新手巫师一样。如果没有承诺的实现，我们将永远不能实现同一和连续（这两者共同产生了一个可以被讲述的"人"），我们每个人都将被罚在他自己孤独的心灵的黑暗中无助地徘徊，陷入不断变化的情绪、重重矛盾和模棱两可中不能自拔。但这种通过将自我与承诺相结合而实现的主观同一性，必须与客观的（与物相关的）同一性区分开来，后者在面对椅子和房子的同一性时产生，之前我在关于制作的讨论中提到过这一点。在这方面，宽恕和作出承诺就像是内在于开启新的、无尽的过程的能力中的控制机制。

如果没有行动，如果没有开启新的事物，从而阐明随着每个人的诞生而进入世界的新开端的能力，那么人类在生与死之间度过的生命将不可避免地注定无法得到救赎。奔向死亡的寿命本身将不可避免地把人类的一切带向毁灭。行动及其所有的不确定性就像是一个无时无刻不在的提醒：人虽难免一死，但并非为死亡而生，而是为了开始某些新的事物而生。奥古斯丁说，Initium ut esset homo creatus est（"有一个开端，人被造出来了"）。随着人被创造，开端的原则进入世界中——当然，这只是"随着人被创造，自由的原则出现在世界上"的另一种说法。

1964 年

政治与犯罪：一次书信往来

在被《水星》杂志（*Merkur*，德国文化和政治杂志）要求讨论汉斯·马格努斯·恩岑斯贝格尔[1]的《政治与犯罪》（Suhrkamp，1964）一书后，汉娜·阿伦特用以下信件进行了回应。

纽约，1964 年底

我是带着真正的乐趣读完这本书的；我只熟悉在《水星》上刊登的关于意大利女孩被谋杀的报道文章，那篇文章我也非常喜欢。恩岑斯贝格尔对具体和重要的细节有着敏锐的感觉。他打算重新讲述古老的故事，这个想法很不错，也很重要。他通常都能成功，例如关于俄国恐怖分子的故事。这本书最弱的地方在于政治分析或推论。在这些文章中，最后一篇关于叛国罪的文章是相当出色的。但他自己肯定不能相信奥斯维辛"揭露了迄今为止所有政治的根基"。希特勒先生驳倒伯里克利了吗？ 奥斯维辛揭露雅典城邦的根基了吗？ 这听起来像是一种空洞的修辞，而我怀疑它并非是出自这样一位天赋异禀的、诚实的作者之口。在对细节的使用方面，恩岑斯贝格尔特别向瓦尔特·本雅明进行了学习——我是说学习，而不是抄袭！ ——甚至在风格上也是如此。尽管这大有好处，但也可能导致危险的误解。另一个例子是犯罪、商业和政治的简单等式——而这是由布莱希特首先提出的。第三帝国的罪行不是刑

---

[1] 汉斯·马格努斯·恩岑斯贝格尔（Hans Magnus Enzensberger，1929—2022），德国作家、诗人。——译者注

法意义上的罪行，而芝加哥的黑帮——他们置身于社会之中——也并非纳粹的先驱。他们仍然依赖——如果不是完全依赖——这个社会提供的保护（甚至对罪犯也是如此），他们既不打算，也没有真正的兴趣去夺取权力。纳粹不是商人，因此，尽管将商业与犯罪画上等号可能是成立的，但它仍然是非政治性的：无论是阿尔·卡彭[1]还是可敬的商人都不是政治性的。当一个人来自马克思主义，特别是由布莱希特和本雅明重释过的马克思主义时，这些错误是很容易理解的。但它确实无助于对政治事件的理解。相反，这只是一种被高度培养的逃避主义："奥斯维辛揭露了所有政治的根源"就像在说整个人类都有罪一样。而在每个人都有罪的地方，没有人是有罪的。具体的和特殊的东西都在一锅乱炖中丧失了。当一个德国人这样写的时候就会引人注意。它意味着：不是我们的父辈，而是所有人都造成了这场灾难。而这根本就不是事实。此外，还有一种危险的情绪正在德国蔓延：如果奥斯维辛是所有政治共同的后果，那么我们必须感谢这个后果最终被实现了。噢，这个幸运的过失（Felix Culpa）！

所有这些都是为了解释为什么经过一番折腾之后，我不会讨论这本书。对我来说，要把其中相当优秀的东西和被误导的东西分开实在是太难了。我想和恩岑斯贝格尔谈谈。他应该找个时间过来。对盎格鲁-撒克逊传统和美国现实缺乏了解，这是德国人（不仅仅是德国人）的一个老毛病了。它只能通过访问而非阅读来治愈。

汉娜·阿伦特

特约姆，挪威，1965 年 1 月 24 日

亲爱的阿伦特夫人：

多年来，我一直在读您的作品，这些年它们一直对我很有帮助；因此，我应该感谢您；如果这些作品中有一些现在是针对我的，或是反对我的，那就更是如此。因此，请允许我写几句话作为回应。

---

[1] 阿尔·卡彭（Al Capone, 1899—1947），美国芝加哥黑手党领导人。——译者注

您对我的"错误"的指责具有不同的分量。只要它们在您眼里是以马克思主义为基础的，那么我们就此打住。我们在不同的前提下工作，也就得出了不同的结论。例如，您认为"社会问题"不能通过政治手段解决；不幸、贫困和剥削——您在《战争与革命》[1]一文中是这样说的——可以通过技术，并且唯有通过技术才能掌控。两百年前在美国《独立宣言》中宣布的事情，已经以一种有时令人恐惧的速度"成为了事实"，即"在世界各国之间"的所有民族都将拥有一个"独立和平等的地位"。

但我没有看到非洲、南亚和拉丁美洲的人民在掌握自己的命运；他们只在国事访问议定书中享有独立和平等的地位；我看到在我们的时代生活着的数十亿人被遗弃在苦难、贫困和剥削之中；我由此得出结论，只要马克思主义要对我的"错误"负责，我就不会轻易纠正它们。它们将你我区分开来，但这种区分是可以忍受的；因为它不是由任何一种误解造成的，也就不会导致一方对另一方的道德谴责。

但您对我说的关于奥斯维辛的每一个字，以及与之有关的所有想法，都更有分量。我不能接受您的判断。这一判断建立在这样一句话上：奥斯维辛将迄今为止所有政治的根源暴露无遗。您把这句话解释为逃避，解释为一种"逃避主义的形式"。我想（事实上我也必须）为自己辩护。

让我从您得出的结论——"如果奥斯维辛是所有政治共同的后果，那么我们必须感谢这个后果最终被实现了"——开始。这句话没有恪守正义或逻辑。它在道德上与我所写的一切都是不可调和的，并且它没有逻辑意义。发展核装置的最极端后果是地球上所有生命的灭绝。如果有人做出这样的声明，他绝不应该得到这样的答复：如果这个后果最终实现了，我们将不得不对此心存感激。

我进行这样的比较并非出于偶然。因为，如果我以一个既非人类学家亦非历史学家之人的不充分手段来思考导致了奥斯维辛的那段历史，那么我这么做是为了它的未来。在我看来，如果假装它已经成为过去，如果表现得好像它只是一段已经过去了的历史——这正是当下德国人的看法——那将是一种逃避主义。只有傻子才会怀疑，有且只有德国人对

---

[1] 载于 *Merkur*，1965 年 1 月。——编者注

"最终解决方案"负有责任；但为了防止我的书被这些傻子阅读，我已经把这些非常明白地重复了三次，明确无误。然而，我们不仅要考虑我们的父辈，还要考虑我们的同辈和我们的晚辈；不仅要考虑那些年长于我们的人的罪责，还要考虑——事实上，特别是——我们自己所承担的罪责。因此，我说："明日的最终解决方案计划将是在公开场合进行的"以及"在 1964 年，只有该行动的从犯"[1]。如果这只是一般的大杂烩，那就不是我的发明，而有可能在其中迷失的正是我们自己。今天，关于"大屠杀"的词汇在每一块电视屏幕上响动着。它的情况并不比"特殊待遇"这个词好多少。"后人们在忙着准备他们自己的'最终解决方案'的同时，还试图去评判（judge）那些要为希特勒的'最终解决方案'负责的人以及他们的下属。这就是它的矛盾之处（inconsistency）。而这种矛盾之处是我们唯一的希望——一个微小的希望。"我想坚持这一说法。"昨日的最终解决方案没有被阻止。而明日的最终解决方案是可以避免的"[2]。如果这就是逃避主义，那么我就要求获得这个称号。

最后，请允许我对您的这句话再作评论："当一个德国人这样写的时候，是值得关注的"。我理解这句话，我也理解您为什么要写这句话。我能接受它从您的口中说出。但脱离了说话的人，这句话本身就值得关注；因为它意味着一项判决的正确性取决于宣判人的国籍。

我已经多次遇到这种诉诸国家的论证（argumentum ad nationem）了。我见过一些苏联公民，他们对任何有关他们国家状况的批评言论都会以 1941 年德国的攻击为由进行还击。这种反应也是可以理解的。当然，这与对话本身无关，而是与对话的先决条件有关。没有哪怕最低限度的信任，就不可能有对话。但信任是一种只能自由给予的东西。这种国家辩论收回了这一礼物，并把对话变成了独白；因为如果一个人的话语总是建立在他的遗产（heritage）上，他怎么能够说话呢？ 他所说的一切都变成了他的国籍的简单附属品；他只能作为一个集体的"代表"说

---

[1] 引文摘自汉斯·马格努斯·恩岑斯贝格尔写于 1964 年的文章《玻璃笼前的反思》（Reflections Before a Glass Cage）的英译文，该文章最初以德文的形式出现在《政治与罪行》（Politik und Verbrechen）——即在此讨论的书——中，其中包含了讨论奥斯维辛的段落。参见汉斯·马格努斯·恩岑斯贝格尔：《玻璃笼前的反思》，迈克尔·罗洛夫（Michael Roloff）译，载于《批判性文章》（Critical Essays，New York，1982，p.115.）。——编者注
[2] 同上书，第 114 页。——编者注

话。他不再作为一个人说话；他仅仅成为了其他东西的传声筒，而且像每一个传声筒一样，他自己也是个被塞住嘴巴的哑巴。因此，我认为：一句话不能因为它是由德国人、共产党人、黑人等说出来的，就变得比原来更值得关注了。它要么本来就值得关注，要么不是。而对我来说——请原谅我，我不得不说——出于同样的道理，德国人的罪行最糟糕的地方不在于它是由德国人犯下的，而在于这些罪行全然地发生了，并且还能再一次发生。

我热切地希望您能理解我。"有且只有德国人应该为奥斯维辛负责"和"人类有能力做任何事情"，这两句话都是必不可少的，任何一句都不能取代另一句。您不应该从我这里寻找逃避、道歉和借口。对我来说，这里的关键不是一本书，我非常清楚，在"奥斯维辛"一词出现之前，没有任何一个词可以被证明是正确的。考虑到这一点，我准备让您相信我是错的；我只是希望您不要误解我的意思。

谨向您致以最高的敬意，

汉斯·马格努斯·恩岑斯贝格尔

纽约，1965 年 1 月 30 日

亲爱的恩岑斯贝格尔先生：

我很高兴您回复了我草草记下的那几句话，我们就这样开始了对话。首先我要说，我的意图不是攻击，而是表达我的疑虑。我没有花哪怕一秒钟的时间来考虑任何对抗，我自然而然地假定了您正确地谈到的"最低限度的信任"。没有什么比误解您或将您与其他人混为一谈更让我心烦意乱的了；情况大不相同。

您对我"诉诸国家"的指责当然是一件好事。在我列出的这种非常简略的形式中，它当然一秒钟也站不住脚。但事情也不像您说的那样简单。我支持您针对"傻子"的那句话：昨日的"最终解决方案"是一个国家的作品，但不能不对其进行解释。正如您自己所写的那样，这是"希特勒的'最终解决方案'"，不幸的是，很大一部分德国人成了它的帮凶，并且没有一个有罪之人曾梦想自己主张这个"宏伟的计划"，或者后来对它承担责任。这就是说，没必要这样，它也可能发生在其他地方，尽管不是所有地方；最后，在任何一种因果关系的意义上，它都不能用德国历史来解释。但事实是，它确实发生在德国，并因此成为德国历史上的一个事件，今天所有德国人都必须为此承担政治责任，但不是道德责任。我被误解的一句话是：对这个"最终解决方案"的看法，对于其他国家的成员来说不过是一种意见，但当它在德国被表达出来时，就会产生直接的、短期的政治影响和政治后果。对德国人来说，对这些问题的讨论不可避免地带来了在其他地方不存在的关注。只有在德国，奥斯维辛问题才是国内政策问题，更不用说它对外交政策的影响了，可以理解的是，人们往往喜欢忽略这些影响。在这个前提下，我准备同意您的观点，即从长远来看，最关键的不是德国人犯下了这样的罪行，而是这些罪行的发生。

现在让我来谈谈我有异议的那句话，它基本上构成了您书中的主题：政治与犯罪的等同。让我从您的逻辑性反对意见开始。"奥斯维辛是有所政治的后果"这句话在逻辑上等价于"核装置是现代技术的后果"——而不是像您说的那样："发展核装置的最极端后果是地球上生命的灭绝"。在今天，有许多人认为技术作为一个整体要对核武器负责，就像您认为政治作为一个整体要对奥斯维辛负责一样，我会对这一点提出异议，就像我对另一点一样。但这里要争论的问题是您把"大屠杀"和"最终解决方案"等同起来，我担心您只是让自己被"最终解决方案"这个不祥的字眼诱惑而陷入这个等式中。在现实中，大屠杀是所有问题的最明确的解决方案，而最终解决方案"只是"对"犹太人问题的最终解决方案"。它可以作为"解决"类似问题的一种模式，并且核武器可能在其中发挥作用也是有道理的，但它与大屠杀没有关系。奥斯维辛的灾难性之处在于重蹈覆辙是可能的，并且它不会对所有参与者造成灾难性的后果。

在战争中发展核装置所固有的政治后果很简单，那就是废除战争这一政治手段——除非人们把那些只有在人类造成之后才会产生的后果归咎于这些装置本身。在您自己的意义上，战争技术的发展带来的政治后果并不确定；我认为这很有可能，但这只是一种观点，人们可以对其进行反驳。但人们无法反驳的是——正如我担心的那样——即使世界各地的人们不再谈论核死亡，奥斯维辛仍然是可能的。

我们的政治概念是在古希腊和古罗马、17世纪以及18世纪的革命中预先形成的。您当然不能说奥斯维辛将这整个历史的根源暴露出来。所以我想您的意思是：所有当代政治的根源都在那里暴露了。但即使在这些范围内，您也只能通过与广岛相比较的方式来维持您的判断。但在我看来，这是一个错误的结论，诚然，这个结论确实是马上就能得出的，因为这两个事件在战争过程中几乎是同时发生的。但它忽略了一个事实，即只有广岛和对其他城市(例如德累斯顿[1])的轰炸与战争有关，事实上它们表明了在一场用现代手段进行的战争中，战争和犯罪之间的区别是无法维持的。但奥斯维辛与战争无关；它是一项人口灭绝政策的开始，并且只有在德国战败后才会停止；如我们所知，希特勒甚至在和平时期也会继续这种"根除"。第三帝国的政策是罪恶的。因此，是否可以说，从那时起，犯罪和政治之间的区别就已经不复存在了？也许人们可以说，在用最现代的武器进行的战争中，战争和犯罪之间的区别已经不复存在了，但在我看来，这是一个错误的类比。

最后说说"逃避"的问题。有这样一种虚幻的激进主义，与其说它是把婴儿和洗澡水一起倒掉，不如说它是通过抛出一些共同点来把许多特殊事物归入到一个一般事物下面，并通过使它成为许多案例中的一个来淡化特定事物。这就是我所说的"逃避主义"的意思。我们偶尔都会这样做，因为在我看来，我们不是被"历史的潮流"或对未来的合理忧虑冲昏了头，而是被我们自己的关联过程所左右。这是我们这一职业的危险所在。人们可以通过不断更新的尝试来抵抗它，即紧紧抓住特殊的东西，而不是为了创造结构而消除差异。

我希望您能理解这一切的本意，也就是说我并没有冒犯的意思。

汉娜·阿伦特

谨上

---

[1] 德累斯顿(Dresden)是德国东部的重要城市，在第二次世界大战后期曾遭受盟军针对平民的轰炸，引发了很大的争议。——译者注

关于格伦·格雷^[1]《战士》一书的导言

七年前，在这本书出版时发生了一些奇怪的和令人不安的事情。一般来说，好书不会被忽视，就像我们希望只有非常糟糕的书才会被扔到编辑部的垃圾堆里一样。可以肯定的是，几乎所有可以想象的事情都会发生在大多数印刷品上，而它们必定介于这些极端之间——忽视，成功（*succés d'estime*）以及畅销榜；鉴于出版物的洪流年复一年地淹没了评论家和读者，其他情况几乎是不可能发生的，而这很大程度上取决于在我们文化的总体氛围中存在的最低限度的标准和知识完整性的规则。但例外情况证明了这一规则，当我们看到格伦·格雷的《战士》也在其中时，我们只能祈祷它们或许是罕见的。这本书刚问世时几乎完全被忽视，但由于在市场上完全可以买到，它慢慢地、肯定地拥有了自己的崇拜者和爱好者圈子，一群各行各业的读者，他们把这本书当作个人发现的胜利来珍惜，并且或许是出于这种非常个人化的原因，他们开始以亲密（affinity）、亲近（closeness）和亲爱（affection）的方式来看待作者，而这即使在杰作那里也是很少能感受到的。因此，让我们感到欣慰的是，这种不受批评和舆论影响的兄弟般的欢迎，正等待着那些出于各种原因而没有被卷入到那条可疑且臭名昭著的主流中去的作者。

此外，关于这本书，它这种缓慢而私密（intimate）的成功还有一些奇怪的地方。作者是第二次世界大战期间的一名情报员，他讲述了自己

---

[1] 杰西·格伦·格雷（Jesse Glenn Gray, 1913—1977），美国哲学家，著有《战士》（*The Warriors: reflections of men in battle*）一书，此书首次出版于1959年，到1970年再版时以阿伦特的这篇文章为导言。——译者注

在四年多的战斗和敌人占领期间所经历和学到的东西；因为这名特殊的战士——甚至在当时就有朋友说他"虽说是个军人"——恰好是一位哲学家(具有讽刺意味的是，他收到的入伍通知书以及哥伦比亚大学的博士学位来自同一封邮件)，他花了十四年的时间来回忆和思考，才理解并接受了在这四年中发生的事情。需要这么多的时间来学习"纯朴"(simplicity)以及摒弃"对抽象思维的简化"，熟悉"具体的"思想与情感的语言和艺术，从而理解抽象概念和抽象情感不仅对实际发生的事情是虚假的，而且是恶性循环的；因为"抽象思维的非人道性完全可与抽象情感相比拟"，对集体的爱与恨——对我的人民和我的敌人(特别是在战争期间)，或者是在最后的幻灭情绪中，对"人类集体〔它〕无疑像国家一样具有不公正的倾向"的憎恨抑或盲目效忠。

因此，在战场上要学的第一课是，你离敌人越近，就越不恨他——"一个远离战区的平民几乎肯定比前线的士兵更嗜血"，当然，除非这个士兵恰好是个杀手，只有对战争持有抽象概念和情感的和平主义者才会把两者弄混了。于是，"珍视具体情感的士兵们发现前线的道德氛围比后方更容易忍受，因此他们甘愿承受更大的战斗压力和个人危险"。这些士兵成为了我们这位作者的精神兄弟，因为他们也会同意尼采所写的："宁可毁灭也不要仇恨和恐惧，宁可毁灭两次也不要让自己被仇恨和恐惧"——这"肯定是对的"。而他学到的第二堂课则是"没有什么主义"，没有民族主义，甚至没有爱国主义，没有什么情感可以灌输给人再加以操纵，只有战友情，"对集体的忠诚是战斗士气的本质"。这种无师自通的具象化(concreteness)，对真实的坚定不移的忠诚，对于接受过抽象思想教育的哲学家来说是难以实现的，而对于那些沉溺于同样的抽象情感和情绪的普通人来说同样如此，而这正是这本极为诚恳并且美妙的书的标志。

在一本关于战争的书中，首先打动读者的必定是它特有的静谧，是这声音的轻声细语，它从不教导或说教，而是以最谦逊的态度讲述作者的记忆。记忆从第一页开始；在十四年后，格雷开始重读他的战争日记和信件。这就设定了一个场景。他觉得这些东西"可悲、可笑并且奇怪"，因为他们让他想起了柏拉图在《理想国》结尾对处在迷途中的人的描述。但他们也让他意识到了他遗忘了多少东西，意识到了"那些年和我所成为的人之间缺乏连续性"，而现在他害怕"继续忘记"，因为这种遗忘可能确实证实了"对我的战争年代最深的恐惧……这些事情没有真正的目的"，它们"很可能毫无意义，或者很可能没太多意义"。他承认，这种恐惧"仍伴随着我"。由此我们可以得出结论，他从未忘记，只是现在到了该说的时候了。

令人惊讶的是——尽管他不知道，在这些事情上他要讲的东西会在多大程度上与流行的信念和现代情感背道而驰——他的故事以"战斗的持久吸引力"开始：那些"危难兄弟会"（confraternity）；那些"壮观场面"的"强大魅力"；那些生命在面对死亡时的"凄美与强烈"，因为"正如情爱的欢愉受制于其短暂性一样，生命之所以甜蜜是因为死亡的威胁笼罩着它"；那种从"我们个人的无能中解放出来，并[醉心于]与我们的伙伴们联合带来的力量"所产生的"轻松愉快"，这种感觉类似于强烈的审美愉悦，当我们如此专注于它的对象，以至于我们的"自我抛弃了我们"时，我们不再感到"被关在自我的围墙之内，被交给自我的不健全"；最后，是那种战时爱情的奇妙的"强迫性"，当它落在我们身上时，如同诗人萨福[1]的惊人比喻——"宛如山风吹在橡树上，摇动了我们的叶子和枝桠"。格雷用反复出现的"狂迷"（ecstasy）一词来总结这些经久不衰的吸引力，他还引用了罗伯特·E.李[2]将军的话："战争如此可怕是好事，因为我们会变得过于喜欢它"；因为所有这些经历的共同点是人们实际上是站在，或者说是被抛到他们自己之外，无论是他们的"'我'不经意地变成了'我们'"，还是他们如此强烈地感到自己是"这个旋转着的世界的一部分"，如此地充满活力，以至于在看似矛盾的情况下，死亡对他们来说不再重要了。我们很容易同意情欲之爱具有这种狂迷（ecstatic）性质，但问题的关键是，战友情也是如此，而友谊并非战友情谊的一种更强烈的形式，而是完全与之相反："战友情想要打破自我的围墙，而友谊则试图扩大这些围墙并保持其完整。一种

---

[1] 萨福（Sappho），约前630—约前560，古希腊著名的女抒情诗人。——译者注
[2] 罗伯特·爱德华·李（Robert Edward Lee，1807—1870），美国军事家，美国南北战争中南方联盟的总司令。——译者注

关系是狂热的，另一种是完全个人的"，一种是非道德性的(但不是不道德的)，另一种则是由道德责任所指引的。但是，由于所有的道德都取决于自我意识，并因此在一定程度上取决于自爱，所以自我牺牲是由战友情而非友谊激发的；因为"友谊使生命倍加珍贵"，而那种"笼罩在战友身上的令人难以忍受的恐惧，与士兵杀手的鲁莽相去甚远"，并且它与"自我牺牲之爱"的不顾一切同样相去甚远，而正如我们所知道的那样，它可以同样轻易地由或好或坏的原因所引发。

人们在重读此书时试图无休止地引用，从而使读者失去了自己的发现和随之而来的巨大乐趣。从表面上看，这是一本关于"狂人"(Homo furens)和"智者"(Homo sapiens)的书，但实际上它是关于生与死、爱、友谊和战友情，是关于勇敢和鲁莽，关于感性和"活力的涌动"，关于"非人的残酷"和"超人的善良"的，它们并非刻板地对立，而是同时存在于同一个人身上(因为"战争将最大的对立压缩到最小的空间和最短的时间里"，而这是它最大的魅力)，最后它是关于良知的，它与狂迷完全相反，因为良知意味着"将自己与他人对立起来，从而一下子失去了他人的安慰"。可以肯定的是，这些东西不多不少都是人类生存的基本因素，但"除非人类被逼迫到极致，否则我们不太可能面对简单而原始的现实"，或对它们进行反思。

反对战争在今天很容易——对格伦·格雷来说这是理所当然的事情。不需要广岛和长崎，也不需要在第二次世界大战中被杀害的平民比士兵更多这一事实来向他灌输"愧疚的痛苦"，但令他感到非常惊讶的是，这种痛苦在当代小说中几乎完全被忽略了，这些小说是在如此随意地处理战斗中的其他痛苦。该书的最大优点之一是，它不否认现实，不只是在警告我们，而是让我们明白为什么"今天许多人对毫无生气的和平的恐惧同对一场大战的恐惧一样大"，从而使反对战争的声音变得有力和令人信服。为了说明他的观点，他讲述了一个法国女人的故事，他在危险和痛苦的岁月中认识了她，然后在和平舒适的环境中再次与她相遇。她说："任何事情都比日复一日的什么都不发生要好。您知道我不爱战争，也不希望战争再来。但至少它让我感到活着，而我以前和以后都没有过这种感觉了。"格雷评论说："和平暴露了他们内心的空洞，而战争带来的兴奋使他们得以掩盖这种空虚",他对"我们内心的空虚"提出了警告,对那些感到被"比自我更伟大的东西"所束缚的人的欣喜提出了警告。难道无聊能比所有战争的恐怖都更可怕吗?

这本书以其不动声色的低调方式,讲述了发生在亚平宁山脉上的一个小故事。在那里,在离前线不太远的地方,他遇到了一个老人,他不识字,显然是个隐士,在除了他的驴子外没有任何生物的地方平静地抽着烟。这名士兵立刻就被招呼到他身边的草地上,因为这位老人被远处可见的战斗的喧嚣和飞尘弄糊涂了;他不知道正在发生一场战争。这就够奇怪的了。但更奇怪的是,士兵和隐士,"马上就开始谈论起重要的事情,就像我们彼此熟悉一样自然"。在这里,我们的作者再次面对着"简单而原始的现实",但如今已经远离了战争的兴奋(exultation)和战火纷飞,在"和平与理智"中,"熟悉和清楚的"似乎不再遥远,因为两个人可以分享——可以说是在历史之外——他们对"重要问题的关注:我是谁? 我为什么是我? 我在生活中的作用是什么?"这就是博爱,而它之所以是可能的,是因为他们中的一个,即老人和隐士,被赋予了"纯朴的天赋",而另一个,即士兵和哲学家,已经被剥夺了他正常的复杂性,被剥夺了我们所教和所学中所有微妙的错误。因为这就是发生的事情:"那些教过我的、我非常尊重和敬重的教授们,在我的想象中一下子就变得很渺小了……甚至那些西方文明的伟大思想家们也一下子失去了他们的地位,变成了普通人……他们的智慧在这种情况下几乎是荒诞的不足。"不能指望在草地上他身边的那位目不识丁的农民有那种智慧;但他的同伴并没有什么不足。两个人都在文明之外,都在传统与文化之外,士兵是因为战争被扔进了那些孤独的散兵坑,除了"在晚上看星星"之外,没有任何东西可以陪伴他,而隐士是因为"仿佛他是从自然界本身中孕育出来的……她真正的孩子";因此,一个人已经忘却而另一个人则从未拥有过"傲慢",这种傲慢使得人们"夸大了人类故事相对于自然大家庭中其他成员的重要性"。

该书在结尾处对"战争的未来"和"永久和平"的前景进行了应有的思考。他拒绝乐观主义和悲观主义,认为二者同样"无关紧要",他相信"和平永远不会因软弱、疲惫或恐惧而出现",因此他希望有一天，强者——他引用尼采的话说，"一个以战争和胜利而闻名的民族"——将会"折断刀剑"，因为他们有能力说，"人应当两次选择死亡，而不是被恐惧和憎恨"，以及"没有良知的生存比直接毁灭更糟糕"。也许在这些段落中，人们最能理解为何格伦·格雷的朋友将他视为"战士"。因为它们表达的只是战士的基本信条中最后的，并且在今天的情况下不可避免的结论——生命不是最高的善。

1966 年 2 月 1 日于纽约

论 人 的 境 况

　　我将提出的问题与我们今天听到的其他发言者所表达的观点略有不同，他们大多代表了科学家这个特定的公民阶层。我不是科学家，我将从一般的角度来询问我们在不久的将来可能会面临的问题，以及这些问题会有多严重。换句话说，我将尝试从美国普通公民——而不是作为人口中任何特定阶层的成员——的角度来提出问题。

　　首先，"自动控制"[1]是一个新现象，它必须与过去的工业革命区分开来。工业革命取代的是肌肉力量，而不是脑力。今天，机器可以接管一定量的人类活动，而这些活动在过去一直被我们认为是人类的思维活动。在我看来，这就需要对这项活动进行重新评估。我们必须问，理智活动到底是什么？

　　这种对理智活动的重新评估本身并不新鲜。例如，当我长大了以后，人们仍然普遍认为下好园际象棋非常需要智力。如果今天我们知道机器可以下一盘相当好的棋，那么，我认为人类的尊严会要求我们说，下棋所需的智能显然并不与其他类型的智能或其他类型的思维具有相同的地位。换句话说，下棋的智力是与生俱来的，我们非常准确地将其称为"脑力"。脑力在不同人身上是不一样的，就像肌肉力量在不同人身上也不一样，因为并不是每个人都享有相同的份额。但这并不意味着任何关于人的功能水平或他作为人的特殊资质。

---

　　[1] "自动控制"（"Cybernation"）一词来源于更常见的"控制论"（cybernetics），指的是使用计算机工作的人与其他工人阶级的区分。——编者注

让我再举一个例子。珀克先生(Mr.Perk)谈到了一个幸运的事实，即我们可以很容易地消除计算机的内存，但这在人类身上却不那么容易做到，那个过程被称为"洗脑"。有一点我想和珀克先生争论一下：当出现忙乱(performance)的时候，人类的记忆也是非常容易被消除的。几乎每个曾经失去过非常亲密之人的人都知道，一个人可以，而且通常也会适应这种情况。一个人不会持续地以这样一种阻止他正常活动的方式来感受失去(the loss)。实际上，这就是把事件从记忆中抹去。如果人类的记忆除了能帮助或阻止我们活动之外什么也不是，就像计算机的可删除内存一样，那将是一种非常可悲的状态。

当然，我们知道，记忆——区别于简单的储存技术能力——会一直伴随着我们，无论它是否能发挥作用。失去记忆的确会剥夺我们人类生活的一个完整维度，即过去的维度。同样地，我们将不得不重新评估和区分思想与大脑的技术功能，就像我们把记忆与储存的技术功能区分开来一样。

生 命 循 环

自动控制还造成了另一种需要大量调整的现象。工业革命让生活和某些工作变得更容易，但它并没有减少(相反，它延长了)工作日。许多活动——制作或劳动——尽管它们可能变得更容易，但在个人生活中仍然消耗了至少同样多的时间。因为即使是在工业革命以后，人类的生活仍然分为劳动期和劳动恢复期，人类的境况基本上没有改变，尽管我们工作和劳动的成果确实发生了很大的变化。

或者让我们换一种说法，工作的性质因工业革命而发生了改变，但生命循环本身并未中断。一个人结束工作回到家中，休息并恢复了第二天工作所需的能量。这就是生活与劳动的循环，疲惫与恢复的循环。而这种循环也有自己的回报。在《旧约》中，一个人要为了他的生计而劳动，将饮食带给他的家人，然后恢复他的体力以便能够继续养活自己。这被视为人的生命循环，在《旧约》中，它不被视为一种诅咒。我们可以从《旧约》中读出劳动、休息、劳动的自然循环所固有的幸福。

当然，古希腊人相信——我们中的许多人也相信——为了生存而劳动是不够的，为了劳动而生存也是不够的。但是，无论我们怎样高度评价希腊人——我确实对他们评价很高——人类中的大多数生活在提供满足感的生存循环(survival cycle)中，生活在看着自己的子孙后代长大成人的回报中。在简单事物的生命循环中，大多数人获得了他们的回报，看到了他们的目标。

现在，突然之间，我们要被剥夺这个生命循环。不是那些雄心壮志总是超越了生存的少数人，而是那些在工作中感到满足并找到某种尊严的人将被剥夺这种尊严。

倒 金 字 塔

有人说，将出现一个倒金字塔，少数人将为多数人工作，而不是像以往那样，由多数人为少数人工作。而随着这个倒金字塔的出现，"社会地位"也将迎来倒转。到目前为止，那些较少工作的人比那些辛苦劳作的人拥有更高的社会地位。但这种情况正在迅速改变。那些担任行政职务的人的辛劳，将会像一些历史上最糟糕的时代——例如工业革命的初期——中的奴隶一样多。

我最近在我的朋友中间做了一个小调查，问他们每人每天工作多少时间。我发现他们每天工作 14 到 15 个小时，每周最多休息一天。这是一个决定性的变化，是一场根本性的革命，但这一点并不经常被讨论。工作越不重要，一个人所拥有的"自由"时间似乎就越多。

我不想把这种不工作的时间称为"闲暇时间"(leisure time)，因为我认为"闲暇"一词并不合适。前面的发言人都没有提到爱丽丝·玛丽·希尔顿(Alice Mary Hilton)对"闲散"(idleness)和"闲暇"所做的区分，在此需要加以考虑。"闲散"是丑陋的。这让我们有点害怕，也应该如此。我们决不能认为，当有了"自由"时间之后，文明自身就会简单并自行地开始繁荣——好像文化就会出现一样。到目前为止，我们讨论的大多数"自由"时间都是空闲时间(vacant time)——正如希尔顿女士所定义的那样。而闲散，或空闲的时间，是悲剧性的。我想到了希尔顿女士所说的希腊文化，那里的公民拥有闲暇。希腊语中的"闲暇"(σχολή)一词意味着对其他事物的放弃。我们的"学校"一词就是由它衍生而来的。闲暇意味着一个人放弃了某些活动，以便为其他活动腾出时间。因此，正如希尔顿小姐所指出的，闲暇是闲散的对立面。

在古希腊，即使是艺术家——画家和雕塑家——也不被承认为正式公民，因为他太忙了。一方面，公民的自由不是为了创造雅典文化的壮丽辉煌，而是为了从事政治活动。另一方面，一个雅典公民的政治任务和职责——以及在罗马共和国的伟大时代，一个罗马公民的政治任务和职责——是如此的耗费精力，以至于他既没有空闲也没有闲散的时间。

空 闲 时 间

空闲时间的问题，闲散的问题，在历史上只有一个先例，那就是在罗马帝国的衰落时期。罗马平民有空闲的时间。而且，如你们所知的那样，罗马平民的空闲时间虽然持续了几个世纪，但并没有带来任何文化的繁盛。罗马平民的空闲时间有时会被罗马帝国发动的无休止的战争所"缓解"。如果我是对的——我也希望我是对的——我们将不再有这样的"慰藉"。我认为，至少是作为外交政策工具的传统战争可能正在走向灭亡。

我们所面对的革命是深刻的。虽然一直以来都有某个阶级的人从劳动中获得解放，但这个阶级总是处于社会的最高水平。我们现在的希望是，我们都能生活在如此高的水平上。事实上，人类社会中的非劳动阶层——他们习惯的称呼是"贵族"——也总是（至少是部分地）参与战争，并且经常发展出一种相当斯巴达式的纪律准则。他们因为害怕自己的完全自由——他们通过摆脱劳动和工作获得了这种自由——会恶化而变得极度僵化。

我们能适应吗？

有人质疑，一个社会是否能够根据自己的意愿迅速地适应一套全新的环境。我非常倾向于说，人类——根据定义，他们是有条件的——确实能够自愿和迅速地适应环境。人不仅仅是被他的环境所影响；他也影响着环境，而环境又反过来影响他。这种如今被称为"反馈"的特殊循环，在整个人类历史上是相当明显的。人类总是能够比他自己认为的更快地适应新环境。一旦环境真的发生了变化，我们就会受到影响——即使我们不知道自己受到影响，即使我们可能对塑造我们的条件知之甚少。

那些拥有与我类似的条件，同样经历过我所看到的变化时期的人，会知道我们的适应能力有多强。当我还是个小孩子的时候，街道上仍然有马车。汽车刚成为常见的交通工具。之后，飞机被发明和完善了。在我自己的一生中，我已经很好地适应了这些非常不同的境况，没有什么阻碍。其他数以百万计的人也是如此。考虑到新的交通方式造成的变化，以及政治动荡造成的额外变化，我对自己的适应能力感到相当惊讶。

但在空闲时间的生活中的变化可能会带来不同的问题。人类这个物种尽管一直以来适应能力都很强，但也许无法适应空闲时间。因为空闲时间没有任何条件。空闲时间是虚无的。

我们的经济问题在计算机文化（cybercultural）革命之后将会得到相对容易的解决。在我们成功之前会有很多困难，但我们的经济问题是可以解决的。然而，空闲时间的问题挑战了一些非常深刻的道德戒律，这些戒律与犹太教-基督教传统一样古老。"不劳动者不得食"的戒律和"繁衍生息"的戒律一样过时，也一样面临着挑战。两者都非常适用于人口不足的农业社会。对于一个受人口爆炸和过剩困扰的计算机文化社会来说，这两者都是危险的。我相信，我们会很好地适应用新的信用卡做买卖，并适应所有其他经济和社会的变化。危险在于空闲时间的问题。我们的戒律是否应该从"不劳动者不得食"变为"不花精力的人不能睡觉"？ 这确实是完全不同的事情。这种变化确实是根本性的。

希 腊 模 式

如果我们想以希腊人为榜样，那么我们必须思考——在我们谈论文化繁荣以前——希腊人的政治制度。让我们看看希腊的城邦，考虑一下我们是否要采用城邦的制度，我们是否能够采用它，我们是否能够移植这个甚至没有被所有希腊人以同样方式采纳的原始的政治组织模式。因为每个城邦都是一个孤立的有机体，与其他城邦完全分离。

我们——20世纪的美国人——能否为我们的政治生活设计出自由的制度，就像城邦满足希腊自由公民那样来实现这种功能？ 我们能否学会在政治活动中度过我们的一生，并用公共服务来填补我们的空闲时间？ 这些都是我们在今天的讨论中提出的基本问题。而对于这些问题，我们必须寻求恰当的答案。

1966 年

现代社会的危机特征

女士们、先生们，这次研讨会的邀请要求我们，作为在处理特定危机方面有经验的人，认识到在人类几乎所有领域的许多危机中一定有一种危机状态，一种不断革命的情况，对它的分析应该产生一些标准，一些政治领域的行动指南，以回答诸如我们在越南应该做什么，我们应该如何对待联合国，种族动乱的意义等问题。

尽管我也有这样的期望，但我不太确定这是否真的能实现，也不确定如果不是这样，座谈会是否就会是失败的。特定的问题必须得到特定的答案；如果我们自20世纪初以来所经历的一系列危机能教给我们任何东西的话，那么我认为，这就是一个简单的事实，即不存在可以不折不扣地决定我们的判断的一般标准，也不存在可以将特殊案例纳入任何程度的确定性的一般规则。

危机往往被定义为这类规则和标准的崩溃，但这并不是因为我们突然变得如此邪恶，不再承认那些过去认为的永恒真理，而是相反，是因为这些传统真理似乎不再适用。正如托克维尔所指出的：当过去不再为未来带来光明时，人的思想就会在晦暗（obscurity）中徘徊。

当然，这并不意味着过去不再存在，不再有意义，而是意味着它已经失去了不容置疑的有效性。而尽管我非常怀疑人的思想是否必须在黑暗和晦涩中徘徊，但出于同样的道理，我必须承认未来已经失去了许多始终非常不稳定的可预测性。在我看来，早在第一次世界大战之前，或者早在政治领域发生任何戏剧性的事件之前，现代艺术和现代科学就已经开始了它们辉煌的事业，这一简单而重要的事实表明，无论好坏，这种传统的中断——即一般标准和规则的丧失——都是无法挽回的。

我想没有人比丘吉尔更具体准确地表达了这种崩溃对生活在这种条件下的人的思想和心灵所产生的影响了。他在三十多年前——在奥斯维辛集中营、广岛事件、氢弹等出现以前——写下了这些："几乎没有任何我从小就相信是永久和重要的物质基础能够一直持续下去。所有我确信或被教导要确信的不可能发生的事情都已经发生了。"[1]

当然，从理论上讲，我们可以首先明确那些已经失去效力的一般规则和标准，分析它们的问题所在，然后再想出一些我们希望能做得更好，更能适应我们这个世界每天都在发生着巨大变化的现实的其他标准。但实际上，我认为这并不可行。

相反，在我看来，每当我们这样做的时候——尽管很可能没有过多表达，但我们一直这样做——我们就有可能让自己陷入严重的麻烦。显然，将特殊案例以及人类对它们的充分反应纳入一般规则的习惯，将会比曾经有效的旧规则消亡要慢得多。今天的一般规则来源于 30 年代的经验。而尽管今天上午我很高兴听到大家几乎一致反对将目前的情况与慕尼黑或斯大林统治下的冷战时期相提并论，但事实是，我们目前在越南的政策大体上仍经常被这种类比所证明。

总体主义、绥靖主义已经成为一种消极的行为标准，至少可以被视作是绝对的。它们告诉我们应该反对什么。这意味着历史事件有可能成为我们几十年前第一次面对前所未有的发展时就不得不抛弃的政治规则的替代品。我们必须努力思考、判断和行动，我们不能不考虑过去，但不能相信任何所谓的历史教训的有效性。尽管这很困难，并且令人不适，但它也包含了巨大的挑战，甚至可能是承诺。

但是，你们中的一些人可能会回应道：这些都是错误的例子。《基督教与危机》（*Christianity and Crisis*）的编辑们心目中的行动指南具有

---

[1] 参见《一些道德哲学的问题》（*"Some Questions of Moral Philosophy"*），载于汉娜·阿伦特的《责任与判断》（*Responsibility and Judgment*），科恩（J. Kohn）编，New York：Schocken，2003：p.50。——编者注

更崇高、更普遍的性质。我们在这里要谈的是道德原则。好吧，恐怕我们会遇到类似的困难。

无论是来自哲学还是宗教的道德真理，都更类似于契约的有效性，而不是科学陈述的那种不可抗拒的有效性。当这些契约成为具有自己行为标准的风俗、道德、习惯，并最终变得不言而喻时，它们就决定了所有的行动。我们都知道人类花了多少个世纪才能够说人人生而平等是一条不言而喻的真理。而这实际上也是一个契约；杰斐逊说，我们认为这是真的，他加上了"自明"（self-evident）一词，希望使一个契约——"我们认为的"——更有说服力。

我个人并不怀疑，在没有先例，也就是在没有传统和权威的帮助下面对现实的动荡，最终会出现一些新的行为准则。如果我们相信艺术和科学的巨大发展前景——这些发展的必要条件是传统的瓦解——只要人类能够生存，我们就没有理由过于悲观。而这种生存在很大程度上取决于这样的洞察力，即"除了胜利别无选择"这样的口号不再适用了。尽管它在以往的战争中是完全正确的，但这种口号必须被彻底摒弃。[1]

我同意，如果没有像这次座谈会这样的意见交流，我们在这个方向上就不可能取得进展。这对于今天这些令人困惑的问题来说是如此，对于那些令人费解的事情来说也是如此。奥古斯丁曾经说过，必须对令人费解的事物进行研究，以至于当人们发现它们是多么难以理解之时，不应该认为自己一无所获，因为提出这些问题的人会变得越来越善于提问。而奇怪的是，这也是苏格拉底的观点：虽然我们无法定义善、美、正义或虔诚，也很难在这些问题上说服人们，但通过思考和谈论它们，我们会变得更加公正、更加虔诚。

因此，通过谈论这些前所未有的问题，通过作出我们必须作出的决定——纵使它们有一天可能被证明是完全不够的——我认为即使无法确定危机，我们也能更充分地处理它，并且最终将为我们之间以及世界上各个国家之间的新契约奠定基础，之后这些新契约可能会变成习惯、规

---

[1] 阿伦特认为，广岛事件后，反对战争罪行的斗争变成了反对战争本身的斗争，其含义是现代战争的手段本身就是犯罪。——编者注

则、标准，并再一次被凝结成所谓的道德。在这些问题上取得进展(尽管我讨厌"进展"这个词)的唯一条件是，我们在现在和将来都意识到我们的问题是前所未有的，我们确实生活在一个危机的环境中。

1966 年

革命与自由：一个讲座

I

下面的反思将提醒你们，美利坚合众国乃至整个世界的公共事务，目前正处于一种混乱和困惑的状态。我给它们起的标题是为了预示我的结论，因为在我看来，"革命"和"自由"这两个词似乎概括了在一个相当黑暗和具有威胁性的未来中，我们所能看到的所有不确定的和闪烁的希望之光。

在我们把注意力转向希望的不确定性之前，请允许我在合理恐惧的前景上停留片刻，但不要忘记，它们的不确定性也不低。第二次世界大战结束后，紧接着出现了一个我们选择称之为"冷战"的时期，但我认为这里用词不当。我们身后的十五年是一个不稳定的"冷和平"时期，在这个时期，两个世界大国或多或少成功地试图划定自己的势力范围，并在一个动荡世界迅速变化的权力结构中争夺地位。然而，我们一直把实际上是"冷和平"的东西称作"冷战"，这一事实本身就证明了我们主要关注的是对战争的恐惧。我们对这种恐惧的关注远远超过对任何其他问题的关注，这一点在这个时期的每一次重大危机中都有所体现——朝鲜战争，苏伊士冒险[1]，匈牙利革命和古巴革命；在每一次危机

---

[1] 苏伊士冒险(Suez adventure)，即苏伊士运河危机(Suez Crisis，又称苏伊士运河战争、第二次中东战争)。1956 年 10 月 29 日，英法两国为夺得苏伊士运河的控制权，与以色列联合对埃及发动的军事行动。英法以三国的行径遭到了国际社会的强烈谴责，美苏两个超级大国均介入此次事件。在美苏两国的干预下，埃及虽然在战场上失败，却在政治上取得了胜利，赢得了苏伊士运河的全部主权。——译者注

中，我们的行为举止主要是由对一场重大战争的恐惧所决定的，而这场战争将是一场核战争。

另一方面，最近(让我们希望是)暂时恢复的核试验，可能会给我们一个指示，说明冷战实际上可能变成什么样子。因为这些试验与之前的试验不同，具有和平时期新型演习的不祥之兆，在演习中涉及的不是普通部队演习中的一对假想敌，而是一对真正的敌人，至少是潜在的敌人。核军备竞赛已经变成了某种试探性的、假设性的战争，在这种战争中，敌对双方互相向对方炫耀他们手中武器的杀伤力；尽管这种致命的条件和时间未定(ifs and whens)的游戏总是有可能突然变为现实，但一天的胜利和失败就有可能结束一场前所未有的战争，而这绝不是不可想象的。

甚至在第二次世界大战的尾声，我们也潜在地面临着假想的战争，当时许多人认为在一个荒岛上向日本人演示新的原子弹，而不是真的在广岛投下原子弹，不仅更人道，也更明智；因为演示本身会迫使敌人无条件投降。显而易见的是，这种假设的游戏是以技术发展到一定阶段为前提的，在这个阶段，几乎所有的风险都可以被计算出来，所以几乎没有留下任何偶然性(chance)。它还预设了玩家们在知识和技能上的平等。因此，两个同样经验丰富的棋手之间的棋局会以其中一方认输而告终，或者在导致将死或僵局的所有棋步完成之前，双方就已经达成和棋的共识。我使用这个古老的战争和棋局的类比，并不是因为我相信它在过去是真实的，而是因为我们看起来正朝着掌握暴力的技术手段的方向前进，在这种情况下，这个古老的比喻可能会出乎意料地获得了其真理的尺度。

于是，冷战实际上是假想的战争，而假想的战争与冷和平一样，是由我们对真实战争的合理恐惧所决定的。有时，看起来我们唯一的希望在于用假想的战争代替真实的战争——至少是在我们达到一种排除了用暴力手段作为所有政策的终极手段的国际事务状态之前。可以肯定的是，这样的发展仍然在遥远的未来；然而，甚至现在就有迹象表明，我们可能确实正走在这样的道路上。这种迹象来自一个相当明显但常常被忽视的事实，即不能再以理性或权力政治为基础对战争进行辩护。当然，这并没有完全排除战争爆发的可能性，但它排除了大部分（如果不是全部的话）由来已久的正当理由。无论是"宁死不做奴隶"的古老智慧，还是19世纪对于战争——"政治以其他手段的延续"——的定义，都不可能适用于我们可能面对的那种大规模破坏。此外，前者起源于古代战争中战俘的情况，当时胜利者常常把战败的敌人带回家，把他们卖身为奴。"宁死不做奴隶"是指个人的决定，但如果所有公民都同意他们宁愿冒着被消灭的危险也不愿意沦为奴隶，那么它就可能涉及整个共同体。然而，这一决定基于一种古老的信念，即成为奴隶意味着不再是人。自由和生而为人曾经是相同的概念；一个不能使用他所有——无论是精神的还是身体的——能力的人，都不再被认为是一个人，这与某种必然性（如贫困和疾病）或某种人为的暴力（如战争和奴役）是否剥夺了他的能力无关。

今天那些重复着古老公式的人还相信这种自由和人性的一致吗？当人们听到"宁死勿赤"的口号时，他们真的想到自由了吗？难道他们不想拥有一种作为丰裕的结果的生活方式和生活水平，让他们即使在被剥夺了自由的情况下也能够享受这种生活方式和生活水平吗？最后，为了国家和子孙后代的生命和自由而不惜牺牲自己的生命，与为了同样的目的而不惜牺牲人类的生存，两者难道不是明显不同的事情吗？克劳塞维茨对于战争的著名定义更不适用于我们目前的情况，因为它是从19世纪战争的实际情况出发的，因此没有考虑到完全毁灭的可能性。战争是政治以其他手段的延续，而只有在我们历史上相对短暂的时期内，在那种根据游戏规则进行的有限的军备竞赛中，才会出现这样的情况。尽管我甚至对其持怀疑态度，但这种有限的战争在小国之间的冲突中或许仍可以存在。而在大国之间的战争中，这当然是不可想象的。

就这一问题而言，如同其他政治性质的现代困惑一样，我们似乎没有足够的能力用新思想来处理这些在数量和性质上都是全新的问题。那些准备接受核战争作为最终的、尽管是绝望的手段的人，他们假装本质上没有发生任何变化，旧的理由仍然成立，他们试图用"损失可能没有一些人预计的那么大"来安慰自己。然而，尽管我们可能对这种由于缺乏想象力，由于面对不可想象的事物的无能所产生的乐观主义感到震惊，但事实是，那些在原则上反对核战争的人，当他们说出"宁赤勿死"的时候，除了颠倒旧的理由之外，他们想不出更好的理由了。因此，在一个过时的替代方案的封闭圈子里进行对战争问题的整个讨论，几乎都是在双方有心理保留的情况下进行的。那些说着"宁死不赤"的人，实际上是认为：损失不会太大，我们的文明能够幸存下来；而那些说着"宁赤勿死"的人，实际上是认为：做奴隶也没那么坏，人不会改变本性，自由不会永远从世界上消失。

没有人再怀疑核战争的威胁是我们所有政治困境中最大和最危险的那一个，然而，我并不打算在此对其进行讨论。而即使我打算这么做，我恐怕也不会有什么贡献，尽管战争问题多年来一直在我的脑海中，可能也在你们的脑海中。无论如何，那个或许能照亮我们日常忧虑的黑暗背景的希望之光，似乎是到目前为止，所有的相关人员都同意战争本身是需要理由的，而其唯一可能的理由是自由。这样一来，尽管是以一种间接的方式，自由的概念——它在很长一段时间内不知不觉地从政治讨论中消失了，人们转而支持政府的目的不是自由，而是人民的福祉，即最大多数人的幸福的概念——如今又一次回到了国家政策的中心。而自由不仅仅是政治领域众多现象(如正义、权力或平等)中的一种；尽管自由只有在危机、战争或革命时期才能成为政治行动的直接目标(aim)，但它实际上首先是人们在政治组织中共同生活的原因。政治的存在理由(raison d'être)是自由，而没有自由，政治将毫无意义。

这种将自由概念引入对战争和正当使用暴力手段的讨论是最近才出现的。可以肯定的是，战争的理由即使在理论层面也是相当古老的，尽管肯定不如有组织的战争那么古老。这类理由的一个明显的前提条件是，坚信政治关系在其正常过程中不会受到暴力的影响，我们是在古希腊首次发现这种信念的，因为希腊的城邦及其宪法明确地将自己定义为一种完全基于说服而非暴力的生活方式。雅典人的习俗是"劝说"那些被判处死刑的人服毒(hemlock cup)自杀，从而使雅典公民在任何情况下都不会受到肉体侵犯的侮辱，它表明这些话不是自欺欺人的空话。然而，由于对希腊人来说，政治生活的定义并没有延伸到城邦的围墙之外，因此对他们来说，在我们今天所说的外交事务或国际关系的领域中使用暴力似乎不需要正当理由，尽管他们的外交事务，除了团结整个希腊的波斯战争[1]外，几乎只涉及希腊诸城之间的关系。正如修昔底德告诉我们的那样，在城邦的围墙之外，也就是在希腊意义上的政治领域之外："强者可以做他们能做的一切，弱者只能忍受他们必须忍受的一切。"导致希腊早期衰落的原因也正在于此，他们的城邦组织没有找到一种方法来将非暴力的政治手段引入城邦之间的关系中。

在文明的历史框架内，我们在古罗马时期发现了最早的战争理由，以及第一个正义战争和非正义战争的概念。然而奇怪的是，这些区分和理由并不涉及自由，也没有在侵略性战争和防御性战争之间划出界线。李维说："Iustum enim est bellum quibus necessarium, et pia arma ubi nulla nisi in armis spes est."["对于那些需要战争的人来说，战争是正义的，而武器(arms)是神圣的，除了在它们那里，希望不存在于别处。"]自李维时代以来，历经数个世纪，必要性已经意味着许多事情，我们今天会发现这些事情足以将一场战争冠以不公正而非公正之名。扩张、征服、捍卫既得利益、鉴于新的和具有威胁性的大国的崛起而保护权力，以及维持特定的权力平衡——所有这些众所周知的权力政治的现实，也许与一个国家的自由只有最微弱的联系；然而，它们实际上不仅是历史上大多数战争爆发的原因，而且被认为是"必要性"，即作为诉诸武力之决定的正当合理的动机。"侵略是一种犯罪，战争只有在抵御侵略或防止侵略的情况下才是正当的"，这种观念只是在第一次世界大战表明现代技术条件下战争具有可怕的破坏力之后，才获得了它的实际意义，甚至是理论意义。

然而，在战争问题的另一个方面，自由确实起着决定性的作用。自古以来，人们都会奋起反抗外国侵略者，虽然这些类似战争的起义无论是在理论上还是在实践中都从未被承认是唯一的正义战争，但人们总是觉得它们是神圣的。如果战争在我们的世纪能作为一种正当行为，那么它的捍卫者可能援引的唯一先例就是这种反抗和解放的战争。而这不仅

---

[1] 波斯战争(Persian Wars)，即希波战争(Greco-Persian Wars)，这场波斯帝国和希腊城邦之间的战争从公元前499年开始，前后长达半个世纪，最终在公元前449年以希腊的胜利而告终。——译者注

是一个理论问题，也是一个最近记录的事实问题。第二次世界大战在它所有更重要的方面都不再是出于旧的意义上的权力政治。你们可能还记得，相当一部分公众舆论认为这是一场席卷全球的内战。这种理解在一定程度上是正确的，因为西班牙内战确实是随后的这场世界大战的前奏。可以肯定的是，这个问题是混乱的；总体主义的俄国站在西班牙共和国一边，把西班牙革命和共和制一起送上了绝路。两年后，同一个政权与德国总体主义站在了一边，而这当然要感谢希特勒而非斯大林，使得俄国最终不得不打一场解放战争，并与那些与其说是为自由而战，不如说是为反对比奴隶制更糟糕的东西而战的人站在了一边。

然而，无论实际情况如何混乱和令人困惑，有一件事情是不可否认的，那就是战争和革命的密切联系。不论好坏，这种关系在今天已经变得越来越强，而革命——我们已经了解了近两百年——与自由的关系比任何其他政治现象或事件都更加密切。正如孔多塞对于18世纪法国人尽皆知之事的总结："'革命的'一词只能适用于以自由为目标的革命。"如果我们看一眼我们这个时代悲惨的政治记录，如果我们考虑到列宁在将近五十年前预言我们这个世纪的面貌将由战争和革命决定时是多么正确，那么我们的慰藉可能是至少始终以这样或那样的方式，真诚地或虚伪地处于危险中的自由。即使是今天的暴君，也不得不谈及自由。

我们可以把这些思考再往前推几步。战争与革命的相互关联并不是一个新的现象；它确实和革命本身一样古老，一场革命要么如美国革命一样先于和伴随着解放战争，要么如法国大革命一样导致防御和侵略战争。然而，在这些18世纪的例子中，是革命引发了战争，而在我们这个世纪，情况往往是相反的。很少有人注意到——但这是相当值得注意的——自第一次世界大战结束以来，我们几乎是自然而然地认为，没有任何政府，没有任何国家或政体强大到足以在战败之后还能幸存下去。〔这并非完全没有先例；1870年的普法战争和1905年的俄日战争之后，战败国都发生了短暂的起义(revolts)。在法国，甚至出现了政体的变化——从第二帝国到第三共和国——但这些仍然只是预兆。〕政府的革命性变革要么是像第一次世界大战后那样是由人民自己带来的，要么是像第二次世界大战后那样，由战胜国通过要求无条件投降和进行战争审判而从外部强制推行的，而后者在今天属于战败的最为确定的后果之一——当然，除了完全毁灭之外。造成这种状况的是不是对政府本身的决定性削弱，是不是当权者失去了权威，或者说，是否没有任何国家——无论它被公民建立得多么好，也无论它多么受公民的信任——能够抵御现代战争对全体人民释放出的那种无与伦比的暴力恐怖，这是一个开放性的问题。在我们的背景下，记住这样一个不争的事实就足够了：即使在核战争的恐怖之前，战争在政治上——尽管还没有在生物学上——就已经成为一个生死攸关的问题。或者，让我们换一种说法：在现代战争的条件下，也就是自第一次世界大战以来，所有政府都是靠借来的时间过活的。

战争和革命的密切关联性可以被进一步展开讨论。这些简短的评论意在表明，我们目前的主题——革命与自由——可能在某种程度上与无法回答（unanswerable）的战争问题有关，尽管期望从对前者的思考中得到后者的答案是愚蠢的。我们已经走到技术发展的一个重要关口，在此似乎人类在战争方面的唯一选择正如肯尼迪先生最近说的那样，是在战争消灭人类之前废除战争——尽管决不能认定它是这一问题的最终答案。可以想象的是，下一阶段的技术进步或许会将我们带回到一种战争，这种战争虽然可能比过去的战争更可怕，但不会是自杀性的，也许甚至不会给战败者带来完全的生物毁灭。然而，难以想象的是，战争会再一次成为一种相对良性和有限的军备竞赛，而其结果则不是革命性的，因为它保持了战败国在政治上（尽管不是在领土上）的完整性。

换句话说，无论我们当前困境的结果会如何，如果我们没有完全灭亡（尽管有各种相反的证据，但我认为这不太可能），至少在可预见的未来，革命的问题可能会一直伴随着我们。即使我们成功地改变了20世纪的面貌，使它不再是一个战争的世纪，但它肯定仍将是一个革命的世纪。并且由于革命现在已经蔓延到地球的各个角落，大国之间的任何和平的、非暴力的竞争很可能会由一个简单的问题来决定，即哪个国家更了解革命的内容和利害关系。

II

与战争相比，革命是一种相对新颖的现象，而战争则与有记载的人类记忆一样古老。在 18 世纪末的大革命之前，政治理论的词汇中没有"革命"这个词。此外，更重要的或许是"革命"一词只是在这两次革命的过程中获得了其现代革命的含义；进行第一次革命的那些人之前对这个词和他们事业的性质都没有任何概念。用约翰·亚当斯的话说，他们是"在没有期望的情况下被召唤，在没有事先倾向的情况下被逼迫"；法国的情况同美国一样，用托克维尔的话说："人们可能相信即将到来的革命的目的不是推翻旧制度，而是恢复它。"

事实上，被我们视作与革命相对立的复辟（Restoration），更接近这个词的原初含义。"革命"这个天文术语，是由哥白尼的《天体运行论》（*De Revolutionibus Orbium Coelestium*）一书引入科学语言的，当这个词第一次从天而降，用于比喻在世界上的凡人之间发生的事情时，它承载着一个永恒的、不可抗拒的、不断重复的运动的理念（idea），即人类命运的起伏，自古以来就被比喻为日月星辰的起起落落。诚然，我们发现这个词作为一个政治术语在 17 世纪就已经出现了；但它当时在严格的隐喻意义上被用来描述一个旋转回到某个预先设定的点的运动，因此，它在政治上用来表示一个摇摆着回到某种预定秩序的运动。因此，这个词并不是在我们所说的"革命"在英国爆发，并被克伦威尔上升到一种革命的独裁统治时首次被使用的，而是相反，是在 1660 年，是在推翻了"残缺议会"（Rump Parliament）并复辟君主制之际首次被使用的。而即使是"光荣革命"——矛盾的是，通过这一事件，这个词在政治和历史语言中找到了明确的位置——也根本不被认为是一场革命，相反，它是将君主权力恢复到其过往的正义和荣耀。

"革命"一词最初意味着"恢复"，而这一事实并不仅仅是语义学上的怪事儿（oddity），除非你意识到第一批革命是在以恢复为目的的情况下爆发的，否则你就无法理解革命的意义。我们很容易忽视这个矛盾的事实，因为在 18 世纪的两次伟大的革命过程中，没有什么比行动者和旁观者反复强调新颖性（novelty）更明显、更引人注目的了——他们坚持认为，以前从未发生过类似的意义重大和宏大的事情，一个全新的故事即将展开。然而，这个全新的故事是由大西洋两岸的人发起的，他们坚信他们要做的不过是恢复被现有势力扰乱和侵害的旧秩序；他们真诚地恳求说，他们希望回到旧时代，那时事物是它们本该是的样子。对他们来说，没有什么比对新事物的渴望或新奇本身是可取的这一现代信念更陌生的了。新时代与时代新秩序（novus ordo seclorum）——后者仍印刻在所有美元钞票上[1]——的巨大悲怆，是在行动者们违背了他们的意愿，到了无法回头的地步之后才浮现出来的。

在我们试图确定这种奇怪的语义变化的意义之前，并且在我们深入探究导致这种变化的原因之前，我们必须先暂时把注意力转向革命的另一个方面，它仍然符合其古老的天文学意义，并没有被现代用法所抛弃，而这大概是因为在革命的实际过程中的经验并没有与之相矛盾。正如我已经指出的那样，这个天文学术语及其原初的隐喻义非常强烈地暗示了"不可抗拒性"这一概念，即星星的旋转运动遵循着预先设定的路径，并且不受任何人类力量的影响。我们知道，或者说我们相信我们知道"革命"一词首次被使用的确切日期，在那时它完全强调了不可抗拒性，并且没有任何向后旋转运动的含义；而这种强调对于历史学家对革命的理解来说是如此的重要，以至于从这一运动中确定这个天文学术语的新政治意义已经成为了一种惯例。

这一天是 1789 年 7 月 14 日晚，在巴黎，路易十六从连库尔伯爵[2]那里听到巴士底狱被攻陷、少数囚犯获释、国王军在大批民众面前叛逃的消息。这场发生在国王和他的这位信使之间的著名对话非常简短，并且非常有启示意义。我们被告知，当时国王感叹道："这是一场叛乱"，而连库尔纠正了他："不，陛下，这是一场革命！"在这里，我们仍然——并且是最后一次在政治上——在古老的隐喻的意义上听到了

---

[1] "时代新秩序"（novus ordo seclorum）这个短语印于一美元纸币背面的金字塔图案下方。——译者注

[2] 阿伦特指的是拉罗什富科·连库尔公爵（Duc de La Rochefoucauld-Laincourt）。——编者注

这个词，它的意义从天空延伸到了大地；但在这里，重点第一次从旋转的、周期性的运动的合法性转移到它的不可抗拒性。这种运动仍然可以从星星的运动图像中看到，但现在强调的是，它是人类无法阻止的，它本身就是一条法则。当国王宣称攻打巴士底狱是一场叛乱时，他是在主张他的权力和他所掌握的处理阴谋和蔑视权威的各种手段；而连库尔回答说，在那里发生的事情是不可改变的，是国王们也无能为力的。它是不可抗拒的。

如我们所知，攻占巴士底狱只是一个开始。一个"不可抗拒的运动"的概念——在19世纪很快就被概念化为"历史的必然性"的理念——从头到尾都在法国大革命的书页中回响。突然间，一个全新的意象开始围绕着旧的隐喻，当我们想到革命时，我们几乎是自然而然地开始用法国大革命时期所产生的形象来思考问题——在那段岁月中，德穆兰(Desmoulins)看到这个巨大的"革命洪流"，参与者在其汹涌波涛的冲刷下被带走了，直到它的暗流把他们从表面吸走，将他们与他们的敌人(反革命的代理人)一起灭亡；罗伯斯庇尔谈到了暴风雨和洪流，它们一方面受到了暴政罪行的滋养，另一方面又受到了自由进步的滋养，不断地增加速度和暴力；甚至连旁观者都认为他们看到的是一条"不惜一切代价，无人能挡的雄伟的熔岩流"，是一个落入土星(Saturn)征兆[1]的奇观："革命吞噬了它自己的孩子。"

我刚才引用的话并不是从后来对那些决定性(fateful)的岁月发生之事的历史或反思性描述中摘取的。它们都是行动者自己说的，它们指证的是他们听到的、看到的和见证过的事情，而不是他们故意做下或要做的事情。可以肯定的是，这些话到现在已经堕落为带有煽动性意味的革命演说的陈词滥调；但即使在它们的堕落状态下，它们也指出了一些真实的东西，指出了一些在法国大革命之前从未发生过的事情，但这些事情在之后每隔一段时间就会发生，最初只发生在欧洲，现在则在地球上

---

　[1] 阿伦特在此应该是用了一个双关，因为土星(Saturn)代表着古罗马神话中的农神(或丰饶之神)塞坦(Saturn/Saturnus)，在罗马神话中，塞坦听到预言说自己的一个儿子将来推翻自己的统治，为了巩固自己的地位，他在所有孩子出生后就立即把他们吞了下去——除了他的第六个儿子朱庇特(Jupiter)。这段神话直接套用了希腊神话中克罗诺斯(Chronos)和宙斯(Zeus)之间的故事。——译者注

几乎所有的地方都发生。因此，我们不妨问问自己，连库尔最先瞥见的是什么。革命的行动者和见证者看到和听到的，并认为不可抗拒和不可改变的是什么。

首先，答案似乎很简单。在这些话语的背后——并以一种全新的形象来表达——我们仍然可以看到和听到游行的人群，他们是如何冲上巴黎的街道的，那时的巴黎不仅是法国的首都，而且是整个文明世界的首都。而第一次在光天化日之下出现的这群人，实际上就是在以前的每个世纪都隐藏在黑暗和耻辱中的穷人和被压迫者们。从那时起就变得不可改变，并且从那时起革命的参与者和旁观者就立刻意识到的是：从现在起，公共领域——在记忆所及的范围内，公共领域是留给那些自由的人的，即那些不必关心与生命必然性和身体的需要有关的忧虑的人——应该向那些不自由的、被日常需要所驱使的绝大多数人提供空间和光明。人类一直都知道，自由有两个方面，一个是消极的，即摆脱他人的强制，另一个是积极的，即在行动中获得自由，后者与其说是去实现"我-意愿"（I-will），不如说是去实现"我-能"（I-can）。人们也总是或多或少地理解这两者是相互联系的，没有人能够在没有摆脱强制的情况下自由地做任何事。因此，对那些仍然拥有古老智慧的革命者来说，通往自由的道路似乎分为两个阶段，消极的阶段是从强制（或暴政，或任何被使用的词语）中解放出来，然后是积极的阶段，即建立自由，或者说建立一个让自由能够在自由人的言行中显现的空间。第一阶段的特点是暴力；解放的暴力必须与暴政的暴力、对人权和潜能的侵犯相对立。但第二阶段应该是没有暴力的。即使当事实证明，只有将古代的特权转化为宪法规定的自由才能确保恢复这些特权，因此势必开始一个全新的故事，一个新政府的建立也似乎是一个深思熟虑的问题，是一个运用智慧和审慎的问题，而不是一个暴力的问题。

然而，当法国大革命出现在历史舞台上的那一刻，人们发现这种相对简单的革命事件计划——它大体上与美国革命的进程一致——是完全不适用的。它忽略了那些从未被允许进入公共领域的人的存在，这些人在古代被置于奴隶地位，他们在整个中世纪都处于农奴状态，甚至在现代的头几个世纪，他们也不过是被授予岌岌可危的"劳动的穷人"的地位。因此，现在看来，自由一直是一种特权，是少数人的特权，而这不仅体现在公共领域和公民权利方面，也体现在它的消极方面：只有少数人才能自由自在。因为——这一点是决定性的——消极意义上的自由现在被视为包含了相当多的不受他人强制的自由；用我们现在的术语来说，它不仅是免于恐惧的自由，而且最突出的，甚至最主要的是免于匮乏的自由。

免于恐惧的自由是一种特权(privilege)，即使是少数人也只在相对较短的历史时期内享有这种特权，但免于匮乏的自由确实是一项伟大的特权，在过去的数个世纪中，只有极少数人能够因此出类拔萃。也许，人们想要补充说，只有那些知道免于匮乏的自由人，才能充分理解免于恐惧的自由之意义。自法国大革命以来，似乎不可改变的是，那些致力于自由的人再也不能甘心接受这样一种状态：免于匮乏的自由是少数人的特权。那些开始找回自己古老的特权和自由的人，突然看到自己面临着解放广大人民的巨大任务，而这些人民从来没有拥有过这些权利和自由。换句话说，至少在原则上，自18世纪的革命以来，自由就被认定为与完全平等是一致的；而尽管古代的政治理论和实践的确非常清楚地认识到，那些不在他的平等者中间活动的人不可能是自由的，但同样的事实是，这种对平等的渴望过去从未惠及任何国家的全体人民。这是革命的第一个，或许仍然是最大和最深远的后果。这就是罗伯斯庇尔在说革命用"人的伟大对抗伟人的渺小"时的意思，也是汉密尔顿在说美国革命维护了人类的荣誉时的想法，也是康德最后在卢梭和法国大革命的教导下对新的"人的尊严"的构想。

然而，正如我之前提到的，令法国大革命中的行动者和旁观者印象深刻的，不仅甚至可能主要不是他们为广大穷人打开大门时所做之事的不可逆性，而是运动本身的不可抗拒，即革命风暴虽然是由人释放出来的，但在当时不能被人力所阻止。这就是国王和他的信使给人的印象，而这或许并不令人惊讶，因为他们在这些事件的发生中肯定没有发挥任何作用。当然，这与我刚才引用的那些革命者的直接反应和他们讲述的意象是不同的。显然，他们知道自己启动了一些其后果和内在力量是他们自己无法预料和无法控制的事情；他们的行动虽然是为了自由，但却释放了一些他们以前不知道也不曾见过的不可抗拒的东西。直到现在，当巴黎人民涌入街头时，"人民"（le peuple）一词才获得了其革命的内涵，从而成为革命的关键术语。与国王和他的信使相反，他们认为不可抗拒的是"不幸"（unhappiness）的严重性和紧迫性，而在这之前没有人把这种"不幸"看作是第一等的政治因素。

为了说明革命者与街头群众之间的这种关系，让我引用阿克顿勋爵[1]对著名的妇女向凡尔赛进军[2]的解释性描述，这是法国大革命的转折点之一。游行者"扮演了真正的母亲的角色，她们的孩子在肮脏的家里挨饿，她们因此为那些她们既不认同也不理解的动机，提供了任何东西都无法抵挡的，如同金刚石般坚固的帮助。"这些群众既不认同也不理解的动机，是代表们最初到达并在巴黎集会时的动机，即他们代表的是"国家"而不是"人民"；他们所关心的——不管他们的名字是米拉波[3]还是罗伯斯庇尔，是丹东[4]还是圣茹斯特[5]——是政府，是君主制的改革，或者在晚些时候是共和国的建立。换句话说，他们最初的目标是自由，要么是以恢复古代自由的形式，要么是以宪法自由（*constitutio libertatis*）的形式——即自由的基础和构成。然而，令他们惊讶的是，巴黎给他们上了一堂关于自由的条件和前提的课，而自那以后，人类就再也没有忘记这些。这堂课虽然简单明了，但却是新颖且出人意料的。它说："Si vous voulez fonder une république, vous devez occuper de tirer le peuple d'un état de misère qui les corrompt. On n'a

---

[1] 约翰·爱默里克·爱德华·达尔伯格-阿克顿（John Emerich Edward Dalberg-Acton，1834—1902），英国历史学家，理论政治家，著有《自由与权力》。——译者注

[2] 阿伦特在此指的是法国大革命中的"十月事件"。在法国大革命爆发后，由于经济状况恶化，出现了严重的饥荒，1789年10月5日，一群妇女在被告知面包售罄后终于忍无可忍，她们开始向巴黎市政厅聚集，要求得到面包，之后她们在马亚尔的带领下开始向国王路易十六所在的凡尔赛宫进发，沿途不断有市民加入队伍，他们高喊着"到凡尔赛去"，而当游行的队伍到达凡尔赛时，规模已经超过了两万人。她们要求国王路易十六批准《人权宣言》并保障巴黎粮食供应，路易十六最终让步，国王携同其家眷以及国民制宪议会一同迁往巴黎。——译者注

[3] 米拉波伯爵（comte de Mirabeau），本名奥诺雷·加百列·里克蒂（Honoré-Gabriel Riqueti，1749—1791），法国政治家，在法国大革命中曾担任国民制宪议会主席。——译者注

[4] 乔治·雅克·丹东（Georges-Jacques Danton，1759—1794），法国政治家，法国大革命领袖，雅各宾派的主要领导人之一。——译者注

[5] 路易·安托万·莱昂·弗罗莱·德·圣茹斯特（Louis Antoine Léon Florelle de Saint-Just，1767—1794），法国大革命时期雅各宾派的领导人之一。——译者注

point de vertues politiques sans orgueil; on n'a point d'orgueil dans la détresse."（"如果你想建立一个共和国，你就必须把人民从腐蚀他们的苦难状态中解救出来。没有尊严就没有政治德性；而在悲痛中没有尊严。"——圣茹斯特）对于那些没有从贫困中获得解放的人来说，自由，甚至是免于强制的自由，也不过是一句空话；因此，解放必须先于自由，而解放不仅意味着从暴君或者从专制政体那里获得解放，还意味着从匮乏中获得解放。一旦他们被迫看到（并且是公开地看到）那些连杰斐逊这位伟大的"人民的情人"，都称之为"大城市的流氓"（la canaille）的那些人的巨大痛苦，那么很明显，解放首先意味着"衣服、食物以及种族的繁衍"，正如无裤党人[1]（sans-Culottes）开始将他们自己的权利与"人权和公民权利"宣言的崇高语言区分开来。解放意味着提供生活必需品，消除当时所谓的"不幸"，简而言之，解放意味着解决社会问题。与这些要求的紧迫性相比，所有关于最佳政体的讨论都显得无关紧要并且徒劳无益。罗伯斯庇尔很快就高呼："La République? la Monarchie? Je ne connais que la question sociale."（"共和国？ 君主制？ 我只知道社会问题。"）而圣茹斯特在他短暂的一生即将结束时——仿佛他已经忘记了他早先对"共和制"和公共自由的所有热情——总结道："人民的自由在其私人生活中。让政府仅仅成为保护这种本真（simplicity）状态的力量，以免遭力量本身的侵害。"

让我再谈一谈"不幸"这个词，由于美国革命的经历完全不同，因此它不像法语中的 le malheur[2] 和 le malheureux[3] 那样有分量，与这两者的含义也不相同。不幸的人（les malheureux）——这个词在法国大革命的过程中获得了其前所未有的含义：它成为人民（le peuple）的同义词。"Le peuple，les malheureux m'applaudissent（人民，不幸的人们，为我欢呼）"——这几乎成为了革命演说中的惯用语。而问题的关键在于，正是这种 malheur，这种苦难和不幸被认为是不可抗拒的，是"任何东

---

[1] 无裤党(sans-culotte)，也译作"无裤套汉"，原指法国大革命初期衣着褴褛、装备低劣的革命军志愿兵，后来逐渐演变为大革命中激进的支持者的标签，无裤党人以贫困阶层和普通人的领袖自居，但在雅各宾派统治时期，公职人员和受教育者也用这个标签来表达他们的爱国主义。——译者注

[2] 大意为"不幸的人、遭遇灾祸的人、遭遇厄运的人"。——译者注

[3] 大意为"不幸的人、悲惨的人"。——译者注

西都无法抵挡的金刚钻"。而在此出现并被发现是不可抗拒的乃是必然性，是所有凡人由于受制于身体的日常需要和冲动而被束缚的必然性，因此，在现代之前，这种必然性总是被隐藏起来，在相对安全的家园和家庭的私人生活中被保护起来，免受公共领域及其自由的影响。一旦这种必然性出现在公众面前，体现在绝大多数人的痛苦中，人们就会发现，世界上没有比这更强大的力量。因此，用法国大革命的话来说，les malheureux sont la puissance de la terre.（不幸的人是强大的世俗力量。）

III

我花了一些时间来讨论这个从法国大革命中得出的教训，因为同样的事实和经历几乎在每一次革命中都出现过。是法国大革命而不是美国革命点燃了世界，因此，是从法国大革命的过程中，而不是从美国事件的过程或国父们的行为中，我们现在使用的"革命"一词在世界各地得到了它的内涵和外延，在这个国家也不例外。但是，如果我们想了解革命的内容，就必须记住这场为消除贫困和从政治上处理必然性而进行的第一场斗争已经失败，革命的最初目的——即建立和构成自由——也随之失败。

法国大革命的进程一劳永逸地确立了征服贫穷是建立自由的前提；然而，我们同样可以在这场革命中学到的是，不能用处理暴力、侵犯权利和侵犯自由的方式来处理贫困和必然性的问题。显然，法国大革命时期的人们所犯的悲剧性错误是将暴力与必然性对立起来；但是，只有当他们在与暴政的斗争中使用和滥用了必然性——即匮乏、苦难和贫困的强大力量——之后，也就是说，在他们希望在自己的努力中增加不可抗拒的"金刚钻"之后，他们才走上了这条注定失败的道路。这个"金刚钻"随后转而反对他们，直到他们以与他们导致旧政权垮台相同的方式灭亡。因为，从理论上讲，如果以暴力反抗暴力会导致战争（无论是国内的还是国外的），那么以暴力反抗必然性就总是会导致恐怖。正是恐怖而非单纯的暴力，或是在旧政权被打败、新政权建立后释放出来的恐怖，才是让革命走向灭亡的原因。当那些新上台的人开始忘记革命的唯一目标和目的是自由的时候，毁灭的第一个迹象就出现了。因此，当所有参与者都被人民的苦难所感染，并突然达成了一致——Le but de la Révolution est le Bonheur du Peuple（革命的目的是人民的幸福）——的时候，法国大革命的终结就开始出现了。

我之前说，这些事实和经历几乎在每一次革命中都出现过，而我心目中最大的例外当然是美国革命。说美国革命在所有其他革命都失败的地方获得了成功可能是一种过度简化，但是当我们从思想和记忆的方面来理解这场革命时，这种历史性的过度简化不仅是合理的，而且是必要的。然而，如果我们能说美国革命的成功是因为革命者成为了美利坚合众国的国父，那么我们必须立即补充说，这种成功几乎完全是因为在美国革命前的场景中没有贫困、悲惨、不幸的因素，因此也没有必然性的因素，而这些因素在当时几乎无处不在，即使到了今天，它们在世界上的大部分地区仍然是决定性的因素。我必须避免在此引经据典，这些证据存在于整个 18 世纪众多旅行者对美国的报告中，并且可以追溯到 17 世纪。此外，我们还有美国前往欧洲的旅行者对恐怖的描述，如你们所知，这些旅行者中也包括了国父本人，这些描述见证了这个国家的社会状况与国外的社会状况之间存在着真正的鸿沟。美国在成为全世界眼中的"自由的国土"之前，早已是一个繁荣富足的国家。繁荣和富足——今天我们中的一些人认为它们归功于自由企业制度和自由的政治体制——当然主要归功于完全自然的原因，归功于大陆的广袤和其资源的巨大财富。

因此，当我说美国革命在所有其他革命都失败的地方取得了成功时，我并不是说它成功地解决了社会问题，我并不是说它找到了某些政治方法和手段，使一个国家摆脱了贫困的诅咒。这并不是要否认新世界的繁荣对旧世界的事件和希望所产生的巨大的革命性影响。恰恰相反，事实是，人们在这里第一次看到并相信，苦难和匮乏不一定是人类境况的一部分。约翰·亚当斯说："我一直认为在美国定居是上苍的一个宏伟计划和设计的开端，是为了全世界无知者的启蒙，以及所有受到奴役者的解放。"但他是在革命爆发的十年前写下这些话的，当时他完全没有意识到这种可能性。换句话说，美国的社会问题不可能通过革命来解决，原因很简单，在当时不需要这样的解决方案——如果我们不考虑（正如我们在此必须考虑）黑人奴隶制的困境和它带来的完全不同的问题。因此，在不受任何外部因素干扰的情况下，革命可以实现其最初的目标：建立保障所有人自由的制度，并建立一个与君主制相对的，被称为共和国的新的公共领域，用杰斐逊的话说，在这里的每一个人都可以成为"政府的参与者"。

在我试图总结和得出一些结论之前，请允许我尽可能简要地向你们指出在这个自由的构建（constitutio libertatis）中，在自由的基础中所涉及的一些事情。首先，这是一个政治自由的问题，而不是通过建立君主立宪政体可以获得的公民权利和自由——这种可能性确实被考虑过，然后就被否决了，而这正是因为它不允许公民参与公共事务。因为在18世纪开明的专制主义统治下，自由的缺失与其说是对个人自由的否定，不如说是因为对于国王的随从之外的任何人来说（用托克维尔的话说）："公共事务的世界不仅鲜为人知，而且是看不见的。"那些发动革命的人与穷人——与这些穷人在当时所扮演的角色完全不同，并且要优先于后者——的共同点是默默无闻（obscurity），也就是说，公共领域对他们来说是不可见的，同样的，他们也缺乏让自己可以变得可见和有意义的公共空间。因此，对于大西洋两岸的革命者来说，对自由的热爱包含了那些追求卓越（distinction）、竞争（emulation）、意义以及在行动中被看到（spectemur agendo）的激情，而约翰·亚当斯在他几乎所有的政治著作中发现并分析了它们的政治意义，而不是心理意义。这些激情——他当时用一句话来对它们进行了总结："我们是在行动中而不是在休息中找到了我们的快乐"——是19世纪和20世纪革命者的决定性的，但不幸被忽视的动机。的确，自由作为一种政治现实是为了行动和思想才被需要的。这种政治自由有别于公民权利和自由，而在所有的宪政国家，公民权利和自由都限制了政府的权力，保护了个人合法的私人和社会追求。这种权利和自由是由国家（body politic）保证的。因此，从政治领域的角度来看，它们是消极的自由，它们不仅阐明了政府的局限性（limitations），也阐明了公共领域本身的局限性。而主要的政治自由，或者说主要的积极自由，是言论自由和集会自由。我在这里所理解的言论自由，不仅仅是在私下里自由发言而不被政府监听的权利；这种权利属于受到适当保护的不受公共权力影响的消极自由。言论自由意味着在公共场合说话和被倾听的权利，并且只要人的理性不是万能的，这种自由就仍然是思想自由的前提条件。没有言论自由的思想自由是一种幻觉。此外，集会自由是行动自由的前提条件，因为没有人可以单独行动。

在我们考虑这些问题之前，我说过，今天分裂世界的冲突——如果它不是由暴力手段决定的，也不是以完全毁灭而告终的——很可能是由我们对革命中的利害关系的理解程度决定的。总而言之，这主要涉及两件事：其一是解放穷人和被压迫者，也就是解决社会问题和废除殖民主义，其二是自由的建立，即建立一个新的政治体。在我看来，美国对解放的理解并不透彻，她的政治家们也没有足够的能力来处理这个问题。他们缺乏经验。我之前提到，革命前的美国没有贫穷，我可以补充一点，独立战争不是针对后来帝国(主义)意义上的殖民国家进行的。有了自由的基础，一个新政治实体的构成是完全不同的。在这方面，美国应该能够为全世界树立一个榜样，尤其是为那些正在迅速崛起为国家的新族群和人民树立一个榜样。恐怕我们甚至在这一点上做得都不够好，而我们失败的原因当然在于，我们在此处理的是我们甚至在自己的国家都无法解决的种族问题。我们的黑人同胞目前为争取政治和公民平等而进行的非暴力斗争，可以在革命的这个方面给我们一些基本教训，进而成为我们未来最大的资产之一，而不是成为我们外交政策的最大负担。

无论如何，我们不要忘记，每一场革命都必须经历两个阶段，解放的阶段——摆脱贫困或外国的统治——以及建立自由的阶段。就政治进程而言，这两者是合为一体的，然而作为政治现象，它们完全不同，必须对其保持区分。我们必须努力理解的，不仅仅是解放是自由的前提条件这样一种理论上的老生常谈，而是这个实际的真理：由于其紧迫性，从必然性中获得解放总是优先于自由的建立。而更重要的是，要记住，贫困是无法用政治手段战胜的，过去革命的全部记录——如果我们知道如何阅读的话——毫无疑问地决定了，每一次用政治手段解决社会问题的尝试都会导致恐怖，而正是恐怖导致革命走向灭亡。如果我们仍然生活在匮乏和富足完全是自然现象的条件下，那么革命在整个世界就确实没有成功的希望。美利坚合众国赖以存在的伟大的美国原初经验的基础，仍将保持其长久以来的状态，即成为铁律中的一个例外，以及一个几乎不具有局部意义的事件。但情况不再是这样了。尽管在解决大规模贫困困境的道路上仍然存在巨大的困难，但今天存在着一种非常合理的希望，即自然科学的进步将在不久的将来，在所有政治考虑之外，开启在技术的基础上处理这些经济问题的可能性。可以肯定的是，技术（而不是其他手段）所蕴含的社会问题的解决方案，绝不能保证自由的最终建立，它只是消除了最明显的障碍；但是，哪怕仅仅就这种解决方案的前景而言，它也应该一劳永逸地排除为了迎接自由而使用必然性的"金刚钻"这样可怕和极其危险的做法。因为与贫困作斗争的技术手段可以在完全政治中立的情况下进行处理；它们不需要以这种或那种方式干涉政治发展。自罗伯斯庇尔提出他的"自由专制"（despotism of liberty）以来，我们一次又一次地目睹了自由在必然性岩石上的废墟，但这已经不再是不可避免的了。

最后，请允许我谈谈最近的两场重大革命——匈牙利革命和古巴革命，前者是如此迅速和残酷地被外国统治者粉碎，后者则尚未结束。匈牙利革命是我所知道的自美国革命以来唯一的一场，面包、贫困和社会秩序的问题在其中完全没有发挥任何作用的革命。它完全是政治性的，因为人民只为自由而战——思想和行动的自由，言论和集会的自由——而且他们最关心的是他们的新政府将采用何种政体。因此，必须记住，没有一个参与者——而他们实际上构成了全部人口——曾经想过撤销共产主义政权在该国所实现的深刻的社会变革。这是他们视作理所当然的社会条件——就像在截然不同的情况下，美国革命的人们也把他们的社会和经济状况视作是理所当然的。不幸的是，出于一些显而易见的原因，古巴革命提供了一个相反的例子；到目前为止，它一直忠实于法国大革命的进程。虽然美国在匈牙利危机期间的态度（不论对错）并不是因为不了解那场革命的内容，但我认为对古巴革命则不能用同样的话来描述，因为后者只是在地理上更接近美国的利益和理解范围。匈牙利革命的失败可以追溯到权力政治，而古巴革命的失败则包括，不理解一个生活在腐败猖獗已久的落后国家的贫困人民，当他突然从他们的农场和房屋的阴影中被释放出来，被带到他们前所未见的首都的街头，并被告知：所有这些都是你们的，这些是你们的街道，你们的建筑，你们的财产，因此也是你们的骄傲！ ——的时候，这意味着什么。由于这些人热切地渴望在尊严中行走，却还不知道在自由中行动可能意味着什么，因此他们要花上比那些所谓的政府专家——也就是那些因为他们什么也想象不到，所以认为自己什么都知道的人——多得多的时间来意识到他们可能被欺骗了，并且被推上了不是通往自由，而是通往暴政的道路。

对于那些没有自己的伟大功绩，却享有特权——即生活在允许他们有尊严地行走和自由地行动的条件下——的人来说，最好请记住，这是一个处在非常危险的海域中的岛屿上的条件。从长远来看，更重要的是要记住，这种自由的基础是在一场革命中奠定的，而这场革命是由那些重视公共幸福和公共自由的人发起的，如果他们对公共幸福和公共自由的重视程度没有比私人福祉和公民权利更多的话，那至少也是一样多。

1961 年

美国本质上是一个暴力的社会吗？

我们是否对社会的自然美德和恶习有所了解是非常值得怀疑的，但似乎很明显的是，一个由众多族群共同居住的国家甚至不能说拥有最接近于自然品质（natural qualities）的东西，即国民性。如果"同类相吸"对人类社会来说就像"物以类聚"一样自然，那么人们甚至可以说，美国社会"本质上"（by nature）就是人造的。不过，由于历史、社会和政治原因，美国似乎的确比其他大多数文明国家更容易爆发暴力行为。然而，很少有国家对法律的尊重是如此的根深蒂固，很少有国家的公民是如此的遵守法律。这一点在美国革命时期就已经很明显了，并且由于这一核心事件并非是因为暴力而被铭记的，因此暴力在这个国家并不像在其他国家那样具有革命色彩，也正是出于这个原因，它更容易被宽恕。

这种看似矛盾的原因或许必须从美国的过去中去寻找，在一个殖民地国家通过建立法律反对"无法可依"（lawlessness）的经验中去寻找——这种经验在1776年革命之后，随着一个新的政治体的建立和新的国家法律的建立而到达高潮，但并没有结束。因为在美洲大陆的殖民化过程中，以及在19世纪许多次移民潮的融合过程中，都有过类似的经历。每一次，法律都必须被重新确认，以对抗所有背井离乡的人所固有的"无法可依"的状态。美国人对法律巨大的平等化力量有所了解，他们对犯罪暴力的初始阶段也有足够了解，而这些阶段总是先于——当然不是先于相对容易的个体的同化，而是——一个新的陌生群体的整合。

我认为，美国社会的第二个特点与目前的情况更为相关。集会自由是美国公民最关键、最珍视，或许也是最危险的权利之一。临时组织的志愿协会的数量，仍旧如托克维尔第一次描述它们时那样，是我们社会的特征。它们的工作通常是在法律框架内进行的，而他们对社会、经济和政治目标的追求通常是通过压力集团(pressure groups)进入政府机构。但这并不是必然的，而每当华盛顿对足够多的公民的要求不闻不问时，暴力的危险就会出现。与其他国家相比，在美国，暴力——将法律掌握在自己手中——或许更有可能是权力受挫的后果。我们刚刚经历了这样一个时期：反对我们血腥的帝国主义冒险[1]的声音——它首先是在校园里并且主要是基于道德理由发出的，并在全国范围内得到了高素质舆论几乎一致的支持——不仅没有回音，还受到了政府的公开蔑视。反对派在60年代初强大且非暴力的民权运动的教育下走上了街头，对"体制"(the system)本身越来越愤慨。当麦卡锡参议员[2]亲自将参议院中的反对派与街头的反对派联系起来时，这个魔咒就被打破了，整整一代人的不满情绪中所固有的暴力危险也得以避免。他本人说他曾想"测试一下这个体制"，而结果尽管仍无定论，但在一些重要方面令人欣慰。不仅民众的压力迫使政策发生了至少是暂时性的改变；还证明了年轻一代可以迅速地成为"去-异化的"(de-alienated)，抓住这个第一个机会，不是为了废除制度，而是让它重新发挥作用。这并不是要否认共和国一方面受到总统权力过度增长的威胁，另一方面受到更为惊人的"隐形政府"(invisible government)——即合法的秘密信息收集机构转变为没有任何合法性的秘密政策制定机构——的蔓延的威胁。我们不要忘记，三K党[3]和约翰·伯奇社[4]也是自愿协会，谁

---

[1] 指越南战争。——译者注

[2] 阿伦特指的是她的"诗人政治家"朋友，明尼苏达州参议员尤金·麦卡锡(Eugene McCarthy)，他彻底反对美国在越南的冒险。尤金·麦卡锡是第一个在1968年挑战林登·约翰逊的民主党总统候选人提名的人。——编者注

[3] 三K党(Ku Klux Klan)是在美国南北战争后成立的国内恐怖组织，最早是在1866年由田纳西州普拉斯基的邦联老兵组织的社会俱乐部，之后很快就成为了南方白人抵抗激进重建(Radical Reconstruction)的工具，并在之后进一步演变为通过恐吓、暴力和谋杀维持白人至上的恐怖组织。早期的三K党运动在19世纪70年代逐渐销声匿迹，直到20世纪10年代以后，随着美国本土社会结构的变化，特别是东欧和犹太移民的大量涌入，三K党再次复兴，其影响一直延续至今。——译者注

[4] 约翰·伯奇社(John Birch Society)是1958年由美国波士顿的糖果制造商小罗伯特·韦尔奇(Robert H.W. Welch, Jr.)成立的私人组织，旨在反对共产主义和促进各项极端保守的事业。——译者注

会否认这类团体会帮助和煽动暴力的爆发呢? 很难想象如何在不取消集会自由的情况下消除这种危险。为了政治自由,这样的代价是不是太高了?

第三个因素,即种族主义,是唯一一个可以说是在美国社会中根深蒂固的,并且似乎是"自然"的暴力因素。正如内乱委员会[1](Commission on Civil Disorders)的精彩报告中指出的:"种族暴力几乎从美国经验的一开始就存在",这个国家从未成为一个民族国家,因此几乎没有受到民族主义和沙文主义恶习的影响。它相当成功地处理了多民族社会体中固有的国内暴力的显而易见的危险,把遵守国家法律而不是民族血统作为公民身份的主要试金石,并在社会中容忍了相当程度的歧视。但民族主义和种族主义是不一样的,对前者的破坏性力量起作用的东西,对后者的破坏性力量起不了作用。我们今天经常听到有人说,我们被要求为奴隶制这个美国过去最大的罪行付出代价。但是,这里所涉及的历史时期,与其说是过去 100 年没有融合的黑人解放时期,不如说是在此之前大约 250 年的黑人奴隶制时期。无论是在南方还是在北方,无论是在解放前还是解放后,自由黑人都没有得到过平等的待遇。民权运动在结束南方的法律隔离方面取得了显著的成功,再次证明了有组织的非暴力行动所具有的巨大潜力。更重要的是,它彻底改变了国家对待黑人个人的气候,黑人第一次被同化,其方式与以前其他种族群体的个人被同化的方式基本相同。"表面文章"(Tokenism)实际上是一种进步,不仅因为它为个人"例外"提供了机会,还因为它表明至少社会中受过教育的阶层不再是种族主义者。然而这种少数人的同化既没有带来,也没有伴随着多数人的融合。

在北方,我认为问题比南方更严重,我们面对的是一个因最近的移民而背井离乡的群体,在最初的阶段,他们"无法无天"的程度并不亚于其他移民群体。近几十年来,他们的大量到来加速了大城市灾难性的

---

[1] 内乱委员会(Commission on Civil Disorders),全称是"国家内乱委员会"(National Advisory Commission on Civil Disorders),是美国总统林登·约翰逊于 1967 年 7 月 28 日成立的组织,旨在调查美国国内在 1964 年至 1967 年期间发生的城市内乱(种族骚乱),此次调查历时 7 个月,最终于 1968 年 5 月公布了调查报告,报告显示美国正在"走向两个社会,一个是黑人的,一个白人的——隔离与不平等"。——译者注

解体，当他们来到大城市的时候，对非熟练劳动力的需求正在迅速下降。我们都知道后果，今天城市人口中的种族主义情绪达到前所未有的高度，这已经不是什么秘密了。指责人民很容易，但要承认这样一个事实就不那么容易了：按照现在的处理方式，那些最容易遭受损失，并且被预计要付出最大代价的人，恰恰是那些刚刚"成功"并且最不能承受的群体。无能滋生暴力，而这些白人群体越是感到无能，暴力的危险就越大。民族主义通常受到领土的限制，因此至少在原则上承认存在一个地位平等的"民族大家庭"，而种族主义则不同，它总是坚持对他人的绝对优越性。因此，种族主义"在本质上"是羞辱性的，而羞辱甚至比单纯的无能更容易滋生暴力。三十年前，安德烈·马尔罗[1]在《人的命运》(Man's Fate)中写道："深深的屈辱呼唤着对世界的彻底否定；只有药物(drugs)、神经质和持续流淌的热血，才能维持这份孤独。"民族主义在世界各地兴起，而危险在于，出于各种原因，在世界上的许多地方，民族主义已经沾染了种族主义的色彩。如果黑人反弹(the black backlash)公然无视美国黑人的情况，并受到那些极端分子——他们把它想成是一场世界革命，是有色人种的世界性起义——的左右，那么美国社会长期以来以来固有的种族主义确实可能成为"革命"。

我们现在看到的黑人暴力事件与此毫无关系。它是政治性的，只是希望将合理的不满情绪戏剧化，并充当有组织权力的不愉快的替代品。"它在更大的程度上是社会性的，因为它表达了富裕社会中穷人的暴怒"，在这个社会中，匮乏不再是大多数人的负担，因此也不再被视为只有少数人才能幸免的诅咒。[2]即使是极端分子宣扬的为暴力而暴力——区别于为威士忌、彩色电视和钢琴而进行的暴乱和抢劫——也不是革命，因为它不是达到目的的手段：没有人梦想着能够夺取权力。如果这是一场暴力的较量，没有人会怀疑赢家是谁。

真正的危险不是暴力，而是出现白人反弹(white backlash)的可能

---

[1] 安德烈·马尔罗(André Malraux，1901—1976)，法国小说家和评论家，代表作《人的命运》(La Condition humaine)曾获龚古尔文学奖(1933年)。——译者注

[2] 参见加尔布雷思(J. K. Galbraith)的《富裕社会》(The Affluent Society，1958)。这本有影响力的书展现了二战后美国财富在私人部门而非公共部门的增长。它对今天这种财富分配的不平等的强调看起来就像一种预言。——编者注

性，其规模大到足以侵入正规政府的领域。只有这样的投票胜利才能阻止目前的融合政策。而它的后果将是彻彻底底的灾难——也许不是国家的末日，但肯定是美利坚合众国的末日。

1965 年

《群　　魔》

　　每一部杰作都可以在几个层面上阅读，但只有当所有的片段都能在每个层次上形成一致的整体时，一部作品才是杰作。关于《群魔》，我们可以这样说，这部小说，在最低但不可或缺的层面上，是一部实事小说，一部影射小说，在这里，一切的人和事都可以得到证实。故事情节直接取材于当时的报纸，其中的人物都是真实故事的中心：彼得·维尔霍夫斯基是谢尔盖·涅恰耶夫，他的父亲斯捷潘·特罗菲莫维奇是格拉纳诺夫斯基和库科尔尼克的混合体，沙托夫是陀思妥耶夫斯基，等等。涅恰耶夫是从瑞士回来的，他在那里参加了一些与警方合作的阴谋活动——他总是为双方工作。在瑞士，他假装自己是一个完全虚构的"五重奏"网络的头目，这个网络覆盖了整个俄罗斯。在这里，他遇到了巴枯宁，巴枯宁完全倾倒于他，而他们合作的结果就是《革命教义问答》。这部作品中包含的大部分思想可能都是涅查耶夫的。这是一个注定要失败的人的遗嘱，他没有自己的任何利益，甚至没有名字。然后，他回到了俄罗斯，现在假装是"国外使者"。他组织了一个真正的"五重奏"，并发起了对学生伊万诺夫的谋杀，目的是通过犯罪将成员团结在一起。五个人都被抓住了，但涅查耶夫自己逃到了国外。就是在这个时候，陀思妥耶夫斯基写了《群魔》（1869）。1872 年，在这本书出版的那年，涅查耶夫被瑞士引渡，并于 1882 年死于狱中。与涅恰耶夫一起融合为虚构人物彼得·维尔霍夫斯基的，还有扎伊奇涅夫斯基和特卡乔夫。扎伊奇涅夫斯基是"青年俄罗斯"的一员，他对女性有着非凡的魅力，然而特卡乔夫也许更像是志加洛夫的原型，正是他提议杀死所有25岁以上的人，以重建俄罗斯。顺便提一句，特卡切夫对这本书作了评论，他说这些角色都是精神病患者，而不是革命者——这表明陀思妥耶夫斯基的小说与当时的真实事件之间的联系是多么密切。

同样完全现实的是陀思妥耶夫斯基对各省政府的描述，以及对伦布克和什皮古林工人的描述。伦布克的话非常精确地表达了整个俄罗斯官僚机构看起来令人难以置信的无能："我有很多职责，我不能履行其中的任何一项，然而，另一方面，我也可以真诚地说，我在这里没有什么可做的。"还有什皮古林丑闻，工人罢工的理由很充分，其中没有任何阴谋者插手。陀思妥耶夫斯基的描述是完全真实的：1896年在圣彼得堡和彼得格勒的所有罢工都没有任何外界的干涉。只要有了制度存在，就没有人有任何用处；其效果是"好像脚下的地面在塌陷"。工人是社会普遍腐烂的例外。这种情况持续了一段时间，没有任何结果，因为社会的巨大压力，因为它的愚蠢、复杂和低效，这似乎使它难以抗拒和无法穿透。

但是，当有人对列宁说："你面临着一堵墙"时，他回答说："是的，而且这堵墙已经腐烂了。"

这种情况在一段时间内没有发生什么后果，因为社会的巨大压力，它的愚蠢、复杂和低效，似乎使它变得难以抗拒和难以穿透。在第二层次，这是普遍接受的，《群魔》是对实际发生的事情的解释或预言：沙皇政权因为无神论而垮台。无神论破坏了一个"靠上帝的恩典"而存在的政府，当人不再相信上帝时，政府就失去了合法性。沙托夫宣称："如果俄罗斯要想崛起，我们就必须从无神论开始。"同样的想法也被迷惑的船长表达出来，船长惊呼道："如果没有上帝，我怎么能成为船长呢？"此外，无神论与西方思想有关；已经衰落的西方，正在以马克思主义的形式腐蚀俄罗斯。唯一的抵抗来自斯拉夫派，对他们来说，俄罗斯是唯一的希望：虽然知识分子们不相信这一点，但是俄罗斯人民仍然相信这一点。尽管陀思妥耶夫斯基同情这种描述，但他对这些热爱"人民"的人针对人民特别是对俄国人民的实际上的蔑视作了非常现实的描述。

这种解释的主要代表之一是别尔嘉耶夫(《俄国共产主义的来源和意义》)：革命首先发生在内部，这表明外部革命正在进行中。从那以后，陀思妥耶夫斯基被赋予了"近乎恶魔般的远见"。其中至少包含这样一些道理——无神论消除了对地狱的恐惧，而对地狱的恐惧在许多世纪以来一直是阻止人们作恶的最有利因素。但是陀思妥耶夫斯基的观点有些不同：没有了对上帝的信仰，一切都是允许的。然而，事实是彼得·维尔霍文斯基-涅查耶夫与斯大林有着奇怪的相似之处：他"永远不会忘记自己的过错"，他鼓励在五重奏中"互相监视"，志加洛夫体系中的"无限专制"。五人组的成员都是潜在的告密者——"对警察工作有明显倾向"的利普金，列比亚德金，尤其是维尔霍夫斯基本人。就斯大林而言，这种相似之处是惊人的，甚至是不可思议的——仿佛这是涅恰耶夫的《革命教义问答》，斯大林当然知道它并以其为榜样。

在第三个层面，这显然是陀思妥耶夫斯基自己的层面，我们处理同样的无神论问题，但更严肃的是：陀思妥耶夫斯基所有小说的中心问题不是上帝是否存在，而是人是否能在不相信上帝的情况下生活。在我们讨论这个问题之前，我们应该注意到，这个问题将怀疑带入了信仰——不像科学那样来自外部(答案是：科学既不提出也不回答这个问题)，而是来自内部：如果我因为无法忍受不相信而相信，那么我显然是不相信。陀思妥耶夫斯基知道这一点，这就是他的伟大之处。他不相信他或沙托夫能拯救俄罗斯或人类；这只能由那些从未有过这类想法的人来做，他们只是相信，像玛丽亚或白痴那样的软弱的人。陀思妥耶夫斯基唯一不弱智的信徒是阿尔约沙(Aljosha)——那部他从未完成的小说。

在《笔记本》[1]中，最紧迫和最核心的问题是：如果一个人是文明的，也就是欧洲人，他能有信仰吗？ 因为信仰并不意味着对至高存在的模糊概念，而是对基督神性的信仰。这实际上意味着两件并不相同的事情，但是在陀思妥耶夫斯基这里并不完全如此：a)道德的合法性取决于启示。如果启示的一部分被摧毁，那么，整个的基督教和基督教道德就会崩溃。如果信仰不再可能，那么要求彻底毁灭绝不是不可原谅

---

[1] 阿伦特指的是《关于〈群魔〉的笔记本》。——编者注

的。相反，当以死亡结束的长期痛苦与短暂的痛苦和死亡相比较时，后者更人道。由此可见，没有信仰，人类就无法生存。b) 圣言在基督中成为肉身，即道成肉身：神性在地上的可能性取决于这个事件。按照陀思妥耶夫斯基的说法，这是摆脱绝望的唯一救赎途径。真正无信仰的代表人物是斯塔夫罗金，一个"既没有善恶的感觉，也没有善恶的知识"的英雄。正是这种冷漠导致了他的毁灭："生活使他厌烦到麻木的地步"。与之同时，他有一种完全自由的感觉。但是，对于陀思妥耶夫斯基来说，道德被理解为人类臣服于自己的主人的准则：主人是上帝，榜样是基督。人归属于既超越又高于他的某个人（而不是某物）。

《群魔》更明确地关心这个问题，而不是其他任何问题；也就是说，它试图证明失去信仰的灾难性后果。这是一个消极的论点，但因为它是一部小说，所以它没有论证，而且由于情节和人物的真实性，它具有相当大的力量。这个论点可以这样来表述：即便取消了上帝这个人类赖以顺从的存在者，人类将依然是一个仆人。只是他不再侍奉上帝，而是侍奉思想；他不再被上帝所控制，而是被那些像魔鬼一样行动的思想所控制。不是你拥有这些想法，而是这些想法拥有你。斯捷潘·特罗菲莫维奇的整个脑子都充满了崇高和高尚的思想，不仅生下了一个有犯罪观念的儿子，他自己完全的轻率也近乎于犯罪——对他儿子的忽视和欺诈，出卖了罪犯费德卡，以偿还赌债，等等。他不是邪恶的，只不过，他的观念从他头脑中赶走了平凡的想法。这个人不再是合法主人的仆人，而是成为自己思想的奴才——事实上，沙托夫不止一次提到"思想奴才主义"。这是"幽灵的统治"，说它是幽灵是因为它们的背后没有现实。即使是这些观念中最崇高的，也就是用自杀来证明绝对自由的观念，也是如此。思想的仆人维尔霍夫斯基对基里洛夫说："不是你掌握了思想，而是思想掌握了你。"之所以会出现这种奇怪的现象，是因为我们不仅用大脑思考；任何想法都是"感觉"出来的，并"付诸实践"。

在这些抓住人们的思想中，最有力、最迷人的是彻底毁灭的思想，因为它直接产生于真空，是对创世最有力的倒转。由于这种真空不仅是缺乏对上帝的信仰，而且是缺乏对道成肉身的信仰——道成肉身——这个想法也在活着的人身上找到了它的化身。"抓住他的观念完全支配着他，但与其说是支配着他的思想，不如说是把他作为融入思想的手段。一旦它被拟人化，它就需要立即转化为行动。"因为"改变一个人的信念就是立即改变一个人的一生"(《笔记本》)。一种观念被拟人化并付诸实践，这种现象是极为危险的；根据陀思妥耶夫斯基的说法，这是俄罗斯思想家与西方同行的区别。人是行走的思想，人要执行思想的要求，执行它的逻辑。因为他们有真正的信仰，当他们失去信仰时，他们就变得更加危险。另一方面，思想的行动化意味着他们的承载者可以成为一个偶像。斯塔夫罗金对维克霍文斯基说："没有你，我就是一只苍蝇，一个装在瓶子里的念头(bottled idea)；没有美洲的哥伦布。"偶像的意思不是上帝变成人，而是人变成上帝。维霍文斯基不相信进步，他不像其他处于自我欺骗中的人那样受一种思想的支配。斯塔夫罗金不被一个想法所支配，因为他"永远不会对一种思想迷恋到失去其理性的程度"。但正是因为这种无能，他成为了维尔霍夫斯基的偶像。善的真正对立面不是邪恶或犯罪，不是费德卡，而是斯塔夫罗金，他只是漠不关心。新的上帝将是完全冷漠的。

这本书的长处不在于论证，而在于人物和情节的具体表现。然而，与现代观念的浅薄相比，最有说服力的因素是信仰内容无可争辩的宏伟。如果人变成了他们所想的样子，那么对他们来说，坚持基督的观念不是更好吗，即使它不是真理？ 正如沙托夫对斯塔夫罗金所说的那样——"但是你不是告诉过我，如果用数学方法向你证明真理不包括基督，你宁愿坚持基督而不愿坚持真理吗？"斯塔夫罗金怀有这样的想法，一个不信教者的想法！(奇怪的是，陀思妥耶夫斯基从来没有问过自己，在基督之前，人们是如何生活的，也没有问过其他非基督教国家的人是如何生活的。他似乎相信每个民族都有自己的神，而且不得不坚持自己的神；移民不仅失去了他们的亲人，也失去了他们的神。当然，这完全是一种无神论思想。)

我们忽略了一个完全不同的故事，一种非情节的故事——它的主人公是斯塔夫罗金和基里洛夫。你可以提出这样的问题：当无神论抓住了高尚的本性时，会发生什么？ 而在行动层面上的结果，是一种毫无动机的行动，就像牵着鼻子走向玛丽亚的婚姻一样，"这种行动的羞耻和愚蠢达到了天才的程度"。（火灾和谋杀也被称为"毫无意义的行为"，但它们都有一个目的，那就是破坏斯塔夫罗金的名声。）最后是基里洛夫的自杀，"没有任何原因，只是出于自我意愿"。这些人想成为神——妄自尊大或骄傲的罪，奥古斯丁不是将其论定为不侍奉上帝，而是将其论定为模仿上帝！ 这是纯粹的自我意愿：一种除了自身之外完全没有动机的意愿，它只是肯定自己。只有这一点才是自由，因为所有其他的行为都是受到外在事物的刺激和影响的。

从这种无神论中得出的结论是，"承认没有上帝，却不同时承认自己是上帝，这是荒谬的"，原因很简单，我们有"上帝"这样的概念。这种观念是生命中固有的："人类所做的只是创造上帝，以便继续生活，而不是自杀。"自由意味着摆脱这个虚构的主人；一旦实现了这一点，"人将是至高无上的，并且……生活在最大的荣耀中。"只有一个问题：即使是这一荣耀的存在也必须死去。他的死当然不是出于自我意愿，但如果他能使自己愿意死一次，他就自由了。因此，基里洛夫以人类救世主的身份自杀：他仍然是"一个对抗自我意愿的神"，他仍然不快乐，因为他"束缚于对自我意愿的坚持"。一旦他坚持了他的自我意愿，"人的自然本性就会改变"，他就不再需要上帝了。但不能说他自杀是为了……没有什么特殊的动机，只是为了坚持他的自我意愿。绝对的自由就是绝对的毁灭，因为你注定要摧毁一切可能影响和束缚你的东西。束缚你的至善是生命本身。因此，自由就是自我毁灭。

这一行为与斯塔夫罗金的冷漠密切相关。如果你认为自由是在两种选项之间做出选择的能力，例如，善与恶，你就永远无法确定你是自由的：无论你选择哪个选项，都会对意愿产生吸引力，因此意愿不再是自由的。因此，你就像斯塔夫罗金一样，用完全的冷漠来表现你的自由，出于无聊和骄傲而自杀。摆脱无聊——因为每一种兴趣都束缚着你，你就成了它的奴隶。或者否认生命本身是最后的、最深的动力。问题是，一旦你自由了，你就不再是人本身了；因此，这种高尚的行为也许意味着人已经失去了理性。第二个问题是人的复多性；如果每个人都认为自己是神，那么这种想法就已经荒谬了。说所有的人都是神，等于说没有人是神：神怎么会服从那些和他们相似的存在者呢？ 斯塔夫罗金意识到了这种荒谬性。他知道，在这个层面上，唯一的选择就是冷漠。他甚至不想像基里洛夫那样成为上帝。斯塔夫罗金钦佩基里洛夫，首先他不想自杀，因为自杀远没有解决自由概念的荒谬性，而只是一个浮夸的姿态。自杀的伟大也许是克服了恐惧，但斯塔夫罗金并不知道恐惧。然后他轻松地结束了自己的生命——他上吊自杀，没有留下任何笔记，没有遗嘱，没有承认信仰。他承认自己被打败了。

这就是陀思妥耶夫斯基留给我们的，我不会试图为你们给出有关这些问题的答案。我们必须提出的是有关意愿的问题：自由是意愿的属性吗？希腊人懂得自由，却没有一个词语用来表达我们所说的意愿。相反，请注意陀思妥耶夫斯基小说中独特的对话形式。它就像赤裸灵魂与赤裸灵魂在亲密关系中的交谈，这种亲密关系接近心灵感应，它消除了全部的距离。一个人的所说，总会以这样的方式得到回答："我明白了，我明白了，省省吧。"就像斯塔夫罗金对沙托夫说的那样。我们一次又一次地看到这样的回答："我已经知道了"——当有人不期而遇时，总会有人料到会发生意想不到的事情。然后是亲密关系中纯粹激情的强烈程度。与之相比，西方文明社会是虚伪的，充满了谎言。在这里，一切表象都直接通向灵魂的内部；外表绝不仅仅是一个外表。然而，最重要的是，世界作为一种客观的基准在某种程度上是缺席的。书中没有对它的描述，也不是一个对话的话题；因此，就像在巴尔扎克那里一样，由以观看世界的多重视角，在这里是缺失的。主题不是世界，而是某种终极关怀。

这种亲密关系只能在一个人自己所属的民族中实现。它是由一种我们通常只在某些非常亲密的家庭关系中发现的知识所推动的。因此，陀思妥耶夫斯基坚持认为，当你失去你的人民时，你就迷失了，这一点在家庭的形象中可以看到——当你离开家庭时，你就失去了上帝。与人分离意味着与整个世界分离，意味着失去了善恶的区分以及"无聊和懒惰的倾向"。

"变得自由的自由"：革命的条件和意义

恐怕，我今天谈论的主题是一个令人尴尬的话题。随着帝国主义的瓦解，革命成了每天都在发生的事情，如此多的民族奋起"在地球的力量中承担自然法则和自然之神赋予他们的独立和平等的地位"。正如帝国主义扩张最持久的结果是向世界各地输出了民族国家的思想一样，帝国主义在民族主义压力下的终结也导致了革命思想在全球的传播。

所有这些革命，无论他们的反西方言论多么激烈，都站在传统西方革命的旗帜下。目前的事态是在第一次世界大战后欧洲本身发生的一系列革命之前发生的。从那时起，而且在第二次世界大战后更为明显的是，似乎没有什么比这更确定的事情了：在剩余列强之间的战争中失败之后，政府形式将发生革命性的变化，而不是行政管理的改变——简言之，就是彻底改变。但必须指出的是，即使在技术发展使大国之间的战争成为生死斗争之前，从政治上讲，战争已经事与愿违地成了一个生死存亡的问题。这绝不是一件理所当然的事情，而是意味着国家战争的主角们已经开始像卷入内战一样行动了。过去 20 年的小规模战争——朝鲜战争、阿尔及利亚战争、越南战争——显然都是内战，大国都卷入其中，要么是因为革命威胁到它们的统治，要么是因为革命造成了危险的权力真空。在这些事例中，引发革命的不再是战争；将战争转变为革命的倡议，在某些情况下，但绝不是所有情况下，都紧跟着军事干预。这就好像我们突然回到了 18 世纪，当时美国革命之后是一场反对英国的战争，法国大革命之后是一场反对欧洲王权联盟的战争。

同样，尽管技术和其他方面的环境已经有很大的不同，军事干预在这种现象面前依然显得相对无助。在过去的两百年里，有许多革命走向了消亡，但相对来说，很少有革命是由于暴力手段应用方面的优势而消亡的。相反，军事干预即便取得了成功，它在恢复稳定和填补权力真空方面，也往往被证明效率极低。即使是胜利，似乎也无法用稳定代替混乱，用诚实代替腐败，用权威和对政府的信任代替衰败和解体。复辟是一场中断的革命的结果，它通常只不过提供了一个薄薄的、很明显的临时掩护，在这个掩护下，解体的进程可以不受控制地继续下去。但是，在另一方面，有意识地形成的新政治机构具有潜在且巨大的未来稳定性，美利坚合众国就是这方面的最好例子；当然，主要问题是成功革命的罕见性。尽管如此，在世界目前的格局中，无论好坏，革命已经成为最重要和最频繁的事件——而且很可能会持续几十年——如果我们不吹嘘我们是地球上最强大的国家，而是说我们自合众国成立以来一直享有非凡的稳定，这种稳定是革命的直接结果，这不仅是明智的，也是更有意义的。因为，既然不能再由战争来决定，那么，从长远来看，大国之间的较量很可能取决于哪一方更理解什么是革命，以及革命的利害关系是什么。

我相信，众所周知的是，至少自猪湾事件以来，这个国家的外交政策在判断革命形势或理解革命运动的势头方面表现得既不专业，也不渊博。虽然猪湾事件经常被归咎于错误的信息和失灵的情报机构，但失败的实际原因要深刻得多。

这个失败在于误解了当一个腐败已经达到了腐烂的地步的落后国家的贫困人民突然被解放出来，不是从他们的贫困中被解放出来，而是从他们的默默无闻以及对他们悲惨生活的不理解中解放出来的时候，这意味着什么？当他们第一次听到他们的生存处境被公开讨论并发现自己被邀请参与讨论时，这意味着什么；当他们被带到他们从未见过的首都，并被告知：这些街道、这些建筑和这些广场，所有这些都是你们的，你们的财产，因此也是你们的骄傲。这种情况，或者类似的情况，在法国大革命期间第一次发生。奇怪的是，恰恰是东普鲁士的一位从未离开过家乡柯尼斯堡的老人伊曼努尔·康德，一位并不以反叛思想而闻名的哲学家和自由爱好者立刻明白了这一点。他说，"人类历史上这样的现象永远不会被遗忘"，事实上，它没有被遗忘，相反，自从它发生以来，它就在世界历史上发挥了重要作用。尽管许多革命都以暴政告终，但人们也始终记得，用孔多塞的话来说，"'革命'一词只能用于以自由为目标的革命"。

革命，就像我们的政治词汇中的任何其他术语一样，可以在一般意义上使用，而不需要考虑这个词的起源，也不需要考虑这个词第一次用于某个特定政治现象的时间。这种用法的假设是，无论术语本身是什么时候和为什么出现的，它所指代的现象与人类记忆是同时代的。当我们把"战争和革命"放在一起谈论时，特别容易泛泛地使用"战争"这个词，因为战争确实和人类有记载的历史一样古老。假如仅仅由于"战争"一词的首次出现在时间上无法确定，在空间上也无法限定，因而就只能在一般意义上使用"战争"一词，那么，对于"革命"一词的不加区分的使用却没有这样的借口。在 18 世纪末的两次伟大革命及其后来获得的特殊意义之前，"革命"一词在政治思想或实践的词汇中并不突出。例如，当这个术语出现在 17 世纪时，它严格地坚持其最初的天文学意义，指的是天体永恒的、不可抗拒的、不断重复的运动；它在政治上的用法是隐喻性的，描述的是一种回到某个预先建立的点的运动，因此是一场摆回到预定秩序的运动。这个词第一次被使用，不是在我们通常所说的英国革命爆发，克伦威尔成为某种独裁者的时候，而是在 1660年，在议会被推翻后，重新建立君主制的时候。但是，即使是光荣革命也没有被认为是一场革命，而是把君主权力恢复到以前的正义和荣耀。这个事件通过光荣革命这个相当矛盾的词语，在历史-政治语言中找到了他的一席之地。革命的实际意义，在 18 世纪末期的诸事件之前，也许在 1651 年英国国玺上的铭文中有最清楚的说明，根据这句铭文，君主制向共和制的第一次转变意味着："在上帝的保佑下恢复了自由。"

"革命"一词最初的意思是恢复，这不仅仅是语义学上的一个奇怪现象。即使是 18 世纪的革命，如果不认识到革命最初是在以复辟为目的时爆发的，而这种复辟的内容就是自由，就不能理解革命。在美国，用约翰·亚当斯(John Adams)的话来说，革命的人是"在没有期望的情况下被召唤的，在没有事先意愿的情况下被驱动的"；法国也是如此，用托克维尔的话说，"人们可能会相信，即将到来的革命的目的是恢复旧的制度，而不是推翻它"。在两次革命的过程中，当行动者意识到他们正在从事一项全新的事业，而不是回到之前的任何事情时，当"革命"一词因此获得了新的含义时，在所有人中，正是仍然忠实于过去时代的精神的托马斯·潘恩，非常严肃地建议把美国革命和法国大革命称为"反革命"。他想要挽救这些非同寻常的事件，使其不被怀疑是一个全新的开始，也不使人们厌恶其暴力，因为这些事件不可避免地与暴力有关。

我们很可能忽略了这些第一批革命者在面对全新的革命时，心理上表现出来的近乎本能的恐惧。在某种程度上，这是因为我们非常熟悉现代科学家和哲学家对"前所未见的事物和前所未见的思想"的渴望。[1]

部分原因是，在这些革命的过程中，没有什么比行动者和目击者一遍又一遍地强调新颖性更显而易见和引人注目的了，他们坚持认为，在事件的意义和宏伟程度上，以前从未发生过类似的事情。关键且困难的一点是，新时代的巨大悲怆，即仍然铭刻在我们的美元钞票上的新秩序，只是在行动者们违背他们的意愿，达到了不可逆转的地步之后才显现出来。

因此，在18世纪末实际发生的事情是，试图回归和恢复旧的权利和特权的结果与之完全相反：一个不断进步的发展和一个对未来的开放，这个未来拒绝了所有进一步以循环或旋转运动的方式行动或思考的尝试。当"革命"一词在革命过程中发生了根本性的变化时，"自由"一词也发生了类似的变化，但要复杂得多。只要它仅仅意味着"上帝的祝福所恢复"的自由，它就仍然是我们今天与宪政联系在一起的那些权利和自由的问题，这些权利和自由被恰当地称为公民权利。其中没有包括参与公共事务的政治权利。这些其他权利，包括为征税而被代表的权利，无论是在理论上还是在实践中，都不是革命的结果。革命性的不是"生命、自由和财产"，而是宣称这些是所有人类生物不可剥夺的权

[1] 查阅汉娜·阿伦特：《人的境况》（芝加哥：芝加哥大学出版社1998年版），第249页。——编者注

利，无论他们生活在哪里，无论他们享有什么样的政府。甚至在对全人类的这种新的、革命性的扩展中，自由也不过是摆脱不合理的束缚的自由，也就是说，某种本质上是消极的东西。公民权利意义上的自由是解放的结果，但绝不是自由的实际内容，自由的实质是进入公共领域和参与公共事务。如果革命的目的仅仅是保障公民权利，那么从越权和侵犯既定权利的政权中解放出来就足够了。的确，18世纪的革命是从要求这些旧权利开始的。当革命同时涉及解放和自由时，复杂性就出现了，而且，既然解放确实是自由的一个条件——尽管自由绝不是解放的必然结果——就很难看出和说出对解放、摆脱压迫的渴望在哪里结束，对自由、过政治生活的渴望在哪里开始。问题的关键在于，从压迫中解放出来很可能在君主政府（虽然不是专制政府）下实现，而政治生活方式的自由则需要一种新的，或者说重新发现的政府形式。他们要求制定共和国宪法。事实上，没有什么比杰斐逊的回顾性的声明更清楚地证明了事实，"那天的争辩是共和党人和王权政府倡导者之间的原则之争"。共和制政府与自由的等同，以及君主政体是适合奴隶的罪恶政府的信念——尽管它几乎在革命一开始就变得司空见惯——在革命者自己的头脑中是完全没有的。不过，尽管这是他们追求的一种新的自由，但很难保证他们事先对此一无所知。相反，正是对这种新的政治自由的热情——尽管它还没有与共和政府形式等同起来——激发和集结了那些在完全不知道自己在做什么的情况下发动革命的人。

我们从法国大革命的华丽辞藻中知道了群众和被压迫者，这些不幸的人、可怜的人和地球的诅咒。不管一场革命向他们敞开了多大的门，但是没有一场革命是由他们发起的。没有一场革命是由阴谋、秘密社团或公开的革命政党造成的。一般说来，在政治体的权威完好无损的地方，甚至不可能发生革命，在现代条件下，这意味着可以信任武装部队服从民政当局。革命不是政权权力下放的必然结果，而是可能的结果。革命不是政治权威垮台的原因，而是其后果。只要允许这种解体过程不受限制地发展，通常是在很长一段时间内，只要有足够数量的民众准备迎接政权的崩溃并愿意夺取政权，革命就可能发生。革命在最初阶段似乎总是出奇轻松地取得成功，原因是那些所谓的"制造"革命的人并没有"夺取权力"，而是在街道上捡起了权力。

如果说美国革命和法国大革命中的人们在那些决定他们的生活、塑造他们的信念并最终把他们分开的事件发生之前有什么共同之处的话，那就是热切渴望参与公共事务，对"良好社会"的虚伪和愚蠢有着同样强烈的厌恶，除此之外，还必须加上一种躁动不安的情绪，以及对仅仅是私人事务的琐碎的或多或少的公开蔑视。就这种非常特殊的心态的形成而言，约翰·亚当斯(John Adams)说得完全正确："革命是在战争开始之前发生的"，这并不是因为一种特别的革命或反叛精神，而是因为殖民地的居民"根据法律组成了法人团体或政治团体"，并拥有"集会的权利……"在他们自己的市政厅，在那里讨论公共事务，因为正是"在这些城镇或地区的集会中人民的感情才得以形成"。诚然，法国不存在与殖民地的政治制度相媲美的东西，但人们的精神状态还是一样的；在法国，托克维尔所谓的"激情"和"品味"，在美国则是一种从殖民初期就显现出来的经验，事实上，是自《五月花号公约》成为公共精神和公共自由的真正学校以来。在革命之前，大西洋两岸的这些人被称为"文人"，他们的特点是把闲暇时间用来"翻查古代的档案"，也就是说，他们转向罗马历史，不是由于他们浪漫地迷恋过去，而是为了恢复精神和制度上的政治教训，这些教训在严格的基督教统治的几个世纪里已经丢失或被遗忘了。"自罗马以来，世界一直是空的，只有他们的记忆填满了世界，而记忆现在是我们自由的唯一预言"，圣茹斯特感叹道，就像在他之前托马斯·潘恩预测的那样，"雅典是微型的，美国将是巨大的"。

为了理解古代在革命史上的作用，我们必须回想一下哈灵顿和密尔顿对克伦威尔独裁统治的热情，以及这种热情是如何在 18 世纪被孟德斯鸠的《罗马兴衰原因论》重新激发起来的。假如没有政治可以是什么以及参与公共事务对人类幸福意味着什么的经典范例，那么革命中的任何一个人都不会有勇气采取看起来是前所未有的行动。从历史的角度来看，文艺复兴时期对古代的复兴似乎突然带来了一次新生，就好像短命的意大利城市国家的共和热情，注定要随着民族国家的出现而消退，并进入蛰伏状态，也就是说，给欧洲各国时间，让他们在专制君主和开明暴君的监护下成长起来。与这种公共自由概念相对应的政治哲学的首要要素在约翰·亚当斯的著作中阐述了出来。他的出发点是观察到"无论男人、女人、孩子在哪里，无论他们是老是少，是富是穷，是高是低……无论是无知的还是博学的，每个人都被一种强烈的愿望所驱使，那就是被他周围和他所了解的人看到、听到、谈论、认可和尊重。"亚当斯在"超越他人的欲望"中看到了这种"欲望"的优点，他把这种"欲望"的缺点称为"野心"，即"以权力为区别他人的手段"。这两点确实是政治人物的主要美德和恶习之一。因为这样的权力意愿，不管有怎样追求卓越的激情（在这种激情中，权力不是手段，而是目的），都是暴君的特征，甚至不再是一种政治恶习。相反，正是这种品质倾向于摧毁所有的政治生活，政治生活的缺点不亚于它的优点。正是因为暴君既没有超越他人的欲望，也缺乏追求卓越的热情，他才发现统治是一件令人愉快的事情，从而将自己排除在他人之外；相反，是超越的欲望使人们喜欢同伴的陪伴，并激励他们进入公共领域。这种公共自由是一种有形的世俗现实，由人们创造出来，让他们在公共场合共同享受——被别人看到、听到、知道和记住。这种自由要求平等，只有在同辈之间才有可能。从制度上讲，这只有在一个没有臣民，严格地说，没有统治者的共和国中才有可能。这就是为什么对政府形式的讨论，与后来的意识形态形成鲜明对比，在第一批革命者的思想和写作中发挥了如此巨大的作用。

毫无疑问，这种为自由本身而追求自由的热情，是在闲暇之人和没有主人、也不总是忙于谋生的文人中产生和滋长的，这是显而易见的，而且具有重大意义。换句话说，他们享有雅典和罗马公民的特权，而不用说，在人们生活在真正贫困的条件下的地方，这种对自由的热情是不为人知的。如果我们需要更多的证据来证明殖民地没有这样的条件，那就是美国的"可爱的平等"，正如杰斐逊所说，在美国，"最可怜的人"比绝大多数法国人生活得更好，我们只需要记住，约翰·亚当斯认为这种对自由的热爱为"穷人和富人，上流社会和下层社会，无知者和博学者"所共有。这就是为什么激励了第一次革命的人们的原则在美国取得了胜利，而在法国却不幸失败的主要原因，也许是唯一的原因。以美国人的眼光来看，法国的共和制政府"就像在凡尔赛皇家动物园里管理大象、狮子、老虎、黑豹、狼和熊一样不自然、不理性和不切实际"（约翰·亚当斯）。尽管如此，人们还是做出了这样的尝试，原因是那些做这件事的人——文人，与他们的美国同事并没有太大的不同；只是在法国大革命期间，他们才意识到他们是在完全不同的环境下行动。

在政治和社会方面，情况有所不同。即使是英国的国王和议会统治，与法国的专制主义相比，也是"温和的政府"。在它的支持下，英国发展了一个复杂而运转良好的自治政权，这只需要一个共和国的明确基础来确认它的存在。然而，这些政治上的分歧虽然足够重要，但与欧洲社会条件中固有的自由宪法的巨大障碍相比，却是微不足道的。第一次革命中的人们，虽然很清楚解放必须先于自由，但他们仍然没有意识到这样一个事实：这种解放不仅仅意味着从专制的权力中获得政治上的解放；为自由而自由首先意味着不仅摆脱恐惧，而且摆脱匮乏。当人民群众涌上巴黎街头时，他们是第一次公开露面，这种赤贫的状况是不能用政治手段来克服的；在革命的冲击下，他们所受的强大的约束并没有像国王的王权那样瓦解。美国革命是幸运的，因为它不必面对这种通往自由的障碍，事实上，它的成功在很大程度上要归功于自由人中没有绝望的贫困，以及在新大陆的殖民地中奴隶的"隐身"。可以肯定的是，美国也存在着贫穷和苦难，这与欧洲的"劳动穷人"的状况相当。假如，如威廉·佩恩所说，"美国是一个穷人的好国家"，并且直到20世纪初也依然是欧洲穷人的梦中乐土，那么，同样真实的是：这种美好在相当程度上建基于黑人的苦难。

在18世纪中叶，美国大约有40万黑人和约1850万白人，尽管缺乏可靠的统计资料，但人们可能会怀疑，当时在旧大陆国家，完全贫困的比例是否更高（尽管在19世纪，这一比例将大大提高）。不同之处在于，由于奴隶制和认为奴隶属于另一个"种族"的信念，美国革命忽视了穷人的存在，以及解放那些不受政治压迫，但是却受纯粹生活必需品束缚的人的艰巨任务。不幸者，那些在法国大革命中起着巨大作用的可怜人，在美国要么不存在，要么完全默默无闻。

法国大革命的主要后果之一，是历史上第一次让人民走上街头，让人们看到他们。当这件事发生时，事实证明，不仅是自由，而且还有变得自由的自由一直是少数人的特权。然而，出于同样的原因，美国革命仍然没有对革命的历史理解产生太大的影响，而以彻底失败告终的法国大革命已经并仍在决定我们现在所说的革命传统。

　　1789 年巴黎发生了什么？首先，免于恐惧的自由是一种特权，即使是少数人也只在相对较短的历史时期内享有过这种特权，但是，人类中极少数人享有的免于匮乏的自由的巨大特权却已经持续好了好几个世纪。我们倾向于称之为有记载的人类历史，在很大程度上，是那些享有特权的少数人的历史。[1]只有那些知道免于匮乏的自由的人才能充分理解免于恐惧的自由的意义，只有那些既免于匮乏又免于恐惧的人才能孕育出对公共自由的热情，在他们自身中发展出对自由的兴趣和对自由所包含的公平或平等的特殊兴趣。[2]简单地说，每一场革命都要先经过解放阶段，然后才能获得自由；第二阶段是建立新的政府形式和新的政治体的决定性阶段。在美国独立战争的过程中，解放阶段意味着从政治限制、暴政或君主制或任何可能使用的词语中解放。第一阶段的特点是暴力，但第二阶段是深思熟虑、讨论和说服的问题，简而言之，就是运用国父们所理解的"政治科学"。但在法国发生了完全不同的事情。革命的第一阶段的特点是解体，而不是暴力，当第二阶段到来，国民大会宣布法国为共和国时，权力已经转移到街头。那些聚集在巴黎的人代表的是国家，而不是人民，无论他们的名字是米拉波伯爵还是罗伯斯庇尔，丹东还是圣茹斯特，他们主要关心的是治理，改革君主制，后来建立共和国，他们突然发现自己面临着另一项解放任务，即把广大人民从苦难中解放出来：解放他们，使他们获得自由。这还不是马克思和托克维尔所认为的 1848 年革命的全新特征，即从改变政府形式到试图通过阶级斗争来改变社会秩序的转变。诚如马克思指出的，只是在 1848 年 2 月之后，在"分裂社会的两个阶级之间……的第一次大战之后"，革命才意味着"推翻资产阶级社会，而在此之前则意味着推翻国家形式"。

---

　　[1]　法国历史年鉴学派及其出版物《经济和社会历史年鉴》试图纠正这一点。——编者注
　　[2]　阿伦特用法语单词"liberté"做了一个语言游戏，"liberté"既有"自由"（liberty）之意，又有"自由"（freedom）之意。——编者注

1789 年的法国大革命是这一切的前奏，尽管它以悲惨的失败告终，但它对后来所有的革命都具有决定性的作用。它表明了"人人生而平等"这个新公式在实践中意味着什么。

当罗伯斯庇尔说革命使人的伟大与伟人的渺小对立起来时，他所想到的就是这种平等；当汉密尔顿谈到革命捍卫了人类的荣誉时，还有当康德在卢梭和法国大革命的教导下构想了一种新的人类尊严的时候，他们想到的都是同样的东西。无论法国大革命取得了什么成就，没有取得什么成就——它没有实现人类平等——它最终把穷人从默默无闻和不可见性中解放了出来。从那以后，似乎不可改变的是，那些致力于自由的人可以继续接受这样一种状态，即免于匮乏的自由——变得自由的自由——是少数人的特权。

说到最初的革命团体和他们碰巧带来的穷人群众，让我引用阿克顿勋爵对妇女进军凡尔赛宫的解释性描述，这是法国大革命最重要的转折点之一。他说，游行者"真正扮演了母亲的角色，她们的孩子在肮脏的家里挨饿，因此，她们为自己既不认同也不理解的动机(即关心政府)提供了一种任何东西都无法抵挡的援助"。按照法国人的理解，"人民"给革命带来了一种不可抗拒的力量，而这种力量在美国的革命进程中是完全没有的。这种有关不可抗拒性的基本体验——就像星星的运动一样不可抗拒——带来了一种全新的意象，直到今天，我们在想到革命事件时几乎还是会自然而然地把它联系起来。当圣茹斯特在眼前所见的冲击下惊呼"不幸的人是大地的后裔"时，他指的是巨大的"革命激流"(Desmoulins)，行动者们被这股激流卷走，直到激流把他们从水面上吸走，他们和他们的敌人——反革命的代理人一起灭亡。或者，罗伯斯庇尔的风暴和激流，一方面受到暴政罪行的滋养，另一方面受到自由进步的滋养，不断地迅速和猛烈地增长。或者像目击者所报告的那样——一股"雄伟的熔岩流，没有放过任何东西，也没有人能阻止它"，一种落在土星星座下的奇观，"革命吞噬了它自己的孩子"(维尔尼奥)。我在这里引用的这些话都是深深参与法国大革命的人说的，它们证明的是他们亲眼所见的事情，也就是说，并不是他们曾经做过或打算做的事情。这就是发生的事情，它给了人们一个教训，无论希望还是恐惧，都不会被忘记。这个教训既简单，又新奇，出乎意料，正如圣茹斯特所说："如果你希望建立一个共和国，你首先必须把人民从腐化他们的苦难中解救出来。没有骄傲就没有政治美德，一个不幸的人是不会有骄傲的。"

这种以摆脱贫困为基础的新的自由观念，改变了革命的进程和目标。自由现在首先意味着"衣着、食物和物种的繁衍"，因为无套裤党人有意识地将自己的权利与《人权和公民权宣言》中崇高的、对他们来说毫无意义的语言区分开来。与他们的迫切要求相比，所有关于最佳政府形式的讨论突然显得无关紧要，毫无意义。"共和国？ 君主制？ 我只知道社会问题。"罗伯斯庇尔说。圣茹斯特一开始就对"共和制度"抱有极大的热情，他补充说："人民的自由在于其私人生活。让政府仅仅成为一种用来保护这种朴素的状态，使其免受暴力侵害的力量。"他可能不知道，这正是开明的暴君们所信奉的信条，英国查理一世在断头台上的演讲中说，人民的"自由权利和自由状态在于拥有那些法律，根据这些法律，他们的生活和财产可以完全属于他们自己；不是为了参与政府事务，这与他们无关"。如果真如所有被人民的苦难所感动的参与者突然一致认为的那样，革命的目标是人民的幸福，那么它确实可以由一个足够开明的专制政府来提供，而不是一个共和国。

法国大革命以灾难告终，成为世界历史的转折点；美国独立战争取得了胜利的成功，并且仍然是一个地方性的事件，部分原因当然是由于世界上大部分地区的社会条件与法国的社会条件要相似得多，部分原因是广受赞誉的盎格鲁-撒克逊实用主义传统阻止了后世的美国人思考他们的革命，并充分地概念化其经验。因此，在法国大革命中明确宣示了自己的专制主义或实际上向着开明专制时代的回归，成为后来几乎所有革命的惯例，或者至少是那些未能以恢复原状而终结的革命的惯例，甚至于它在革命理论中占据了主导地位，这并不奇怪。我不需要详细了解这一进展；尤其是从布尔什维克党的历史和俄国革命的历史来看，这一点是众所周知的。此外，这是可以预见的：在1918年夏末——在苏联宪法颁布之后，但在因暗杀列宁未遂而引发的第一波恐怖浪潮之前——罗莎·卢森堡在一封后来发表的私人信件中写道：

> 随着对整个国家政治生活的压制……每一个公共机构中的活力都消失了，公共机构变成了政治生活的一种纯粹的假象，其中只有官僚机构仍然是活跃的因素。公共生活渐渐沉寂。几十位精力充沛、经验丰富的政党领导人指挥和统治着国家。在他们当中，只有十几个杰出的领导人做决定，工人阶级的精英不时被邀请参加会议，在会议上，他们的成员为领导人的讲话鼓掌，并一致批准提出的决议……可以肯定，这是一个独裁政权；这不是无产阶级专政，而是少数政客的专政。

好吧，事情就是这样发展的——除了斯大林的总体统治，很难把责任推给列宁或革命传统——没有人会否认。但是，也许不那么明显的是，人们只需改变几个词，就能对革命前专制主义的弊病作出完美的描述。

我认为，对最初的两次革命——它们的开端如此相似，结局却有如此巨大的不同——进行比较，就可以清楚地表明，不仅战胜贫穷是建立自由的先决条件，而且从贫穷中解放出来不能像从政治压迫中解放出来那样来处理。因为如果暴力对抗暴力会导致战争，不论是国外的还是国内的，那么暴力对抗社会状况总是会导致恐怖。恐怖而不是单纯的暴力，亦即在旧政权被瓦解、新政权被建立之后释放出来的恐怖，要么将革命推向灭亡，要么决定性地将革命扭曲成暴政和专制。

我在前面说过，革命的最初目标是自由，即废除个人统治，让所有人进入公共领域，参与管理所有人共有的事务。统治本身最合法的来源不是对权力的追求，而是人类希望将人类从生活的必需品中解放出来，而要实现这一愿望就需要暴力，即迫使多数人承担少数人的负担，以便至少有一部分人能够获得自由。这一点，而不是财富的积累，是奴隶制的核心，至少在古代是这样，这只是由于现代技术的兴起，而不是由于任何现代政治观念的兴起，包括革命思想的兴起，至少在世界的某些地方改变了这种人类状况。美国凭借巨大的运气取得的成就，今天许多其他国家，尽管可能不是全部，也可以凭借精心策划的努力和有组织的发展获得。这一事实是衡量我们希望的尺度。它使我们能够吸取畸形革命的教训，不仅坚持其不可否认的伟大，而且坚持其固有的希望。

让我以总结的方式指出自由的另一个方面，它是在革命中显现出来的，也是革命者自己最没有准备好的。自由的观念和在历史连续体中开创新开端的实际经验应该是一致的。让我再提醒你们一次"世界新秩序"。这个令人惊讶的短语出自维吉尔。他在《第四牧歌》中谈到了奥古斯都统治时期的"重生的伟大周期"：Magnus ab integro saeclorum nascitur ordo。维吉尔在这里说的是一个伟大的（magnus）秩序，而不是一个新的（novus）秩序，正是这一被广泛引用的、被改变过的文字在几个世纪以来的变化，表现了现代经验的特征。对于维吉尔来说——用现在17世纪的语言来说——这是一个"重新"建立罗马的问题，而不是建立一个"新罗马"的问题。他通过一种典型的罗马方式，即通过提出一个新的开始，建立永恒之城的传世故事这一典型的罗马方式，避免了打破罗马传统所固有的可怕的暴力风险。当然，我们可以说，第一次革命的旁观者自以为看到的新开端，只不过是某种相当古老的东西的重生：最终由基督教、封建主义和专制主义产生的世俗政治领域的复兴。但无论这是关于出生还是重生的问题，维吉尔的诗行中决定性的一点是，这句诗来自一首圣诞赞美诗，不是预言一个神圣孩子的诞生，而是赞美出生本身，赞美新一代的到来，赞美伟大的拯救事件或"奇迹"，它将一次又一次地救赎人类。换句话说，它是对出生的神性肯定，是对世界的潜在救赎的信念，即对人类不断地、永远地自我再生这一事实的信仰。

我认为，除了他们的学识之外，使革命的人们回到这首特别的古代诗歌的原因，不仅是革命前的自由观念，而且是获得自由的经验，与新事物的开始，或者更确切地说，与一个新时代的诞生密切交织在一起。获得自由和开始新的生活被认为是一样的。很显然，人类这种神秘的天赋——开始新事物的能力——与我们每个人出生时都是新来者这个事实有关。换句话说，我们可以开始某事，因为我们是开端，因此是初学者。就行动和言说的能力而言——言说只是行动的另一种方式——使我们成为政治的存在，因为行动总是意味着使以前不存在的东西运动起来，所以出生，与人的死亡相对应的人的出生，是一切政治的必要的存在论条件。这在古希腊和古罗马都是众所周知的，尽管是以一种不明确的方式。它在革命的经验中显现出来，并且影响了人们所谓的革命精神，尽管这种影响又是很不明显的。无论如何，不论是好是坏，一连串的革命已成为我们生活的世界的标志，它一次又一次地向我们揭示了在时间和历史连续统一体中新开端的开启。对我们来说，我们应该记住革命在国家生活中的意义，这是明智的，因为革命为一个全新的国家奠定了基础，我们可以有尊严地走路，自由地行动。无论革命的结局是成功，即建立了一个自由的公共空间，还是灾难，对于那些冒着风险或违背自己意愿和期望参与革命的人来说，革命的意义在于实现人类最伟大和最基本的潜能之一，获得自由开始新生活的无与伦比的经验，由此而来的自豪是为一个自由的世界打开了新秩序的大门。

总之，尼科洛·马基雅维利，我们完全可以称他为"革命之父"，他最热切地希望为意大利建立一种新秩序，然而他对这些事情几乎没有任何丰富的经验。因此，他仍然相信"革新者"，即革命者，他们在夺取政权的初期会遇到最大的困难，而掌握政权则容易得多。我们可以从几乎所有的革命中得知，情况恰恰相反——夺取政权相对容易，而保持政权则难得多——正如列宁所说的那样，他是这类事情的好证人。尽管如此，马基雅维利还是清楚地说出了下面的话："没有什么比开创一种新的事物秩序更难以实施、更难以成功、更危险的了。"我想，对于这句话，任何对 20 世纪的历史稍有了解的人都不会有异议。此外，马基雅维利预期会出现的危险直到我们今天都被证明是相当真实的，尽管他当时还没有意识到现代革命中最大的危险，即来自贫困的危险。他提到了自法国大革命以来被称为反革命的力量，其代表是那些"从旧秩序中获利的人"，以及那些可能从新秩序中获利的人，其中有一些由于"人的怀疑，他们是在经历过新事物之前不会真正相信任何新事物的人"，这些人是对可能从新秩序中获利半心半意的人。然而，问题的关键在于，马基雅维利只看到了建立事物新秩序的尝试失败的危险，亦即进行这种尝试的国家被彻底削弱的危险。事实也证明了这一点，因为我前面谈到的这种弱点，即权力真空，很可能会吸引征服者。这并不是说这种权力真空以前不存在，而是说它可以隐藏多年，直到一些决定性的事件发生，当权威的崩溃和一场革命使它以戏剧性的方式显现出来，让所有人都能看到和知道。除此之外，我们还目睹了一种极大的危险，即由于建立自由制度的失败尝试，可能导致对自由和一切自由的彻底废除。

正是因为革命以最真实和最激进的形式提出了政治自由的问题——参与公共事务的自由，行动的自由——所有其他自由，政治自由和公民自由，在革命失败时都处于危险之中。正如我们现在所知，畸形的革命，如列宁领导下的俄国十月革命，或失败的革命，如第一次世界大战后欧洲各大国之间的各种动荡，都可能产生近乎前所未有的恐怖后果。问题的关键在于，革命很少是可逆的，一旦发生了，就不会被遗忘——正如康德在恐怖统治法国时对法国大革命的评论。这并不意味着最好的办法就是防止革命，因为如果革命是政权完全解体的结果，而不是革命者的"产物"——不管革命者是以阴谋团伙或政党的形式组织起来的——那么，防止革命就意味着改变政府的形式，而政府的形式本身就意味着要发动一场革命，并承担由此带来的所有危险和危害。权威和权力的崩溃，通常不仅对报纸的读者，而且对所有秘密机构以及观察这些事情的专家来说，都来得出奇地突然，只有当有人愿意而且有能力接过权力，进入并穿透权力真空的时候，它才会成为一场真正意义上的革命。接下来会发生什么取决于许多情况，尤其是外国势力对革命实践不可逆转的认识程度。但这主要取决于那些愿意承担责任的人的主观素质和道德性政治的成败。我们几乎没有理由希望，在不久的将来，这些人在实践和理论智慧方面能与美国革命的缔造者相媲美，他们是这个国家的缔造者。但是我担心，这一渺茫的希望是我们唯一的希望，只有天知道，这种政治意义上的自由会不会在几个世纪之后再次从地球上消失。

1966—1967 年

想　象　力[1]

I.康德说，想象力是将不存在的东西呈现出来的能力，即再现的能力——"想象力是在直观中再现一个本身并不在场的对象的能力"[2] 或者"想象力（faculty imaginandi）是一种在没有对象的情况下感知的能力"[3]。将这种呈现不存在的东西的能力命名为"想象力"是很自然的。如果我将不存在的东西再现出来，我就在我的脑海里有了一幅图

---

[1]　《想象力》发表在罗恩·贝纳编订的汉娜·阿伦特《康德政治哲学讲座》（芝加哥：芝加哥大学出版社 1982 年版）中，并附有以下评论："关于想象力的笔记来自一个研讨班……1970 年康德讲座的同一学期……这些研讨班笔记通过展示范例有效性的概念……和图式论的学说……通过想象力的作用联系在一起，想象力是两者的基础，既为认知提供图式，也为判断提供范例"（viii）。在"想象力"（79）之前的注释中，这一点得到了扩展，但并未改变。

那么，在这里再版这些"研讨班笔记"的理由是什么呢？ 首先，它们不是"研讨班笔记"。在研讨班的第一次会议上，阿伦特宣布每周将有一名参与者提交一篇论文，内容是关于康德《判断力批判》第一部分的一段。研讨班的十几名成员中，有一些是上过讲座的进修生，其余的则是那些追随阿伦特思想多年但没有参加讲座的学生。此外，她补充说，她将在下周提交第一篇论文，以尽力呈现出她所期望的样子。"想象力"正是那一论文。

《想象力》作为讲座的补充，几乎被忽略了（我能想到一个例外）。阿伦特对康德第三批判的迷恋可以追溯到这篇论文写作的几年前，例如，1957 年 8 月和 9 月，在与卡尔·雅斯贝尔斯（Karl Jaspers）的一系列通信中，她写道，康德对共通感的思考"经常遭到蔑视"，其中"品味现象被严肃地视为判断的基本现象"。她和雅斯贝尔斯考虑"马上"一起举办一个研讨会，讨论康德有关美是"世界的世俗性的精华"的理解。

最后，这只是一个猜测——基于一些经验的猜测——这几页提供了如果不是唯一的，也是最好的关于阿伦特的《心灵生活·判断》第三卷可能是什么样子的暗示，它早已引起如此多的猜测。阿伦特在她开始写作《心灵生活·判断》时去世了。几个星期前，她向我要了这篇论文，她自己的论文放错了地方，第二天才找到。我并不是说关于判断的那一卷应该从这篇论文开始；阿伦特更有可能从巴门尼德和阿那克萨哥拉的古典文献开始，并且也会更为详细。从对过去的重新思考开始，是她贯穿《心灵生活》的一贯手法。最重要的是，想象力在康德思想中的作用，在此得到了高度概括。当时，在 1970 年，她评论道，"在康德学术版全集中，缺少了一些东西，即贯穿他整个批判哲学的对再生性和生产性想象力的持续研究是缺失的"。——编者注

[2]　康德：《纯粹理性批判》，B151，N. K. 史密斯翻译（纽约：圣马丁出版社 1963 年版）。

[3]　康德：《实用人类学》，§28，玛丽·格雷戈尔翻译（海牙：奈霍夫，1974）。

像——一幅我见过的且现在以某种方式被再生产出来的某物的图像。在《判断力批判》中，康德有时称此能力为"再生性"——我再现我已见过之物——以此与"生产性"能力(产生从未见过之物的艺术化能力)相区分。但是生产性**想象力(天才)**绝非全然是生产性的。例如，它从给定的东西(马和人)中产生了半人马。这听起来好像我们在处理记忆问题。但对康德来说，想象力是记忆的条件，是一种更全面的能力。在他的《人类学》中，康德将记忆，这一"使现在成为过去的能力"，与使现在成为未来的"预测能力"并置起来。两者都是"联想"的能力，也就是说，将"不再"和"尚未"与现在联系起来；"虽然它们自身不是知觉，但它们被用来在时间中连接知觉"[1]。想象力则不需要被这种暂时的联系所指导；它可以随心所欲地呈现。

康德所说的想象力，即在头脑中呈现感官知觉所没有的东西，与其说是与记忆有关，不如说是与另一种能力，一种自哲学开端以来就为人所知的能力有关。巴门尼德称它为"努斯"(nous)，他的意思是说，真正的存在并不是现在的东西，并不是在感官面前表现出来的东西。不外在显现的恰是存在所是(it-is)；而存在所是(it-is)，虽然不在感官中，却显现在心灵中。或如阿那克萨哥拉的 opsis tōn adēlōn ta phainomena，"对无形事物的一瞥就是表象"[2]。换句话说，通过考察表象，康德将表象赋予了直观，由此，你变得有意识去瞥见并未显现的东西。这个东西就是存在本身。由此产生了形而上学，这是一门研究物理现实之外事物的学科；然后，作为表象中的非表象而给予心灵的东西，依然以一种神秘的方式变成了本体论，即关于存在的科学。

II. 想象力对于我们认知能力的作用也许是康德在《纯粹理性批判》中最伟大的发现。出于我们的目的，我们最好转向"纯粹知性概念的图式论"[3]。正是与预测相类的能力——想象力，为认知提供图式，为判断提供范例。你或许会记起，在康德那里有两种经验和知识：

---

[1]　康德：《实用人类学》，§34。
[2]　赫尔曼·迪尔斯和瓦尔特·克兰兹，《社会经济的碎片》，第5版(柏林)，B21a。
[3]　《纯粹理性批判》，B176以下。

直观(感性)和概念(知性)。直观总是给予我们某种特殊性；概念让这种特殊性为我们所知。如果我说"这张桌子"，就好像直观说"这"而知性加上"桌子"。"这"只与特定项相关；"桌子"标识它并使对象可传达。

此时可提出两个问题。首先，这两种能力是如何结合在一起的？诚然，知性概念使心灵能够整理感觉杂多。但是他们的综合，他们的协作，是从哪里来的呢？ 其次，"桌子"这个概念还是个概念吗？ 这难道不是一种图像吗？ 因此某种想象力也存在于思维中？ 答案是："杂多之综合……首先产生了知识……[它]收集知识的要素，并将它们结合成一定的内容"；这种综合"仅仅是想象力的结果，是灵魂的一种盲目但不可或缺的功能，没有它，我们就不会有任何知识，但我们几乎从未意识到它。"[1]想象力产生综合的方式是"为一个概念提供一个图像。"[2]这样的图像被称为"图式"。

> 感性和知性这两个极端,必须通过……想象力来联系起来,否则感性和知性虽然产生了表象,却不能提供经验知识的对象,因而也就没有经验。[3]

在这里，康德呼吁用想象力来提供这两种能力之间的联系，在《纯粹理性批判》的第一版中，他把想象力称为"普遍(überhaupt)综合的能力"。在其他地方，他直接谈到了我们知性中涉及的"图式"，他称之为"隐藏在人类灵魂深处的艺术"[4]（也就是说，我们对从未呈现过的事物有一种"直觉"），通过这一点，他认为想象力实际上是其他认知能力的共同根源，也就是说，它是感性和知性[5]的"共同的，但对我们来说是未知的根源"，他在《纯粹理性批判》的"导言"中说到这一点，而在最后一章，他又再次提及[6]，尽管并未对其命名。

---

[1] 《纯粹理性批判》，B103。
[2] 同上书，B180。
[3] 同上书，A124。
[4] 同上书，B180。
[5] 同上书，B29。
[6] 同上书，B863。

III. 图式：问题的关键在于，没有"图式"，一个人永远无法认识任何事物。当一个人说"这张桌子"时，桌子的一般"图像"就出现在他的脑海中，他就认识到"这"是一张桌子，它虽然本身是一个单独的、特殊的东西，但却与许多其他这样的东西共享同样的性质。如果我认出了一所房子，这个感知到的房子也包括了房子的整体外观。这就是柏拉图所说的"相"（eidos）——房子的一般形式，它永远不会被赋予自然的感观，而只能被赋予心灵的眼睛。因为，从字面上讲，它甚至不是给予"心灵的眼睛"，它像一个"图像"，或者更好地表达，是一个"图式"。无论何时，一个人画或建造房子时，他画或建造的是一所特定的房子，而不是房子本身。然而，如果没有这种显现在某人心灵之眼前的图式或柏拉图式的"相"，一个人怎么可能不这样做呢？ 康德说："没有任何图像能与三角形的概念相适应。它永远不会达到这种概念的普遍性，这种普遍性使得它对所有三角形都有效，无论是直角三角形、钝角三角形还是锐角三角形……三角形的图式只能存在于思想中。"[1]然而，它虽然只存在于思想中，却是一种"图像"；它既不是思想的产物，也不是感性的产物；最重要的是，它是从易察易感的给定材料中抽象出来的产物。它是一种超越或介于思想与感性之间的东西；它属于思想，因它某种程度上是外在不可见的；它属于感性，因它某种程度上如同一种图像。因此，康德有时称想象力为"所有经验的……原始源泉之一"，并说它本身不能"从心灵的任何其他能力中推导出来"。[2]

再举一个例子："'狗'这个概念意味着一个规则，根据这个规则，我的想象力可以以一种一般的方式描绘出一个四足动物的形象，而不局限于任何一个确定的源于经验的形象，或者任何我可以具体地表现出来的、实际呈现出来的可能的形象——尽管这个形象一旦在纸上被描绘出来，它就又变成了一个特殊的动物！"这是"隐藏在人类灵魂深处的艺术，大自然几乎不可能让我们发现并凝视人类灵魂活动的真实模式"[3]。康德说，图像——例如，乔治·华盛顿大桥——是"再

［1］ 《纯粹理性批判》，B180。
［2］ 同上书，A94。
［3］ 同上书，B180—81。

生性想象力的经验能力"的产物；"图式(桥梁)……是纯粹先验想象力的产物……通过它，图像本身首先成为可能"。[1]换句话说：如果我没有"图式化"的能力，我就不可能有图像。

Ⅳ. 对我们而言，以下几点是决定性的。

a. 在这个特殊的桌子的知觉中，包含着"桌子"本身。因此，没有想象力就不可能有知觉。康德强调，"目前为止，心理学家还没有认识到想象力是知觉本身的一个必要成分"。[2]

b. "桌子"的图式对所有特定的桌子都有效。没有它，我们就会被一大堆我们只能说"这个""这个"和"这个"的东西所包围。不仅知识是不可能的，而且沟通——如"给我一张桌子"(不管是哪一张)——也不可能。

c. 因此：如果没有说"桌子"的能力，我们就永远无法交流。我们能够描述乔治·华盛顿大桥，恰恰因为我们都知道"桥"。假设刚好有一个人不知道"桥"这个词，而此时又没有一座桥可以向他指出，并向其说出"桥"这个词。那么，我会画一个桥的图式形象，当然这已经是一座特定的桥了，但我只是为了提醒他一些他所已知的图式，比如从河的一边横跨到另一边。

换句话说，使特殊事物具有可传达性的原因是：(1)在感知一个特定事物时，我们的脑海中(或"灵魂深处")有一个"图式"，它的"形状"是许多这样的特殊事物的特征；(2)这个图式的形状存在于许多不同的人的脑海中。这些图式形状是想象力的产物，尽管"没有任何图式可以被带入任何图像"[3]。所有个别的同意或不同意都预设我们在谈论同一件事——我们，大多数人，同意，就某些事物对我们而言是一个或同样的，达成一致。

d. 《判断力批判》探讨区别于决定性判断的反思性判断。决定性判断将特殊事物归入一般规则；反思性判断则相反，从特殊事物中"推

---

[1] 《纯粹理性批判》，B181。
[2] 同上书，A120(脚注)。
[3] 同上书，B180。

导"出规则。在图式中，人们实际上"感知"到了一些特殊中的"普遍"。可以说，通过将桌子识别为桌子，就可以看到"桌子"的图式。康德在《纯粹理性批判》中，通过区分"包含于一个概念"和"产生一个概念"[1]，暗示决定性判断和反思性判断的此类区分。

e. 最后，我们的感性需要想象力，似乎不仅是为了帮助我们认知，而且是为了认识杂多中的同一性。因此，它是所有知识的条件："在统觉之前，想象力的综合是所有知识，尤其是经验的可能性的基础。"[2]因此，想象力"决定了先天的感性"，也就是说，它本就存在于所有的感官知觉中。没有它，就不会有可被我们所知的世界的客观性——也不会有使我们对之言说，并进行相互交流的可能性。

V. 于我们的目的而言，图式的重要性在于，在通过想象力产生图式的过程中，感性和知性是相互配合的。在《纯粹理性批判》中想象力是为知性服务的；在《判断力批判》中知性是"为想象力服务的"[3]。

在《判断力批判》中，我们发现了一个与"图式"的类比：就是范例[4]。康德给予范例在判断中的角色，与被称为图式的直观在经验和认知中的角色相同。每当我们涉及特殊事物时，范例在反思性判断和决定性判断中都起着作用。在《纯粹理性批判》中，我们读到"判断力是一种特殊的才能，只能练习，不能教授"，"若欠缺判断力，没有学校可以弥补"[5]。它们被称为"判断的学步车（Gängelband）"[6]。在《判断力批判》中，也就是说，在对反思性判断的处理中，当人们不把一个特殊事物纳入一个概念之下时，这种范例的帮助就像图式帮助人们认识到桌子就是桌子一样。这些范例指引和规导我们，由此，判断就获得"范例有效性"[7]。

---

[1]　《纯粹理性批判》，B104。
[2]　同上书，A118。
[3]　《判断力批判》，§22 的一般性注释，J.H.伯纳德翻译（纽约：哈夫纳，1951 年）。
[4]　同上书，§ 59。
[5]　《纯粹理性批判》，B172。
[6]　同上书，B173—74。
[7]　同上书，§22。

范例是包含或被假定包含一个概念或一般规则的特殊事物。例如，你如何判断和评价一个行为是否勇敢？在判断的时候，无需任何一般规则的推导，你会不由自主地说，"这个人很有勇气"。如果你是希腊人，那么你的"心灵深处"一定有阿喀琉斯的榜样。此处，想象力也是必要的：你必须让阿喀琉斯在场，尽管他实际是缺席的。同理，如果我们说某人很好，我们脑海里就会浮现出圣方济各或拿撒勒的耶稣的例子。如果范例的选择是正确的，那么判断就具有范例有效性。或者，再举一个例子：在法国历史的情景下，我可以说拿破仑·波拿巴是一个特殊的人；但我一谈到波拿巴主义时，我就是在拿他举例。这个范例的有效性将仅限于那些拥有拿破仑式经验的人，即使不是作为他的同时代人，也是作为特定历史传统的继承人。历史和政治科学中的大多数概念都具有这种限定性质；它们起源于某一特定的历史事件，进而成为"范例"——用以在特定的情形下找出什么是对多种情况有效的东西。

他就是德怀特

当我被邀请为再版的《政治》写一篇简短的介绍时，我禁不住要屈服于"从前"那种相当愉快的忧郁，沉浸在怀旧的沉思中，这似乎是所有回忆的合适心情。现在，我已经仔细地重读了1944年到1949年间出版的这42期刊物——我敢肯定，比我二十多年前读得更仔细——重读后这种让人沉思的情绪已经消失，原因很简单，它的许多文章、评论和事实报告读起来没有太多的时间印记，就像是今天、昨天写的，或者像是去年写的。只不过，一本发行量最多不超过五千册的小杂志所关注的问题与困惑已然成为发行量巨大的新闻报纸和期刊的日常主题。由于我们的现实生活世界处于巨大的变化之中，这些问题不仅没有随着时间变化而过时甚至得以解决，相反，这些问题的解决反倒变得更为紧迫了。

焚烧征兵卡、黑人民权运动（当时被称为"黑人主义"）以及大众文化都是如此；关于"轰炸大屠杀"在军事和政治上的徒劳；关于军工复合体（1944年1月，时任战争生产委员会主席的查尔斯·欧文·威尔逊提出的"永久性战争经济"，而原子弹被哈里·杜鲁门誉为"历史上科学、工业、劳工和军队共同努力的最伟大成就"）；关于民主国家（英国和美国）民主进程的崩溃；当然，冷战也是如此，然而，冷战在开始时就"反映了对俄罗斯在欧洲的所为的真正恐惧"（乔治·伍德科克），而这不仅仅是大国政治的结果。对于那些沉寂多年的问题尤其如此，例如纳粹死亡集中营恐怖事件的责任问题，直到50年代后期，随着一系列新的战争罪被审判，其中以耶路撒冷的艾希曼审判为高潮，这一责任问题才浮出水面；或者为了恢复从纳粹占领下解放后在欧洲的地位。从1945 年 1 月开始，贯穿全年的关于希腊的系列文章，仍然是对该国1967 年发生的事情的极佳介绍。因为似乎直到现在，我们才开始为消灭欧洲所有反法西斯和纳粹的地下运动付出全部代价，而这种消灭之所以成功，是因为这是盟国完全认同的事项之一。

该杂志密切关注了那场几乎被大家遗忘的华沙悲剧，当时波兰战士奋起反抗德国国防军长达两个月，但结果却被红军出卖，并最终被纳粹屠杀。这一事件是苏联在东欧统治的一个条件，就像在西方、法国、意大利和希腊地下运动的失败将时间拨回到那些破产的政权上，这些政权的破产是最显著的原因之一，也许不是希特勒崛起的原因，但肯定是他征服欧洲的原因。正如尼科洛·图奇在 1944 年 11 月所说："胜利者的工作是改造……将一个充满恐怖但仍存希望的地方，变成一个没有恐怖也毫无希望的地方。"

我几乎是随机地选择了这本杂志中与当代政治事件具有惊人关联性的例子；事实上，今天只有两个非常重要的问题——即大城市的迅速瓦解和"隐形政府"的惊人崛起，我无法从它背后的数字中找到任何痕迹。有人说，《群众》（1911—1917）——这是我所知道的唯一一本与《政治》有某种相似之处并在三十年前履行过类似功能的杂志——它"似乎是在对从未发生过的宇宙事件的预期中写成的，而我却幸运地没有意识到发生了什么"。但是，无论是不是"历史摧毁了［《群众》杂志编辑的］参照框架，使他们所关注的对象显得异想天开和不真实"，问题的关键仍然在于，《政治》恰恰与此相反。

撇开历史不谈——当然，历史也很可能对其有一定影响力——这本个人杂志的编辑应该获得赞扬，因为他对重大事实和重要思想有异乎寻常的嗅觉，此外他在选择撰稿人方面也具有才华。宣称人们想"出版那些相对不知名的美国知识分子的作品"以及更不知名的"左派难民"的作品是一回事，而要找到那些二十年后确实非常有名的人则是另一回事。德怀特·麦克唐纳对西蒙娜·薇依的发现就是最引人注目的例子；但谁知道维克多·谢尔盖、C.赖特·米尔斯、尼科洛·图奇、尼古拉·奇洛蒙蒂、阿尔贝·加缪或布鲁诺·贝特尔海姆的名字呢？ 因为如果这是一本个人杂志，它就绝不是只汇集个人观点意见的杂志，这不仅是因为慷慨和好客使许多人都有发表意见的可能，而且更重要的是，因为编辑本人从来就不是一个意见单一的人，或者，当他觉得有必要拥有一本自己的杂志时，他就不会再固执己见了。

众所周知，麦克唐纳"一直在绞尽脑汁"（詹姆斯·法瑞尔），但也许鲜为人知的是，这也是他的美德之一。当然，没有一个愿意倾听理性和现实的人能够帮助改变他的想法，但我们大多数人都在不知不觉中这样做，而我们自身几乎没有意识到这些变化，而麦克唐纳则出于对知识完整性和道德诚实的真正狂热，开始着手寻找自己的"错误"，只是这丝毫没有改变状况，他方法是在他早期的文章中加上对自己进行反驳的注释。确确实实，这是比"灵活性"高尚得多的东西。

政治总是以激进为荣，用青年马克思的话来说，这意味着"从根本上抓住问题"。按照第一期中提出的这个目标，编辑开始摆脱一切公式化——"我是没有任何公式的"，正如他后来所说的那样——更确切地说，摆脱了马克思主义公式及其对历史和进步的信仰。当这个解放过程完成时，在杂志出版的第二年年底发生的广岛轰炸事件之后，他开始在理论领域找寻新的根基，一方面发现了新的"先辈"，如威廉·戈德温、蒲鲁东、巴枯宁、亚历山大·赫尔岑、托尔斯泰等，另一方面寻找"新的政治道路"。新的后马克思主义的论调（其所有支持者都是前马克思主义者）都是强烈的无政府主义的和和平主义的，其最重要的贡献是麦克唐纳自己的一系列文章，后来以书的形式出版了《根是人》。新的信条（假如可以这么说的话）包含了一种激进的人文主义，即人不仅是一切政治问题的根源，而且是一切政治的最终目标，是适用于所有政治事务的唯一有效的判断标准。

我个人认为，这些试图得出新的政治理论的尝试不如评论和报告那么好，但谁都会对这样的一个事实感到震惊：二十年前少数迷失的左翼作家的情绪今天已经成为整整一代人的主导情绪，他们在言行上坚信"所有真正的问题本质上都是道德的"——正如大卫·巴泽隆（David Bazelon）对《新道路》作家的社会主义所作的批判性评论一样。激进的人文主义显然不是完全激进的，也没有从根源上抓住问题；像所有主义一样，它甚至可能阻碍激进，也就是说，它可能会妨碍人们在所有问题出现时寻找其根源。经过几年经验的积累，麦克唐纳重新制定了他的第一个计划，现在只想"在纷繁复杂的日常现象中寻找长远趋势"。在这种情况下，激进一词具有不同的含义。它指的是对日常事务中那些包含未来发展之起因的事实进行的无畏、公正的研究。在这方面，政治学的激进记录令人钦佩；它确实离未来如此之近，以至于整个过程往往看起来就像是对未来的提前彩排。

为了避免误解，尤其是避免马克思主义者或前马克思主义者将政治智慧等同于预言能力的误解，我不得不承认麦克唐纳的短期预测的平均正确率不太好——在这一点上他与卡尔·马克思一样，马克思在1858年左右担心《资本论》在革命爆发之前可能无法完成。这些"错误"大多无关紧要——例如，麦克唐纳在1944年认为大英帝国的崩溃是"遥远的"。有些问题更为严重，特别是他没有完全理解第二次世界大战的复杂性质，对他来说，这是一场"帝国主义"战争，就像美国左派认为的那样。但这个预估仍然属于他变得激进前的左翼意识形态时期，他在与马克思主义决裂后没有修正它的主要原因是他重新转向了和平主义，以及他坚信"苏维埃制度对我所信仰的东西的威胁比纳粹主义更大"——这是一个非常值得商榷的说法，因为它将苏维埃制度等同于布尔什维主义，将布尔什维主义等同于斯大林主义。麦克唐纳在广岛事件发生前三个月写道："文明无法再经受一场战争，这是不言自明的；问题在于它能否挺过这次危机。"

德国的"经济奇迹"、日本的迅速复苏、斯大林死后俄罗斯的重建都表明，在某种程度上，现代生产手段的作用无处不在，但现代破坏手段首先创造了一种重新开始的机会(tabula rasa)——前提是这个国家的人口足够"现代"，并且生产过程不被总体主义独裁统治的不正当的权力考量所阻碍。(如今，与德国相比，英国几乎没有受到战争的破坏，但它极不愿意改变自己的旧生活方式，它的命运也岌岌可危。)随后发生的事件证明麦克唐纳同样是错的，他认为，在广岛原子弹的直接冲击下，"我们美国人将会被更多人憎恨，而这种憎恨以前只针对德国人"。我认为，可以公平地说，尽管他曾经提到"德国人在这场战争中的暴行至少在现代历史上是独一无二的现象"，但他低估了纳粹灭绝工厂所引发的恐怖和愤怒。

现在回想起来，这一切之所以如此引人注目，并不是因为这是错误的，而是相反，尽管存在这些错误，有时甚至正是由于这些错误，他在找寻"长期趋势"方面才惊人地正确。反对第二次世界大战可能是一个错误（除了宗教原因，这些理由总是有效的，因为它们是非政治性的）；但是，战争的结束，广岛和长崎的原子弹投下，难道不是为他的疑虑辩护吗？随着核武器的发展，现代战争难道不是真的开始威胁到文明的生存，甚至威胁到人类的生存吗？尽管在1945年担心美国人会像德国人一样被憎恨显然还为时过早，但这就好像有人在狼还离得很远的地方，甚至没有人会相信它存在的地方，喊了一声"狼来了"。但是，当二十二年后，这个动物来了，麦克唐纳可以完全有理由并用他所适合且一直是真正爱国者常使用的语言写道，"在过去的两年里，我有生以来第一次为自己是一个美国人感到羞耻"，这时，人们只能钦佩这位共和国公民的政治本能，尽管他自己没有完全意识到这一点，但从杜鲁门先生对原子弹的令人愤慨的欢呼中，我感觉到了他对"对人类意见的体面尊重"的决然性背离，而这种尊重可以说是这个共和国创建的根基。

然而，在《政治》杂志的支持者中也有许多不是美国人，在某种意义上这是激进的，在回溯和复兴许多属于美国传统根源的东西以及属于激进主义根源的东西的同时，也展现了许多属于世界各地激进主义传统根源的东西——即拒绝和独立的传统，在面对现实政治的诱惑时令人愉快的"否定主义"的传统以及自信的传统即对自己做出的判断的骄傲和信任。这些品质将激进主义者与极端主义者区分开来，激进主义者在寻找问题的根源时始终忠于现实，而极端主义者则一心一意地遵循他当前可能支持和拥护的任何"事业"的逻辑体系。

当《政治》杂志决定着手一项在战争结束时向被解放国家运送食物和衣物的计划时，这种贴近现实的方式简单而具体地证明了自己。在这里，这位编辑写道，"那些批评该杂志'否定主义'的人必须承认这是具有积极和建设性意义的东西"。我怀疑他是开玩笑地写了这句话，且他自己并没有意识到这是多么正确。在当时的欧洲，谁会相信在左翼激烈的政治内部斗争之后，还会存在麦克唐纳所呼吁的"国际兄弟会"这种东西呢？（要想得到帮助，你必须属于某个政党，或者至少属于某个分裂出来的团体。）但这只是一份小型的独立期刊；它对读者的吸引力如此之大，以至于"有时候《政治》似乎是一揽子计划中的对内刊物，而不是一本属于它自己的杂志"。它只是声援那些受苦的人，除此之外别无其他。

这种激进的心态本身在这些文本中仍然存在，而不只是理论或预言，从长远来看，这些理论或预言可能正确，也可能错误，但可悲的是这些理论或预言却无关紧要；任何预测都无法完全真正地预测，任何理论都无法适用于事件发生后的情况。这种态度几乎可以在《政治》的每一页中都得到检验，尤其是所呈现和分析的现象在左翼的思考框架中没有被涉及的那部分。因此，麦克唐纳明白"正如战争从财产和利润的束缚中释放出工业的生产能量一样，它也使人性中一些非常优良的特性得以表现，这些特性在和平时期的社会中几乎不被认可"。虽然在离开了托洛茨基主义者之后，他仍然相信"基本价值的尺度"，并用它来"衡量逐月的发展"——这是他在与马克思主义分道扬镳后留下的一切——但他很快就无所畏惧地承认，这个尺度与怀疑左派的真实性一样令人怀疑，"我们的道德准则不再是经验之谈，而只是简单的假设，因此它变成了陈词滥调的集合体"。

正是基于这种对长远发展的敏感性，即对"日常现象中存在的混乱"的关键问题的敏感，他才能够如此早地提出我们当前政治困境中的"道德"问题——"我们如何辨别善与恶？"关键的洞察力总是隐藏在纷繁复杂的表象中，它很简单，而且一旦被发现，就会非常明显。没有什么比拥有发现并抓住这些现象的能力更稀有、更珍贵了。《政治》在这些问题上的瞄准度非常高，不仅在它的作者、编辑和他的撰稿人之中，而且在它的读者中也是如此。1945年驻扎在德国的一名中士说，"在现代战争中，只有罪行而没有罪犯。在现代社会中，有邪恶，但没有恶魔。"还有什么比玛丽·麦卡锡（Mary McCarthy）在甘地（Gandhi）遇刺后关于我们这个时代的政治谋杀的评论能更直接地触及问题的核心："甘地、托洛茨基以及卡洛·特雷斯卡可以被杀死，因为他们是拥有完整生命的人[1]，而斯大林却对刺客的子弹刀枪不入"；或者德怀特·麦克唐纳在同一场合所说的话，也许是最合适甘地的墓志铭，当然这肯定会铭刻在所有真正热爱平等的人的心中："他似乎将资本家和捡垃圾的人都视为与自己社会平等的人。"

《政治》杂志连续办了六年，其中有三年是月刊，一年是双月刊，两年是季刊。1949 年，它死于"和平的灰色黎明"，那是一个"没有恐怖，也毫无希望"的时代。现在出现的是 50 年代的政治冷漠，是"沉默的一代"的到来，麦克唐纳一定早在 1948 年就已经感受到了这种迫近感，当时他开始"感到乏味、疲倦、沮丧，如果你能接受的话，甚至还可以说士气低落"。这一结局并没有悲剧色彩。那个选择以"政治"这个"最不受欢迎的词"来命名他的杂志的人，想要恢复它曾经的尊严，但他却在对政治而非对《政治》的绝望中放弃了。沉默的一代，在适当的时候，让位给了民权运动，但直到肯尼迪遇刺时，这个看似平静的时期才真正结束。将近五年过去了，《政治》没有找到继任者——也许《堡垒》除外。

当它存在的时候，与其说它是一本个人杂志，不如说它是一个个人机构，它为许多不再适合任何政党或团体的人提供了一个集会中心。读者之间的友谊感带有一种几乎令人尴尬的个人色彩，也正是这种个人色彩激发了人们的信心，与其说这体现了所有观点的正确性，不如说这是对为它撰稿的人的可靠性的体现。在大量致编辑的来信专栏中，这种氛围仍然存在，其中许多是攻击性的，但所有的回复都非常谨慎仔细，有时回复的篇幅相当长。这本杂志之所以成为一个机构——我认为是一个独特的机构——的原因之一是麦克唐纳将他的读者视为与他智力学识相当的人，假如他们愿意它们付印的话。

1968 年

---

[1] 贺拉斯，颂歌 1.22："整个生命，没有罪恶。"——编者注

爱默生-梭罗奖章获奖感言

主席先生，特里林先生，各位院士，女士们，先生们：

　　谢谢你们。被认可是件好事。今天，这个机构的独特之处在于它几乎是艺术与科学的罕见的联合体，而成为这个机构的成员意味着有分量的认可，因为这是来自伙伴的认可。得到荣誉也许并不意味着更多，但意味着一些不同的东西。我们可能认为我们有被认可的权利；虽然我们不一定配得上它，但我们赢得了它；但我们从来没有赢得或配得上奖励或荣誉。这些都是无偿赠予的礼物，它们的意义，至少对我来说，不是认可，而是受到欢迎。如果得到认可是件好事，那么受到欢迎就更好了，因为这是我们既赚不到也不配得到的。

　　然而，获得爱默生-梭罗奖章对我来说还另有他意。赫尔曼·格里姆曾写信给爱默生："当我想到美国时，就会想到你，美国在我看来是世界上排名第一的国家。"不仅在 19 世纪，而且在 20 世纪的前三分之一，爱默生都是极少数我们非常熟悉的美国作家。我们在欧洲长大并接受教育，在我们来到这个国家之前就已经非常熟悉他了。我一直把他看作美国的蒙田，直到最近我才非常欣喜地认识到：爱默生和蒙田有多么相似。当爱默生第一次读蒙田的译本时，对他来说，"这本书仿佛是［他］在前世亲自写的，它真诚地讲述了我的思想和经历"（《日记》，1843 年 3 月）。爱默生和蒙田最明显的共同点是，他们都是人文主义者，而不是哲学家，因此他们写的是散文而不是理论体系，是格言而不是书籍。(顺便说一句,这就是哲学家中的'害群之马'尼采如此喜欢爱默生的原因)这两人都主要地、专门地思考人性问题,都过着思考的生活。爱默生说过:"生活是由一个人整天思考的事情组成的。"这种思考不会脱离生活而成为一种职业,因此,这不是一种沉思生活,沉思生活是哲学家的生活方式,他们把思考当成他们自己的职业。一般来说,哲学家都是相当严肃的动物;而爱默生和蒙田的惊人之处在于他们的宁静,一种绝不随大流或绝不自满的宁静——"我喜欢说'不'的人胜过喜欢说'是'的人,"爱默生说——其中有一种调和了悲哀和宁静的欢乐——"每个人都被需要,但没有人被需要得太多。"在某种程度上,这种天真的快乐在爱默生身上比在蒙田身上表现得更充分,这也许是我们今天面临的最大困难。当我们读到爱默生最好的诗之一:"从一切美好的事物中,从一切肮脏的事物中,/发出欢快的歌声……但在最黑暗、最卑鄙的事情中/总有东西在歌唱……但在泥泞和浮渣中/总有一些东西在歌唱",我确信我们感到的是乡愁,而不是亲情。正如爱默生曾经在论及"真正的布道者"时候说的那样,他所面对的是"经历过思想之火的生命",无论思想之火对它做了什么,与我们的生命相比,这种经历了生命之火的生命本身依然不受干扰,更确切地说是没有受到有害思想的干扰。

因此,我们在爱默生身上发现了过去时代所谓的智慧,而这种智慧既未曾大量存在过,也从未被大量需要过。这种智慧中蕴含着深刻的洞见和观察,而这些洞见和观察已经被我们遗忘了,当我们被迫重新思考人文学科的意义时,我们不妨再把它们挖掘出来。对这位伟大的人文主义者来说,人文学科只是那些与语言有关的学科(这并不意味着语言学)。而在所有关于语言的思想的中心,他发现诗人是"命名者和语言创造者"。最后,让我给你们读几句话,这几句话在我听来像是真正的人文主义者的结论性的、仍然有效的自白。他写道:"诗人为事物命名,有时是根据它们的外表,有时是根据它们的本质,给每一个事物取自己的名字,而不是其他名字,从而使喜好公正或界线的智力欢欣鼓舞。诗人创造了所有的文字,因此语言是历史的档案。而且如果我们必须这样说的话,语言也是缪斯的坟墓。虽然我们大多数词语的起源都已被遗忘，但每一个词语最初都是天才的灵光一现，因为当时对于首位说话者和聆听者来说，它象征着整个世界。词源学家发现，最死气沉沉的单词曾经也是一幅辉煌的图画。语言是古老的诗歌。"[1]

1969 年 4 月 19 日

[1] 爱默生：《随笔》第 2 辑(1844 年)，增补。——编者注

阿 基 米 德 点

　　我选择了一个可能有点令人惊讶的标题，以便将讨论集中在争议点上，这些争议点可能与我们目前关于"人文学科在大学和学院，特别是工程学院和技术学院的作用"的辩论具有一定相关性。然而，我不会在这里以人文主义者的身份发言，并以此呼吁在工程学院开设更多的文科课程。

　　首先，我充分意识到人文学科作为科学探究领域的危机。不管你希望如何去定义人文学科，都要与过去打交道，我认为我们对过去和传统的态度在 20 世纪受到了极大的损害，这对任何人而言都不再是秘密。此外，达文波特和弗兰克尔最近发表的一篇关于应用性人文学科的论文断言："许多外行认为，阻止技术力量失控是人文学科的责任。人文主义者很可能奋起迎接挑战，以免工程师们试图自己去应用人文主义。"

　　我相信这里引用的"许多外行"是错误的，如果工程师们尝试按照外行的建议去做，他们很快就会发现，整个过程实际上是多么的不可能。

　　从逻辑上讲，反对让我们成为自己发明物的奴隶的是科学家和工程师本身，不是因为他们是科学家和工程师，而是因为他们也是人类，是公民，而且与他们的同胞（所谓的外行）共享一个共同的世界，也拥有一些额外但必要的信息，或者我们希望如此。因此，我将以一个门外汉的身份在这里发言，这不仅是因为我对所有科学问题都一无所知。所谓两种文化的成员共享并且将永远彼此共享的是——我们度过大部分生命的

357

日常世界，即常识的共同世界。比起我们活动于其中并与其他人进行相互交谈的共同世界，生活在实验室里或纯数学和应用数学领域的人们更像是在"修道院栖息地"中，而冷漠的人类主义者则生活在他们所谓的"象牙塔"中。从目前的学生造反来看，自然科学和工程学校的缺席往往会激起更多的关注。这通常表明，从冷漠的人文主义者中培养活动家比从冷漠的核物理学家中培养活动家更容易。造成这种现象的原因可能不止一个，但问题的关键在于，无论是从实验室出来还是从档案馆和图书馆出来的活动家，首先会试图说服其他公民加入他的行列；从所有专业来看，公民当然是外行。尽管心理学家和社会工程学的信徒都做出了保证，但是否有可能"培养"出——正如人们所说的——好公民，仍然是一个悬而未决的问题。假设这是可能的，但谁知道哪些科学领域最有可能在这项事业中取得成果？ 因此，我在这里只是作为一个公民、作为一个外行，或者只是作为一个人来阐述这些观点。

首先，在我以一种更常见的方式分析阿基米德点之前，让我们来追溯一下它的起源。阿基米德生于公元前 3 世纪，是希腊的科学家和数学家。他在第一次布匿战争中被罗马执政官马塞勒斯杀害。他创立了杠杆理论，并以"给我一个支点，我将撬动整个地球"这句话而闻名。请允许我再次强调一个显而易见的事实。这意味着我们对事物的控制力与我们与事物的距离成正比。在一定程度上，这适用于所有的认知行为。我们必须始终将自己从我们想要研究的一个明显的对象中移开——可以说是脱离。修昔底德写了伯罗奔尼撒战争的历史，他有意识地让自己保持冷静和中立，不参与这些事件本身。他写了自己在流亡雅典二十年期间的经历，并且认为这让他在自己的研究领域有了更进一步的发展。显然，没有一个判断像修昔底德的判断一样——称"这是历史上已知的最伟大的运动"——如果没有这样的脱离，这种运动也就不可能发生。但认知行为上所需的脱离远比阿基米德所设想的要有限得多，显然他已经在思考对事物本身的操纵力（他将撬动地球！）。只要知识被认为是沉思的或实验的，而科学被理解为对观察到的现象的排序和解释，阿基米德——不仅是他设想的地球之外的支点，还有他早期将力学与数学结合的论述——就被遗忘或者抛弃了。

现代科学（即从 17 世纪和 18 世纪到 20 世纪初新兴起的科学——大致从伽利略到爱因斯坦）不仅自称是一门"新科学"（scienza nuova，一个我们在 16 世纪就已经找到的术语），而且自称是"scienza activa et operativa"（一门积极的、可操作的科学）。这门科学被历史学家称为 véritable reour à l'Archiméd，即"真正的阿基米德回归"。亚历山大·科伊雷（Alexandre Koyré）（你们可能了解——我指的就是你们之中的那个科学家）说："现代科学用一个阿基米德式的真实的几何世界，'一个测量过的精确的宇宙'，取代了常识的混合世界。"对于科伊雷的这个陈述，我们还可以补充一点，这门科学是在摆脱了"空间性的枷锁"——也就是说，摆脱了几何学的束缚之后取得了最大的胜利，而几何学，正如它的名字所表明的那样，仍然依赖于地球上的测量，因此，也依赖于地球上的经验。阿基米德所说的支点至少在理论上是在几何学被纳入代数处理和一种新的非空间语言被设计出来的时候达到的。现在我们都知道，这不是理论上的问题，或者至少在 20 世纪不是这样。首先，我想表明，这也不是权力意志的问题。

哥白尼关于宇宙不是以地球为中心的概念源于纯粹的想象力，凭借这种想象力，他将视角从地球延伸到太阳，去俯瞰地球。而伽利略对望远镜的使用仅仅证实了一些哲学家（古代的萨摩斯的阿里斯塔克斯，一个阿基米德的同时代人以及文艺复兴时期的乔尔达诺·布鲁诺）的模糊和推测性的怀疑。爱因斯坦确实概括了这些早期发现，他引入了他的"在空间中自由摇摆的观察者"，而不仅仅是像太阳这样的一个确定的点。然而，在我看来，这位科学家最强大的智力动机似乎很明显是爱因斯坦努力追求诸如牛顿万有引力定律之类的概括，其中同样的方程涵盖了恒星的运动和地球物体的运动。如果科学家们诉诸力量的话，那么这种力量就只能是抽象和想象的强大力量，而非是支配事物和人的力量。

地球和太阳都不能声称自己是世界的中心这一发现的重要性，从一开始就被人们谈论过了。但对于这一新科学带来的力量的巨大增长却几乎没有人加以评论；缺少此类评论的原因可能是，这种权力的增加从未被预料到。无论如何，过了几个世纪，天体物理学家对新世界的研究才真正被带到地球上，其结果是，我们生活的世界在几十年里发生的变化比它在几千年里发生的变化还要多。此外，技术催生的巨大技术成果最终证明了现代人类力量的增长，没有人预测到，连科学家自己也没有预料到——据说，即使到今天，科学家们仍倾向于只是把工程师们看成水管工——历史学家也没有预见到。（唯一的预测来自儒勒·凡尔纳这样的人，也就是科幻小说的前辈们。）但是，如果别人已经预见到这些变化，或者应该预测到了这些变化，难道他不大可能得出这样的结论，即人类力量的增长将因人类地位和骄傲感的增加而得到满足吗？ 然而，事实并非如此。

现代早期的科学家和文学家们对前所未见的事物，前所未思的思想以及新奇事物的欢欣鼓舞的情绪，是 17 世纪的所有学术领域的普遍特征，紧接着是对哥白尼革命后果的截然不同的评论，这些评论后来成为人文主义者的惯用手法。我会在这节课的开头和结尾分别引用一段话，然后让我们忘掉中间的这段话，因为它们都是类似的。孟德斯鸠写道：

> 当我看到人们在一个原子上爬行的时候，我指的是地球，它不过是宇宙中的一个小点，而人们却自诩为神的旨意的楷模，我真不知道如何调和这种奢侈和这种小气！

这是在新世界观对我们所生活的日常世界的实际变化产生影响之前的几个世纪写的。但这种变化只持续了几十年时间，在 19 世纪末，大约 160 年后的 19 世纪 80 年代，尼采仍然以基本相同的方式写道：

> 自哥白尼以来，人类的意志难道不是不可抗拒地被削弱了吗？难道人类不是从那时起就一直在走下坡路，越来越快地逃离中心吗？

（他还没读过叶芝的作品呢！）

> 他要去哪里？进入虚空？陷入一种虚无缥缈的感觉状态？但也许这是回到科学旧理想的最直接的途径。所有的科学，绝不仅仅是天文学——对于天文学的耻辱性影响，康德做出了一个惊人的声明：

"它抹灭了我的重要性。"——在今天,这是一种内在的、使人放弃以前的自尊的方法,仿佛这种自尊只不过是一种奇怪的假设。

我想先提醒你们,尼采认为这是"回到科学旧理想的最奇怪的道路",我想解释他的意思。自希腊人以来,正如尼采所熟知的那样,科学的荣耀就是它的客观性、它的非私人性、它在追求真理和知识可能产生的后果中的公正性。现代科学,确实在不止一种意义上,是对旧理想的回归。它的完整性本身就要求不仅要有功利主义的考虑,而且要求搁置对人类地位的反思。具有讽刺意味的是,今天冷漠的人文主义者被指责对实际问题漠不关心,他们不知道如何将人文学科应用于受技术问题困扰的现代世界的需求。因为科学的实用主义理想,即适用的理想,最初是人文主义者的理想,或者更确切地说,是他们的祖先的理想,也就是罗马人的理想,我们从罗马人那里得到了 humanitas 这个词,希腊人对这个词知之甚少,以至于没有词来形容它。罗马人关注人道,在科学发现的技术应用方面超过了希腊人。但是,由于他们以有用性为标准,以什么对人类各方面都有益为标准来衡量我们现在所称的"纯研究",他们就扼杀了科学的发展。(一个罗马人杀死了阿基米德,这一事实具有很好的象征意义。)

罗马教会对伽利略提出的反对意见,仍在罗马的传统中。他们是严格务实的。教会问道:"你这样做会有什么后果?人们如何能与你建立的世界生活在一起?"现在,如果现代科学(即天体物理学)的伟大之处在于——正如普朗克曾经说过的那样——"它已经清除了所有的人类学的因素",那么问题就来了:人们如何能生活在这样一种世界观中,这种世界观很少考虑到他们,以至于与他们的感官经验和常识相矛盾? 他们如何能生活在一个由技术力量建立和维持的世界中,这些技术力量甚至超出了最见多识广的外行的一般理解,在某种程度上,这些技术力量是建立在数学过程的结果上的,这些结果顽固地拒绝"被转换回我们感官世界的语言"——普朗克,我引用了他的话,如果这些话对我们有任何作用,那么它就可以被认为是绝对必要的。"否则,"他预测道:"这些新理论就会像一个泡沫,风一吹它就会破灭。"

今天，在普朗克写下这些句子大约六十年之后，我们知道了这一点。新科学又回到了希腊人那种崇高的、对实用主义漠不关心的旧理想，但这是以一种新的精神来实现的。它不再是沉思的，因此也不再是哲学家和科学家所关心的，相反，它是积极的和有效的。因此，这门新科学最终对我们产生了巨大的用处，而正是它的有用性和适用性，证实了新世界观的合理正确性，并激发了新发现。

如果今天自然科学系和技术学院的绅士们为他们研究的适用性感到自豪，并要求文科院系有类似的务实观点，那么，要求他们记住它最初并不是科学，也许并不完全错误，然而，恰恰相反，文科被认为（我引用西塞罗的话）是具有人的效用的，在人是人的范围内是有用的，也就是说，人区别于单纯的有机生命，而把有用性作为科学研究价值标准则是相当晚近的发展。这也提醒我们，像钟表这样的精密仪器，在我们文明的日常生活中当然是最不可或缺的工具之一，它意在准确地测量下落物体的速度，但当时（也就是在 17 世纪）这实际上是出于一种无用的目的而发明的。

因此，现代科学发展的悖论似乎是，它在极大地增强人的力量的同时，也同样决定性地削弱了人的尊严。现代人在寻求知识和真理的过程中，完全依靠纯粹抽象的力量，首先从宇宙中的一个单一点来观察地球和自然过程，他们相信自己的精神力量而不是感官经验。因此，他获得了驾驭自然的能力，仿佛他自己不再是地球上的生物一样，他开始释放那些通常只有在太阳下才会发生的能量过程；在试管中启动宇宙演化过程；并建造机器来生产和控制自然界中未知的能量。然而，当他现在从这个角度俯视地球上正在发生的事情和人类的各种活动，包括他自己的活动时，这些活动在他看来就好像是行为主义者所说的"公开行为"，可以用研究老鼠和猿类行为一样的方法来研究这些行为。从足够远的距离看过去，我们乘坐的汽车，以及我们认为是我们自己制造的汽车，一定会像海森堡曾经说的那样，"对居住者来说，就像蜗牛壳一样，是我们自身不可逃避的一部分"。当我们发现我们实际上处理的是人类的一种突变，并且整个技术并不是人类有意识地努力扩展其物质力量的结果时，我们对自己所能做的事情的自豪感必然会消失，而这是一个大规模的生物过程。

同样地，有人可能会补充说，从这个长远的角度来看，人口膨胀与核武器发明的巧合可能被视为自然界的一种现象，一种防止地球上的生命失去平衡的"大规模的生物过程"。

"新科学"被一个关于人类地位的悖论所困扰：一个人作为科学家获得的知识和权力越多，他对自己实现这一切的尊重就越少，而这一切最初是由外行人发现的。但是，被科学技术的真正胜利所淹没的外行人，今天已不像技术革命发生之前那样更倾向于提出这样的问题。今天，外行们担心，有时还会出于其他更实际的原因而产生一种反抗的情绪：现代武器的巨大破坏潜力，或者征服太空所需的巨额资金（这些钱也许花在征服贫困上更好），等等诸如此类的问题。这些问题已经发生了变化。

科学家们自己现在也很担心，因为他们自己的工作也存在某些复杂性。首先，当老一代的科学家意识到他们自己长久以来有关和谐与必然的理想岌岌可危时，他们感到震惊。众所周知，爱因斯坦极不情愿牺牲普朗克量子理论所要求的因果关系原则。他的主要反对意见是，随之而来的是合法性将与宇宙相分离——就好像上帝是通过掷骰子来统治宇宙。其次，一个非常令人不安的事实是，不可能像普朗克所要求的那样，把数学过程得到的结果翻译成语言，不仅是我们日常世界的语言，而且是任何一种概念术语。新的非人类中心论、非地球中心论和非日心论科学所面临的理论困惑，都是众所周知的，因为它的数据拒绝按任何人类大脑的自然心理类别排序。用薛定谔（Schrödinger）的话说，"新宇宙是不可想象的，不论我们怎么设想它，都是错的，也许这不像三角形的圆那样毫无意义，但比设想有翅膀的狮子要重要得多"。

可以肯定的是，人们可以说，合理性、必然性以及和谐性都属于过时的理想，正如尼尔斯·玻尔（Niels Bohr）曾经认为的那样，它是由"我们必然带有偏见的概念框架"所引起的，它对原子现象中的"一种新的规律"毫无准备，违背了在原子现象中"决定论的图式描述"。然而，问题在于，无法用人类思维的偏见来描述的东西，在人类语言的所有可以想象的方式中都无法描述。它不再可以被描述，而是被数学符号表达，但这不是被描述。玻尔仍然希望最终出现一个扩大的"概念框架"，在这个框架中所有"明显的不和谐"都将消失。但这一希望迄今尚未实现，而且也不太可能会实现。人类理性的范畴和理念最终来源于人类的感官经验，所有描述我们心智能力的术语以及大量的概念语言都源自感官世界，然后被用作隐喻。此外，据说负责我们思考的人脑，和人体的任何其他部位一样，都是固着于地球的；而现代科学正是通过对这些地球条件的抽象研究，取得了最辉煌的同时也是最令人费解的成就。

换句话说，科学家们在寻找"真实的现实"的过程中，失去了对"纯粹"现象世界的信心，失去了对自愿显现自己的现象的信心。他们从发明一些仪器开始，这些仪器仅仅是为了改善我们感官的粗糙度，结果他们发明了一些处理数据的仪器，这些仪器是用来处理严格来说根本"不存在"的数据的，这些数据既不存在于我们的日常世界，也不存在于实验室。它们之所以为人所知，只是因为它们以某种方式影响了我们的测量仪器，而毫无疑问，这就是"真实的现实"。随着现代技术的发展，"新科学"的合理性得到了毫无疑问的体现。问题只是在于，在单纯表象背后发现"真实的现实"的人，仍然被束缚在表象的世界里；他不能按照他现在所设想的"真实的现实"来思考；他无法用语言来描述它，他自己的生活仍然受制于一个时间概念，这个时间概念显然不属于"真实的现实"，而仅仅是表象（正如爱因斯坦著名的"孪生子悖论"，建立在"时钟悖论"的基础上）。

海森堡对不确定性原理的发现以及他自己从中得出的结论或许最能体现现代科学的这一耻辱性。众所周知，不确定性原理断言，"有某些特定的对量，比如一个粒子的位置和速度，它们以这样的方式相关联：以更高的精度确定其中一个必然需要以更低的精度确定另一个"。

海森堡从这一事实得出结论："我们通过选择所采用的观察类型来决定自然界的哪些方面是可以确定的，哪些方面是模糊的。"

他写道：

核物理学最重要的新成果是认识到有可能将完全不同类型的自

364

然规律应用于同一个物理事件，而不存在矛盾。这是因为，在一个基于某些基本思想的规律体系中，只有某些相当明确的提问方式才有意义，因此，这样的系统与其他允许提出不同问题的系统是分离的。

（我可以顺便说一句，如果你把这些句子和它们所表达的困惑从物理学家的语境中拿出来，你就能清楚地认识到历史科学的困惑。海森堡所说的几乎可以逐字逐句地在他的考古学和历史科学的入门课程中表达出来。我们专注于一件事，因此其他一切都是模糊的。我们提出某些问题，因此只能得到某些答案。这是完全相同的操作！这确实应该让我们有点怀疑。）

海森堡得出的结论是，现代社会对"真实的现实"的探索已经使我们陷入了一种失去了自然世界的客观性的境地。人类无论在想象或现实中，都会发现他"面对的只是自己"。这难道不意味着"清除一切人类学元素的科学"是有一定限度的吗？海森堡的结论难道不是明显地接近（当然，在更复杂的层面上）现代社会最初对人类探寻真理能力的怀疑吗？我要再次引用孟德斯鸠的话，因为我想故意把哲学家们排除在外。（孟德斯鸠引用了斯宾诺莎的话，但他没有这么说。他说："人们已经说过了。"但说这话的人不多，只有斯宾诺莎。但你知道这就是作家的工作方式。）孟德斯鸠说过："除非秘密地返回到我们自己与自己的关系上，我们从不做任何的评判。"顺便说一下，这是一个非常有趣的句子。它看起来很无害，也很不显眼。真正发现这意味着什么的人是康德，这在他的《判断力批判》中可以体现，即你只能通过这种对自己的回归来判断。因此，根据康德的观点，这种判断是反身性的。孟德斯鸠继续说道（所有这些都在《波斯人信札》中，也就是说，不是在《路易斯的精神》中，而是在他写的小说中，如果你想这么称呼它的话）：

> 黑人把魔鬼涂成耀眼的白色，把他们自己的神涂成像煤炭一样黑，对此我并不感到惊讶。有些人说得对，如果三角形要创造一个神，他们会给神三条边。

（这就是斯宾诺莎的切入点。）

科学的伟大之处在于，它从不关注人类的利益。它的指导方针是：凡是我们能发现的，我们就去发现；凡是我们能做的，我们就去做。然而，正如我们今天所看到的那样，其结果似乎不可逆转地将人类引向这样一种境地，即人类被提醒意识到自身的局限性，并被打回原形。无论科学及其技术在克服人类感官的局限性以及它固有的偏见方面取得了多么伟大的胜利——"对于人类来说，存在等同于显现"（我引用亚里士多德的话），没有什么是不会显现的，反之亦然——科学家自己仍然是一个人，并恰恰也受制于这些"偏见"。对于所谓的人道主义者或任何外行人来说，说他们狂妄自大是太冒昧了。宣扬谦卑是徒劳的。只有科学家本人和依赖于他的工程师，通过看到自己工作中的困惑，才能对有失控危险的技术力量踩下刹车。他们之所以能这样做，只是因为他们也是门外汉和公民——也就是说，因为归根结底，我们都在同一条船上。

但我们不要自欺欺人。这关系到科学的精神、伦理和信念——无论我们能发现什么，我们都要去发现；无论我们能做出什么，我们都必须去做。更重要的是我们目前对进步的信念。进步也许不是一种永恒的现象。但总有一天它会以这样或那样的方式结束。抛开我们应该发现什么、应该做什么以及我们最好不要做什么这个问题不谈，我们所能发现和所能做的事情总有一天会到达极限。换句话说，我在这里恳求的是对人类事实上存在局限性的新的认识。可以肯定的是，这些限制可以在一定程度上被超越。人们总是在想象中、哲学思辨中、宗教信仰中，最后在科学发现上超越它们。此外，只有超越极限，我们才能意识到它们。

我在这里要强调的是，尽管我并不十分肯定我的看法是正确的，但这些限制已经开始在我们的科学事业和我们对世界的技术化中显现出来。事实上，我们今天能够设计一台末日机器来摧毁这个地球，或者至少是摧毁地球上所有的有机生命，这似乎是对人类的力量提出了如此绝对的限制。同样的道理也适用于这样的危险：正是我们所知道的处理过程的方法，可能会导致我们放任不可逆的过程，如果没有我们，这种过程在地球上永远不会发生。我们可能会释放我们永远无法阻止的东西。

让我们以目前的太空时代的计划为例，尽管它有其内在的局限性。

我们所能做的就是在宇宙中探索我们周围的环境，而这些环境是无限小的。人类即使以光速行进，也无法到达宇宙的更大范围。这个极限将是人类的寿命，即使我们成功地使人类的平均年龄增加一倍，这个极限也不会有太大的改变。此外，阿基米德点，它实际上也允许人知道并做这一切，但却永远不可能达到或实现。我们所能找到的只是相对地球的阿基米德点，一旦到达那里，我们显然需要一个新的点，如此循环下去。换句话说，人类只能迷失在浩瀚的宇宙中，因为唯一真正的阿基米德点是宇宙背后的绝对虚空。

今天所谓的"征服太空"充其量只会导致我们在太阳系有一些发现并扩大领土，也就是说，与地球上所有其他生物相比，人类可以在那里生活——甚至这一点也值得怀疑。但是，一旦达到这个极限，可以想象，从中产生的新的世界观很可能再次以地球为中心和拟人化，尽管不是传统意义上的地球是宇宙的中心，人类是宇宙中最高的存在。它将以地球为中心，因为地球而不是宇宙是人类的中心和家园；人类将把自己的死亡视为自然境况之一，在这种境况下，他的科学努力、他对真理的探索、他的技术事业、他自己的世界的建立都是可能的，从这一点上说，这是可能的。

谢谢。

1969 年

海德格尔八十岁了

马丁·海德格尔的八十诞辰纪念与其公共生涯五十周年一同得到庆祝。虽然在开启公共生活之前，海德格尔已经出版过一部关于邓·司各脱的著作，但他是作为一名教师，而非作为一名作家开始其公共生活的。在那最初的有趣而扎实但仍相当传统的研究之后，仅仅三四年的时间，他就变得与那部书的作者如此不同，以至于他的学生几乎没有意识到这部著作的存在。倘若的确如此，那么，就会像柏拉图曾经说过的那样："开端就像是一位神，只要他居留在人们中间，他就会救赎一切。"（《法律篇》，第775页）然而，海德格尔生命的"开端"，既非他出生的日子（1889年9月26日，在梅斯基尔希），又非他第一部著作的出版，而是他1919年作为胡塞尔的助教和无薪大学教师（讲师）在弗莱堡大学开设的第一个讲座课程和研讨班。因为早在1927年出版《存在与时间》的八年以前，海德格尔就已有"名声"；实际上，依然大可追问的是：假如不是由于这名教师在学生们中间早已有之的声誉的话，这部著作的非同寻常的成功——不只是它在学术界内外的即时性的影响，而且是由于它的非同一般的持续性影响，20世纪几乎没有任何作品可以与之相比拟——是否将依然可能呢？而在这些学生看来，这部著作的成功只不过证实了他们早已知晓多年的事情。

这种早年的名声中有某种奇异的东西，这种奇异性可能要超过卡夫卡在二十年前的名声，或者布拉克和毕加索在之前十年的名声，他们都不为大众所知，然而却产生了非凡的影响。因为，在海德格尔的特例中，除了他的那些在学生们中间手手相传的演讲抄写本外，几乎没有任何可以获得的有形的东西可以成为他的名声赖以出现的基础。这些演讲处理的都是一些众所周知的文本；它们不包含任何可以被效仿、复制和传递的学说。拥有的仅仅是一种名声，但是这种名声就像是一个有关隐匿王者的传言一样传遍了全德国。这是某种新的东西，它完全不同于以某个"大师"为中心而组织起来的一个"圈子"，比如斯蒂凡·格尔格圈子；尽管它已经为公众所熟知，但是它仍然由于一种神秘的氛围而与大众保持距离；这个"帝国秘密"很可能只有圈子内部的成员才被准许知晓。在这里，既没有什么秘密，也没有什么会员资格；听说这个传言的人都是相互熟悉的；可以确定的是：他们都是学生，而且在他们中间存在着某种临时性的朋友关系。不久之后，各处就零散地出现了一些小团体；但是既没有成为一个圈子，也没有任何只有他的追随者才知道的难以领略的东西。

谁听说了那个传言？ 它到底说了些什么呢？ 在一战之后的德国大学，虽然没有发生抗议，但是存在着对学院的教学活动的普遍的不满；在这些活动中，全体教师做的都只是职业教育的事情，有一种焦虑不安弥漫在学生们中间，对于他们来说，学习的意义无非就是为谋生做准备。哲学并非养家糊口者的研究，而是那些出于某种原因而具有更加强烈需求的坚决的"饥饿者"的研究。他们对获得一种有关生活和世界的智慧不感兴趣；而且，对于那些关心神秘事情之答案的人来说，有非常多的可供选择的世界观，并且它们有非常多的支持者。但是，为了在这些世界观之间做出抉择，研究哲学并非必要之事。

可是他们非常渴望他们所不了解的那些东西。大学通常提供给他们的要么是新康德主义、新黑格尔主义或者新柏拉图主义一类的教育，要么是那些老旧的学科，在这些学科中哲学完全被分割为它的一些特殊的领域——认识论、美学、伦理学和逻辑学，诸如此类——与其说是在交流，不如说是淹没在无聊的海洋中。甚至于直到海德格尔出现之前，都几乎没有什么反叛者来反抗这种舒服的而且从某个方面来看也是相当稳固的学术活动。从历史的发生来看，曾有过胡塞尔和他的口号——"回到实事本身"，这意味着"离开理论，离开书本"去建立作为一门严格科学的哲学，使之与其他学科相提并论。这仍然是一个天真而且温和的口号，但是这些东西首先启发了舍勒，稍后又启发了海德格尔。此外，在海德格尔之后，又有卡尔·雅斯贝尔斯从哲学之外的传统展开了有意识的反叛。诚如我们知道的，他曾有很长一段时间与海德格尔保有友谊，这完全是由于海德格尔学术活动中的那些反叛性的因素吸引了他，海德格尔在有关哲学的学院化的讨论中发现了某些原初的和根本的哲学性的东西。

套用海德格尔的词语来说，他们拥有的极少数的共同点是，他们可以"在学术研究的对象和思想的事情之间"（《从思的经验而来》，1947年）[1]作出区分，以及他们对于对象性的学术研究相当冷淡。在那个时候，有关海德格尔教导的传言引起了那些多多少少已经明确地知道了传统的断裂和"黑暗时代"（布洛赫）已然发生的人们的注意；因而，这些人之所以准备投身学术活动，只是因为关心"思想的事情"或者如海德格尔今天将会说的那样"思想的事件"（《面向思的事情》，1969）。那个传言将他们吸引到弗莱堡，吸引到在那里授课的那个编外讲师那里，稍后又将他们吸引到马堡的那个年轻教授那里，并且在传说着已经有一个人在事实上达到了胡塞尔曾经宣告过的"那些事情"；他知道这些事情并非学术的事情，而是思想者的关切，这些关切不只是昨天和今天的，而是久已有之的，而且正是由于他已经知道传统的连续性已然断裂而重新发现了过去。从技术上讲，这是决定性的，比如，不是讨论和阐述柏拉图和他的理念论，而是用一个完整的学期一步步地去持续探讨和专题地追问柏拉图的一个对话，一直到那个历史悠久的教条消失，并且为一系列即刻的和紧迫的意义问题创造空间。这个在今天听起来是相当的熟悉，因为今天已经有如此多的人行进在这条道路上，而在海德格尔之前从未有人这样做过。有关海德格尔的传言使之变得如此明白：思想已经再一次唤醒了生活；那些一度被认为已经死亡了的有关过去的文化珍宝，又被重新开始要求讲话了；在这个过程中所发生的是他们对事情做出的解释完全不同于他们曾经肆意说出的那些熟悉的、陈旧的琐事。

---

[1] 参阅《作为诗人的思想者》，载《诗歌·语言·思想》，A.霍夫施塔特译（纽约，1975年）。

存在着一名教师；一个人有可能去学习思想。

这个隐秘的国王因之确立了其在思想王国的统治，尽管这个世界确实存在，但是这一切仍然是被隐藏起来的，以至于一个人从来无法确认其是否真的存在；而且这个王国的居民必定比人们相信的还要多。除此之外，海德格尔的思考和思考性的阅读的空前的而且经常是秘密的影响，究竟是如何超出学生和追随者的圈子以及通常被理解为哲学性的东西呢？

并非是海德格尔的哲学——我们可以合理地质疑它的存在（就像让·柏弗雷已经做过的那样），而是海德格尔的思想已经对 20 世纪的精神面貌产生了决定性的影响。这一思想拥有一种非常奇异的针对自身的尖刻品质，我们通常乐于将其解释为语言风格，它实际上奠基于动词——"思想"的及物用法。海德格尔从不思及某物；他思想某物。在这种完全非沉思性的活动中，他透入纵深，但并不是为了发现，而只是为了将一些尚未被发现的终极的和稳固的基础带向光亮。更准确地说，他锲而不舍地保持在那儿，保持在隐秘之处，以期留置道路和确定"路标"（1929—1962 年的一组文章曾使用这个标题——《路标》）。这一思想或许为自己设置了诸多任务，它似乎处理了"诸多问题"；它自然而然地，实际上是经常地，拥有一些有关这些问题的独特的东西，这些思想充斥着这些问题，或者更准确地说，这些思想通过这些问题被具体地激发出来；但是，谁都不能说它拥有一个目标。它是持续不断的活动，留置路径更多地是为了帮助人们打开一个新的思想维度，而不是为了达到一个已经预先看到的目标，然后再朝着它逼近。这些小路或许可以被确切地称作 *Holzwege*，即林中路（参照 1935—1946 年的一组论文的标题），正是由于它们从未通向树林之外的任何地方并且"突然断绝在人迹罕至的地方"；比起那些精心排列好的供哲学专家和思想史家竞逐的问题-街道，林中路对于喜欢树林并且感觉在树林中有在家之感的海德格尔来说是再合适不过了。"林中路"的隐喻会唤起某种基本性的东西；它并非像人们一下子就想到的那样——有人进入了死胡同，而是有人像将职业维系在树林里的伐木工那样，踩踏在他自己踩出来的道路上；清理道路和砍伐树木同样属于他的工作。

在某种程度上，通过他自己在这一深度的平面上的挖掘和清理，海德格尔已经制定出了一张巨大的思想道路网；而且那独一的直接后果——它已经合乎情理地得到了人们的注意，并且有时候还被模仿——就是他已经引起了传统形而上学大厦——无论如何，长久以来已经没有人可以在其中感到自由自在了——的坍塌，这就像隐秘的地下通道和暗中的挖掘引起了基础不够牢固的建筑的坍塌一样。这是一个历史性的事件，甚至是顶级重大的事件之一，但是它无须惊扰到我们当中的那些置身于那些专业领域（其中也包括历史学）之外的人们。从一个特殊的视角来看，康德可能要将其合理地称为"彻底的毁灭者"的东西与康德其人完全无关，而且也不同于其历史角色。不管如何，形而上学的崩溃都在逼近。谈到海德格尔在其中的贡献，我们归功于海德格尔而且仅仅归功于他的是，这种崩溃是以比以往更为有价值的方式发生的；形而上学被思考到了它的尽头，这并不简单，可以说，它之后发生的一切都是以它为中心的。诚如海德格尔在《面向思的事情》中说的那样，哲学的终结并非一个让哲学为之荣耀或者以哲学为荣耀的终结，它是由一个最深远地植根于哲学和哲学传统中的人来促成的。毕其一生他都在将他的研讨班和演讲建立在哲学家们的文本上面，只是到了晚年，他才非常谨慎地开了一个有关他自己的一个文本的研讨班。《面向思的事情》包括一个"名为《时间与存在》的演讲的研讨班的记录（草稿）"，它构成了这部书的第一部分。

我已经说过：人们追随有关海德格尔的传言是为了学习思考。在其中被经验到的东西是思考作为一种纯理论的活动——这意味着既不被知识的渴求所驱使，也不被认知所驱使——可以成为一种并不会统治和压抑其他才能和天赋的激情，因为它驱动着他们并贯穿他们。我们已经如此习惯于理性与激情、精神与生活之间的古老对立，以至于一种激情的思想——在其中思想与生命合而为一——的想法多多少少会令我们吃惊。海德格尔自己曾经通过一件广泛流传的逸事，用一句话来表达这种合一；在开始一门有关亚里士多德的课程的时候，取代一个通常的传记性的导言，他说道："亚里士多德出生、工作，然后死去。"正如我们后来所认识到的那样，像海德格尔的激情性思想生活这样的东西确实存在，这是任何哲学存在的可能性的一个条件。但是，在我们的这个时代它实际上是大可疑问和非常特殊的，在海德格尔的思想生活之外，我们是否还可以发现这种现象呢？ 这一激情性的思考不再具有生活自身之外的最终的认识或者知识目标。它源自于"在世存在"这一简单的事实，并且将一切事物自身所具有的意义召回和再现。（《泰然任之》，1959 年，第 15 页）[1]生命的终点是死亡，但是人们并不以死亡为目的而存在，而这是因为人是一个有生命的存在。而且，无论如何他都不为任何结果而思考，只是因为他是一个"能思考的即能感知的存在"（同上）。

这一状况的一个后果是：思想通过一种针对其结果的特别的解构性的和批判性的方式而展开。可以确定的是，自从古老的哲学学派开始，哲学家们就已经显示出一种体系建构的恼人倾向，而且当我们试图去发现他们的真实思想的时候，我们通常需要费心拆解他们建立起来的体系。这一倾向并非源自思考本身，而是来自完全合理的其他需要。如果一个人想要通过它的结果去测度处在即刻的、激情的活泼状态中的思考，那么，他就会如同珀涅罗珀的面纱一样——那些在白天纺出的纱将会在晚间无情地拆解它自己，以便第二天它可以重新开始。海德格尔的任何一部作品，即便是偶尔参考他已经出版的作品，读起来都好像他已经重新开始了而且是一次又一次地取代他自己创造出来的语言；然而，这是一种仅仅将概念当作"路标"的语言，一种新的思想进路经由这一语言而朝向了它自身。当海德格尔强调"思想是怎么一回事是属于思想的不可避免的和始终属于思想的关键性问题"的时候，他提到了思想的这一特性；当时，他引用了尼采，谈到了"思想重新开始的另一开端"；而且他说思想"具有倒退的特性"。而且，当他将《存在与时间》从属于一种"即将展开的批判"，或者证实他自己早年对柏拉图式的真理的解释是站不住脚的，或者概括地说到思想者对他自己的工作的"回顾性的一瞥"的时候，他实践了这一倒退，这总是成为一种"撤销"，但这并非实际地放弃，而是一种对于已经思考过的东西的重新思考。

---

[1] 《论思想》，J.M.安德森和 E.H.弗洛伊德翻译（哈珀＆罗出版社，1966 年），第 46 页。

(《回到思想的实事》，61，20，78)

每一位思想者，如果他活得足够长，就一定会尽力拆解掉那些似乎已经显现为他的思想结果的东西，而且他仅仅通过重新思考它们来做到这一点。（他会和雅斯贝尔斯一起说："现在，当你想真正开始的时候，你就必须死去。"）思考中的"我"是青春永驻的，而且它是思想者们的诅咒和祝福，迄今为止，他们仅仅存在于思想当中，以至于他们未曾衰老就变成了老人。同样的，思考的激情，像其他激情一样，抓住了人——抓住了一个人的那些品质，这些品质的总和，在意愿（will）的组织安排下，构成了我们通常所说的"性格"——占据了他，并且，就像它消灭了他的"性格"一样，因为他的"性格"无法抵御这种冲击。诚如海德格尔说的，那个思想的"我"，站立在猛烈的风暴中，对于他来说，时间实际上是静止的，而不仅仅是永恒的；它尽管总是明确的一个他者，但它也是无个性的。

而且，诚如黑格尔在 1807 年写给齐尔曼的一封信中评论哲学时说的，思想是"某种令人孤独的东西"，而且这不只是因为思想者是孤独的，在某些地方柏拉图称思想为"和自己的无声对话"（《智者篇》，263e)，而且是因为在这种对话中总是回响着某些"无法表达"的东西，这些东西无法通过语言被充分地带向声音，或者在言说中被明确表达；因此，它是不可传达的，既不能传达给别人，也不能传达给思想者自己。很可能正是柏拉图在其第七封书信中提到的这种"不可说性"使得思想成为一项孤独的事业，并形成了思想从其中涌现且持续不断地更新自己的彼此独立的源泉。一个人可以充分地想象——尽管这差不多就是海德格尔的情形——思考的激情可能突然间就包围了人们中最合群的一个人，结果是，这种思想的激情所需要的孤独击中了他。

据我所知，第一个也是唯一的一个曾经称思想为受难、称思想为通过忍耐而得到承担的人是柏拉图。他在《泰阿泰德篇》(155d)中称惊异为哲学的开端。这当然并不是指当我们遇到了某种奇怪东西时候生出的那种吃惊或者惊讶。由于惊异是思想的开端，就像吃惊和惊讶很可能是科学的开端一样，它适用于我们的日常，那些我们都非常熟悉和亲切的当然之事，这就是它无论如何都不会被任何的知识所平息的原因。海德格尔曾经提到了"可以简单地称之为惊异的才能"的东西，这完全是在柏拉图的意义上说的，只不过，和柏拉图不一样，他补充"说应该将这种惊异接受和居有为一个人的居所"（《演讲与论文集》，1954 年，第三部分，第 259 页）。我认为这个补充决定性地显明了海德格尔是谁。因为我们许多人——或者我们希望如此——都对思想以及与之难分难解的孤独非常熟悉。当简单的惊异突然降临在他们身上的时候，然后，他们就会顺服于它；他们开始思想，他们知道他们已经从他们在职业的连续统中早已习惯了的地方解脱出来，人类事务在那个地方发生，他们也将很快就再次返回那里。因此，用一种隐喻性的说法，海德格尔所说的那个居所存在于人们的聚集地之外；而且，尽管"思想的风暴"——据色诺芬说，苏格拉底是第一个提到它的人——实际上可能非常强烈，但是这些个风暴比起"时间的风暴"的隐喻具有更多的隐喻的意味。比起世界上的其他地方，比起人类事务的栖居地，思想者的居所是一个"宁静之地"（《面向思的事情》，第 75 页）。

正是惊异最初引发并传布了宁静；正是由于这种屏蔽了全部的声音，甚至是一个人自己的声音的宁静，成为了从惊异中逐渐形成的思想的一个必不可少的条件。逗留在这种宁静里，会发生一个奇异的变化，它会影响到落入海德格尔意义上的思想的范围内的一切。思考在本质上是与世界隔绝的，它总是不得不仅仅处理那些不在场的东西，那些脱离了直接的感知的问题、事实或者事件。假如你与一个人相互对面而立，你当然可以通过他的身体显现而感知到他，但是你并不"思想"他。假如你确实在他在场的时候思想到了他，那么你就已经悄悄地从你们的直接遭遇中撤离出来了。为了在思想中与一个东西或一个人走得更近，它或他就必须在直接的感知中处于远处。海德格尔说："思想是在远离中的切近"（《泰然任之》，第 45 页）。

一个人可以非常容易地通过一种熟悉的经验来清楚地了解这一点。我们出去旅行是为了看到远方的事物；在这个过程中，经常发生的是：只有在回想或回忆中，当我们不再受即时印象的影响的时候，我们曾经看见过的事物才更加地亲近我们——这就好像说只有当它们不再在场的时候，它们才开始展现自己的意义。假如我们想要找到"当我们在思想的时候我们在哪儿"这个问题的答案，那么，这种关系的颠倒——即思想将近旁的东西移走，从近处撤回并且将遥远变为切近——将会是关键性的。在思想中变为回忆的记忆，作为人的一种心智官能在有关思想的思想史中扮演了一个如此重要的角色，因为它向我们确证了切近和遥远，就像切近和遥远在感觉中被给予的那样，而且实际上非常容易受到这一颠倒的影响。

海德格尔只是偶尔通过暗示来表露自己，而且通常是被迫的，涉及令其有在家之感的"居所"，即思想的居所的时候——就像他在说到思想的追问的时候一样，他认为它并非"日常生活的一部分……它不满足于任何迫切或普遍的需求"。追问本身就是"挣脱秩序"（《形而上学导论》，第10—11页）。但是，这一切近-遥远的关系以及它在思想中的倒转贯穿了海德格尔的全部作品，就像是一把钥匙，一切都与之相通。在场与不在场，遮蔽与显现，切近与疏远——它们的连接以及弥漫于它们之间的种种关联——几乎与除非经验到不在场，否则就不可能有存在，没有疏远就没有切近，没有隐藏就没有揭示这一老生常谈没有任何关系。从思想的居所的角度来看，"存在的退隐"或"存在的遗忘"实即失去思想的真正关切，而思想总是有赖于不在场。这一"存在的退隐"或"存在的遗忘"统治着日常世界，这个日常世界围绕着思想者的居所，围绕着日常生活的……熟悉领域。这一"退隐"的兴起又总是要以退隐出人类事务领域为代价的，而且这一远离在思想精确地考虑这些事务的时候是再明显不过了，这促使它们进入到与世隔绝的属己的宁静中。因此，在柏拉图的伟大榜样依然历历在目的时候，亚里士多德就已经强烈地劝告哲学家们放弃哲人王的想象，放弃哲人王可以统治人类事务，即在人类事务的领域实行统治的想象。

"惊异的能力"，至少偶尔，"对简单事物的惊异"大概是所有人类固有的，而且，过去和当今为我们所熟知的那些思想者们都是以发展出了这种惊异而著称的，这种惊异是一种思想的能力和展开思想的训练的能力，这在每一种情况下都是适合他们的。然而，"将这一惊异据有为一个人的永久居所"的能力又是另外的一回事。这是非常罕见的，我们仅仅在柏拉图那里可以找到一定程度的确定记录，他在《泰阿泰德篇》

(173d—176)中不止一次提到了他自己，而且非常戏剧性地提到这种居留的诸种危险。同样是在那里，他显然第一次讲述了泰勒斯和色雷斯农家女孩的故事，这个女孩眼看那个"智慧之人"目光上仰，为了观察星星而落进井里，她嘲笑道：有人想了解天空却竟然对自己脚下的东西一无所知。假如我们相信亚里士多德的话，那么我们就会知道：泰勒斯曾经遭到过非常多的冒犯——其中冒犯最甚的一次是他的同胞公民曾经嘲笑他的贫穷——而他通过在油料压榨生意中的一次大的投机来证明假如智慧之人们愿意将他们的心思放在这类事情上的话，致富于他们而言将会是非常容易的（《政治家》，1259a，ff）。而且，正如每一个人都知道的，由于这些书并非农家女孩子们写就的，那个发出笑声的色雷斯女孩将不得不屈从于黑格尔有关她的说法，即她完全无法感知较高的事物。在《理想国》中，柏拉图不仅想要取消诗歌，而且还试图禁止笑声，他至少是要在护卫者阶级中间这么做。比起那些对哲学家们宣称的绝对真理持有反对意见的人的敌意，柏拉图更为害怕的是他的公民同胞们的笑声。表面上看来，可能正是柏拉图自己意识到了思想者的居所与阿里斯托芬的《云》中的布谷鸟待的地方看起来是多么的相像。无论如何，柏拉图清醒地意识到了哲学家的尴尬处境：如果哲学家想要把他的思想带进集市，他就很可能会成为一个公共的笑柄。而且，除了其他的一些事情，这一点很可能诱使他在年龄稍长之后三次动身前往西西里，以求通过教授作为哲学的必不可少的导引的数学和哲人王的统治技艺来校正叙拉古的暴君。柏拉图没有注意到，假如从农家女孩的观点来看，这一梦幻般的事业，看起来将会比泰勒斯的小事故可笑得多。而且，他在一定程度上未曾注意到它实际上是合理的；因为，据我所知，没有一个学哲学的学生敢笑，也没有一个描写这段情节的作家笑过。很明显，人们还没有发现笑的好处——可能因为他们的思想者，这些总是对笑声没有好感的人——也许是因为他们的思想家在这方面让他们失望了，尽管他们中的一些人一直在绞尽脑汁地研究什么能让我们发笑。

现在我们都知道，海德格尔也曾经一度屈从于改变其"居所"和"介入"（正如当时所说的）到人类事务领域的诱惑。就世界而言，他甚至比柏拉图更无所适从，因为暴君及其受害者并不在大洋彼岸，而就在他自己的国家。[1]至于海德格尔自己，我相信事情的情况是不同的。他依然非常年轻，足以从这个事故的冲击中学习，在三十七年前的短暂而忙碌的十个月之后，这一切驱使他再一次返回到他惯常的居所，然后让他的经历在他的思想中扎根。从这一切中浮现出来的是他有关意愿(will)的发现即"意愿的意愿"和由之而来的"权力意愿"。在现代，尤其是近代，关于意愿已经写了很多，但是除了康德，除了尼采，有关意愿的本质人们并没有太多的发现。然而，很可能的情况是，在海德格尔之前，几乎没有一个人看到意愿与思想的对立以及意愿对思想的破坏性影响是多么地具有本质性。思想归属于"泰然任之"——安全、镇静、

————————

[1] 这段历史在今天通常被称为一个"错误"，如今怨恨已经平息，最重要的是，无数的谣言已经以某种方式得到纠正；这个"错误"涉及许多方面，其中包括魏玛共和国的问题，在那些生活在其中的人面前，它根本没有表现出玫瑰色的光芒，如今它经常在与其后发生的恐怖事件相对比的视角得到审判。

此外，海德格尔的"错误"与当时流行的"错误"在内容上有很大的不同。生活在纳粹德国统治下，有谁能想到"这一运动的……内在真理"的核心在于"全球技术与现代人的相遇"（《形而上学导论》，第 166 页）——关于这一点，大量的纳粹文献完全保持沉默——当然，其中不包括那些不是读了希特勒的《我的奋斗》，而是读了意大利的未来主义者的作品的人。这些意大利未来主义者确实与法西斯主义有一些联系，与国家社会主义不同。

毫无疑问，未来主义者制造了更多有趣的读物，但决定性的一点是，海德格尔，像他那一代的许多其他德国知识分子一样，无论是纳粹分子还是反纳粹分子，从来就没有读过《我的奋斗》。当然，与更具决定性的"错误"相比，这种误解是微不足道的。这一决定性的"错误"不仅包括忽视最相关的"文献"，而且包括逃离盖世太保地窖和早期集中营酷刑地狱的现实，进入看似更重要的区域。德国民间诗人（他在某种程度上继承了海涅的传统）和流行词曲作家罗伯特·吉尔伯特(Robert Gilbert)甚至用四行令人难忘的诗句描述了 1933 年春天发生的事情：

> 没有人需要再敲门了，
> 用斧头穿过每扇门——
> 国家已然解体
> 如同瘟疫溃疡一般。

事实证明，这种对现实的逃避比早年所有的一体化[阿伦特指的是 20 世纪 30 年代与纳粹统治下的德国人的"合作"或"结盟"。——编者注]更有特点，也更持久。（海德格尔自己纠正自己的"错误"比许多后来对他进行评判的人更快、更彻底——他在那个时期比德国文学和大学生活中通常承担的风险要大得多。）我们仍然被知识分子和所谓的学者包围着，他们不只存在于德国，他们不谈论希特勒、奥斯维辛集中营、种族灭绝和作为一项减少人口的持久政策的"灭绝"，而是根据他们的灵感和喜好，更喜欢提到柏拉图、路德、黑格尔、尼采，或者海德格尔、吉廷格或斯蒂凡·格尔格，以便用人文学科的语言和思想史来粉饰这些出现在阴沟里的恐怖现象。

人们确实可以说，在此期间，逃避现实已经发展成为一种职业，这在希特勒和斯大林时期的文学作品中都有体现。在后者中，我们仍然可以发现那种观点，即认为斯大林对于俄罗斯的工业化是必要的——尽管这种"工业化"显然是一个巨大的失败——在前者中，我们仍然读到一些荒谬而又高深莫测的理论，而这些理论的精神与阴森恐怖的事件根本没有任何关系。我们进入了一个虚幻的形象和"观念"的王国，它远离了任何曾经或可能体验到的东西，变成了纯粹的"抽象"，以至于所有的思想，每一个思想，甚至是最伟大的思想家的思想，都失去了坚实的基础，就像云的形成一样，模糊地融合在一起。

开放，一种放松的状态，简而言之，"顺其自然"的让与。从意愿的观点来看，思想者们将不得不明显自相矛盾地说，"我意愿没有意愿"；因为只有"通过这种方式"，只有当我们"让自己弃绝意愿"，我们才能够允许自己进入对并非某种意愿的思想之本性的寻求中（《泰然任之》，p.32f〔《论思想》，第59—60页〕）。

即便我们的居所就存在于这个世界的中间，我们这些真诚尊敬思想者们的人，还是要忍不住地去探求当柏拉图和海德格尔进入人类事务中，转向了暴君们和元首们时，冲击和激怒他们的究竟是什么。这不应该仅仅归咎于时代环境，更不能归咎于表演型人格，而是应该归咎于法国人所谓的职业病。因为对暴君的吸引力可以在许多伟大的思想家身上得到理论上的证明（康德是一个伟大的例外）。如果这种倾向在他们所做的事情中没有表现出来，那只是因为他们中很少有人愿意超越"对简单事物的惊异"，并"接受这种惊异作为他们的住所"。

对于这些少数人来说，20世纪的风暴将他们推向何方并不重要。因为吹过海德格尔思想的风，就像从柏拉图的作品中吹了几千年后仍向我们吹来的风一样，并不是从他恰好生活的那个世纪开始的。它来自原始时代，它留下的是完美的东西，就像一切完美的东西一样，又回到了它的起源。

1971 年

关于马丁·海德格尔[*]

> ……如果时间也在肆虐
>
> 深深困扰着我的头脑，
>
> 凡人之间的欲望和幻想
>
> 扰乱我的生命，
>
> 那就让静默在你的深处纪念我吧！
>
> ——摘自赫尔德林的《爱琴海群岛》
>
> 安德鲁·希尔兹译

在他八十岁生日之际，他的同代人向这位大师、老师致敬，当然，对一些人来说，也向他的朋友致敬。我们停下来，试图去说明一下他这一生对我们、对世界、对我们这个时代意味着什么，这一生的圆满只有在此刻才完整地呈现出来，我想，这是旧时代的祝福。每个人对手头的问题可能有不同的答案；但愿每一个答案至少在某种程度上，都能对工作所见证的现实生活的激情作出公正的回答。

在我看来，他的这种生活和工作教会了我们什么是思想，而他的这些著作仍将是这种思想的典范，以及向未知的无垠领域冒险的勇气，向尚未思想的事物完全开放的勇气，这种勇气只有全身心投入思想及其巨大深度的人才会拥有。

---

* 以下文本是从德语翻译过来的，由汉娜·阿伦特为马丁·海德格尔撰写，并在他去世后发表在《纪念马丁·海德格尔，1976 年 5 月 26 日》（克洛斯特曼，1977 年），第 9 页。——编者注

愿我们的后来人，如果他们回顾起我们的世纪和我们的人民，并努力对我们保持信任，不要忘记毁灭性的沙尘暴以它自己独特的方式席卷了我们所有人，在这场风暴中，这样的人和他的工作仍然是可能的。

1977 年

战争罪和美国的良心

我知道越南战争不是第一场，也不会是最后一场不宣而战的战争。但我认为有一点很可能被忽视：当一个国家宣战时，这意味着它准备按照规则进行游戏。自20世纪初以来，一直有人试图为战争制定某些法律。通过不宣战，一个国家甚至设法避开这些微弱的限制。

1970 年

致《纽约书评》编辑的信

区　分

卡梅隆先生在 1970 年 11 月 6 日发表于《纽约书评》的有关《过去与未来之间》和《黑暗时代的人们》的书评是善意而又怪异的。这种善意和怪异表现为，他几乎同样强烈地喜欢和讨厌所评论的书，读起来好像他想要认真地澄清这些书。但愿我没有弄错，我将尽力照此理解去回应。

卡梅隆先生认为"风格的不透明"和"思想的晦暗"的问题在"康德的作品中也很明显"。当然，这句话对任何澄清的尝试来说都是令人沮丧的。如果康德在这些问题上不能让卡梅隆满意，还有谁能呢?《纯粹理性批判》不仅是最伟大的哲学著作之一，而且是最清晰的哲学著作之一，这在我看来是"显而易见的"，但我怎么能让卡梅隆先生相信这一点呢?　——除非我们有机会花大半年的时间来认真讨论这本书? 但这一工作无疑是困难的；它所处理的问题，在康德费心去厘清之前，是非常晦涩难懂的。康德的白话文完全够用，而卡梅隆先生一半欣赏一半抱怨的"持久的模棱两可"，要么是由于主题，要么是由于康德的评论家和读者的思想不够清晰有力。

卡梅隆的问题有很多，要把它们都说清楚需要占用太多篇幅。我将选择其中具有代表性的两个。他正确地引用了我的话，说我主张"用不受任何传统干扰的眼光来看待过去"，并声称我自己"理所当然地""丝毫没有注意到这个主张"，而且由于"思想和话语的典型特性"，即便我想要注意，也无法注意到。思想和讨论都是用术语进行的，而且正是"我们的语言给出了以往人类的本质"。假如卡梅隆没有用到"本质"一词，那么，这种说法反而将会是正确的；某些过去，而未必是过去之本质，确实存在于每一种语言形式中。但争论的重点不是过去，而是传统，以及它们之间的区别：传统根据一种预先建立的信仰体系，对过去进行排序、传承(tradere)、解释、省略、选择和强调。传统是一种精神结构，因此总是要经受严格的检验。假如我说所有的传统在今天都已不再有效，这并不是说过去已经死亡，而是说我们再也没有可靠的指南以穿越它，由此可以得出这样的结论：传统本身已经成为过去的一部分。让我们举一个阅读阿奎那的例子吧。它可能是一个合理的例子，因为它涉及许多个传统。我可以阅读阿奎那——同意或不同意他所说的——而不遵循天主教会托马斯思想的传统。我也可以追溯这个传统作为过去的一部分。结果很可能是阿奎那的红皮书和托马斯传统的破坏。这里的一切都取决于传统与过去的区别。

　　与之类似的是对文本中一个区分的忽视。这一忽视出现在卡梅隆不能"理解"我的观点的时候。我的这一观点是：我们现在能够在地球上启动的核过程不同于以前只在我们周围的万事万物中进行的事情，比如在太阳底下进行的事情，它意味着我们不再"模仿"自然，而是"创造"自然。[顺便说一句，卡梅隆在这里引用的话似乎不太正确；"创造自然"一词在文中被加了引号，因为它们出自维科的名言：让我们展示自然，通过我们的行动(*si physica demonstrare possemus*，*faceremus*)。"我们能够证明数学问题，是因为我们自己能够创造它们；为了证明物理[即自然]，我们必须创造它。"]他的论点再次取决于一个区分，即一方面是发生在自然界中的地球和地球范围内的过程，另一方面是包括太阳在内的宇宙和发生在地球之外的过程。这是包括物理学在内的前现代自然科学和天体物理学之间的区别，这始于哥白尼"想象他站在太阳中……俯瞰行星"。"牛顿的万有引力定律得到了它的经典表达，在这个定律中，同样的方程涵盖了天体的运动和地球上陆地物体的运动"，直到爱因斯坦的"追求普遍化"成功地引入了一个"在宇宙中自由地保持平衡的观察者，而不像太阳那样只是在一个确定的点上"。核过程在地球之外的宇宙中有自己的栖息地；恰当地说，它们是"普遍"过程。把它们自己导向地球之自然的科学"从一开始就不是一门'自然'的科学，而是一门普遍的科学，它不是物理学，而是一门从宇宙中的一个点来观察地球的天体物理学"。这些人为的过程现在发生在我们中间——我们仍然是地球上的生物，在自然的大家庭中活动——它们已经成为地球上正在发生的事情的一部分，因此，似乎是我们现在"创造了自然"。这与"培育"、"繁殖"、驯养野生动物相去甚远，简而言之，与农业活动相去甚远。在农业活动中，我们遵循大自然的暗示，通过"模仿"她来为人类整备土地。相比于在太阳底下没有人类干预就可以展开的过程，这些农业活动与蚂蚁或蜜蜂的活动一样"自然"，蚂蚁或蜜蜂也"改变"地球，以促进它们与自然的新陈代谢，而地球上的每一个生物都受制于自然。因此，当我们用"物理学"（源自希腊语 physein）这个词来形容当今的天体物理学，或者用"自然科学"（源自拉丁语 nasci，希腊语术语的准确翻译）来形容这些现代的普遍科学时，我们的语言不再把"过去的本质"给予我们。它误导我们相信，我们仍然生活在一个完整的时间连续体中，在其中过去平顺地展开到现在。

我担心，在"学院式提问"方面的训练并非批判性地针对他们试图予以回应的问题与事实做出区分或检视术语的最好准备。当卡梅隆先生在康德或者像我这样的小人物这里遇到这种事情时，他没有意识到这些事情在论争中的作用，这让他自己陷入困惑，并使得他把这归咎于风格的不透明和思想的晦暗。当然，他完全有可能反对这些区分以及由此产生的论点。（为什么他不愿意紧紧抓住传统，并坚持认为假如没有传统这个引领我们安全地穿越过去的有力的向导，我们也将失去我们的过去？为什么他不能说地球是宇宙的一部分，因此我对"自然"过程和"宇宙"过程的区分不成立？）关键在于，他没有触及到可能引发争议的地方。

在最低的层次上，这种误读出现在卡梅隆的评论的末尾。他最后解释了一个"困境"，这实际上是一个事实性的描述，而且本应是一个充满希望的描述。我说过，由于传统和权威已被打破，我们"面临着新的挑战……从人类共同生活的基本问题来看……没有不言自明的行为标准的保护"。因为对他来说，这构成了一个"困境"——对我来说，这只不过是一个挑战，尽管是一个严重的挑战——他通过联想，到达了另一个严格意义上的神学困境，他认为"（这）意味着世界是由邪恶的恶魔统治的"。让我向他保证，我不相信这些。

汉娜·阿伦特

1970 年

当代社会的价值观[1]

诺尔斯：我们的一些受托人已经意识到了一个问题，而且还是所有人都在问的一个关于我们在国内和国际上工作的道德和伦理框架方面的问题。

阿伦特女士在《总体主义的起源》的序言中写道：

> 这本书是在盲目乐观和盲目绝望的背景下写成。它认为进步和毁灭是同一类事物的两面；两者都是迷信的产物，而不是信仰。写这本书是出于这样一种条件，即有可能发现隐藏的机制，通过这些机制，我们政治和精神世界的所有传统元素都被溶解成一种混合体，在这种混合体中，一切似乎都失去了特定的价值，变得无法被人类理解，无法为人类目的所用。仅仅屈服于单纯的瓦解过程已成为一种无法抗拒的诱惑。不仅因为解体具有历史必然性的虚假，也因为解体之外的一切都开始显得毫无生气、没有血肉、毫无意义和不真实。

她接着谈到"现代人的实际权力（比以往任何时候都大……）与现代人的无力感之间令人恼火的不相容，他们生活在一个通过他们自己的力

---

　　[1]　1972 年 7 月 13 日，洛克菲勒基金会副主席肯尼斯·W.汤普森邀请汉娜·阿伦特、保罗·弗洛伊德、欧文·克里斯托尔和汉斯·摩根诺共同讨论了当代社会的价值观。这是在医学博士约翰·H.诺尔斯(John H. KnowIes)担任基金会主席仅仅五天之后；这是一个重要的信号。在阿伦特的政治词汇中，"价值"这个具有"等价"内涵的词并不突出。下面的内容说明了为什么，也说明了为什么把事情说清楚对她来说是无价的。——编者注

量建立起来的世界里，但是，在生存和理解方面却显得无能"。然后，在该书的新版本的最后一章，她谈到了孤立和无能，以及这两者为什么一直是专制的特征。

在我看来，越来越多的人感到孤立和无能。因此，人们可能会得出结论，这是暴政专制的沃土。

阿伦特:所有这些都是在差不多二十五年前写的；当时它不符合美国的情况。而今天，我认为它与这个国家的情况已经非常接近了。

诺尔斯:是的。她在阿伦特女士该书第一版的序言中总结道：

> 我们再也不能把过去好的东西简单地称为我们的遗产,再也不能丢弃坏的东西并且简单地把它看作一种负载(dead load),时间本身会把它遗忘。西方历史的暗流终于浮出水面,并篡夺了我们传统的尊严。这就是我们所生活的现实。这就是为什么所有试图从现在的残酷中逃离,去怀念仍然完整的过去,或进入一个更美好的未来进行遗忘,都是徒劳的。

克里斯托尔:我们正在经历所谓的"价值观危机"的原因之一是我们忘记了前几代人都知道的事情。

阿伦特:价值观是个人的，就像精神一样。它们不能被操纵或设计。我认为如果一个基金会相信它可以解决这个时代的基本问题，那将是一个很大的错误，我们中没有人能做到这一点。

但是人们还有其他事情可以做，像这样的基金会也能做一些事情，那就是准备一个谈论事情的环境。问题是，你在多大程度上相信这个谈话？如果你阅读柏拉图早期的对话，你就会发现，每个对话都是对问题的诗意表达，但没有一个能给出结论。争论总是绕圈子，在争论结束时，你就在你开始的地方。然后苏格拉底非常高兴地说，"让我们重新开始吧"——这并不意味他现在会找到解决办法。

苏格拉底显然相信——我不太确定柏拉图是否相信它——谈论正义使人更公正。在谈论勇气时——即使你没有找到关于什么是勇气的定义——你可能会在特定的时刻激励人们要鼓起勇气。因此，我们创造了一种环境氛围，在这种环境氛围中，我们至少有机会遇到问题并在问题出现时解决它们。

现在我们生活在一个对科学极度不信任的时刻——每个教师都知道这一点。有一个进步的神话，也是美国文明最伟大的神话之一，即我们所做的一切不仅应该是好的，而且必须是更好的。现在，更好的排除了好的，言下之意就是没有"好"这种东西。

这种不早于 16 世纪和 17 世纪的进步概念可能会作为一种主导思想而消亡。人们会发现，首先科学是有局限性的，然后在原则上，人类的认知也是有局限性的。我们将以不同的方式看待我们的基因实验以及去月球和火星的想法。也许我们可以去火星，但不能更远，与浩瀚的宇宙相比，这就是一个限制。

但要说这些问题是独一无二的，那就错了。我们处于一个前所未有的时代，但事实上历史中的几乎所有事件，当它们发生时，都是新奇的。例如，在基督教中，在那个时代，以上帝的名义有什么迹象表明拿撒勒人耶稣的到来？什么预示着保罗的到来（这对西方历史来说更为重要）？在我看来，回顾过去以寻找类比来解决我们当前的问题是一个神话般的错误。如果你不能怀着爱和纯粹的动机阅读这些伟大的书籍，仅仅因为你喜欢精神的生活——思想的生活——那对你没有任何好处，对学生也没有任何好处。

就史无前例的因素而言，我丝毫不认为阅读一本特定的书会揭示人类未来的思想。毕竟，我们已经走出了以某些传统和某些宗教和哲学信仰为基础的时代。这些信念都不再重要，也不再具有强制性。无论你认为这些信念多么伟大，或者多么有意义，它们都不再是强制性的。

人们不再相信地狱这个简单的事情无疑是 20 世纪最具决定性的变化之一。近代以来，有些人不相信地狱，但现在我们已经到了几乎没有人相信的地步，这是一个完全不同的命题。我们不能再用终极的东西来威胁人们，死刑只会加速一些即将发生在我们身上的事情……

汤普森：另一边呢？除了不能构成威胁外，我们还不能承诺过上富裕幸福的生活，也不能证明成功将伴随美德而来。

阿伦特：是的，还有认为成功将惠及来世，被压迫的人最终将继承土地的信念，现在你也不能相信这一切。

汤普森：我们面临着新教伦理的崩溃——一个人的现状证明上帝已经选择了你。

阿伦特：这一切都被打破了，我认为我们不应该幻想我们来到这里会像摩西或汉谟拉比一样有一个新的十诫，一种新的法律条文。我认为，如果我们高估了我们真正的可能性，那将是相当危险的。但另一方面，我认为让一个协会来鼓励和促进讨论将是非常有价值的。比方说，谈谈基本原则。谈论适用于每个特定领域的基本原则——比如人类实验的基本原则等。这些事情将会是有帮助的，我认为定期谈论它们，即使我们没有任何明确的东西可以摆在桌面上，但是它们最终可能会改变整个工作的氛围。

汤普森：你将会在哪里讨论？ 你的意思是就像我们现在这样围坐在一张桌边讨论吗？ 还是说全国性论坛？ 或者电视节目？

阿伦特：不，不，不！ 不是电视！ 你知道的，只能是直接相关的人们。不是一场新闻发布会。恰恰相反。当你为听众发言的那一刻，一切都随之改变。你向那些与你围桌而坐的同伴讲话。

克里斯托尔：假如一个教师幸运的话，他在一生中可以培养出六个严肃的思想家。这已经很多了。五位老师就可以教出三十个人。人们必须假设这是为了某些美好的东西。一个基金会能做的，或者像国家人文基金会这样的组织机构能做的，就是努力寻找这些关键人物。没有那么多，但在美国有几十个是真正的信仰者和真正优秀的老师，因为他们是真心相信。

阿伦特：我认为一个真正需要解决的问题是，真正的好教师并没有被学术界足够重视。这种"要么发表，要么灭亡"的方式是一场灾难。人们写下了一些东西，这些东西既从不应该被写出来，也从不应该被印刷出来。没有人对他感兴趣。但是为了让他们保住工作并获得适当的晋升，他们必须这样做，这贬低了整个学术生活。我一贯坚持一个原则，即一个达到了某种水平的研究生应该在一定程度上独立于我，他也可以脱离开我，选择和建立自己的文献目录。这在今天是绝对不可能的，因为市场上有如此多的无稽之谈，你不能要求学生全部检阅它们。他将在图书馆里待上几年，直到他找到该领域中为数不多的真正重要的书籍。

克里斯托尔：这是真的，但太糟糕了。

阿伦特：真正失败的人是对心灵问题有浓厚兴趣的人，他是一个优秀的读者，他可以和他的学生建立联系并让他们明白他的学科很重要，但他不会写作。或者如果他被迫写作，也不会写得很好。而且，由于"要么发表，要么灭亡"，他将会在做一些被迫的事情过程中成为一个次要人物。我已经在我教书工作的地方看到过这种情况。

一个人可能会得到奖章或奖项。我知道丹福思基金会就是这样做的。这可能没有多大帮助，但您可以做一些事情来提高声望，并非提高所谓的有魅力型教师（他们通常是一场灾难）的声望，而是真正敬业的教师的声望。这样的教师并不很多。这是一种非常罕见的天赋，一种非常高水准的天赋。

汉娜·阿伦特论汉娜·阿伦特

引　言

1972 年 11 月，约克大学和加拿大理事会赞助的多伦多社会政治思想研究协会组织了一次关于汉娜·阿伦特著作的会议。汉娜·阿伦特作为荣誉嘉宾被邀请出席会议，但她说，她更愿意作为参与者受邀出席。以下是她与不同参与者的一系列交流，以及一些较长的回应摘录。[1]

汉娜·阿伦特: 理性本身，即我们所拥有的思维能力，需要实现自己。哲学家和形而上学家垄断了这一能力。这导致了非常重大以及相当不愉快的后果——我们忘记了，每个人都需要思考，但不是抽象地思考，更不需要回答上帝、不朽和自由这类的终极问题。只要人活着，他

---

[1] C.B.麦克弗森当时是多伦多大学政治经济学名誉教授；
克里斯蒂安·贝当时是多伦多大学政治学教授；
迈克尔·格斯坦因当时是新斯科舍省哈利法克斯的社会服务顾问；
乔治·贝尔德当时是多伦多大学建筑学院的建筑师和副教授；
汉斯·约纳斯是新社会研究学院研究生院的哲学教授，也是汉娜·阿伦特的老朋友；
F.M.伯纳德当时是西安大略大学政治学教授，位于安大略省伦敦；
玛丽·麦卡锡是 20 世纪一位伟大的作家，也是汉娜·阿伦特最亲密的朋友；
理查德·伯恩斯坦是新社会研究学院哲学教授；
阿尔布雷希特·威尔默当时是德国康斯坦茨大学社会学教授；
汉斯·摩根索是新社会研究学院研究生院政治学教授；
埃德·魏斯曼当时是多伦多约克大学政治学副教授。

——编者注

就在思考，不断地思考。

任何一个要讲述半小时前他在街上亲身经历的事情的人，都不得不塑造这个故事。而这种塑造正是思想的一种形式。

由此，在这方面，我们失去了康德曾经非常讽刺地称之为"职业思想家"的垄断地位，这不失为一件好事。我们可以开始考虑思考对行动而言意味着什么。现在我得承认一件事。当然我承认，我主要对理解感兴趣。这是绝对正确的。我承认，还有一些人主要对做某件事感兴趣。我不是。我什么都不做就能活得很好。但我的生活需要努力理解发生的一切。

从某种意义上讲，这和你从黑格尔那里知道的是一样的，也就是我认为中心角色是和解，即人类作为会思考和讲道理的存在的和解。这就是世界上实际发生的事情。

……

除了思想，我不知道还有任何其他的和解。当然，这种需要在我身上比通常在政治理论家身上强烈得多，因为他们需要把行动和思考结合起来。你们知道，这是由于他们倾向于行动。我想我之所以能更为准确地理解某种行动，正是因为我总是或多或少从外部看待它们。

由于无法忍受，我曾经在我的生命中有过几次行动。但这并不是我的主要冲动。我得承认，你们有可能从这种强调中得出的全部的缺漏，几乎都是无可争辩的，因为我认为它们很可能确实存在。

麦克弗森：阿伦特女士真的是想要说成为一个批判理论家和成为行动者是不相容的吗？当然不是！

阿伦特：是的，但有一点是正确的，那就是思考和行动是不一样的，而且，我想我不得不在一定程度上从这个世界抽身。

麦克弗森：但对政治理论家、政治教师和作家来说，教学或搞理论就是行动。

阿伦特：教学是另一回事，写作也是。但真正纯粹的思考是不同的——亚里士多德是对的。你知道，所有现代哲学家在他们的著作中都有一句具有强烈的辩解性的话，那就是"思考也是行动"。噢，不，不是！ 这么说是相当不诚实的。我的意思是让我们面对现实：它是不一样的！ 相反，我必须在很大程度上拒绝参与，拒绝承诺。

有一个古老的被认为是毕达哥拉斯的故事。当时人们去参加奥林匹亚运动会。毕达哥拉斯说："一个人去那里是为了名声，另一个去那儿是为了交易，但最好的人坐在奥林匹亚的露天剧场里，只是为了看看。"也就是说，那些仔细观察的人最终会明白其中的要点。这种区别必须以正直的名义得到保持，假如不涉及其他的话。

……

阿伦特：我的确相信思考对行动有一定的影响，特别是行动型人格。因为思考的自我和行动的自我是同一个自我。但不是理论。理论只能通过变革意识来影响行动。你想过有多少人的意识需要你去改造吗？

如果你不用这些具体的术语来思考它，那么你就会想到人类，亦即想到一些实际上不存在的名词，它们只是一个观念。这个名词，无论它是人类还是马克思的类存在或是世界精神，或诸如此类，都是以单数的人的形象来诠释的。

如果我们真的相信——而且我认为我们也确实有这种信念——复多性统治世界，那么我认为我们必须修改理论与实践相统一的观念，以至于那些曾经这样做过的人都认不出来。我真的相信你们只能一起行动，我也真的相信你们只能自己思考。这是两种完全不同的——如果你想这么称呼它的话——存在主义的立场。而且，相信只要理论是一种思想的东西，也就是经过深思熟虑的东西，就会对行动有某种直接的影响——我认为事实并非如此，事实上也永远不会如此。

阿伦特：《人的境况》的主要缺陷和错误如下：我仍然从沉思的观点来看待传统所说的生活，但从未触及沉思的生活的本质。

现在我认为，从沉思的角度来看待它已经是第一个谬论。因为思考中的自我的基本经验来自我在书末引用的老加图的那句话："无所事事时我最活跃，独自一人时我最不孤独。"（加图这么说很有趣！）[1]这

---

[1] 加图是个行动派！ ——编者注

是一种完全动态的体验，不受任何身体或身体障碍的阻碍。但当你开始与世界打交道的那一刻，就可以说，你不断地搬起石头砸自己的脚，然后你背负着你的身体。正如柏拉图所说："身体总是希望得到照顾，并与它一起下地狱！"

所有这些都是基于思考的经验而言的。现在我正试图写下这件事。而且我将会从加图的想法中脱身出来。但我还没准备好告诉你们。我并不确定我会成功，因为谈论形而上学的谬论很容易，但这些形而上学的谬论确实是谬论，它们中的每一个都有其真实的根源。也就是说，即使我们把它们作为教条扔出窗外，我们也必须知道它们来自哪里。换句话说，我们必须知道这个思考、意愿和判断的自我的经历是什么？ 即一个忙于纯粹精神活动的自我。你知道，如果你真的这么做的话，那确实是很拗口。并且我也不能告诉你们太多。

……

阿伦特: 我有一个模糊的想法，即这个问题中有一些实用主义的东西——"思考有什么用"？ 对我来说这意味着——"你究竟为什么要做这一切？"或者说"不依赖写作和教学的思考有什么益处？"这很难给出答案，起码对我来说肯定比很多人更困难。

你想，在政治方面我有一定的优势。第一，我天生就不是一个行动者。如果我告诉你，我既不是社会主义者，也不是共产主义者，即这对我这一代人来说绝对是理所当然的事情，以至于我几乎不认识任何一个从来都不是社会主义者或共产主义者的人。你会发现，我从来都不觉得有必要做出承诺。直到最后，" schliesslich schlug mir mit einem Hammer auf den Kopf und ich fielmir auf "：终于有人打了我的头，你可以说这唤醒了我对现实的认识。但是，我仍然有这样的优势，可以从外面看他们，甚至看我自己。

但不用想也知道。此刻我就在这种状态里。因此我十分怀疑我究竟是否可以搞明白。但无论如何，我觉得《人的境况》需要第二卷，我正在努力写作。

……

克里斯蒂安·贝：关于政治理论家的称呼，我有着与汉娜·阿伦特截然不同的看法。应该说我阅读汉娜·阿伦特的时候是愉悦的，但这是一种审美的愉悦。她是一位哲学家。我认为跟随她的散文和她在历史方面的和谐感是非常美好的，它让人想起希腊人曾经说过的所有的伟大事物，时至今日它们依然存在。然而，我认为从我的角度来看，她的大部分著作对现代问题缺乏严肃性。

我想，也许她最认真的作品是她写的《艾希曼在耶路撒冷》：汉娜·阿伦特如此有力地指出了艾希曼在我们每个人身上起到的作用。我认为这对政治教育有很大的影响，毕竟这是有关我们的政治归属感的古老的柏拉图主题。然而，我发现汉娜·阿伦特的许多其他著作都缺乏这一点。也许我们去中心化和人性化的能力大小将取决于我们找到应对、打击和超越艾希曼的方法的程度大小，并使得公民这个术语的使用在某种意义上与习惯的用法大相径庭。

我很反感详细讨论权力与暴力的区别。我不仅想知晓在一个我们都深恶痛绝的不公正的世界里，什么是正义，也想知道政治理论家如何才能让我们更加坚定、更加有效地为正义而战。为此，为人类的生存而战是首要问题。

汉娜·阿伦特说，她的愿望是从不灌输，我对她这一言论感到不安。我认为这当然是政治理论家的最高使命：在复多性的宇宙中尝试灌输思想。如果我们认真对待生存、正义等问题，那么在我看来，我们的首要任务是克服自由主义和宽容的难题，它们实际上是把一种观点与另一种观点等量齐观。除非我们热切地关注某些观点，否则我认为我们都会迷失方向，因为事件将继续顺其自然，即权力的分配会越来越不对称，而自由主义制度允许经济学家们继续为自己敛财，不仅以我们其他人的贫困为代价，而且以我们获取知识、信息和理解的机会为代价。

我希望我这类的政治理论家首先成为政治上的男人和女人，致力于教育我们彼此如何解决我们面临的紧迫的生存问题。最后一点，一个世纪前，约翰·斯图亚特·密尔曾说过，从长远来看，真理将在自由的思想市场中占据上风。但一来我们没有太多时间，二来也并没有自由的思想市场。

汉娜·阿伦特，您作为政治理论家，请问我们能做些什么来确保生存问题，因为有时真实和错误的答案交织着，这些答案出现在我们更多的公民身边，使得他们成为古代意义上的公民？

阿伦特: 恐怕分歧很大，而我想试着简单谈谈。

首先，你喜欢我的书《耶路撒冷的艾希曼》，而且你说我说过我们每个人身上都有一个艾希曼。哦，不！你身上没有，我身上也没有！这并不意味着艾希曼这样的人不多。但他们看起来真的很不一样。我一直讨厌艾希曼的影子出现在我们每个人身上这种观念。这根本不是真的。这和说艾希曼不存在于任何身上一样不真实。在我看待事物的所有方式中，这种方式比我经常沉迷其中的最抽象的事物更加抽象，只要我们还是在通过抽象概念去思考而非通过经验去思考，就会是这样。

我们思想的主题是什么？是经验！无关其他！如果我们失去了经验基础，我们就会陷入各种各样的理论。当政治理论家开始构建他的系统时，那他通常也在同时处理抽象概念。

我不相信我们在这个意义上有或可能有太大的影响力。我认为这种承诺很容易使你停止思考。在某些极端情况下，你必须采取行动。但这些情况是极端的。然后你就会发现，谁是真正值得信任的，谁真的愿意为你两肋插刀。

但其他事情，就是你在过去几年的发展中看到的，也或多或少是公众情绪的一部分。公众情绪可能是我所喜欢的，也可能是我所不喜欢的，但我不认为我的特殊任务是在我喜欢这种情绪的时候激发它，或者在我不喜欢它的时候去阻挠它。事实上，那些正在思考的理论家不愿意承认这一点，他们不愿意相信思考是值得的，然而他们认为只有承诺和参与才值得。这也许是整个学科为何不能一直蒸蒸日上的原因之一。人们显然不相信他们正在做的事情。

我不能直截了当地告诉你这种想法的后果是什么，但在实际的政治中我试图不通过灌输，而是通过唤醒我的学生们的方式来解答。我能欣然想象，一个学生成为共和党人，另一个学生成为自由主义者，而第三个成为什么只有上帝知道。但有一件事却是我希望的，那就是那些极端的事情及其后果不再出现；这些极端的事情就是有些人明确宣称不再做那些我可能做得过多的事情，也就是说他们不想再思考了，但这些事情正是不思考的结果。这就是说，问题是紧急关头，他们将如何行动。然后，我用这个概念审视了我的假设，我认为，由于法兰克福学派，我讨厌使用"批判地"这个词，我不会让自己重复公众情绪问题的陈词滥调。我想说，任何一个对这一点失去尊重的社会都不是一个很好的社会。

迈克尔·格斯坦因:我想知道，身为一个政治行动者或自己以为的政治行动者，你会如何指导我？ 还是根本不会给予我任何指导?

阿伦特:是的，我不会指导你，而且我觉得我这么做太冒昧了。我认为当你和你的同伴围坐在桌子旁交流意见时，你应该得到指导。然后从这里得到指示:不是针对你个人的，而是整个团队将如何行动。

我认为，理论家告诉他的学生该怎么想，该怎么做的每一条道路都是……我的上帝！ 这些是成年人! 我们不在幼儿园! 真正的政治行动总是展示为一种群体行动。你要么加入这个团体，要么不加入。但是，你自己一个人无论做了什么，你都不是作为一个行动者，而是作为一个无政府主义者。

……

乔治·贝尔德:据我所知，《人的境况》给我的启示之一是，荣耀而非善才是政治行为的适当标准，这一论点部分源于马基雅维利。事实上，阿伦特女士在《人的境况》中认为，善甚至可能被证明是对政治领域的彻底颠覆。

如今，在我看来，这一切都隐含着对政治活动家动机的一种戏剧性的挑战，就像我对世界上典型的政治活动家的理解一样。另一方面，阿伦特女士在她关于罗莎·卢森堡的文章中表达了她的钦佩，我相信她称之为卢森堡的不公正意识是她进入政治领域的跳板。

如果阿伦特女士可以试着澄清一下她把荣誉而非善作为政治的合适标准的严格见解(这在现代社会是一种极其苛刻和不合时宜的立场)与她

对卢森堡的钦佩之间的关系，那么，所有这些有关请求指导政治行动的讨论就可能得到澄清。一定存在着一个空间，既能维持这些区分，又能澄清情况。

阿伦特：这个有关善的话题不是由我提出的，而是由马基雅维利提出的。这与公共和私人之间的区别有关。但我可以换个说法。我想说，在想要成为一个好人的观念中，我实际上关心的是我自己。在我采取政治行动的那一刻，我关心的不是我，而是世界。这是主要区别。

罗莎·卢森堡非常关心这个世界，而根本不关心自己。如果她关心自己，她会在写完毕业论文后留在苏黎世，并追求某些特定的知识兴趣。但她无法忍受世界上的不公正。

标准是否在表象的空间中闪耀着光彩，或者标准是不是正义，这都不是决定性的事情。决定性的事情是你自己的动机是否明确：为了世界还是为了你自己，我指的是你的灵魂。马基雅维利就是这样说的，他说，"我爱我的祖国，佛罗伦萨，胜过我对永恒救赎的爱"。这并不意味着他不相信来世。但这意味着，比起他自己、他的身体以及他的灵魂，他对这个世界更感兴趣。

你知道，在现代共和国，宗教已成为一种私人事务。实际上，马基雅维利确实认为宗教是私人的："不要让这些人从政！他们对这个世界不够关心！那些认为世界会消失而他们自己是不朽的人是非常危险的人物，因为我们想要的是这个世界的稳定和良好的秩序。"

……

汉斯·约纳斯：在我们所有人的存在和行动的底层都有与他人分享世界的愿望，这是无可争辩的，但我们只想和某些人共享一个特定的世界。如果政治的任务是使世界成为适合人类居住的家园，这就提出了一个问题："什么是适合人类居住的家园？"

只有当我们对人是什么或应该是什么形成某种观念时，我们才能做出回答。如果我们不能诉诸一些有关人类的真理来验证这类判断，那么，在具体情况下，特别是在关系到未来世界将会是什么样子的问题上突然出现的有关政治取向的衍生判断的时候，除了任意武断，我们就同样无法做出决定。这是我们在处理将要影响到事物的总体秩序的科技企业时一直都不得不做的事情。

康德并不是简单地诉诸判断力。他还提出了善的概念。无论我们如何定义它，这样一种理念始终存在，即至善。也许它可能无法被定义。但它不可能是一个完全空洞的概念，它与我们对人是什么的概念有关。换言之，那些在这里一致同意被宣布终结和完成了的东西，即形而上学，它必须在某个地方用以给我们一个最终的指示。

我们的决策权远远超出了对当前局势和短期未来的处理。现在，我们做事或行动的力量已经延伸到那些真正涉及判断、洞察或信仰的事情上———我把这个问题留到最后。一直到 20 世纪，我们才可以对这一问题在通常所理解的日常政治中的意义进行不充分的处理。说联邦的条件必须由真正的终极价值或标准来决定，这是不对的。在现代技术条件下，这是一个问题，不管我们愿不愿意，我们正在走上影响地球上事物的总体状况和人类未来状况的道路，那么我不认为我们可以简单地洗手不干，说西方形而上学已经让我们陷入了僵局，我们宣布它破产，而且立即呼吁达成一个共同的决定——上帝作证，我们不是说与大多数人或任何特定群体共同的判断。我们可以与许多人分享对我们毁灭的判断，但我们必须发出超出这个范围的呼吁。

阿伦特：恐怕我必须回答这个问题。我不打算讨论康德的《判断力批判》的问题。实际上，善的问题没有出现，真理的问题也没有出现。整本书关注的是特定命题的有效性。

约纳斯：但这不是政治性的。

阿伦特：不，但我说的是有效性：是否可以将其转移到政治领域的确也是非常有趣的问题，但目前是次要的问题。当然，我已经这么做了，即我只是简单地引用了康德晚期关于政治的著作。这里的主要内容之一是康德对法国大革命的某种立场。但我不打算讨论这个问题，因为这会使我们离终极问题太远。

现在，如果我们的未来取决于你所说的——即我们将获得一个将从上面为我们决定的最终结果（当然，问题是谁会认识到这个最终结果，以及认识这个最终结果的规则是什么，但无论如何你在这里真的有一个无限的倒退），我会非常悲观。如果是这样的话，我们就迷失了。因为这实际上需要一个新神出现。

"上帝"这个词是一个基督教词语，在基督教的中世纪，人们可以有很大的怀疑，但在最终的情况下人们必须坚持它，因为那是上帝。但是，由于这种情况已不复存在，由于他们不再相信上帝了，因而西方的人性再次回到了被救赎之前的状态或被福音救赎之前的状态。这就是实际情况。正是这种情况使得18世纪的革命者们争先恐后地追溯古代。这并不是因为他们喜欢希腊诗歌或希腊歌曲，就像我一样。但这并不是他们的动机。

也就是说，他们赤裸裸地面对人类具有复多性的事实。没有人知道什么是人的单数形式。我们知道只有男人和女人创造了他们：也就是说，从一开始就提出了一个巨大的问题。

例如，我非常确信，如果人们仍然相信上帝，或者更确切地说，如果人们仍然相信地狱，也就是相信有终极存在的话，那么，这场总体主义灾难就不会发生。在总体统治下，没有终极目的。你和我一样清楚：假如不存在一个人可以有效地诉诸的终极目标，一个人无法诉诸任何东西或任何人。

如果你经历了总体统治这样的情况，你知道的第一件事情就是：你永远不知道某人会如何行动。你可能会遭遇你一生中最大的震惊。这贯穿于社会的各个阶层，贯穿于人与人之间的各种差别。如果你想做一个概括，那么你可以说，那些仍然非常坚定地相信所谓的旧价值观的人，将是第一个准备好改变他们的旧价值观并接受一套新价值观的人，前提是他们得到了一套新价值观。我害怕这一点，因为我认为，当你给某人一套新的价值观时，你也可以立即更换它。他唯一习惯的就是有一套价值观，不管是哪一套。我不认为我们能够以任何方式去最终稳定我们自17世纪以来所处的局势。

F.M.伯纳德：那么你会同意伏尔泰的观点吗？你提出了这个关于上帝的问题，在某种程度上，这是一种形而上学，人们可以将其视为形而上学，但在社会上，这可能是极其有用的。

阿伦特：完全同意。如果形而上学和整个价值观没有崩溃，我们就不必为这整个行业操心了。因为这些事件，我们开始质疑。

......

约纳斯：我同意汉娜·阿伦特的观点，即我们不拥有任何终极性的东西，无论是通过知识，还是通过信念或信仰。我也相信我们不能把它作为一种指挥表演，因为"我们非常需要它，因此我们应该拥有它"。

然而，智慧的一部分是无知之知。苏格拉底式的态度是自知无知。认识到我们的无知在行使判断权方面具有的重要现实意义，这毕竟与政治领域的行动、未来的行动和重大的行动都有关。

我们的事业有一种末世论倾向，一种内在的乌托邦主义，即走向终极解决方案。如果我们不知道终极价值，或者不知道什么是终极理想，或者不知道人是什么样的才能使这个世界成为他合适的家园，我们至少应该避免让末世论的情况发生。这是一个非常重要的实际禁令，我们可以从洞察中得出，只有拥有一些终极的概念，我们才有资格着手做某些事情。因此，至少作为一种约束力量，我提出的观点可能具有一定的相关性。

阿伦特：我同意。

玛丽·麦卡锡：我想问一个我在脑海里想了很久的问题。这是关于汉娜·阿伦特在政治和社会之间做出的非常鲜明的区分。这一点在她的《论革命》一书中尤其引人注目，她在书中证明，或试图证明，俄国和法国革命的失败是基于这样一个事实，即这些革命与社会有关，与苦难有关，其中同情的情感发挥了很大的作用。然而，美国革命是政治性的，并以某些事情的奠基而告终。

现在，我总是问自己："如果一个人不关心社会，他应该在公共舞台上，在公共空间里做什么？ 也就是说，还剩下什么？"

在我看来，一旦你有了一部宪法，你就有了基础，你就有了法律框架，政治行动的舞台就准备好了。留给政治家们的唯一一件事就是希腊人所做的：发动战争！ 这是不对的！ 另一方面，如果所有有关经济、人类福利、商业以及任何涉及社会领域的问题都被排除在政治舞台之外，那么我就感到困惑了。留给我的只剩下战争和演说。但演说不能仅仅是言说。它们必须是关于某些事情的言说。

阿伦特:你说得完全正确,我承认我问过自己这个问题。第一,希腊人不仅发动了战争,而且雅典在伯罗奔尼撒战争之前就已经存在,而雅典的真正繁荣则发生在波斯战争和伯罗奔尼撒战争之间。然后,他们又做了什么呢?

生活总是在变化,有很多事情需要被讨论。在任何时候,生活在一起的人都会有属于公共领域的事情:"值得在公共场合谈论。"这些问题在任何一个历史时刻都可能完全不同。例如,大教堂是中世纪的公共场所,人们在那里共同崇拜上帝。市政大厅后来才出现。在那里,他们谈论一件同样有趣的事情:他们质疑上帝。所以,在每个特定时期,公开的东西是不同的。通过历史研究来追踪它将是非常有趣的,我认为人们可以做到。总会有冲突。你不需要战争。

理查德·伯恩斯坦:我们需要承认你作品中一以贯之的观点的消极的一面。当人们把社会和政治混为一谈时在理论和实践中都会产生毁灭性的后果。

阿伦特:可以!

伯恩斯坦:但你很清楚这一点,至少对现在的我们来说,人们无法始终如一地做出这种区分! 虽然我们可以理解这种区分,但两者之间有着千丝万缕的联系。这不足以回答玛丽·麦卡锡的问题,在不同的时代,我们必须确切地看到公共领域出现了什么。现在的问题是你是否可以总是将社会和政治分离开。

阿伦特:我认为这是肯定的。有些事情可以找到正确的措施。这些事情确实可以管理,因此不会受到公众的讨论。公共辩论只能处理那些——如果我们想消极地说——我们无法确定的事情。否则,如果我们能确定地解决问题,为什么我们还需要聚在一起讨论?

以市政厅会议为例。有一个问题,比如说把桥建在哪里。这既可以由市政厅直接决定,也可以通过辩论来决定。如果确实有一个关于"把桥建在哪里"的悬而未决的问题,那么,通过辩论比由市政厅直接提出要更好。我曾协助过新罕布什尔州的一次市政厅会议,该镇居民的参与意识给我留下了深刻的印象。

另一方面，在我看来也很清楚的是，再多的演说、讨论和辩论，或者不幸取代它们的是委员会，这些都只是无所作为的借口，它们都不能解决大城市给我们带来的非常严重的社会问题。

或者再举一个例子。共和国中公民积极参与的最后残余就是陪审团。我是怀着极大的喜悦和真正的热情的陪审员。在这里，提出的问题同样值得商榷。陪审团非常负责，但也意识到法庭审判的双方有不同的观点，你可以由此来看待这个问题。我认为这显然关系到公众利益的问题。

另一方面，在恩格斯所说的管理事物的过程中，一切可以被理解的东西都是一般的社会事物。在我看来，它们应该接受辩论似乎是虚伪的，是一个祸患。

麦克弗森：你是在告诉我们，陪审团或镇市政厅会议能处理的是政治问题，而其他一切都是社会问题吗？

阿伦特：不，我没这么说。我只举了这些例子，说明在日常生活中，发生的事情不是社会性的，而是真正属于公共领域的。我以市政厅会议和陪审团为例，说明少数地方仍然存在真正的公共空间。

阿尔布雷希特·韦尔默：我想请你举一个例子，在我们这个时代，一个社会问题，同时又不是一个政治问题。比如教育、健康、城市问题，甚至是简单的生活水平问题。在我看来，即使是我们的社会问题也会不可避免地涉及政治问题。但如果确是这样，那么当然，在我们的社会中，社会和政治之间的区分也是不可能的。

阿伦特：让我们以住房问题为例。社会问题是住房不足。但是，这种充足的住房是否意味着融合问题，这当然是一个政治问题。这些问题中的每一个都有两面。这些面孔中的任何一张都不应该成为争论的对象。每个人都应该有体面的住房，这个问题不应该有任何争论。

贝尔德：从行政的角度来看，英国政府将英国住房存量的很大一部分描述为不足，这对实际居住在那里的大量居民来说毫无意义。

阿伦特：我认为这个例子有助于展现两面性，这一点我已经非常具体地提到过了。政治问题是，这些人热爱他们的社区，即使你给他们多一个浴室，他们也不想搬家。这是一个非常有争议的问题，也是一个应该公开决定的公共问题，而不是能由政府直接决定。但如果问题是每个人需要多少平方英尺才能呼吸，才能过上体面的生活，这是我们可以计算出来的。

······

格斯坦因：在我看来，人们被迫采取政治行动以处理具体情况和具体问题。一旦一个人被迫做出这样的决定，那么阶级问题、财产问题、社会未来的问题就变成了一个非常具体的问题，一个人就不能再仅仅从官僚主义或中央集权等抽象的角度来解决问题了。在我看来，这似乎揭示了你的著作去政治化的基本特征，当我读到你的著作时，我感到非常不安。今天在这里听到你们的谈话让我更加不安，因为幸运——也可能是因为不幸，我们被迫在这个世界上采取行动，我们必须知道这个世界是什么样子。

阿伦特：这些就是所谓的大众社会的问题。不幸的是，我说的所谓大众社会是事实。

现在，我想知道为什么你认为阶级和财产之类的词比官僚主义和行政或我使用的词更抽象。它们完全一样。所有这些都属于同一类单词。问题是，你只能用这些词指出一些真实的东西。这些词要么具有揭示的性质，要么没有。

如果你认为官僚主义（也就是办公室的统治，而不是由人统治或法治）没有公开的性质，那么我相信你在这个世界上活的时间还不够长。但是相信我，官僚主义比阶级更现实。换句话说，你使用了许多抽象的名词，这些名词曾经是具有启示意义的，即在19世纪，你甚至懒得去批判性地检查它们是否仍然成立，或者它们是否应该被改变等诸如此类的事情。

财产是另一个问题。财产确实很重要，但它的意义和你想象的不一样。各地都应该鼓励的是财产，当然这并非生产资料的财产，严格地说，是私有财产。相信我，由于通货膨胀，这种财产深陷危险。这只是征用人民的另一种方式，或者通过另一种征用方式即苛捐杂税。这些都是更好的征用方式，而不是掠夺和杀戮。这种征用的过程随处可见。让每个人都能获得相当数量的财产——不是剥夺，而是分散——那么即使在现代生产中相当人性化的条件下，你也会有一些自由的可能性。

……

麦卡锡：事实上，现在确实有一种趋势——我不是说在苏联——而是在一些东方国家，财产正在转变为你所说的那种意义上的财产，即没有所有权的生产资料。在我看来，就我所能展望的未来而言，社会主义确实代表着唯一的保守力量，而且事实上，它代表着现代世界的一种保守力量。

阿伦特：我说过生产资料不应该掌握在一个人的手中。但谁拥有它呢？ 政府。

几年前，在德国，左派要求将右翼媒体国有化。施普林格只是一个人，当然，他通过他的出版物对公众舆论有一定的影响力。但他不具备政府所拥有的积累起来的权力和暴力手段。所以左派会把施普林格先生的全部权力交给他们的政府，当然，作为一家政府主导的媒体，其影响力要大得多。我的意思是，即使是施普林格由于竞争而必须给予的那种自由——因为还有愿意报道他不愿报道的内容的报纸——这种自由也会消失。

如果你讨论生产资料的所有权，第一个继承它的人是政府自己。政府当然比任何一个资本家都强大。而且，如果是工人的问题，事实证明他们可以罢工，而罢工的权利当然是一项非常宝贵的权利，即反对单一资本家。但是他们不能攻击政府。因此，工人运动自 19 世纪中叶以来通过长期斗争实际获得的少数权利，立即被剥夺了。

麦卡锡：想想美国新闻界的情况：在上次选举（1972 年）之前，有一项调查，我认为大约 90% 的美国媒体支持尼克松。这样一来，就出现了一个媒体和政府的综合体——至少目前的美国政府就是这样——以共和党的形式；在我看来，你现在在美国得到的结果与在德国征用施普林格时的结果相同。

阿伦特：如果你剥夺了媒体的权利，你得到的结果就不会百分之九十支持政府，而是百分之百支持政府。

麦卡锡：没必要。例如，在荷兰电视台是国有的。（我认为这些东西可能只适用于小国。）他们有各种各样的政党。每个政党都有自己的电视频道或频道的一部分。这种做法被人民所接受。

阿伦特：是的。但是，那里拥有迫使所有权剥夺和积累过程的分散化的法律。荷兰的多党制起到了缓和因素的作用，他们现在试图在一些东方国家引入这种制度。总的来说，我们要做的就是实验。

麦卡锡：谢谢。

……

麦克弗森：真的，阿伦特女士今天早上关于权力的两句话在我看来是离谱的。一是马克思不理解权力。另一个是权力不属于官僚机构。

在我看来，只有当你以某种非常独特的方式定义权力时，你才能认为马克思没有理解权力。让我震惊的是，这正是阿伦特女士思想的一部分。她用自己独特的方式定义了很多关键词：你知道，社会与政治（对"社会"这个词来说是一个相当特殊的含义），武力与暴力（对"武力"这个词来说是一个相当特殊的含义）……

阿伦特：不，权力与暴力，我很抱歉。

麦克弗森：权力和暴力，对不起。行动（行动的唯一定义）。这种思想实践是一种非常活跃的实践，因为它开始于，或者说应该开始于各种各样的争论，这仍然是相当奇怪的：它把一个在一般理解中可能有不止一种意思的词赋予一个非常特殊的意义，然后从那里得出惊人的、矛盾的结论。

你可能会说，马克思不理解权力。当然，他所理解的是，在任何社会中，权力都掌握在那些控制生产资料、生活资料和劳动资料的人手中。用他的术语来说，这就是一个阶级。阿伦特女士是否同意，官僚机构拥有它所拥有的权力的唯一原因——我不同意她认为官僚机构拥有她所赋予它的权力的说法——是因为并且仅仅是因为在那些国家，官僚机构已经成为马克思意义上的一个阶级，也就是控制生产资料的人的阶级？

阿伦特：我不同意这个观点。你认为我的用词有什么特殊之处？ 当然，我认为还有更多的原因。我们都会在成长过程中继承特定的词汇。然后我们必须检查这个词汇。这不仅仅是通过找出这个词通常是如何使用的，然后得出一定数量的用法。那么，这些用途可以说是合法的。在我看来，一个词与它的含义或它本身的关系要比你我之间使用它的方式密切得多。也就是说，你只看这个词的交流价值。我关注的是揭示品质。当然，这种揭示品质总是有其历史背景的。

麦克弗森：我也关注揭示性，这就是为什么我说：马克思对阶级、权力等的使用是揭示性的概念。

阿伦特：我在课堂上没有说同样的话。你明白我的意思了吧，当然，就是所谓的上层建筑。马克思所说的权力实际上是一种趋势或发展的力量。然后他相信，这是物质化的，尽管在上层建筑中的政府完全是非物质的。因此，作为上层建筑的政府法律只不过是社会趋势的反映。

马克思不理解统治的问题，这在很大程度上对他有利，因为他不相信任何人只是为了权力而想要权力。这在马克思的理论中是不存在的。一个人想要统治另一个人，而我们需要法律来防止赤裸裸的权力，这是马克思所不理解的。

你知道，不知何故，马克思仍然相信，如果你放任人们不管——社会会腐蚀人——只要改变社会，人就会重新出现。他会再次出现的——愿上帝保佑我们：这种乐观主义贯穿了他的一生。列宁曾经说过，他不明白刑法为什么要存在，因为一旦我们改变了环境，每个人都会阻止其他人犯罪，这是理所当然的，就像每个男人都会赶紧去帮助陷入困境的女人一样。我也认为列宁的这个例子非常有 19 世纪的特点。这一切我们都不再相信了。

麦克弗森：但马克思确实像詹姆斯·密尔一样清楚地看到，人们想要凌驾于他人之上的权力，以便从这种权力中为自己榨取一些利益。它不是为了权力而存在。它是获取利益的力量。

阿伦特：是的，但你知道这种为了利润而榨取利益的力量。

麦克弗森：不一定只是为了利润或任何利益。

阿伦特：但我们不知道有多大比例的人会只是为了好玩而不假思考地去做。也就是说，马克思一直认为我们所看到的人类动机实际上是趋势的动机。趋势当然是抽象的。我怀疑它们本身是否存在。白墙的趋势是随着时间的推移而变得肮脏，除非有人出现并重新粉刷房间。

麦克弗森：这当然是真的，马克思对趋势感兴趣，对社会的运动规律等感兴趣。但我不认可你所描绘的马克思，也就是说他自己把这股趋势变成了某种真正的力量。我们需要重新解读马克思。

阿伦特：我们不能坐在这里读马克思！但这在我看来是显而易见的，当然，它来自黑格尔。黑格尔的世界精神在马克思这里重现为作为一个物种的人类。在每一种情况下，你都排除了人的复多性。共同行动，相互反对，最终载入史册的人并不多。但是有一个宏伟的名词，这个名词是单数的，现在你把所有的东西都归于这个名词。我认为这实际上是一种抽象概念。

摩根索：让我谈谈马克思对权力的基本误解。马克思把对权力的渴望与社会的阶级划分有机地联系起来。他相信，在一个无阶级的社会中，随着这种阶级划分的消除，对权力的渴望本身就会消失。这就是《共产党宣言》的预言：人对人的统治将被事物的管理所取代。但这是卢梭主义者对人的本质、社会的本质和权力的本质的误解。我发现特别有趣的是，在这种对权力的误解中，19世纪的马克思主义和19世纪的自由主义是骨子里的兄弟。他们相信同样的事情。

……

威尔默：我还有一个问题，关于你的著作中某些区分的重要性，或者玛丽·麦卡锡所说的"你思想中的中世纪元素"。很明显，在批判意识形态的僵化观念方面，特别是那些代表了19世纪主流传统的僵化观念方面，这些区分中有许多已被证明是非常富有成效的。例如，在批判马克思的理论方面就是这样。

另一方面，我对这些区别的某种抽象性感到困惑。我总有这样一种感觉，这些区别所指定的极限情况，在现实中并没有真正对应的情况。我想知道这些指定了极限情况的构造、理想类型或概念的性质。

我想说的是你的思想中可能缺少了黑格尔的元素。

阿伦特：当然！

威尔默：我想尝试对你如何区分工作与劳动、政治与社会、权力与暴力等问题作一个初步的解释。这些选择所指明的是人类永恒的可能性吗？——至少起初不是——或者，它所指明的是人类历史所朝向的极端界限，即作为动物的人与乌托邦的人之间的界限吗？例如，如果每一种劳动都变成了工作，如果社会变成了一个公共或政治话题，在你看来，如果暴力被抛弃，取而代之的是权力，在你看来，这显然就是乌托邦的实现。

现在，我想知道，你没有意识到你思想中的乌托邦元素这一事实，是否可以解释为什么你以如此奇怪的方式与批判理论、社会主义或无政府主义的思想传统联系在一起。我有一种感觉，这正是为什么你永远不能充分地说明这些传统中的任何一个，或任何类似批判理论之类的东西，以及你的理论与这些传统的关系的原因。

阿伦特：我可能没有意识到乌托邦的元素。这是我觉得很有可能的事情之一。我没有说是的，我只是说很有可能。但如果我不知道，上帝为证，我真的不知道！法兰克福学派的任何精神分析都帮不了你。我现在真的不能回答你，我得好好想想。

至少你看到了一件我也认为有问题的事情：如果我不相信这个或那个理论，为什么我不写一篇反驳它的文章呢？只有在胁迫下我才会那样做，这就是我缺乏沟通的原因。我不相信这与抽象性有任何关系。

威尔默：我的问题没问清楚。我可以重新提出我的问题吗？在对你所作的区分的解释中，你是否会说，按照这一区分，其中的一种选择将指明动物性的极限情况，另一种选择将指明人性充分实现的极限情况？

阿伦特：我想说，你们用这种奇特的方法已经消除了差别，并且已经完成了黑格尔式的把戏，在这个把戏中，一个概念本身开始发展为它自己的否定。不，它没有！好的不会变成坏的，坏的也不会变成好的。我在这一点上是坚决的。

你知道吗，我非常尊重黑格尔。所以这不是问题所在。就像我非常尊重马克思一样。当然，我也会受到我读过的其他人作品的影响。[1]

---

[1] 这里阿伦特肯定想到了海德格尔和雅斯贝尔斯以及尤尔根·哈贝马斯。——编者注

所以不要误解我的意思。但在我看来，这恰恰是我不愿进去的陷阱。

……

摩根索:有人提出了关于中央集权的问题，如果中央集权走得太远，就会直接与民主背道而驰。

阿伦特:我认为这个问题非常复杂。我想说，在第一个层面上，几乎全世界都有一种对庞然大物的反叛。我认为这是一个健康的反应。我自己也有同感。特别是因为这种庞然大物和中央集权需要官僚主义。官僚机构实质上是无人统治。这个无名小卒不是一个仁慈的无名小卒。我们不能让任何人为发生的事情负责，因为可怕的是行为和事件并没有真正的作者。所以我在很大程度上认同这一点。当然，这就意味着去中心化。我还认为，美国或任何国家只有在有多种力量来源的情况下才能保持或变得强大。也就是说，只有在权力被分割的情况下，只有在权力按照国父们的原初信念，以及早于他们的孟德斯鸠的信念进行分割的情况下，这一点才能实现。

但如果你说了这一切——我对此表示理解——你知道，我对委员会制度有一种浪漫的同情，这种制度从未实行过，也就是说，它是从基层建立起来的，所以你真的可以说主权在民，也就是说，权力来自下面，而不是上面。话已至此，那么我们就有了以下这些看法。我们生活的世界必须被保护。我们不能让它支离破碎。这就意味着需要管理，恩格斯认为这是一个了不起的想法，但实际上是一个可怕的，而又不可避免的想法。这只能以一种或多或少的集权方式来实现。另一方面，这种集权本身也是一种危险，因为它的结构是如此脆弱。你如何在没有中央集权的情况下保持管理？但有了中央集权，结构就十分脆弱。

……

魏斯曼编辑:我们刚刚被告知，理论家和行动者之间有一个重要的区别。我们刚刚被告知，行动者和理论家之间存在着基本的不相容……

阿伦特:不，不是人们之间，是活动之间。

魏斯曼:没错。你所说的一切都隐含着一种对美国宪法和美国经验的某种理想化图景的基本的理性信奉。这给我的印象是最坚固的一种信奉，它是你所说的大部分内容的基础，以至于你从来都不需要明确地提出。

当你谈到美国宪法时，你做了一些我想问你的假设。让我震惊的是，在某些方面，你对美国宪法的误解就像孟德斯鸠对英国宪法的误解一样。这也是一种智识偏差。从根本上说，孟德斯鸠在英国宪法中看到的，实际上根本不是真正的三权分立，而只是旧社会和新社会之间的暂时对峙，这是制度上的反映。现在你正把三权分立的概念转移到美利坚合众国。

但是，一旦旧社会和新社会之间的僵局被打破，你就会再次陷入英国君主制的局面，那时的制度只代表利益。因此，你最终选择现任美国政府(1972年)并非偶然。所以，现在美国政府的状态(1972年)不是偶然的。不可避免的是，你最终会有一个民选的国王——尼克松和基辛格，当然，基辛格成为了传统意义上的典型的王室大臣。

阿伦特:当然，我做了一些像孟德斯鸠对英国宪法所做的事情，我把美国宪法解释成了某种理想的类型。我试图用历史事实来支持它，原因很简单，我不属于贵族，因此不喜欢这种幸运的懒惰，这是孟德斯鸠著作的主要特征之一。现在，至于是否允许这样做是另一个问题，这会让我们跑题。

实际上我们都在这么做。我们都以某种方式创造了马克斯·韦伯所说的理想型。也就是说，我们对一组历史事实、演讲等进行思考，直到它成为拥有一致规则的某种类型。这对孟德斯鸠来说尤其困难，因为他懒惰；与国父们相处要容易得多，因为他们工作非常努力；他们给你想要的一切。

我难以相信你的结论，难以相信从美国革命走向基辛格先生的不可避免。我想，即使你受过必然性、趋势和历史规律的不可抗拒性的教育，也应该看出这有一点难以理解。

……

麦克弗森:我对阿伦特在传统方面的立场很感兴趣。我认为她摒弃了霍布斯和卢梭的传统，而接受了孟德斯鸠和联邦党人的传统。我能理解这一点，但这个立场提出了一个难题，因为霍布斯的传统和联邦党人的传统有一个非常重要的共同点。这就是他们都把寻求最大化自己的利益的精于算计的个体作为人的范型。资产阶级的人就是这个范型。当你加入一个额外的假设，即每个人的利益天然地与其他所有人的利益相冲突时，社会模式就随之改变。现在的问题是，如果阿伦特拒绝了一种传统，接受了另一种，她会如何处理他们的共同点？ 她是接受还是拒绝资产阶级的人的范型？

阿伦特:我不认为这两种传统的人的范型是相同的。我同意你所描述的传统中人的范型是资产阶级。上帝保证，我也同意这种资产阶级的人是一个现实。

但是，如果可以的话，我想谈谈另一种传统中的人的范型。你提到的孟德斯鸠的传统可以追溯到马基雅维利和蒙田等。他们翻查了古代的档案，正是为了找到一个不同的人的范型。这个人不是资产阶级，而是公民。公民和资产阶级之间的这种区分贯穿了整个 18 世纪。在法国大革命期间，直到 1848 年，它成为谈论和思考这些事情的中心方式。

我想我可以用一种稍微不同的方式来表达。我可以说，在君主专制变得如此绝对，以至于可以从包括教会权力在内的所有其他封建权力中解放出来之后，一场真正巨大的危机出现了。随之而来的是真正的政治的重新出现，就像在古代一样。这就是我对革命的看法。

你看，我只回顾了古希腊和古罗马的遗产，因为我非常喜欢它们——我喜欢古希腊的遗产远远超过喜欢古罗马的遗产。尽管如此，我还是回顾了它，因为我知道我只是想读这些人读过的书。就像他们会说的那样，他们读这些书是为了找到一个他们想要建立的新政治领域的范型，他们称之为共和国。

这个共和国的人的范型在某种程度上是雅典城邦的公民。毕竟，我们现在还拥有来自那个时代的词汇，这些词汇穿越许多世纪而依旧在回响。另一方面，范型是共和国，即罗马人的公共事物。罗马人对这些人的思想的直接影响更大。你知道孟德斯鸠不仅写了《论法的精神》，还写了罗马的"苦难与美好"，这些都令读者十分着迷。约翰·亚当斯做了什么呢？ 亚当斯收集宪法就像其他人收集邮票一样。而他所谓的文集，有很大一部分不过是节选，没有什么意思。

他们自修了一门新的科学，并称之为新科学。托克维尔是最后一个还在谈论这个问题的人。他说当今时代我们需要一门新科学。他指的是一种新的政治科学，而不是维科的前几代人的新科学。这就是我所想的。我不相信像我这样的人所做的事情会产生什么实实在在的东西，但我所追求的是思考这些事情，但是由于我对古代的需求和18世纪伟大的革命者一样，因而我的思考不局限于古代的领域。

······

伯纳德：我真的很想知道有什么证据表明，在国父们的民主愿景中，利益和意见之间存在这种区别。

阿伦特：区别在于，群体利益的概念总是存在的，而意见是我必须自己决定的。这种区别很明显。宪法本身就有规定：立法机关应该代表公众的利益。相反，参议院应该过滤这些利益，并达成与公共福利相关的公正意见。

当然，这两个机构之间的区别由来已久。它沿袭了罗马的政事在民，权威在元老院。罗马元老院被剥夺了权力。罗马元老院在那里只是发表意见。但是，这种意见是有权威的，因为它不是由民众的牧师所鼓动的。他们被称为"maiores"（拉丁语）或祖先。从这个意义上说，他们代表了罗马的宪法，重新将其与罗马的过去联系起来。所以元老院在罗马共和国的职能与平民完全不同。

这是国父们的思想，他们非常了解这一点。这也是他们对建立元老院如此感兴趣的原因之一——比任何欧洲思想家都更感兴趣得多。他们认为，他们需要通过一个与利益相关方距离极近的机构来过滤利益相关方立即提出的意见。

阿伦特：现在让我谈一谈暴力和权力之间的关系。可以说，当我谈到权力时，我的比喻是"众人反对一人"。也就是说，权力的极端是所有人反对一个人。那么就不需要用暴力来压制那个人了。极端的暴力正好相反：一个人反对所有人。那个拿着机关枪的人，让每个人都处于完全服从的状态，所以不再需要任何意见，也不需要说服。

毫无疑问，暴力总是能摧毁权力：如果只有极少的人愿意执行你的命令，那么暴力就会使权力变得完全无能。我们已经见过很多次了。

暴力永远不能产生权力。也就是说，一旦暴力破坏了权力结构，就不会出现新的权力结构。这就是孟德斯鸠所说的，暴政是唯一一种在自身内部埋下毁灭种子的政府形式。在通过暴政剥夺了王国里每个人的权力之后，一个新的权力结构不再有任何可能作为暴政继续下去的充分基础。当然，除非整个政府形式都改变了。

如果你从被强迫的主观方面来看待没有暴力的权力，那么可能从心理上和逻辑上看来，所有人反对一个人的情况可能比一个人反对所有人情况更强烈。例如，当有人拿刀顶着我的喉咙说："把钱给我，否则我就杀了你。"我可能会立即服从。但就权力而言，我仍是原来的我，因为虽然我服从，但我不同意。但所有人都反对的情况是如此的难以控制，以至于你真的可以攻击你的对手。即使他不屈服于暴力，他都不能再保有他的权力。因此，除非受到法律的限制，否则这将是无限的多数的规则。

如你所知，国父们害怕多数人统治，他们决不赞成民主。后来他们发现，权力只能通过一种东西来制约，那就是权力和反权力。权力制衡是孟德斯鸠的深刻见解，是宪法起草者深有感触的思想。

……

摩根索：你呢？ 你是一个保守派？ 还是一个自由主义者？ 在当代的可能性中，你处于一个什么样的位置？

阿伦特：我不知道。我真的不知道，我从来都不知道。我想我从来没有过任何这样的位置。你知道的，左派认为我是保守派，保守派有时认为我是左派，或者我是一个特立独行的人，天知道我是什么派。我不得不说其实我一点也不在乎。我不认为这个世纪的真正问题会从这类事情中得到任何启示。

我不属于任何团体。你知道我唯一加入过的团体就是犹太复国主义组织。这是在 1933 年到 1943 年。之后我就退出了。当然，这只是因为希特勒。唯一的可能就是以犹太人的身份反击，而不是以人类的身份，我认为这是一个巨大的错误，因为如果你以犹太人的身份受到攻击，你就必须以犹太人的身份反击，你不能说"对不起，我不是犹太人，我是一个人"。这很愚蠢。我被这种愚蠢的事情包围着。没有其他的可能性，所以我进入了犹太政治，但不是真正的政治，然后我进入了社会工作，不知何故也与政治有关。

我从来不是社会主义者，也从来不是共产主义者。我出自一个社会主义的背景。我的父母是社会主义者。但我自己，从来不是。我从来不想要那种东西。所以我不能回答这个问题。

我从来不是自由主义者。当我说我不是的时候，我忘了提到这一点。我从来不相信自由主义。当我来到这个国家时，我用蹩脚的英语写了一篇卡夫卡的文章，他们把它译成了英文，发表在《党派评论》上。当我和他们谈论英语时，我读了那篇文章，其中出现了"进步"这个词。我说："你这是什么意思，我从来没用过这个词。"然后其中一个编辑去了另一个房间，把我留在那里，我无意中听到他绝望地说："她甚至不相信进步。"

······

麦卡锡：你对资本主义持什么立场？

阿伦特：我不赞同马克思对资本主义的巨大热情。如果你读过《共产党宣言》的第一页，你会发现这是你所见过的对资本主义最伟大的赞美。当时资本主义已经遭受了非常尖锐的攻击，其中特别是来自所谓的右派的。保守主义者是首先提出这些批评的人，这些批评后来被左派所接受，当然也被马克思所接受。

在某种意义上，马克思是完全正确的：资本主义的逻辑发展是社会主义。原因很简单。资本主义始于剥夺。这就是当时决定其发展的规律。而社会主义在没有任何缓和影响的情况下，将剥夺引向其逻辑终点。今天所谓的人道社会主义，只不过是说，这种从资本主义开始，到社会主义继续下去的残酷的剥夺，在某种程度上受到了法律的调和。

整个现代生产过程实际上就是一个逐步剥夺的过程。因此，我永远拒绝区分资本主义和社会主义。对我来说，这是同一种运动。在这个意义上，卡尔·马克思是完全正确的。他是唯一一个真正敢于思考在17世纪、18世纪和19世纪在欧洲悄然兴起的新生产过程的人。到目前为止，他是完全正确的。只不过这是地狱。这并不是说天堂最终会从这里冒出来。

马克思不理解的是权力到底是什么。他不理解这个严格的政治问题。但他看到了一件事，那就是，如果放任资本主义自行其是，它有一种倾向，那就是摧毁一切阻碍它残酷进步的法律。

此外，在17、18和19世纪，资本主义的残酷当然是势不可挡的。假如你读到了马克思对资本主义的伟大赞美，这一点是你必须记住的。他被这种制度的最可怕的后果所包围，但仍然认为它是伟大的。当然，他也是黑格尔主义者，也相信否定的力量。我不相信消极面的力量，不相信否定的力量，如果它会给别人带来可怕的不幸的话。

所以你问我的位置何在。我什么也不是，我真的不属于现在的主流，也不属于任何其他政治思想的主流。但不是因为我想要这么新颖，而只是碰巧我不适合。例如，资本主义和社会主义之间的关系在我看来是世界上最明显的事情。可以说，甚至没有人明白我在谈论什么。

我并不是说我被误解了。恰恰相反，大家都很理解我。但如果你想出了这样的事情，你从人们那里拿走了他们的扶手，即他们的安全指南（他们谈论传统的崩溃，但他们从来没有意识到这意味着什么！这意味着你真的被冷落了！），当然，我经常遇到这种情况，人们的反应是把你完全忽略。我不介意。有时你会受到攻击。但你通常被忽视，因为即使是有用的争论也不能按照我的方式进行。你也许会说这是我的错。

你好心地说我想分享。是的，那是真的。我确实想分享。我不想灌输什么。这也是真的。我不希望任何人接受我的想法。但是，另一方面，这种对我自己领域的主要文献的忽视，在某种程度上是于我自身不利的。而且，你知道，我不怎么反思我正在做的事情。我认为这是浪费时间，而且你永远不会了解你自己。所以这没什么用。但我认为这种忽视是一个真正的错误，而不仅仅是一个漏洞。如果有人说，你为什么不读同事的书呢？或者你为什么很少这样做？

……

阿伦特:德拉诺斯[1]还提出了另一件事——你说的"无根基的思考"。我有一个不那么残酷的比喻，我从来没有发表过，而是留给自己。我把它叫作没有扶手的思考。德语是"Denken ohne Gelinder"。也就是说，当你上下楼梯时，你可以一直抓住栏杆，这样你就不会摔倒。我就是这么告诉自己的。这就是我想要做的。

传统被打破了，阿里阿德涅的线团被剪断了。这并不像我说的那么新鲜。毕竟，托克维尔曾说过："每当过去不再照亮未来，人心就会在黑暗中徘徊。"这是 19 世纪中叶以来的情况，从托克维尔的观点来看，这是完全正确的。我一直认为，一个人必须开始以前所未有的方式思考问题，然后开始向其他人学习。

……

麦卡锡:这是汉娜·阿伦特在她的著作中创造的空间，人们可以带着一种伟大的感觉走进一个拱门，进入一个自由的地区，其中很大一部分被定义占据了。与汉娜·阿伦特思想的根源非常接近的是区分，"我把这个和那个区分开来。我把劳动和工作区分开来。我把名声和声誉区分开来等等"。这实际上是一种中世纪的思想习惯。

阿伦特:这是亚里士多德式的。

麦卡锡:这种区分的习惯在现代社会并不流行，在现代社会，大多数话语都有一种模糊的语言。如果说汉娜·阿伦特引起了敌意，原因之一就是普通读者无法区分。但回到这些区分本身——我想说，在这片解放出来的区域里，在这个自由的空间里——每一个区分都像是一座小房子。比方说，声名住在拥有他自己的建筑风格的小房子里，而声誉是住在另一个小房子里。这样所有由她创造的空间都被布置好了。

摩根索:听起来像是一个低收入住房项目！

阿伦特:而且没有任何联邦补贴！

---

[1] 政治评论员斯坦·斯派龙·德拉诺斯，1972 年在约克大学任教。他的文章《没有根基的思想》(1979)今天很值得一读。——编者注

麦卡锡:而且我认为，生机勃勃的机会确实是与某种稳定和安全感结合在一起的。这是通过对定义不可思议的阐述得出的。她的每一部著作都是对定义的阐释，这些定义当然都触及了主题，而且随着一个区分展开到另一个区分，对主题的启发越来越大。但也有一种稳定性，即名声住在它的豪宅或小房子里，劳动住在它的房子里，工作住在另一个房子里，政治活动在它的房子里与社会活动严格隔离开来。

阿伦特:你所说的区分是完全正确的。我总是在开启某些事情——我不喜欢过于清楚我在做什么——我经常通过说"A 和 B 不一样"来开始一切。这当然是从亚里士多德那里得来的。对你来说，它来自阿奎那，他也做了同样的事。

……

阿伦特:我想说的是，我所做的一切，我所写的一切都是暂时的。我认为所有的思考，我沉迷于它的方式也许有点不可估量的、奢侈的、具有试探性的特征。在我和雅斯贝尔斯的谈话中，最难得的是，你可以坚持这样一种仅仅是试探性的努力，不以任何结果为目标地持续几个星期。

我们可能会遇到这样的情况：我到了那儿，待上几个星期，第一天我们就碰到了某个话题。我记得的一个这样的话题是，我曾经说过："好的诗句就是好的诗句"。一首好诗成其为一首好诗，意味着它有自己的说服力，但是他不太相信这一点。于我而言重要的是说服他相信布莱希特是一位伟大的诗人。这一行诗足够我们每天两次，讨论两个星期了。我们周而复始地讨论这个问题。

分歧一直没有完全解决。但是，通过这种"毫无保留"的交流，就像他说的那样，对这种事情本身的思考变得极为丰富，也就是说你什么都不保留。你不会觉得我不该这么说，会伤害到他吧？对友谊的信心是如此之大，你知道没有什么可以伤害到它。

1972 年

评　　论[1]

先生们——有女士们在吗？ ——好的。我认为你们对我的观点已经有了很深入的了解，我就不过多赘述。我想用我自己的观点强调说明一下阿兰·安德森所谓的"危机的极端性"。我将尝试以引用两篇论文的方式来表达这个观点。

现在，我首先要说一件在艾文赖特先生的论文之后也许不再那么明确的事：我既不是隐藏的浸礼派信徒，也不是隐藏的基督徒！ 我出生时是犹太人，就宗教而言，我不属于任何教会、犹太教堂或其他派别。当然，每次你写作的作品公之于众后，公众可自由地处理这些作品也是理所当然的。我对此没有任何异议。你不应该试图控制任何可能发生的事情，你一直在为自己着想。你应该试着学习一下别人是怎么做的。

主要问题当然是宗教与政治之间的关系。而在这一点上，恐怕我的想法太过守旧，无论是通过何种思想或考虑，我都不相信这两者可以相互联系。毫无疑问，正如埃弗雷特先生指出的，美国教会的组织结构与国家的政治结构有巨大的相似性；上帝的契约的概念本身在某种程度上也起源于圣经。第一个缔结契约的人是亚伯拉罕，上帝命他到其他国家去，去国外，无论他到何处他都试图缔结契约。由此他是第一个缔约者。但是，在美国革命之前，人们对"契约"的理解方式是把契约理解

---

[1]　以下评论是阿伦特对哲学家和宗教思想家阿兰·安德森（Alan Anderson）、威廉·艾文赖特（William Everett）、若兰德·德拉特尔（Roland Delattre）在 1973 年 1 月 21 日于弗吉尼亚州里士满召开的第十四届基督教伦理协会年会上发表的关于她的作品的论文和讨论的回应。——编者注

为上帝与他的子民之间的契约。这当然与依赖共同誓约的契约完全不同，亦即与我们就"我们的生命，我们的财产和我们神圣的荣誉"而作的共同宣誓完全不同。这一互惠契约——仅仅基于共同得利原则——不可能与一方是上帝的契约相比，至于上帝，他是我们的存在所属，他创造我们，给予我们法律，我们唯以我们的顺服向他立誓。

当契约开始基于共同承诺（这个改变主要可以被追溯至约翰·洛克的理论），圣经的观念就被国王与其臣民间的契约所替换，由此国王便给定一部宪法——也就是说，在某些条件下自我约束。但是，臣民的范围仅限于那些向他宣誓效忠的人们。我认为这一点与美国革命的契约有着极大差异。我不认同革命精神的丧失可以被归咎于美国的宪法。也不完全同意宪政主义与革命性精神之间的差异。我认为宪法确实是这个国家的基石，但并非在已成文的文件的意义上（我稍晚会回到这一点上来），而是在作为政治事件的制宪这一意义上，这正是国家应苦苦追寻之物。

众所周知，这一宪法在日复一日中广泛讨论，当然最重要的是在《联邦党人文集》中宪法被神圣化合法化。立宪是一个重大的政治事件。而这一政治事件现在正在被遗忘。如若长期忽视立宪，美国终将沉沦。我对此的担忧更甚于对革命传统丧失的担忧。

现在，一个与这个问题非常相似的问题是我所看到的拿撒勒的耶稣和耶稣基督之间的显著的区别。基督教作为一种宗教，一个世俗机构，并非耶稣所建。它是由那些信仰耶稣的基督徒所创。它是由保罗创立的。保罗创立了基督教，这个宗教便开始快速罗马化，保罗以死亡和复活的名义将宗教建立在一个被公认为是历史事实的神迹上。在这个历史事实中，神已经闯入了纯粹世俗的、世俗的人类事务。

当我提及古罗马的三位一体，意思是权威、宗教、传统三个要素的联合：我应当可以稍作解释。对于罗马人来说，罗马的建立是一个决定性的事件，后来整个罗马历史都是在这个基础上逐渐发展的。根据维吉尔的描述，这个事件实际上是埃涅阿斯与罗马人（或者更准确地说，与意大利人）之间的战斗。在这场战斗中，特洛伊所发生的事情被颠倒过来。事件再次源起于一个女人，但现在她是一个处女而非荡妇。这一次也不再涉及阿基里斯，整个事件也不再以杀死战俘或使其为奴来结尾，而是以结盟结束。战争以埃涅阿斯军团与意大利人结盟告终。维吉尔告诉我们，我们想要重燃战火、再造特洛伊。我们希图避免在特洛伊发生的一切，避免战败演化为杀戮和奴役；我们想要终结战争，不仅仅是通过和平条约或停火协议，而是通过结盟。这个结盟是罗马法（Roman law）的概念源始，它的最初含义是当人们结盟时将两方团结在一起。在罗马历史上，这些成为盟友的人被称为"societies"社会（源自 societas，联盟）。现在，这个源始性事件从传统中传承下来的。而在罗马的宗教观念中，宗教的意义是将自己重新与这个源始性事件联系在一起，尽管这个词的词源可能存在争议，但在西塞罗的作品中确实可以找到宗教这个词的意思是"重新绑缚"自己。您会发现自己与这个源始性事件重新绑定在一起。

阿兰·安德森简略描述了我的一个论点，有一点便是权威感的消解。基督教变成罗马的，或罗马化了：它在同样的位置放置了另一个事件作为历史的拐点——将其作为耶稣之前和之后时日的清算——人们再次将自己"重新绑缚"在了死亡和复活上。现在，我认为拿撒勒的耶稣已非常不同于基督。开端、奇迹和宽恕这些对政治事务非常重要的概念在保罗身上几乎没有发挥任何作用。但这就是基督教的状况，尽管它将自己回溯到一个开端，但它以某种方式改变了重点，而罗马的重点在于过去（就像罗马共和国实际存在那么长久，我指的并非是在帝国衰落后的几个世纪）。这种对过去的强调以牺牲未来为代价，现在发生了逆转。因为现在人们仅是地球上的一个朝圣者，他实际追寻之物便是死后的生命。我认为这一点在中世纪的几个世纪里一直起着决定性的作用，我们不能简单地把它抛弃。

如果你用古人的视角来看，可以说这是个好消息：你以为自己易朽，但你坚信客观世界的永恒性。但事与愿违，当今世界在减损和衰落。古人所拥有的唯一、稳定的世界理念是有朽的，这一观点在近几个世纪极其盛行。相应的福音也接踵而至：你是不朽的，而世界是有朽的；你自己是不朽的，是在世的朝圣者，因此你现在的生活就像是对未来生活的考验——依此类推。

现在，如果你在观点上持守这整个的教条体系，那么政治就不可能有真正的尊严。在这里，政治只有在拯救灵魂进入来世时才具有尊严。也就是说，你不能剥离基督教的末世观。当然，它在今天被抛弃是非常典型的，但我认为，随着最像耶稣的教皇隆卡利[1]的出现，我们在历史上所知的那种权威感最近显然瓦解了。当然，隆卡利并不知道自己在做什么，因为总是他自己。他曾经说过，当他五六岁的时候，他听到其他孩子说："我想成为凯撒大帝。"而他自己却说："我想成为像耶稣一样的人"，因为耶稣是他的英雄，而他当然实际上做到了！在这么做的时候，他展示了任何只源自耶稣而源自非制度化的罗马基督教的宗教在政治上是多么危险。

总之，多年来，当我想告诉学生们权威为何时——他们很难理解——我总是以罗马教会为例。如你所知，那已是过去了！教会是唯一在很大程度上依赖古罗马权威观念的机构。基督教还以某种方式统治着尘世，或者至少能够在没有直接权力和不使用暴力的情况下控制人们，这就是地狱和天堂。地狱和天堂是对永生中发生的事情的实际解释。现在这种信仰实际上已经崩溃了；这种粗鄙的方式并没有得到许多虔诚的基督徒的认同，但是却被大众所供奉。现在，我们第一次生活在一个你对他人所能做的最糟糕的事情就是杀死他的世界上。而且，如西塞罗所说，死亡无论如何都是注定要发生的。所以你只是加速了这个过程！但永恒的折磨却不是如此。我们尝试在集中营中找到地狱真正意义上的形象。那里，你经历着苟延残喘式的死亡，而这最接近中世纪的地狱形象。

但是现在，自古以来第一次我们不得不依靠共同承诺和所谓的良心的纯粹力量来生活，而且是共同生活。后者是一个极其可疑的事情，因为你的良心告诉你的是最坏的东西，而别人的良心告诉他的是最好的。这是一个混乱的概念。在这方面，我们面临着自基督教兴起以来从未面临过的局面。而且这不仅仅适用于有一定的自由思考能力和某些观念的

---

[1] 安杰洛·朱塞佩·隆卡利（Angelo Giuseppe Roncalli）为教皇若望二十三世，自1958年起至1963年逝世。参阅汉娜·阿伦特：《圣彼得椅子上的基督徒》，选自《黑暗时代的人们》（纽约，1968年）。——编者注

精英阶层。你知道，即使是托马斯·阿奎那也说，天堂里的幸福包含了对地狱的俯视——看看其他人有多糟糕。这有违于我们的道德品味，我们并不以这样的方式思考。但我给你举阿奎那的例子，是因为他是一个非常重要的人物，他就是这样谈论这个问题的！ 如何回答这个问题仍有待商榷。

现在让我详细阐述一下，我相信在这件事情上，去行动即是开始。我也想强调一下困难，即所谓的开端都有一种极端的任意性，你们每个写过论文的人都知道。我们每个人写第一句话时都很困难。这种任意性的因素不应被忘却。但同时，这种任意性在某种程度上反映了诞生的事实。众所周知，如果你试着用这些术语来思考自己的诞生，我们必须要思考"意义"。这是哲学上的一个古老观念：唯有不可能不存在的东西才有意义。然而，我们生活中的每一件事，每一个具体的事物都可以不存在。所以唯一不朽的是整体，是全部。

如果你思考自己的诞生，你会知道你的母亲和你的父亲相遇是偶然的，如果再往前追溯，你的祖父母相遇也是偶然的。无论你追溯多远，你永远找不到一个绝对的、令人信服的因由。奥古斯丁说："有一个开端，人被创造了"，他所说的这个开端与"起初—创世—上帝创造了天地"并不相同。对于《创世记》的第一节，他使用了拉丁词 principium，但对于人类的开端，他使用了 initium 这个词，这个词是我们的"initiative"（主动、源起、自发）一词的词根。

奥古斯丁所表达的意思是，所有这一切都是我们为了自由所付出的代价——而现在我们实际的自由到了骇人的程度。我们可以扪心自问："我是否喜欢活着，或成为一个人，这配得上我付出的这个代价吗？"相信自己可以以某种方式逃避这个问题于我而言是相当可疑的。我并不相信这种做法。我认为这场危机十分严峻。

思考是面对这一问题的一种方式。并不是因为它可以摆脱问题，而是因为它让我们在日常生活中始终准备迎接我们所遇到的一切。所以我认为我描述过的和正在描述的这种"思考"——苏格拉底意义上的思考——是一种启发式问答法的作用，一种助产术。换言之，你诞育出了你所有的选择、偏见、你所拥有的一切，而且你知道那绝非一个无精卵，正如在所有对话中，苏格拉底发现所有的孩子在这一助产术中的样子。的确，在思考之后，你在某种程度上是空虚的。这就是当我说"并无危险的思想，沉思自身已足够危险"时我意所指。另一方面，我想说，这种沉思的进取心某种程度上是面对我们时代危机的极端性的唯一回应方式，这是我想提醒你们注意的。一旦你陷入空虚，那么你就准备好去判断（以一种难以言喻的方式）——也就是说，没有任何规则手册可以将特定情况归入其中，你必须说："这是好的"，"这是坏的"，"这是对的"，"这是错的"，"这是美的"，"这是丑的"。我之所以如此信任康德的《判断力批判》，并不是因为我对美学感兴趣，而是因为我相信我们说"这是对的，这是错的"并没有与我们说"这是美的，这是丑的"不同。也就是说，我们现在准备好迎接现象本身，不受任何先入之见的体系的束缚。（当然也包括任何你们可能归之于我的体系的可能！）

我很喜欢德拉特尔先生的论文，我发现他有两篇论文很有意思，我获益匪浅。但是有一个误解，那就是关于"有效性本身"这个术语。我的意思与此有异，也可能是我没弄清楚。你知道，亚里士多德有一个非常伟大的发现，简而言之，就是"energeia"（实现）这个词所指的以自身为目的的活动。在他的《尼各马可伦理学》中，亚里士多德谈到了长笛演奏。长笛演奏是一种只以自身为目的的活动。它并不在活动之外留下任何产物。而这种活动，根据亚里士多德的观点，是最高的，因为它们是唯一不适用于因果范畴的活动。当存在一个目的而其他一切都被认为是手段时，目的就被剥夺了。[1]

我认为如果有人谈论艺术，就应该区分表演艺术与生产艺术。生产艺术确实完全是世俗的，即它们成为我们生活环境的一部分。我们仍然可以去观看他们，它们也能够触动我们，这真是一个奇迹。这是如何发生的？为什么我们能够理解它？为什么我们仍然认为它是美的？这些艺术作品的稳定性、不朽性是巨大的。但与此相对立的是表演艺术的不稳定性。音乐会结束后，你回家了，我们中那些真正热爱音乐的人可能仍余音绕耳，但音乐本身已经消失了，它只能通过自身来证明自己的

---

[1] 手稿在这里不是完全清晰的。阿伦特可能的意思是，太过聚焦于手段，破坏了目的，这最不可能发生在长笛演奏中。——编者

存在，也就是通过实现(energeia)，通过内在的功效(ergon)。

现在我要说的是，如果我们把目光放在政治活动上，将其视为实现(energeia)，那么政治活动与表演性活动的联系要多于生产性活动(排除目标设置)。我经常说："我们不知道我们在做什么"，原因当然是我们的行动多限于集体行动。集体行动导致我们习惯性依赖于其他集体成员的目标。所以我们实际上追求的，从来不会完全按照我们最初构想的样子出现。有趣的是，尽管这种偶然的状况存在于所有行动中，但仍然会不断出现有意义的有逻辑的故事。这是所有历史哲学的主要问题之一：为什么无论条件多么混乱，行动者的意图如何相互矛盾，一旦他们行动起来，突然间发生了一些事情，就会形成一些有意义的逻辑自洽的故事。故事是有意义的——但只有在行动结束的时候。在结束之前，事情总是看起来相当绝望。

但是如果你现在看一下这个行动的标准，如果我说这是一种表演性活动的美德，那么政治的标准就更像是技艺而不是美德。随之而来的问题是，在行动进行的同时，如何以及是否会出现其他东西被照亮的情况。也就是说，鼓舞人心的原则，我们永远不能把它作为一种结果，它有机会就会发光，并因此成为后来者的典范。这就是阿基里斯的勇气成为后代的典范的方式。亦是你了解这些美德的方式。当然，在政治历史中，所有其他伟大的榜样也是如此。

再一次强调，至少就我的理解来说，这些事情与宗教的理解相距甚远。现在你有了一种所谓的没有基督的宗教，保罗也已经离开。就我个人而言，我并不是一个基督徒，对基督并没有虔诚感。或许我对耶稣有些许虔诚感，因为耶稣所做的一切，包括他的生命、言论和故事，这些的确成为了典范。当有人问他"我该做什么？"时，他说："跟随我吧。"但如果你这样做了，那么即使耶稣比任何人都知道什么是行动，他也不知道什么是制度。我记得路德曾说过：耶稣的话仍然能够震撼世界。当隆卡利成为教皇时，我亲身感受到了这种震撼。

所以，事情就是这样，但不要忘了，没有上帝就没有宗教。这是人类生活的一个完全超越政治的维度。它既非私人的，也非公共的。它真正超越了一切。无论我们面对的哪个宗派声称这个维度仍然可以规定行为准则，或者我们仍然可以从这个维度推导出行为准则，就像"十诫"一样，那就是纯粹的愚蠢。我对这个观点持怀疑态度，不是因为我反对"十诫"——相反，我认为它们真的相当不错！ 而是因为人们不再相信它了。你知道，说教是没有用的。最有效的布道总是关于地狱之火。在基督教会的理想主义中，我们很容易忘记这一点，而基督教会现在正处于危机之中。记住不要让自己的生活太容易！非常感谢大家。

1973 年

在普林斯顿大学哲学
指导委员会上的演讲

弗拉斯托斯先生[1]邀请我简短地谈一谈他所谓的"我自己的哲学观",并在尽可能的情况下指明"哲学与当今世界的联系"。不过,我现在有点担心,我在这个问题上的简要谈论,可能会让你们感到失望并且听起来过于消极。如果如柏拉图所说,进行哲学思考意味着进行我与我自己之间的无声对话,那么也确实如黑格尔所说,哲学本质上是一件孤独的事情,它总是内在地对立于行动——处于行动中的总是"我们"而不是"我"。换句话说,思想与世界的关系——无论是今天的世界还是我们所希望的明天的世界——总是存在很大的问题。我不相信弗拉斯托斯先生所说的"真正的哲学家"的思想会先于行动,就像闪电先于轰鸣的雷声一样;或者换个比喻,正如柏格森所说,一旦思想在人们之间传播,并被大众所接受,那么现实就无法承受住思想的冲击——黑格尔认为法国大革命就是这种情况。我更愿意同意黑格尔的另一个看似矛盾的评论,即哲学总是来得太晚,无法告诉我们世界应该是什么样子,这并不是因为"密涅瓦的猫头鹰在黄昏降临时展翅高飞"——因为我们无法在故事本身的发展过程结束和完成之前认识其在历史时代中的意义——而是因为思想就其本质而言总是事后的思想。

反对哲学的主要观点一直都是,哲学所钟爱的"智慧"不仅对普通

---

[1] 格里高列·弗拉斯托斯(Gregory Vlastos,1907—1991),古典学者和哲学家,在柏拉图的对话中发展了一种苏格拉底式的思考方式。他和阿伦特是朋友。——编者注

人来说难以实现或者不可能实现，而且哲学本身也是无用的。在人类日常事务的正常进程中，哲学"毫无益处"。我相信，除非我们认真对待这个古老的观点，否则我们永远无法解决哲学到底是什么这个问题。毫无疑问，某一种思考活动可以涉及各种活动，涉及科学活动、艺术活动，最后但同样重要的政治活动；此外，还有大量的空间来教授和学习如何"正确思考"、如何回应争论、如何阅读文本、如何分析命题等等。这种思考的正确说法是深思熟虑，深思熟虑是关于达到目的的手段；一旦达到了这个目的，整个思考过程就结束了。与此相反，哲学表达了关于这种所谓的目的的疑问，例如：什么是幸福？ 而不是：实现幸福的方法是什么？ 这个哲学问题能否找到最终答案是值得怀疑的。但让我们假设一下，某个哲学家确信他已经找到了这样一个问题的最终答案：这会阻止他自己或他希望说服的人继续去思考这个问题吗？ 如果我们知道什么是正义，不再去想它，我们会过得更好、变得更好吗？至少康德持有一种不同的意见，他认为思考关系到"人类理性的需要"。他曾在笔记中写道："我不赞成这样的法则，即如果使用纯粹理性证明了某事，那么这个结果就应该像坚实的公理一样不再被怀疑。在纯粹的哲学中，这是不可能的。我们的头脑对它有一种自然的厌恶。" 由此看来，一旦无知被驱散，对知识的渴望就会减弱，但思考的冲动是无法抑制的，我自己的见解和所谓的"智者"的明确见解都无法阻止。理性的需要只有通过思考才能得到满足，而我昨天的想法只有在我能够重新思考它们的范围内，才能满足今天的需求。

这意味着，思考活动属于那些非生产性的、以自身为目的的自足的活动，而且是纯粹的实现（energeia）。从思考本身来看，无论结果如何，都只能是附带产物，而且在明天就可能被质疑，并再次受到思考过程的影响。因此，许多哲学家不愿被结果所约束，他们怀揣着不安断言道，只要思考过程持续存在，他们所知道的 "真理"就不能用文字来表达，也不能用像字母这样僵硬的媒介写下来。柏格森偶尔说过的一句话中有一些非常正确的东西：每个真正的哲学家都只有一个思想，而且是一个无法说出的思想——这就是为什么哲学家通常会变得如此健谈的原因。

与哲学的这一方面密切相关的是，或者更确切地说，与纯粹的哲学活动密切相关的是，哲学家们几乎从来没有意见完全一致的情况，无论是在他们的结果上，还是在他们所从事的不寻常的事业的主题上。然而，他们在自己工作的其中一个方面却是完全一致的，这就是他们从中获得的巨大乐趣。只不过，他们很少明确提及它。而且，据我所知，除了一个例外，他们从不以此为理由来推崇他们的职业。而亚里士多德就是这个例外，他认为思想的"甜蜜"比其他任何的乐趣都大，并以此推崇"理论生活"，因为它不需要任何工具以及特殊的工作场所。尼采把它说成是一种陶醉，康德也注意到思想的敏捷性（Hurtigkeit），它不需要克服任何阻力，甚至不需要像演讲那样需要克服嘴唇、牙齿和舌头的物质性。（荷马唱道："像思想一样迅捷"。）甚至莱布尼茨也提到了它的魅力〔没有新奇和进步就没有我思（cogitatio），因此也就没有快乐〕。以免有人怀疑我们在这里讨论的是一种变形的"职业思想家"（康德所谓的denker von Gewerbe），我想提一下老加图，他不是哲学家，只是一个罗马人，当他从普通的政治事务中抽身后，偶尔也会沉迷于思考。加图说："无所事事时我最活跃，独自一人时我最不孤独。"（Numquam se plus agere quam nihil cum ageret，numquam minus solum esset quam cum solus esset.）这是以苏格拉底的精神说出的。苏格拉底也不是职业哲学家，他喜欢提出问题而从不回答这些问题，他没有学说可教，他相信在与自己或在市场上与他人的无声对话中通过纯粹的思考来研究问题不仅是一种"生活方式"，而且是生存或感受生活的唯一方式。

这种将哲学家变为专家的思想不会产生任何结果；它甚至对所有结果、观点、习俗和规则来说都是危险的。认为存在危险思想的这个观念是错误的，原因很简单，思想本身对所有的信条、信念和观点来说是危险的。就结果而言，这是一项无利可图的事业，它提出的问题永远无法获得一个确定的答案，这些都源于柏拉图式的"令人赞叹的惊异"（thaumadzein），尽管亚里士多德认为，这不是由无知引起的，也不会随着知识而消失。可以肯定的是，这一惊异是科学和哲学求知欲望和思考需求的根源；但这并不意味着这两者是相同的。

知识追求真理，而今天的科学危机至少部分是由于这样一个事实造成的：自现代开始以来，科学家们不得不满足于暂时的真理，而这些真理或许明天就会被质疑。哲学提出了一些无法回答的问题，即万物如其所是意味着什么，或为什么是有而不是无，以及这些问题的许多变体。通过区分思考和认识，我不想否认思考对意义的追求和科学对真理的追求是相互联系的。通过提出无法回答的意义问题，人们将自己确立为善于提问的人。在人们已经找到答案的所有认知问题的背后，隐藏着一些无法回答的问题，这些问题似乎完全是没有意义的，而且总是被人指责的确如此。我相信，人类如果失去了惊异的能力，从而不再提出无法回答的问题，那么很可能也会失去提出一切文明赖以建立的可回答问题的能力。在这个意义上，理性的需要是理智和认识的先天条件。它是生命的气息，它的存在，就像灵魂一样，只有在它离开了它的自然居所，离开了已不复存在的文明的遗体之后才会被注意到。

公共权利与私人利益

——对查尔斯·弗兰克尔的回应

查尔斯·弗兰克尔[1]和我之间有很多意见一致的方面。因此，我将提出的问题将是关于存在着几乎普遍共识的一般性问题。我想挑战的正是这种共识。

第一个问题涉及这部分论文的标题，这个标题是弗兰克尔从他的文章《私人权利与公共善》中借用来的，它假设我们的权利是私人的，而我们的义务是公共的——就好像在公共领域没有权利一样。的确，这是西方许多世纪以来的标准说法，甚至在我们自己的国家也是如此，但我必须挑战这种假设。我认为，有必要把我们作为个人所享有的私人权利和作为公民所享有的公共权利区分开来。每个人在其家庭的隐私中都受生活必需品的制约，并有权在追求其个人利益时受到保护；但由于他的公民身份，除了他的私人生活之外，他还获得了一种第二生命。私立学校和公立学校必须分开考虑，因为每一种情况的目的和主要关注点都是不同的。

人在他的一生中总是不断地在两种不同的存在秩序中移动：他在自己的范围中移动，他也在他和他的同胞共同的领域内移动。"公共善"，即公民所关心的问题，确实是共同的善，因为它落实于一个共同享有但是却并不占有的世界。很多时候，它与我们在个人生活中认为对我们有

---

[1] 查尔斯·弗兰克尔（Charles, Frankel, 1917—1979），社会哲学家，林登·约翰逊政府的助理国务卿，国家人文中心的创始主任。——编者注

益的东西是对立的。在公共政治领域不计后果地追求私人利益对公共善的破坏，就像政府傲慢地试图管理其公民的私人生活对私人幸福的破坏一样。

在 18 世纪，这种在世俗世界中的第二生命被描述为能够提供"公共幸福"，也就是说，一个人只有在公共场合才能获得的幸福，它与他的私人幸福无关。享受"公共幸福"的可能性在现代生活中减少了，因为在过去的两个世纪里，公共领域缩小了。投票站很难被称为公共空间，因为它只能容纳一个人；事实上，今天公民仍能发挥公民作用的唯一途径就是成为陪审团的一员。

因此，我的第一个问题可能会被提出：假设私人个体和公民是不一样的，我们仍然行使我们的公共权利吗？ 宪法第一修正案就规定了这样一项权利，即"人民和平集会的权利"——这一权利被认为与言论自由权利相近，同样是基本权利。这种权利在"自愿结社"中仍然存在，其中 60 年代的公民不服从团体是一个突出的例子，但它也退化为游说，即退化为旨在追求公共和政治影响的私人利益集团。

应该清楚的是，我对私人和公共的区分取决于一个人活动的区域。例如，没有人会怀疑，医生在医院里和在晚上的社交聚会上有不同的权利、义务、自由和约束。或者以陪审员为例。一旦成为陪审团成员，一个人就会突然被认为是公正无私的，而我们认为每个人都能够做到这种公正，无论背景、教育和个人利益如何。要组成陪审团，一定数量的私人必须平等化，因为人生来并不平等，他们的私生活也不平等。平等总是意味着差异的平等化。例如，在社会中，我们经常说法律是伟大的均衡器：我们在法律面前是平等的。在宗教中，我们谈论上帝，在上帝面前人人平等。或者我们说，我们在死亡面前是平等的，或者说人类的普遍状况使我们平等。当我们谈论平等时，我们必须总是追问是什么使我们平等。

陪审员的职责和地位是平等的。尽管他们来自不同的背景和社会阶层，但通过他们作为陪审员的任务，他们不是作为党员或朋友，而是作为同侪而行动。他们所处理的事情与他们的个人利益无关；他们感兴趣的是一些他们作为个人不感兴趣的事情。陪审员对他们面前的案件有共同的兴趣——一些他们以外的东西；他们的共同之处不是个人性的，我认为这是非常重要的。

我的第二个问题与第一个问题有关。第二组系列文章的写作前提是，社会面临的持久挑战是在不侵犯公民个人权利的情况下照顾公共善，令人高兴的是，这两种利益往往是一致的。这种巧合确实是任何"利益和谐"的基本前提。他们的假设是，"开明的利己主义"会自动调和相互对立的私人利益。

如果我们把"开明的自我利益"理解为"共同利益"，我认为这样的东西并不存在。对于共享公共善的个人来说，公共善的主要特点是它比任何一个个人的生命都持久得多。人类个体的利益与其所处的共同世界的利益之间存在着内在的冲突，而这种冲突的根源在于个体利益的压倒性的紧迫性。要认识和接受公共善，需要的不是开明的自我利益，而是公正；然而，这种公正性在任何时候都受到个人利益的紧迫性的抵制，个人利益总是比公共善更紧迫。原因很简单：这种紧迫性保护了最私密的东西，生命过程本身的利益。对于我们作为个人来说，我们自己生活的隐私，生活本身，就是最高的善。只有它才是最高的善。

直到非常晚近的时代，凡是属于生活必需品的东西都还被藏在隐秘的地方。但我们最近似乎已经决定——我不确定这是否明智——一切都应该公开。然而，生活的过程，尤其是抚养孩子的过程，需要一定的隐私。无论公共空间有什么优势，它都无情地暴露了一个人，以一种我们都不能一直忍受的方式。我们需要一个有秩序的私人空间来隐藏自己；我们所有的私人事务需要它，我们的家人和朋友也需要它。自18世纪以来，我们已经获得了一个巨大的亲密空间，我们认为这是神圣的。这样做是对的。然而，当我们作为公民行动时，我们被要求牺牲的正是这个空间。

公共善总是要求牺牲个人利益，而个人利益是由生活的需要和给予凡人的有限时间决定的。为了公共福利而牺牲个人利益——在最极端的情况下，牺牲生命——是由公共幸福来补偿的，也就是人们只能在公共领域才能体验到的那种"幸福"。[1]

我的第二个问题是：作为公民的个体的私人权利如何处理？ 一个人的私人利益和权利如何能与他作为公民有权要求的东西相一致？ 最重要的私人权利之一是"不受打扰的权利"（布兰代斯）。这项权利绝不是理所当然的事。这句话源于基督教："凯撒的归凯撒"（《马太福音》22：21）；"对我们来说，没有什么比公共事物更陌生的了"（德尔图良）；或者简单地说，"管好你自己的事"。因为基督徒是那些只关心自己事情的人。可以肯定的是，他们的理由不再是我们的理由。他们的理由是，拯救一个人的灵魂需要全部的时间，所以政治对他们来说是一种奢侈。事实上，自由、政治生活、公民生活——我一直在说的"公共幸福"——是一种奢侈；这是一种额外的幸福，一个人只有在生命过程的要求得到满足之后才有能力获得。

因此，如果我们谈论平等，问题总是：我们必须在多大程度上改变穷人的私人生活？ 换句话说，我们要给穷人多少钱才能让他们有能力享受公共的幸福？ 教育很好，但真正重要的是钱。只有当他们能够享受公共生活的时候，他们才愿意并且能够为公共善作出贡献。要求尚未成为公民的个人作出牺牲，就是要求他们具有一种理想主义，而由于生命进程的紧迫性，他们没有也不可能有这种理想主义。在我们向穷人寻求理想主义之前，我们必须首先使他们成为公民：这包括改变他们的私人生活环境，使他们能够享受公共生活。

但是今天很多人，不仅仅是那些关心灵魂救赎的人，都要求不受打扰。事实上，这是人们正在要求的一种新的自由——免于任何强制性参与公共生活的权利——无论是投票的义务还是担任陪审员的基本义务。如果我们想花时间画画，而任由整个社区腐烂，我们觉得我们有这种自

---

[1] 在早年的一篇论文中，阿伦特曾将公共领域与"真理视角"（the perspective of truth）区分开来，正如她在这里将"公共权利"与"私人利益"区分开来一样。在这两种情况下，她都故意省去了有关公众生活对人类的吸引力的阐述。在那篇文章中，她提到了自己的疏漏，这里不妨重复一下："既然我是从政治领域之外的角度来讨论政治，我就没有提到政治领域内部发生的事情的伟大和尊严……从这个角度来看，我们仍然没有意识到政治生活的实际内容——与同伴为伍、共同行动和公开露面、通过言行融入世界所带来的快乐和满足，从而获得和维持我们的个人身份，并开始一些全新的事物。"《真理与政治》，阿伦特：《在过去与未来之间》（纽约：企鹅出版社，2006 年），第 258—259 页。——编者注

由。但是，这种自由绝不是理所当然的事情，我们甚至可能也无法据此来判断政府的相对自由程度。以亚历山大·索尔仁尼琴[1]为例。索尔仁尼琴不关心自己的事情，因此与他的政府发生冲突。换句话说，苏联不再是斯大林主义的苏联。在斯大林时代，如果一个人只顾自己的事，他就会被送到劳改营，就好像他反对政府一样。事实上，斯大林主义的"反革命"是在所有的政治反对派都被清除之后才得到充分发展的。然而，在今天的苏联，个人只要关心自己的事情，就可以不与政府发生任何冲突。政府仍然是专制的——也就是说，它不允许政治生活；但它不再是总体主义——也就是说，它还没有清算整个隐私领域。当索尔仁尼琴要求政治权利而不是私人权利时，他的困难就出现了。

私权神圣不可侵犯的观念起源于罗马。希腊人区分了"idion"和"koinon"，区分了"自己的"和"共同的"。有趣的是，前一个词已经成为包括希腊语在内的每一种语言的词根，即白痴一词的词根。傻瓜是只住在自己家里，只关心自己的生活和生活必需品的人。那么，在真正自由的国家，在一个不仅尊重某些自由，而且真正自由的国家里，没有人是这种意义上的白痴；也就是说，在这个国家里，每个人都以这样或那样的方式参与共同的事情。

但是，罗马人首次宣称私人领域神圣不可侵犯，他们通过高耸的围墙来区分他们的财产；个人权利神圣不可侵犯的观念源于罗马人对家庭和壁炉的关注，他们坚持认为对家庭和壁炉的私人崇拜与公共崇拜一样神圣。事实上，只有拥有自己住宅的人才被认为能够参与公共生活；也就是说，私人所有权是进入公共事务的必要条件。这意味着两件事：(1)生活的必需品是私人的，不适合在公共场合看到；(2)生活是神圣不可侵犯的。这种生活的主要特点恰恰是它不受公共领域耀眼光芒的影响。而公共领域的主要品质是启明；它就像光一样，从各个方面去照亮所有的事物，比如让一个问题的各个方面都可以被看到。这与隐私的隐蔽性相反。这两种品质都是良好社会的基础，而默默无闻则是生活本身的必要条件。随着现代公共领域的缩小，私人领域得到了很大的扩展，

---

[1] 俄国作家(1918—2008)，他的《伊万·杰尼索维奇生命中的一天》(1962年)及其后来的作品对阿伦特具有极大的重要性。——编者注

正如我们注意到的，表示这种扩展的词是亲密。今天，整个隐私再次受到很大的威胁，而且这些威胁似乎来自社会而不是政府。但是，当政府威胁我们的公共权利——我们的公共幸福的权利时，考虑到现代生产的必要性，我们的私人利益和权利是成系统的，以至于它们有效地影响了公共领域。隐私的首要条件是所有权，而所有权与财产是不一样的。资本主义制度和社会主义制度都不再尊重所有权，通货膨胀和货币贬值都是资本主义的掠夺方式——尽管两者都以不同的方式尊重获得。因此，如何在现代生产的条件下恢复个人的所有权，是我们面临的问题之一。

　　自由所必需的不是财富。所必要的是安全，以及一个远离公众干扰的属于自己的地方。公共领域所需要的是保护它不受私人利益的侵扰，因为私人利益以最野蛮和咄咄逼人的形式侵犯了它。

1974 年

罗杰·埃雷拉采访^[1]

以下是我 1973 年 10 月在纽约采访汉娜·阿伦特的视频文字资料。她坚决拒绝在家拍摄。

从政治上讲，这一刻并不平静。在中东，十月战争刚刚爆发。在美国，水门事件已经开始。这将导致尼克松总统于 1974 年 8 月在弹劾的威胁下辞职。在谈话过程中，我们得知时任特别检察官的阿奇博尔德·考克斯（Archibald Cox）被免职，时任司法部长的艾略特·理查森辞职。

采访中的内容不只是那些事件的一种回响。在这个过程中，汉娜·阿伦特非常有礼貌，也很专注，她完全沉迷其中，有时还会查阅一些笔记（用以引用）。在我看来，她说的正是她想说的，必要时还会立即纠正。没有趣闻轶事，没有闲聊。她一如既往地优雅接受了对她来说既不熟悉也不轻松的事情。

——罗杰·埃雷拉

汉娜·阿伦特：如果可以的话，我可能需要一杯水。

罗杰·埃雷拉：你于 1941 年来到这个国家。你来自欧洲，已经在这里住了 32 年了。当你从欧洲来到这里时，你的主要印象是什么？

汉娜·阿伦特：我的主要印象是，这不是一个民族国家，美国不是一个民族国家，欧洲人花了很长时间来理解这个简单的事实，毕竟，理

---

[1]　采访的这个版本参考了原始的记录，法语广播版本，德语翻译，以及不充分的英语翻译。——编者注

论上他们应该知道：这个国家不是由遗产、记忆、土壤、语言或同一个起源地统一起来的。这里没有本地人。当地居民是美洲印第安人。其他所有人都是公民，这些公民只因一件事而团结在一起，并且这件事意义重大：即你通过同意美国宪法而成为美国公民。宪法——那是一张废纸，你可以改变它，这符合法国人和德国人的共同意见。不，这是一份神圣的文献，它是对神圣行动即奠基行动的不断纪念。而这一奠基旨在将完全不同的种族和宗教少数群体融合在一起，同时（a）建立一个联盟，（b）不同化或抹平这些差异。这一切对于一个外国人来说是很难理解的。这是外国人永远无法理解的。我们可以说这是一个法治政府，而不是人治政府。在某种程度上，这是真的，而且必须是真的，国家、美利坚合众国、共和国的福祉都取决于它。

我想说得更具体一点，我想说的是，所有出生在这个国家的人都不会比像我一样最近才来到这里的人，更加没有某种决定性的特权。我记得当我住在法国时，我问过一个法国朋友，成为法国人需要多长时间。

罗杰·埃雷拉：归化？

汉娜·阿伦特：不，我认为不是归化……

罗杰·埃雷拉：同化？

汉娜·阿伦特：在真正被承认为法国人的意义上被同化。

我的朋友说——她是我的好朋友，对我没有任何恶意——"嗯，汉娜，我想是三代人。"在这里，只需要5年甚至更短的时间，而且没有同化。那些不愿放弃原护照的人没有投票权（这是在双重国籍时代之前——编者）。这就是全部。那些拿出国籍申请书然后成为美国公民的人享有除了竞选美国总统之外的一切权利。在我看来，这似乎是一个不太严重的障碍。首先，我们在这里不是在和一个国家打交道。出于同样的原因，这意味着法律在这个国家比其他任何国家都重要得多。

罗杰·埃雷拉：在过去的十年里，美国经历了一波政治暴力，以总统和他的兄弟被暗杀、越南战争、水门事件为标志。为什么美国能够克服在欧洲会导致政府更迭甚至严重国内动荡的危机？

汉娜·阿伦特：现在让我试着用不同的方式回答。我认为整个事件的转折点确实是肯尼迪总统被暗杀。无论你如何解释，无论你知道或不知道什么，很明显，很长一段时间以来，直接犯罪第一次干扰了美国的政治进程。这在某种程度上改变了这个过程。你知道，还有其他暗杀事件，鲍比·肯尼迪、马丁·路德·金等等。最后，对华莱士的攻击，属于同一类别。[1]

罗杰·埃雷拉：今天（1973年）的美国政治社会自1963年以来是否发生了深刻的变化？

汉娜·阿伦特：我们还不知道。我们希望国会，包括参议院和众议院，能恢复一些政治责任。如果情况不是这样，那么事情将照常进行。你知道，如果你不加以控制的话，政治上的有些事情是会自动发生的。只要我们有新闻自由，就可以限制事情的发生。一旦媒体不再自由，或者当媒体被迫透露消息来源时，如你所知，现在已提交法庭审理，那么任何事情都可能发生。你知道，真正使总体主义或任何其他类型的独裁统治成为可能的是人民的不知情。不知情的人怎么能有意见呢？另一方面，如果每个人都对你撒谎，结果不是你相信谎言，而是再也没有人相信任何东西了——这是理所当然的，因为谎言，就其本质而言，可以这么说，必须被改变。因此，一个在不同时期追求不同目标的谎言政府必须不断重写自己的历史。这意味着人民不仅被剥夺了行动的能力，而且被剥夺了思考和判断的能力。和这样的人在一起，你可以随心所欲。

此外，我认为水门事件——当然，水门事件并不是民主党总部发生的具体事件，而是与之相关的一切事件——揭示了这个国家有史以来最严重的宪法危机之一。如果我说宪法危机，这当然比我在法国说"宪法危机"要重要得多。我不知道自法国大革命以来你们有过多少宪法。据我所知，到第一次世界大战时，你们已经进行了14次宪政改革，而之后你们进行了多少次改革——甚至不用我去计算。你们每个人都能比我做得更好。但是，这里有一部宪法，而这部宪法现在还没有持续到两百年。这是另一回事。在这里，整个政府结构实际上处于危险之中。

这场宪法危机在美国历史上首次表现在立法和行政部门之间的正面冲突中。在这里，宪法本身在某种程度上是有错的，我想花点时间谈谈

---

[1] 这指的是1972年5月15日，阿拉巴马州州长乔治·华莱士（George Wallace）遭到暗杀，当时他是民主党总统初选的有力候选人。——编者注

这个问题。国父们从来不相信行政部门会产生暴政,因为他们认为行政部门是立法机关命令的执行者。我们今天知道,暴政的最大危险来自行政部门。但是,如果我们引用宪法的精神,国父们是怎么想的呢?他们认为他们不受多数决定原则的约束,因此,如果你认为我们拥有的是民主,这是一个巨大的错误,许多美国人都会犯这个错误。我们现在拥有的是一个共和国,国父们最关心的是保护少数族裔选民的权利,因为他们知道一个健康的政体依赖于多元化的意见。他们知道法国人所说的"神圣联盟"正是我们不应该拥有的东西,因为这已经是一种暴政或暴政的结果,而这种暴政或暴君很可能是大多数人。因此,对整个政府的解释是这样的:即使在多数人获胜之后,仍然存在反对意见,而反对意见是必要的,因为它代表了一个或多个少数人的合法意见。你们知道,大约在 19 世纪中期,我们有了政党组织,这是一种相当新颖的机构,对于它的优点我们可以有不同的看法。当时的共识是,首先有一个政府,其次是一个反对派,而且只有一个。今天危机的部分原因是我们的政府没有任何有组织的反对派。

国家安全是美国词汇中的一个新词,我认为大家应该知道这一点。如果我可以稍微解释一下的话,国家安全实际上是"国家理由"(raison d'état)的翻译,而这一有关国家理由的完整概念从未在这个国家发挥过任何作用。这是新引进的。国家安全现在涵盖了一切,正如你可能从对埃利希曼先生[1]的审讯中了解到的,它涵盖了各种犯罪。例如,"总统有权利"被解读为"国王不能做错";也就是说,总统就像共和国的君主。他凌驾于法律之上,他的理由总是,无论他做什么,他都是为了国家安全。

罗杰·埃雷拉:在你看来,你所说的犯罪侵入政治领域的原因在哪些方面是我们这个时代特有的?这真的是我们这个时代特有的吗?

汉娜·阿伦特:这是我们这个时代特有的。我真的这么认为。就像无国籍的贸易是这个时代特有的一样,它在不同的方面、不同的国家,以不同的颜色,一遍又一遍地重复着。但是,如果我们来讨论这些一般

---

[1] 阿伦特指的是尼克松总统的国内事务顾问约翰·D.埃利希曼(John D. Ehrlichman)在参议院水门事件委员会上的证词。——编者注

性问题，那么犯罪对政治进程的大规模入侵也是我们这个时代特有的。我的意思是，它远远超越了那些总是被存在的理由所证明的罪行，无论对错，因为这些总是规则的例外，然而，在这里，我们突然面临着一种本身就是犯罪的政治形式。

这绝不是规则的例外，这并不是说，因为我们处于这样一个特殊的紧急情况中，所以我们必须窃听每个人，包括总统本人。但他们认为窃听属于正常的政治程序。同样地，他们也不会说，我们入室行窃一次，闯进精神科医生[1]的办公室一次，然后就再也不会了，绝不是。他们说，这种闯入是绝对合法的。当埃利希曼被问道："你的底线在哪里？那谋杀呢？"他说他得考虑一下。整个国家安全的事务源自政治安全，因此是直接从欧洲进口的。当然，德国人、法国人和意大利人认为这是完全合理的，因为他们一直生活在这一制度之下。但这正是美国独立战争想要打破的欧洲传统。

罗杰·埃雷拉：在你关于五角大楼文件[2]的文章中，你描述了那些你称之为"专业问题解决者"的人的心理，他们当时是美国政府的顾问，你说："他们的不同之处在于他们也是问题解决者，因此他们不仅聪明，而且以'理性'为荣，他们确实在'多愁善感'之上达到了相当可怕的程度，他们热爱'理论'，这是一个纯粹的脑力世界。"

汉娜·阿伦特：我可以打断你吗？我认为这就足够了，因为我有一个非常好的例子，正是从这些五角大楼文件中，这种科学心态，最终压倒了所有其他的见解。你知道"多米诺骨牌理论"，这是1950年到1969年冷战期间的官方理论，在五角大楼文件公布后不久。事实上，在撰写《笔尖文件》的知识分子中，很少有人相信这一理论。我想，只有两三个在政府高层的人相信这一点，但不是最聪明的人——罗斯托先生和泰勒将军[3]。也就是说，他们并不真的相信它，但他们所做的每一件事

---

[1] 阿伦特指的是医生的盗窃。刘易斯·菲尔丁被一个秘密的白宫特别调查小组称为"水管工"，他们希望找到材料来诋毁丹尼尔·埃尔斯伯格，这位前美国军事分析师泄露了五角大楼文件。——编者注

[2]《政治中的谎言：对五角大楼文件的反思》，见汉娜·阿伦特：《共和的危机》（纽约，1972年），第3—47页。——编者注

[3] 沃尔特·惠特曼·罗斯托，曾于1966年至1969年担任林登·约翰逊的国家安全事务特别助理；麦克斯韦尔·D.泰勒将军，曾于1962年至1964年担任肯尼迪和约翰逊领导下的参谋长联席会议主席，此后一年担任驻南越大使。——编者注

都把它作为一个假设。这并不是因为他们是骗子，也不是因为他们想取悦他们的上级——这些人在这些方面确实不错——而是因为这给了他们一个可以工作的框架。尽管他们知道——每一份情报报告和每一个事实分析每天早上都向他们证明——这些假设实际上是错误的，但他们还是采用了这个框架。他们选择了它，因为他们没有其他的框架。[1]

老好人黑格尔曾经说过，所有的哲学思考都是为了消除偶然性。一个纯粹的事实必须由目击者看到，但他们不是最好的证人。没有任何事实不容置疑。但是，二加二等于四在某种程度上是毋庸置疑的。五角大楼提出的理论比实际发生的事实更可信。

罗杰·埃雷拉：在我看来，我们的世纪似乎被一种基于历史决定论的思维模式的持续存在所支配。

汉娜·阿伦特：是的，而且我认为这种历史必然性的信念是有充分理由的。问题在于，这确实是一个悬而未决的问题：我们不知道未来，每个人都朝着未来行动，但没有人知道自己在做什么，因为正在做的就是未来。行动是"我们"而不是"我"。只有当我是唯一的一个人时，我才能从我正在做的事情中预测将要发生的事情。这样一来，似乎就使得实际发生的事情看起来完全是偶然的，而偶然性确实是所有历史上最重要的因素之一。没有人知道将会发生什么，因为很多事情在很大程度上受诸多变量影响；或者，换句话说，这关乎机运（hasard）。另一方面，如果你回顾历史，然后回想它——即使所有这些都是偶然的——你可以讲一个有意义的故事。这怎么可能？这是每一种历史哲学所面临的问题。回想起来，事情总是看起来好像不可能发生，这怎么可能呢？变量消失了；现实对我们的影响如此之大，以至于我们忽略了实际上无限多样的可能性。

罗杰·埃雷拉：但是，如果我们的同时代人紧紧抓住决定论的思维方式，尽管这被历史所驳斥，你认为这是因为他们害怕不可预见的事情吗？

汉娜·阿伦特：当然，这是理所当然的。只是他们不会说出来。如

---

[1] 阿伦特对"座架"的理解来源于海德格尔的"座架"，他认为这是技术的本质。——编者注

果他们这样做了，就会立即引发一场辩论。如果他们只会说他们害怕，但他们害怕的是害怕。这是主要的个人动机之一。他们害怕自由。

罗杰·埃雷拉：你能想象一位欧洲的部长，看到他的政策即将失败，委托政府外的专家团队进行一项研究，目的是找出……

汉娜·阿伦特：这不是政府的职权范围。他们被从各个地方带走，也被从……

罗杰·埃雷拉：没错，但政府外面的人也参与其中。所以，你能想象一位欧洲部长在同样的情况下，会进行这样的研究，以找出这一切是如何发生的吗？

汉娜·阿伦特：当然不会。

罗杰·埃雷拉：为什么不呢？

汉娜·阿伦特：由于国家理由。你知道的。他会毫不犹豫地开始掩盖。另一方面是麦克纳马拉的态度。我引用他的话："世界上最伟大的超级大国每周杀死或严重伤害1000名非战斗人员，同时试图让一个落后的小国在一个有激烈争议的问题上屈服，这不是一幅美好的画面。"这是美国人的态度。这向你表明，当时的事情仍然是好的，即使他们出了问题。但他们还是没事，因为还有麦克纳马拉想知道。他对他的统计人员说：找出发生了什么事，找出一切出错的原因——然后整个混乱局面就被揭开了。

罗杰·埃雷拉：你认为，目前面临其他局势的美国领导人还会想知道吗？

汉娜·阿伦特：不。我认为一个都没剩下。我不知道。我收回那句话。但我认为麦克纳马拉在尼克松的敌人名单上，如果我没记错的话，我是在今天的《纽约时报》上看到的。如果这是真的，它已经表明这种态度从美国政治的最高层消失了。它已经不在那里了。这些人已经相信图像制作，但带着某种报复：为什么我们在图像制作上没有成功？可以说，这只是你所知道的一个图像。但现在他们想让每个人都相信他们的形象，任何人都不应该超越它，这当然是一个完全不同的政治现实。

罗杰·埃雷拉：在富尔布赖特参议员所称的"权力的傲慢"之后，在我们可以称之为"知识的傲慢"之后，是否还有第三层级即纯粹的傲慢?

汉娜·阿伦特:是的,我不知道这是不是我的傲慢。看在上帝的分上,这实际上是统治的意志,到目前为止,它还没有成功。我仍然可以和你坐在这张桌子上畅所欲言。所以它们还没有支配我;不知何故,我并不害怕。也许我错了,但在这个国家我感到完全的自由。所以他们没有成功。有人,我想是摩根索[1],称尼克松的整个计划为"失败的革命"。现在,我们还不知道这是不是失败的——他这么说的时候还早——但有一件事可以肯定:这说不上成功。

罗杰·埃雷拉:但如今最大的威胁不正是政治目标是无限的吗?毕竟,自由主义以政治目标是有限的这一观点为前提。如今,最大的威胁不是来自那些为自己设定无限目标的人和运动的崛起吗?

汉娜·阿伦特:如果我告诉你们我不确定我是一个自由主义者,我希望我不会吓到你们,你们知道,一点也不确定。在这个意义上,我真的没有政治信条。我没有什么政治哲学可以用一种主义来概括。

罗杰·埃雷拉:当然,但你的哲学思考仍然是在自由主义思想的基础上,并借鉴了古代的思想。

汉娜·阿伦特:孟德斯鸠是自由主义者吗?你会说我引用的所有人都有其价值吗?毕竟,"我在我能使用的地方使用"("moije me sers où je peux")——我能拿什么就拿什么,什么适合我就拿什么。我认为我们这个时代最大的优势之一就是勒内·夏尔所说的:"留给我们的遗产没有任何遗嘱。"("Notre héritage n'est garanti d'aucun testament.")

罗杰·埃雷拉:……没有遗嘱:"留给我们的遗产没有任何遗嘱。"

汉娜·阿伦特:……没有遗嘱。这意味着我们可以完全自由地利用过去的经验和思想来帮助自己。

罗杰·埃雷拉:但是,这种极端的自由难道不会让我们的许多当代人感到恐慌吗?他们更愿意找到一些现成的理论,一些意识形态,然后加以应用。

汉娜·阿伦特:当然。毋庸置疑,毋庸置疑。

---

[1] 汉斯·摩根索,国际关系和外交政策方面有影响力的学者,《国家间政治》一书的作者,阿伦特的密友。——编者注

罗杰·埃雷拉：这种自由难道不会有成为少数人的自由的风险吗？那些人足够强大，可以发明新的思维模式。

汉娜·阿伦特：不。不。它基于这样一种信念：每个人都是有思想的人，都能像我一样反思，因此只要他愿意，他就能自己作出判断。我怎样才能使他产生这个愿望或需要，这个我不知道。我认为，唯一能帮助我们的就是回忆和反思。从这个意义上说，思考意味着对所有思想进行批判性检查。思考实际上破坏了僵化的规则、普遍的观点等等。也就是说，不存在危险的思想，原因很简单，因为思考本身就是一项危险的事业。但我相信不思考更危险。我不否认思考是危险的，但我想说不思考，这更危险。

罗杰·埃雷拉：让我们回到勒内·夏尔的话："留给我们的遗产没有任何遗嘱。"你认为20世纪的遗产会是什么？

汉娜·阿伦特：我们还在一起，你知道——你年轻，我老了——但我们都还在这里，要给他们留下一些东西。

罗杰·埃雷拉：我们将把什么留给21世纪？ 四分之三的世纪已经过去了……

汉娜·阿伦特：我不知道。我敢肯定，现代艺术现在已经堕落到一个相当低的水平，但经过我们在头四十年里如此巨大的创造力，尤其是在法国，这是很自然的。某种疲惫开始出现。所以我们可以离开了。这整个时代，整个20世纪，可能会被称为历史上最伟大的世纪之一，但在政治上却不是。

罗杰·埃雷拉：美国呢？

汉娜·阿伦特：不。不，不，不……

罗杰·埃雷拉：为什么？

汉娜·阿伦特：你知道，这个国家缺乏一定的传统。

罗杰·埃雷拉：美国没有艺术传统吗？

汉娜·阿伦特：不是，是没有一个伟大的传统。在诗歌方面，在小说方面，在文艺方面，可能都不够伟大。但有一件事你可以提一下，那就是建筑。石头建筑就像被冻成石头的游牧民族的帐篷。

罗杰·埃雷拉：为什么欧洲充斥着来自美国的创新？

汉娜·阿伦特:因为他们的新颖性。如果这意味着进步,那么每一个新事物都必须比过去的更好。但是你看,如果你想要更好的,更好的,更好的,你就会失去好的。好东西也就再也无法衡量了。

罗杰·埃雷拉:我们同时代人对倒退没有意识……

汉娜·阿伦特:不,不是倒退。为什么是倒退? 如果你从宏观的角度思考历史,想要找到历史规律,那么只有三种可能。第一,黄金时代,之后的一切都变得越来越糟糕。不是很好。第二,停滞,这很无聊,一点也不好。第三,进步,这是我们的法则。

罗杰·埃雷拉:在您的著作中,您经常讨论犹太人和反犹太主义的现代历史,您在有关反犹太主义的卷末写道,19世纪末犹太复国主义运动的诞生是犹太人对反犹主义的唯一政治回应。以色列的存在以何种方式改变了犹太人生活在其中的政治和心理环境?

汉娜·阿伦特:哦,我想它已经改变了一切。今天,犹太人团结在以色列的身后。[1]他们觉得他们有一个国家,一个政治代表,就像爱尔兰人、英国人、法国人等一样。他们不仅有一个家园,而且有一个民族国家。他们对阿拉伯人的整体态度在很大程度上取决于这种认同,而这种认同几乎是中欧犹太人本能地、不经思考、不假反思地产生的观念,即国家必然是一个民族国家。

现在,侨民与以色列或以前的巴勒斯坦之间的整个关系已经发生了变化,因为以色列不再只是波兰弱者的避难所,在那里,犹太复国主义者是一个试图从富有的犹太人那里为贫穷的犹太人赚钱的人。如今,犹太复国主义者是全世界犹太人的代表。我们喜不喜欢这是另一个问题,但这并不意味着流散在外的犹太人必须总是和以色列的政府有相同的观点。这不是政府的问题,而是国家的问题,只要国家存在,这就是我们在世界眼中的代表。

罗杰·埃雷拉:十年前,一位法国作家乔治·弗里德曼写了一本书,名叫《犹太人的末日》[2]。他在书中总结道,未来将会有一个新的国家,一个以色列国家,另一方面,在散居地的犹太人将被同化,并

---

[1] 阅读这篇文章时应结合当天的事件背景,即赎罪日战争。——编者注
[2] 乔治·弗里德曼:《人们会怎样?》(巴黎:伽利玛出版社1965年版)。——编者注

逐渐失去他们的犹太身份。您对这个假设有何看法？

汉娜·阿伦特：这个假设听起来很有道理，但我认为这是错误的。例如，在古代，当犹太国家还存在的时候，已经有了犹太人的散居地。几个世纪以来，当有许多不同形式的政府和国家时，犹太人，唯一一个在这几千年里幸存下来的古老民族，从未被同化。如果犹太人能被同化，他们早就被同化了。在罗马时期有机会，在西班牙时期也有机会，当然，在 18 和 19 世纪也有机会。一个民族，一个集体，是不会自杀的。弗里德曼先生错了，因为他不明白，知识分子自己确实可以改变民族，可以吸收不同的文化，但这不适合于整个民族，特别是不适合于一个众所周知的由律法联合起来的民族。

犹太人中某一部分人的"天赋"是一个历史问题，对某些历史学家来说是首要的问题。冒险做一个推测性的解释：我们是唯一的民族，唯一的欧洲民族，从古代完好无损地幸存下来。我们是唯一从未经历过按字母顺序被歧视的人。我们总是被点燃，因为你不可能是一个没有文化的犹太人。女性的文化水平低于男性，但即便如此，她们的文化水平也远高于非犹太人。不仅精英阶层知道如何阅读，而且每个犹太人都必须阅读——所有的人，所有阶层的人，所有有"天赋"和智力的人。这意味着作为犹太人，我们保持了自己的身份。

罗杰·埃雷拉：犹太人被美国社会同化意味着什么？

汉娜·阿伦特：好吧，在我们所说的被同化的犹太人的意义上，我们的意思是同化于周围的文化，但是它并不存在。你能告诉我犹太人在这里应该同化于什么吗？同化于英国人？同化于爱尔兰人？同化于德国人？同化于法国人？同化于任何来到这里的人？

罗杰·埃雷拉：当人们说美国犹太人非常美国化时，不只是美国人，而是美国化了，他们想表达什么？

汉娜·阿伦特：一是指他们的生活方式，所有这些犹太人都是非常好的美国公民。所以它代表他们的公共生活，而不是他们的私人生活，也不是他们的社会生活。如今，他们的社交和私人生活比以往任何时候都更加犹太化。许多年轻一代学习希伯来语，即使他们的父母不懂希伯来语。但最主要的是以色列，主要的问题是：你是支持还是反对以色列?

拿我们这一代的德国犹太人来说吧,他们来到这个国家并在短时间内变成了非常民族主义的犹太人,比我当时对犹太人身份的认同还要强烈,尽管他们不是犹太复国主义者,而我却是。我从来没有说过我是德国人,我总是说我是一个犹太人。他们现在被同化了,但同化到了什么程度? 同化到了犹太社区。他们习惯了同化,所以他们被同化到了美国的犹太社区,这当然意味着他们在皈依者的热情下,变得特别的民族主义和亲以色列。

罗杰·埃雷拉:纵观历史,确保犹太人生存下来的主要是宗教纽带。我们生活在一个宗教作为一个整体正在经历危机的时期,人们试图挣脱宗教的束缚。在这种情况下,在当前时期,全世界犹太人的团结是靠什么达成的?

汉娜·阿伦特:我认为你的这个论点有点错误。当你说宗教时,你当然会想到基督教,它是一种信条和信仰。但对于犹太教来说却完全不是这样,犹太教实际上是民族与宗教相结合的国教。比如,犹太人不承认洗礼;对他们来说,这就好像没有发生过一样。也就是说,根据犹太律法,犹太人永远都是犹太人。只要一个人的母亲是犹太人——禁止进行亲子鉴定——他就是犹太人。因此,关于什么是宗教的概念是完全不同的,它更多的是一种生活方式,而不是基督教那种特殊意义上的宗教。例如,我接受过犹太教的教育,宗教的教导,当我大约十四岁的时候,我当然想反抗,想对我们的老师说一些令人震惊的话,所以我站起来说:"我不相信上帝。"他说:"谁问你的?"

罗杰·埃雷拉:您的第一本书出版于 1951 年,书名是《总体主义的起源》。在这本书中,你不仅试图描述一种现象,而且还试图去解释它。因此,我的问题是:在您看来,什么是总体主义?

汉娜·阿伦特:是的,最后。让我先区分一下其他人不同意的地方。首先,总体独裁既不是简单的独裁,也不是简单的暴政。总体主义始于对你所拥有的一切的蔑视。其次是这样的观念:"无论如何,事情必须改变。任何东西都比我们所拥有的更好。"总体主义价值观组织了这种群众情绪,通过组织它来表达它,通过以某种方式来表达它,使人们渴望它。这就是我们常说的协调过程。

你不是与当权者协调，而是与你的邻居协调，也就是说，与大多数民众协调。但你现在没有与其他人交流，而是被粘在他们身上。当然你会觉得很棒。以前有人告诉过你，不能杀人。现在有人对你说，你可以杀人。尽管你认为杀人很难，但你还是这么做了，因为现在这是你的行为准则。你要了解杀的对象，怎么杀以及如何一起杀。总体主义迎合了那些生活在完全孤立和相互恐惧之中的人们的非常危险的情感需求。

当我分析总体政府时，我试图将其分析为一种新的政府形式，一种以前从未为人所知的政府形式；因此，我试图列举它的主要特点。其中，我想提醒你们的是，无论是在过去或今天，在所有的暴政中都完全不存在的，那就是无辜者的角色，无辜的受害者。在斯大林统治下，你没有做任何事情都可能被驱逐出境或被杀害。根据历史的动态，你被赋予了某个角色的特性，无论你做了什么或没做什么，你都扮演着这个角色。关于这一点，我说过，以前没有哪个政府会因为人们说"是"而杀死他们。因为通常政府或暴君会因为人们说"不"而杀死他们。现在，一位朋友提醒我，在中国很多世纪以前就有过类似的话，那就是，敢于赞同的人并不比不听话反对的人好。这当然是总体主义的典型标志，是人对人本身的完全统治。现在，从这个意义上说，今天没有总体主义，即使在俄罗斯，这可能也是有史以来最糟糕的暴政之一。今天，即使在俄罗斯，你也必须做点什么才能被流放，或被送到强制劳动营，或被送到精神病院。

值得注意的是，总体主义政权是在大多数欧洲政府处于独裁统治之下的时候出现的。独裁，如果这个概念是按这个词的原始意义来理解的，就不是暴政。独裁政权在紧急情况下暂时中止法律，通常是在战争或内战等期间。但是独裁统治是有时间限制的，而暴政则不是。

汉娜·阿伦特：当我写《艾希曼在耶路撒冷》时，虽然我不知道布莱希特的这句台词，Der Schoss ist fruchtbar noch, aus dem Kroch[1]，我的主要意图之一就是摧毁关于邪恶以及恶魔力量的伟大传说，消除人们对

---

[1] "曾孕育他的子宫仍然肥沃。"——编者注

理查德三世或麦克白等伟大邪恶人物的崇拜。我在布莱希特的书中发现了这样一句话："伟大的政治罪犯必须暴露出来，尤其要暴露在笑声中。他们不是大政治罪犯，而是犯了大政治罪的人，这完全是两码事。他事业的失败并不能说明希特勒是个白痴。"在这里，说希特勒是个白痴，当然是在他夺取政权之前，所有反对他的人对他的偏见。因此，很多书都试图为希特勒辩护并正名，把他塑造成一个伟大的人物。所以布莱希特说："他的失败并不能说明希特勒是个白痴，他的事业之广也不能说明他是个伟人。"也就是说，既不是这一个，也不是那一个；这种愚蠢和伟大的分类毫无用处。布莱希特说："如果统治阶级允许一个小骗子变成大骗子，他就没有资格在我们的历史观中享有特权。"也就是说，他成了一个大骗子，他的行为产生了重大的影响，并不会增加他的威望。总的来说，他在这些颇为突兀的评论中补充道："人们可以说，悲剧以一种不像喜剧那样严肃的方式处理人类的苦难。"

当然，这是一个令人震惊的说法。同时我认为这是完全正确的。真正需要的是——如果我想在这种情况下保持我的正直——那么我只有记住我看待这种事情的旧方式，说：不管他做什么，如果他杀了一千万人，他仍然是一个小丑。

罗杰·埃雷拉：当你出版关于艾希曼审判的书时，引起了一些非常激烈的反应。为什么会有这样的反应？

汉娜·阿伦特：嗯，正如我之前所说，这个争议部分是由于我攻击了官僚主义这一事实引起的，如果你攻击官僚主义，你最好做好准备，这个官僚主义会自卫，会反击；它会攻击你，试图让你显得无法忍受，以及随之而来的一切。这或多或少是一桩肮脏的政治交易。现在，对于这一点，我真的没有什么怨言。但假设他们没有这么做，假设他们没有组织这场运动，对这本书的反对仍然会很强烈，因为犹太人被冒犯了，现在我指的是我真正尊重的人。所以我能理解。他们主要是被布莱希特提到的笑声冒犯的。当时我的笑声有点天真。但我没有反思我的笑声。我看到的是一个小丑。

艾希曼从未为他对整个犹太人所做的任何事情感到困扰。但有一件小事让他很困扰：在一次审讯中，他扇了当时维也纳犹太社区主席的耳光。上天知道对犹太人而言，还有什么比被扇巴掌更严重的事情。但是他从来没有原谅自己做了这件事，他认为这是非常错误的。可以说，他失去了冷静。

罗杰·埃雷拉：你认为我们为什么会看到这样一种文学的出现，比如当涉及纳粹主义时，它经常以小说的方式描述其领导人和他们的罪行，并试图使他们人性化，从而间接地为他们辩护？你认为这类出版物是纯粹的商业性质，还是有更深层次的意义？

汉娜·阿伦特：我认为它的意义在于它表明曾经发生过的事情可以再次发生，我相信这是完全正确的。暴政在人类历史上很早就被发现了，而且很早就被认为是对政治生活有害的。然而，它从未以任何方式阻止任何暴君成为暴君。它没能阻止尼禄，也没能阻止卡利古拉。尼禄和卡利古拉的案件并没有阻止一个更切近的例子，说明大规模的犯罪侵入政治进程对人类生活意味着什么。

1973 年

关于心灵生活的初步讨论[1]

　　我为今年秋季学期准备的系列讲座最初是为另一个场合准备的，其中一部分是在另一个场合发表的，在那里我被要求以"哲学家"的身份演讲。[2]也就是说，我被要求作为一个喜欢思考但"知道自己一无所知"的人来演讲，就像梅洛-庞蒂所说的那样（《哲学颂》，17），并因而作为一个——像苏格拉底一样——没有什么可教授的人来演讲。这个从任何意义上来说都是非学术性的事情，需要我说上几句，因为它涉及你们之间的关系，你们应该是来这里学习的，而我显然是来教书的。

　　确实有许多合理的方法可以教授和学习哲学，而且自古以来就有专门的学校。自从中世纪大学的兴起和繁荣以来，这种教育主要存在于对伟大思想家——神学家和哲学家——的解释或者逻辑练习中，我们今天的分析学派是其最后或最新的继承者。在这些领域里，确实有很多东西要教，有很多东西要学，而那些"知道自己一无所知"的人并不属于这些领域。然而，即使在这些合理的探究方式中，哲学仍然是一个令人好奇的主题。柏拉图——当然是几个世纪以来所有被教授和学习其文本的人中最重要的——曾经说过："我们每个人都像是一个在梦中看到一些事情，并认为完全了解它们，然后醒来，又发现自己什么都不知道的人。"（《政治家》，277D）尽管我还不够博学，无法证明我的观点，但我猜测——毕竟，这是一种有根据的猜测——在伟大的思想家中，没有

　　[1]　以下是 1974 年秋天汉娜·阿伦特在当时被称为社会研究新学院研究生院的"思考"课程上对学生和其他选修该课程的人发表的演讲的未发表的编辑版本。阿伦特将自己的工作视为"教师"，可能这再贴切不过了。——编者注
　　[2]　阿伦特指的是苏格兰爱丁堡的吉福德讲座。——编者注

一个人在其生命的最后一刻会在这一点上不同意柏拉图的观点，就像在其他很多问题上一样。

简而言之，那些来这里接受教育和学习的人将会失望。不要被参考书目所欺骗。[1]指望任何人在一个学期内读完所有这些书简直是疯了。我列出这个清单只是为了指出我认为对我的事业特别有帮助的书，希望你们已经熟悉其中的一些。我把它们按字母顺序排列，而不是按时间顺序排列，以表明我们可以自由地跨越几个世纪，而不用注意思想史家的可疑的观点，即他们一代又一代传下来的思想是按照自己的内在本质发展的。

我们需要在某种程度上注意我们的跳跃，我们应该从事件史而非思想史中来把握我们的方向，而西方文明的政治史充斥着断裂，这些断裂是由世界的突然变化、帝国、民族和文化的兴衰造成的。这个故事从古典时代一直延续到公元的最初几个世纪，从罗马的衰落到蛮族的入侵，再到拜占庭的崛起，从罗马的灭亡到真正的黑暗时代，从那里到漫长的中世纪和文艺复兴，紧随其后的是现代，而现代也在我们这个时代戛然而止。不管黑格尔和马克思怎么说，这个故事不能一口气讲完，就好像它遵循了一个统一的历史规律，具有不可阻挡的必然性。然而，这个故事，尽管被如此多的不和谐和纯粹的意外所困扰，但还是存有一定的连续性。这种连续性，就它是一种事实而不是一种理论假设而言，被称为传统，它起源于罗马，是罗马共和国最后几个世纪有意的精神产物。事实证明，它具有非凡的韧性，在其间的岁月里，它通过古典学问的不断复兴滋养了其间的全部年代，其中教科书上所说的"文艺复兴"只是最后一段，它与之前类似的被称为经院哲学的复兴密切相关，而经院哲学则是在黑暗时代之后从加洛林文艺复兴发展而来的。换句话说，历史连续性的唯一保证是传统，这首先是一个学术问题。这取决于学识。

你们现在已经猜到了，我既不是黑格尔主义者，也不是马克思主义者，我不相信任何历史规律。对我们这里的目的来说，更重要的是，我认为传统，即近代历史的精神上的连续性，已经断裂了，而它的脉络的断裂，无论好坏，都是无法弥补的。确确实实，这有许多不利之处：我

---

[1] 与其在这里打印她的参考书目，不如建议每一个对它感兴趣的人都去参观一下阿伦特的个人图书馆，它坐落在巴德学院的史蒂文森图书馆。阿伦特在去世前几年清理了她的藏书，送出了数百册。她所保留的这些内容构成了这门课程的参考书目，并做了扩充。——编者注

们的思想氛围日益被大量纯粹的废话所充斥，要反驳这些废话是愚蠢的，这不仅是因为人的生命有限，而且是因为缺乏普遍公认的可以区分是非的标准。另一方面，在艺术和科学方面，几乎没有哪个世纪像我们这个世纪（20 世纪）那样丰富和多产，至少在 20 世纪的头五十年里，艺术家和科学家突然开始抛弃他们大量的传统概念。类似的事情也始于哲学，这是我将在第一个导引性讲座中简要讨论的。

在这些初步的评论中，我只想强调一件事，即这门课程将以一个关于思考的性质和经验的问题来组织。这是老加图的暗示——无所事事时我最活跃，独自一人时我最不孤独——我的问题很简单：当我们在思考的时候，也就是说，当我们什么都不做的时候，我们在做什么？当我们独自一人而不感到孤独时，我们在哪里？要提出这样的问题，人们可能会抛弃所有传统的答案，当然，加图本人是一位政治家，而不是哲学家。不过，如果只依靠自己的经验，而不去请教那些康德所谓的 Denker von Gewerbe 的"职业思想家"，那就太鲁莽了。但你会看到我在求教中走得更远。我感到完全的自由，摆脱了传统和时间顺序，也从任何所谓的专业领域中解放出来。我请教了诗人、科学家和哲学家，我很清楚有人会对我的非方法论的方法提出强烈的反对意见，也就是说，我只利用了在这些问题上证实我自己经验的东西。我不认为这种反对意见是有效的，因为我没有要求我所说的是普遍有效的；这并不是说我的命题是可以被证实的科学陈述。

最后，由于我比你们年长得多，我当然读过更多的书，由于我非常愿意甚至渴望与你们讨论我自己的文本——你们中认识我的人都知道我以前从未做过——你们很可能在这里学到一点东西，也许是一点知识，并获得一些信息。但这对我们的研究来说是偶然的和微不足道的。[1]

1974 年

---

[1] 这些初步的评论以一些"技术细节"作为结尾，包括学生的参与预期，注册学生优于旁听者（包括以前的学生以及所有年龄和职业的感兴趣的人，他们中的许多人总是旁听阿伦特的讲座课程）的某些偏好，免费的专业研讨会的有效性，以及学生参加讲座的学分要求。这些学生将参加一场考试，考试内容包括标出许多引语的作者和时代（这是阿伦特最喜欢的做法，她明白，了解传统是意识到它已经结束的必要条件），并就其中的一篇或多篇引语写一篇文章。在这些评论的第三个脚注中提到的参考书目，可以在华盛顿特区国会图书馆手稿部的阿伦特的论文中找到。——编者注

过　　渡[1]

在这些讲座的第二个系列中，我将讨论另外的两项基本的心智活动，即意愿和判断。以时间角度来看，它们关涉的都是不在场的事物，要么因为它们尚未存在，要么因为它们已经不再存在；但是，与处理所有经验中的不可见者或普遍性事物的思考活动相反，它们总是处理具体问题，并且在这方面更接近于表象世界。如果我们希望安抚我们的常识——这种常识被理性的需要所严重冒犯，因为理性需要去追求它毫无目的的意义，而这种活动显然是"毫无用处的"——那么，我们确实很容易为这种思考的需要辩护。在决定应该是什么以及评价已经不存在的东西方面，思考是一种必不可少的准备，它以此服务于判断，而判断反过来，又将仅仅是意愿活动的一个准备。在一定的限度内，只要人还是行动的存在，这个观点就是一个属人的合理观点。

但是，这最后一次试图为思考活动做辩护，反对对其实际无用性的指责是行不通的。意愿方面的决定永远不能从欲望的机制或可能在此之前的智力的审议中得出。意愿要么是一个自由自发的器官，能够打断所有将其束缚起来的动机因果链，要么只是一种幻觉；一方面关涉欲望，

---

[1]　"思考"是阿伦特死后出版的《心灵生活》的第一卷，其手稿以"过渡"一节结尾。由于未知的原因，这在 1978 年出版的版本中改为"后记"，并从 10 页缩短到 4 页。虽然在这里简单地打印被删除的页面是很诱惑人的，但阿伦特认为更可取的做法是打印整个"过渡"，因为它是阿伦特自己写的，其中的材料来自以前发表的 4 页。这样做的主要原因——也是早期版本的一个可能的理由——是人们对阿伦特因去世而无法写的《判断》的兴趣日益浓厚，这很可能是《心灵生活》的第三卷。下面的"过渡"肯定比之前发表的"后记"更多地说明了判断活动与思考和意愿活动的关系。阿伦特在这里的所有脚注都被编号并放在文本的末尾。——编者注

另一方面关涉理性，它的行为就像柏格森曾经说过的"一种政变"，这当然意味着"自由行动全都是例外的"，以及"只要我们愿意回归自我，我们就是自由的，但我们愿意回归自我的情况很少发生"。[1]换句话说，如果不触及自由的问题，就不可能处理意愿活动，而且这个问题对于现代人来说，"就像伊利亚学派的悖论对于古人来说一样"[2]，这样说是完全正确的。

摆脱所有困难最明显也是看似最合理的方法就是宣称意愿不同于心灵的其他能力，它仅仅是意识的幻觉，一个"人造概念"，对应于从未存在过的东西，并且像许多形而上学的谬论一样产生无用的谜语。这是吉尔伯特·莱尔（Gilbert Ryle）经过深思熟虑形成的观点，他认为自己驳斥了"那些认为存在着'意愿'官能，并因而存在着与其所描述的意愿相对应的过程或操作的学说"。为了支持他的论点，他正确地提醒我们注意"柏拉图和亚里士多德在他们频繁而详尽地讨论灵魂的本质和行为的源泉时从未提到[意愿]这一事实"，因为他们仍然不熟悉这个"（后来的）特殊假设，对之的接受并非基于科学发现，而是基于[某个]幽灵推动的假设"。[3]

在古代哲学中，我们几乎找不到任何关于意愿和自由这些重要概念的痕迹，而针对这些概念仅仅是一种幻觉的怀疑也比现代哲学要古老得多。斯宾诺莎和霍布斯都坚信它们是一种视觉错觉，是意识的事实和我们对真正推动我们的原因的无知对我们所要的一个把戏。因此，如果一块石头受到"外部因素的冲击，产生了一定量的运动"，并且无法察觉到原始的外部因素，只要它不是"无动于衷"地被移动，就会"相信自己是完全自由的，并且会认为它只是因为自己的愿望而继续运动"。[4]用几乎相同的词汇，霍布斯谈到"一个被男孩子们抽打的木质陀螺……（这个陀螺）如果它对自己的运动有感觉，就会认为它是按照自己的意愿行事的，除非它感觉到什么在抽打它"。[5]正如约翰·斯

---

[1][2] 柏格森：《时间与自由意愿》，第142、167、169、240页。
[3] 《心灵的概念》，第3章，第62页以下。
[4] 斯宾诺莎：《书信》六十三。
[5] 霍布斯：《关于自由、必然性和偶然性的问题》，《英国文集》，伦敦，1841年，第5卷。

图尔特·密尔所说："我们的内在意识告诉我们，我们有一种力量，而人类的整个外在经验告诉我们，我们从未使用过这种力量。"[1]同样，康德谈到了"自由的事实"，这是理性永远无法证明或反驳的。

我建议认真对待这个内在依据，即柏格森所说的"意识的直接材料（datum）"，因为我同意莱尔以及其他许多人的观点，即这个材料（datum）以及与之相关的所有问题在古希腊都是未知的，我必须接受莱尔所反对的，也就是说，这个能力确实是"被发现"的，我们可以对这个发现进行历史性的追溯，据此我们将发现这个发现与有关人类"心灵"是我们生命的一个特殊区域的发现是一致的。简而言之，我将从历史的角度来分析意愿的能力，而这本身就有困难。

人类的能力，不同于人类生活的条件和环境，就像我之前曾论说的人类的能力和思考的需要一样，难道不是与人类一起出现在地球上的吗？可以肯定的是，存在着"观念史"这样的东西，如果我们追溯自由的历史，我们的任务就会变得容易一些——它是如何从一个表示政治状态的词，一个表示自由公民而不是奴隶的词，一个表示物理事实的词，一个表示他的身体由其思想控制且没有瘫痪的健康的人的词——而转变为表示一种内在的倾向的词，凭借这种德行，当一个人实际上是奴隶或者不能移动他的四肢时，他可以感到自由。思想是心智的工艺品，它们的历史假定了人类作为工匠不变的身份。假定存在着一部人类心灵官能自己的历史，它不同于心灵产物的历史，这就像假定随着新工具甚至是可以充当工具的成熟替代品的新器具的发明，人类的身体即作为工具制造者和工具使用者的身体，也将随之而变一样。然而，事实上，在基督教兴起之前，我们找不到任何与自由"观念"相对应的心智能力的概念，就像知性能力与真理相对应，理性能力与超出人类知识的事物或者正如我们所说的那样与意义相对应。

我们将从使徒保罗对意愿之无能的早期发现（"我不做我想做的事，但我做我讨厌的事……我可以做正确的事，但我不能做"）[2]开始，来探讨人类对这种自相矛盾的能力的经验（每一种意愿，由于它在

---

[1] 《对威廉·汉密尔顿爵士哲学的审视》。
[2] 《给罗马人的信》，第五章，第15—19页。

458

命令中同自己说话，就会产生它自己的反意愿）：这贯穿了整个中世纪，它开端于奥古斯丁的洞察：这里"处于战争中"的不是精神和肉体，而是作为意愿的心灵自身，人的"内在自我"本身。然后，我将继续谈到现代，随着进步观念的兴起，它将现在时在以往的哲学中之于其他时态的优先性置换为未来时之于其他时态的优先性，用黑格尔的话说，这是一种"现在（now）无法抗拒"的力量，因此思考被理解为"本质上是既有存在的否定"（"在不存在的事物中，否定是不存在的"）。[1]用谢林的话说，"在最后的和最高的意义上，除了意愿，没有其他存在"。这种态度在尼采的"权力意愿"中达到了其最终的顶点[2]，并迎来了自我挫败的结局。

与此同时，我们将遵从意愿历史上的另一个平行的发展过程，根据这个发展，意愿是一种内在的能力，人们将通过它来决定他们将要成为"谁"，以及他们希望以什么样的形式在现象世界中显示自己。换句话说，是意愿，意愿的主题是展示，而不是客体，在某种意义上，意愿创造了一个可以被责备或赞扬的人，无论如何，这个人不仅要对自己的行为负责，而且还要对自己的整个"存在"——他的性格负责。"因为意愿本身就是个性的意识，或者是每个人作为个体的意识。"[3]马克思主义和存在主义的观念在20世纪的思想中扮演了重要的角色，并假装人是他自己的生产者和制造者，尽管事实上我当然没有"制造我自己"或"制造"我的存在，但这些观念依赖于这些经验；我认为这是形而上学的最后一个谬误，这对应于现代对意愿的强调及其对思想的替代。

我将以对判断力的分析结束这第二个系列的讲座，我们的主要困难将是一种完全不同的困难，其中包括可以为我们提供权威性证据的资源的严重不足。直到康德的《判断力批判》，这种能力才成为一位重要思想家的主要话题。我挑出这种能力的主要假设是，判断不是通过演绎或归纳得出的，简而言之，它们与逻辑运算没有任何共同之处——正如我们所说的：人皆有一死，苏格拉底是一个人，因此，苏格拉底是必死的。据我所知，第一个意识到这种独立能力的人是西塞罗，他想知道

---

[1] 《耶拿实在哲学》，《自然哲学》，"运动的概念"。
[2] 《论人类自由》（1809年），詹姆斯·古特曼译（芝加哥，1936年），第8页。
[3] 黑格尔：《精神现象学》，贝利版，第601页。

"无知的人群"如何能够接受并因此被演说家高度复杂的修辞手段所说服，他这样说道：

> 在艺术和均衡（proportion）的问题上，每一个人都可以通过某种无声的辨别力来区分对与错，而不需对艺术和均衡（proportion）有任何的知识。……而且，[人们的]这种[辨别力]在判断活动中表现得更为充分。……由于词语在常识中是固定的，因而在这些事情上大自然不想让任何人成为专家。……十分明显的是，博学者和无知者在判断活动中几乎没有任何差别，但是在制作活动中却有天壤之别。[1]

我们应该寻找这种"无声的辨别力"，它关涉的是事物的整体，它总是被认作"品味"，并因而属于美学的范畴，即使是在康德这里也是这样；在实践和道德问题上，它被称为"良心"，而良心不作判断，它作为上帝或理性的神圣声音告诉你，该做什么，不该做什么，该悔改什么。无论良心的声音是什么，它都不能说是"沉默的"，它的有效性完全取决于一种超越一切人类法律和规则的权威。

康德年轻的时候一直关注品味现象，但是他没有详细阐述这个问题，因为"批判的事业"以及探究"理性丑闻"的欲望干扰了他，使他忙碌了十多年。当他回到他早期的关注点的时候，他发现"品味"的问题实际上根植于人的"社交性"，事实上，人是一个社会性的（善于交际的）存在，假如一个人不能够与他人分享某物，那么任何的东西都没有意义，于是，他改变了他年轻时候的计划，没有写一部《品味批判》，而是写了一部《判断力批判》，可能是由于当他忙于《纯粹理性批判》时，他已经发现了这种特殊的能力，一种"不包含任何规则的一般逻辑"；即便是在这个时候，他仍然把这种能力与知性和理性一起归为"更高的心灵能力"。[2]在《纯粹理性批判》的语境中，判断具有的是在一般规则之下对个别事物进行命名的功能，而且康德发现，在完成这一任务之际，没有任何的规则来告诉大脑"某物是否符合这些规则"；即使有这样的规则，那么，"就正是由于它们就是它们所需要的规则，

---

[1] 《演说家》，第3卷，第195—197页。
[2] 同上，第169、171页。

它们会再次需要判断的指引"。[1]这样，判断力就成为"一种特殊的才能，一种只能实践，不能教授的特殊才能"。

判断处理的是具体事物，而思想总是游移于普遍性之间，从特殊事物的表象世界中撤回又返回到表象世界的时候，它表明心灵需要一种新的"天赋"去处理它们。康德补充说："这种天赋的缺乏"通常被称为愚蠢，对于这种缺失没有补救措施。一个迟钝或者心胸狭窄的人……的确有可能是经过学习训练的，甚至达到了博学的程度的。但是，由于这样的人通常还缺乏判断力，因此，那些虽然有学问但是在应用他们的科学知识时候却违背常识的人并非不常见，而这种缺陷是永远无法弥补的。因为唯一能帮助"锐化"这种独特才智的"是范例"，亦即"判断的学步车"，当然，为了找到正确的例子，一个人仍然需要判断力。这就是康德所谓的常规的判断的情况，他对这种判断几乎没有什么可说的，《判断力批判》接下来处理的是"反身性判断"，这种判断只出现在纯粹理性批判的一个脚注中。[2]在这里，对美的事物的判断被称为"规则正确性的适当检验"，这只是另一种说法，即在判断中，特殊事物最终决定着普遍事物的有效性。

这在逻辑上似乎是不可能的。如果判断力，即"思考特定事物的能力"，除了"必须找到"的其他特定事物以外，没有任何可以依赖的东西，它缺乏判断的所有标准。标准不能从经验中借鉴，也不能从外部获得。我不能用另一个特定的事物来判断一个特定的事物：为了确定它的价值，我需要一个与这两个特定事物相关但又不同于它们的参照物作比较。在康德看来，正是理性和它的"调节性理念"帮助了判断力，但是如果这种判断力与心灵的其他能力是分开的[3]，那么我们就必须把它

---

[１] 《演说家》，第3卷，第173页。
[２] 同上，第172页。
[３] 康德在《纯粹理性批判》的"先验美学"中对B35—36的脚注如下："德国人是现在唯一使用'美学'这个词来表示其他人所说的品味批判的民族。在这一术语的基础中，有一个破灭的希望，这是著名的分析学家鲍姆嘉通所设想的，即把对美的批判置于理性原则之下，从而把它的规则提升为一门科学。但他的努力是徒劳的，因为这些规则，就其主要来源而言，仅仅是经验的，因此，永远不能作为决定性的先天法则，指导我们在品味问题上的判断。更确切地说，是我们的判断构成了对规则正确性的适当检验。因为这个原因，明智的做法是放弃使用这一术语来指代对品味的批判，而仅仅将其应用于那一学说，那是真正的科学——感性法则的科学——这样就更接近于古人的语言和感觉，他们将认知的对象划分为物理和超物理的，这是众所周知的，或者与思辨哲学共享一术语，并将其部分用于先验意义，部分用于心理意义。"——编者注

自己的操作方式，自己的进行方式，归于它自己。[1]

这与困扰现代思想的一整套问题有某种关联，特别是与理论和实践问题以及所有试图达成一种貌似合理的伦理理论有关。[2]自从黑格尔和马克思以来，这些问题一直是在历史的视角下，在人类进步这样一个假设下来处理的。最后，在这些问题上，我们将只剩下唯一的选择：我们或者可以对黑格尔说，《世界历史》是世界法院，把最终的判断留给成功，我们也可以像康德那样，坚持人的思想的自主性，坚持人对事物的存在或产生的可能的独立性。在这种情况下，我们仍然必须关注历史的概念，但是我们可以反思这个词的最古老的含义，就像我们的政治和哲学语言中的许多其他术语一样，它都起源于希腊语，源于希罗多德的"历史"，即探究，说出什么是"legein ta eonta"。但是动词 historein 的起源可以在荷马史诗《伊利亚特》第 23 章中找到，在这本书中，名词 histor 出现了，即所谓的"历史学家"，而这位荷马史诗中的历史学家是一位评判者。[3]如果说判断是我们处理过去的能力，那么历史学家就是这样一个人，他通过说出过去的事情来判断过去。在这种情况下，我们可以收回我们人类的尊严，把它从现代所谓"历史"的伪神性中赢回，不是否认它的重要性，而是否认它作为终极判断的权利。老加图留给我们的一个奇怪的短语——"无所事事时我最活跃，独自一人时我最不孤独"。我是从这个短语开始这些讲座的，这个短语似乎可以概括这项事业所蕴含的政治原则。他说：Victrix causa deis placuit sed victa Catoni(胜利的事业使众神高兴，但失败的事业使加图高兴)。[4]

---

[1] 康德：《纯粹理性批判》，第 36 页。
[2] 《判断力批判》导论，第 4 卷。
[3] 在《伊利亚特》第 23 章中，葬礼竞技赛——战车竞速、拳击、竞步、投掷、射箭——都由历史学家评判，他们公正地评判，并取消涉嫌作弊的参与者的资格。——编者注

[4] 事实上，这不是前面引用的同一个"老人"，而是他的曾孙小加图(公元前95—前46年)，正如诗人卢坎在他的史诗《法沙利亚》(第一卷，第128页)中效仿的那样。阿伦特早在 20 世纪 30 年代就一直犯这个错误。对于她这样擅长赏析古典诗句的人来说，这是一个奇怪的错误。也许，这是正好证明了规则的例外。——编者注

缅怀于 1973 年 9 月 28 日晚去世的
威斯坦·H.奥登

　　我与奥登相识于我们的晚年，在这个年纪，一个人年轻时形成的那种随意的、充分熟识的亲密友谊已经无法实现，因为已经没有足够的生命剩余或足够的预期生命剩余来与他人分享。因此，我们是非常好的朋友，但不是亲密的朋友。此外，他身上有一种不愿与人亲近的矜持——我也从来没有尝试去亲近他。我很乐意将之视为伟大诗人必备的隐秘性，他一定很早就教会自己不要用散漫随意的散文来谈论那些他知道如何用浓缩的诗歌来表达得更令人满意的事情。沉默寡言可能是诗人的职业素养。放到奥登的身上，这似乎更有可能，因为他的大部分作品，简单地说，都源于口语，源于日常语言中的习语，比如"亲爱的，把你熟睡的头放在我不忠诚的手臂上"。这种完美是非常罕见的；我们在歌德的一些最伟大的诗歌中找到了它，而且它也一定存在于普希金的大部分作品中，因为它们的特点是无法翻译。这类诗歌一旦脱离了其原初的居所，便会消失在平庸的云雾中。这一切都取决于"将事实从平淡提升到诗意"的"流畅手法"——这是评论家克莱夫·詹姆斯在他于 1973 年 12 月发表在《评论》上的一篇关于奥登的文章中强调的一点。在达到这种流畅程度的地方，我们会神奇地相信，日常言语中潜藏着诗意。在诗人的教导下，我们的耳朵打开了，感受到了语言的真正奥秘。许多年前，正是奥登的一首诗的不可译性，让我相信了他的伟大。三个德国翻译者试着碰了碰运气，结果却毫不留情地扼杀了我最喜欢的一首诗，

"如果我可以告诉你"（《短诗集 1927—1957》），这首诗极为自然地出自两个俗语——"时间会证明一切"和"我告诉过你"：

> 时间维持着沉寂，它收进沉默中的，将由我说出
> 那些我们必须付出的代价，无人知晓
> 而你能够获悉这一切，如果我能向你说出。
>
> 演员呈现艺术姿态中的蠢相时我们流泪
> 音乐家演奏的顷刻我们集体失语
> 时间重复着它的沉默，而我将向你坦白。
>
> 逝去的风一定出自某个隐秘之地
> 树叶消亡有着它必然的解释
> 我会向你阐明一些事物，如果时间依然失声。
>
> 或者当所有的狮子都起身离开
> 所有的流水和士兵失去了指引而四散。
> 猜测我是否会告诉你不在场的一切？
> 但愿我还能向你转述，使你理解背后的真理。

我是在 1958 年秋天认识奥登的，但是，在此之前，我曾在 40 年代末的一次出版商聚会上见过他。虽然那次我们没说过一句话，但我对他的印象却很深——他是一位长相英俊、衣着得体、非常英伦风的绅士，待人友好并让人感到放松。十年后，我没有认出他来，因为现在他的脸上明显布满了深深的皱纹，就好像生活本身描绘了一种面部景观，以表明"内心看不见的愤怒"。如果你倾听他说话，那么，就没有什么比外表更具欺骗性了。从外表看，当他一次又一次再也应付不过来的时候，当他的贫民窟公寓太冷了，水管无法使用，他不得不在拐角处的酒类商店上厕所时，当没有人能说服他，一个人至少需要两套西装，这样一套就可以送去洗衣店，或者两双鞋，这样一双就可以送去修补（这是我们

464

之间多年来一直争论不休的话题——他总是要么身着脏衣，要么穿得太薄，裤子会突然从上到下裂开）的时候，简而言之，每当灾难降临在你眼前时，他就会开始或多或少地唱出一种完全与众不同的"数算主恩"（Count your blessings）。由于他从不胡说八道，也从不说明显愚蠢的话——而且由于我始终清楚，这是一位非常伟大的诗人的声音——我花了多年时间才意识到，就他而言，具有欺骗性的外表并不只是外表，把我所看到的他的生活方式归因于一个典型的英国绅士的无害的怪癖，这是致命的错误。

我终于看到了他的痛苦，不知何故，我隐约地意识到他有必要把这种痛苦隐藏在"数算主恩"的总祷文之后，但我很难完全理解为什么他如此痛苦，为什么他对那些让他对日常生活变得如此无法忍受的荒谬环境无能为力。当然不可能是缺乏认可。他相当有名，无论如何，这样的野心对他来说都不算什么，因为他是我见过的所有作家中最不虚荣的一个——完全不受常见的虚荣心的无数弱点的影响。这倒不是说他谦逊；对他来说，是自信保护他不受奉承，而这种自信早于认可和名声，早于成就。杰弗里·格里格森在《泰晤士报文学增刊》上报道了年轻的奥登和他在牛津大学的导师之间的对话。"导师：'奥登先生，你离开大学后打算做什么？'奥登：'我要成为一名诗人。'导师：'好吧，这样的话，你会发现读英语是很有用的。'奥登：'你不明白。我要成为一个伟大的诗人。'"

他的信心从未离开过他，因为它不是通过与他人的比较，也不是通过在比赛中获胜而获得的；这是自然的——这与他的出色的语言能力紧密相连，但又不完全相同，而且他做事很快，随心所欲。当朋友们请他创作一首第二天晚上六点就要用的生日诗时，他们可以肯定会收到；显然，这只有在没有自我怀疑的情况下才有可能。但即便如此，他也没有冲昏头脑，因为他并不声称，甚至不渴望最终的完美。他赞同瓦莱里的观点——一首诗只会被抛弃，而永远都不会完成，因此，他不断修改自己的诗歌。换句话说，他拥有一种难得的自信，这种自信不需要别人的赞美和好感，甚至可以承受自我批评和自我审视，而不会陷入自我怀疑的陷阱。这与傲慢无关，但很容易被误认为是傲慢。奥登从不傲慢，除非他被一些粗俗的东西激怒了；那时，他会用英国知识分子特有的生硬无礼来保护自己。

非常了解奥登的朋友斯蒂芬·斯彭德曾强调，"在(奥登)诗歌的整个发展过程中……他的主题一直是爱"——难道奥登没有想到要改变笛卡尔的"我思故我在"，把人定义为"愚蠢生物"，说"我爱故我在"吗？在斯彭德于牛津基督教堂为纪念他已故的朋友所作的演讲的结尾，他谈到曾向奥登问起他在美国的一次朗读："他的脸上洋溢着微笑，这改变了面部的线条，他说：'他们爱我！'"他们不是崇拜他，而是爱他：我认为，这是他异乎寻常的不幸和他的诗歌异乎寻常的伟大和强烈的关键所在。现在，带着悲伤的回忆，我把他看作是各个类型的单相思的专家，其中肯定有以爱慕代替爱情的令人愤怒的行为。在这些感情的下面，一定从一开始就有一种任何理智和信仰都无法克服的动物性的忧郁：

> 心中的欲望像开瓶器一样弯曲，
>
> 对人来说，不出生是最好的；
>
> 次好的是一个整齐秩序，
>
> 舞蹈的模式；趁你还能跳的时候跳吧。

他在《短诗集》的《死亡回声》中这样写道。当我认识他的时候，如果他坚定地选择了次好的"整齐秩序"，他就不会再提最好的了，结果就是切斯特·卡尔曼恰如其分地称之为"所有纪律严明者中最不整洁的孩子"。我想正是这种"趁你还能跳的时候跳舞"让奥登对20年代的柏林如此感兴趣，几乎像在家里一样，在那里及时行乐以各种形式被不断上演。他曾提到自己早期"对德语习惯的沉迷"是一种"疾病"，但比这些更突出、更不容易摆脱的，是贝托尔特·布莱希特(Bertolt Brecht)的明显影响，我认为他与布莱希特的共同点比他愿意承认的要多。在50年代后期，他和切斯特·卡尔曼一起翻译了布莱希特的《马哈哥尼城的兴衰》——大概是因为版权问题，这个译本从未出版过。直到今天，我还不知道有其他更合适的布莱希特的英文译本。

缅怀于 1973 年 9 月 28 日晚去世的威斯坦·H.奥登

仅从文学角度来看，布莱希特的影响可以很容易地在奥登的叙事诗歌中找到——比如，在晚期的奇妙的《巴纳比民谣》中，讲述的那不倒翁的故事，他变得年迈而虔诚，为圣母而翻滚，以"荣耀圣母"；或者在早期的"小故事/关于伊迪丝·吉小姐；/她住在克利夫登露台/ 83 号。"使这种影响成为可能的是，他们都属于第一次世界大战后的一代，有着绝望和生活乐趣的奇妙混合，对传统行为准则的蔑视，以及"装酷"的嗜好，我怀疑，这在英国表现为戴着势利的面具，而在德国表现为普遍的假装邪恶，有点像布莱希特的《三便士歌剧》。在柏林，有人拿这种时髦的颠倒的伪善开玩笑，就像有人拿一切开玩笑一样："他在穿过库尔斯滕达姆时表现不佳"——意思是，"这可能就是他能做的所有邪恶了。"1933 年以后，我想没有人再拿邪恶开玩笑了。

在奥登的例子中，就像在布莱希特的例子中一样，颠倒的伪善被用来隐藏一种不可抗拒的向善和做好事的倾向——这是两个人都羞于承认的，更不用说宣扬了。这对奥登来说似乎是合理的，因为他最终成为了基督徒，但一开始听到布莱希特这样说可能会让人震惊。然而，仔细阅读他的诗歌和戏剧，我似乎几乎可以证明这一点。不仅有戏剧《塞尚的好人》和《屠宰场的圣约翰娜》，也许更令人信服的是，在《三便士歌剧》的愤世嫉俗中有这样几句台词：

> 做个好人！有谁不想这样？
> 把你之所有都给穷人，为何不能如此？
> 当所有人都成了好人，他的国就不再遥远。
> 又有谁不愿坐进他的光里？

[参阅汉娜·阿伦特:《黑暗时代的人》
（纽约,1968 年),第 235—236 页,脚注 47。——编者注]

驱使这些极度不关心政治的诗人进入 20 世纪混乱的政治舞台的是罗伯斯庇尔的"同情心"，即对"不幸的人"的强烈的同情，它不同于任何追求公众幸福的行动或任何改变世界的愿望。

奥登比布莱希特明智得多——尽管他绝不比布莱希特更聪明——他

很早就知道"诗歌一事无成"。在他看来，诗人要求特权或要求我们出于纯粹的感激而乐于给予的放纵，完全是无稽之谈。在奥登身上，没有什么比他完全的理智和他对理智的坚定信念更令人钦佩的了；在他看来，所有的疯狂都是缺乏自制——"粗俗，下流"，就像他常说的那样。最重要的是不要抱有幻想，不要接受会让你对现实视而不见的思想——或理论体系。由于一些事件(莫斯科审判、希特勒-斯大林协定和西班牙内战期间的经历)，他开始反对自己早期的左派信仰。这些事件证明了这些信仰是"不诚实的"——"可耻的"，正如他在《短诗集》的前言中所说的那样，这表明了他是如何抛弃自己曾经写过的东西的：

> 失败者的历史，可以哀叹
> 但无以为助，也不能原谅。

他指出，这样说是"将美德等同于成功"。他抗议说，他从来不相信"这种邪恶的学说"——我对这种说法表示怀疑，不仅因为这些说辞太完美、太精确了，完全是为了"修辞效果"而写的，还因为这是 20 年代和 30 年代每个人都相信的学说。然后，就迎来了那个时刻：

> 在黑暗的噩梦中
> 欧洲的狗都狂吠……
> 智力上的耻辱
> 凝视每个人的脸——

在相当长的一段时间里，似乎最坏的事情会发生，纯粹的邪恶也会成为成功。希特勒-斯大林协定是左派的转折点，现在人们不得不放弃历史是人类事务的最终裁判的所有信念。

在 20 世纪 40 年代，有许多人开始反对他们的旧信仰，但很少有人明白这些信仰到底出了什么问题。他们根本没有放弃对历史和成功的信念，可以说，他们只是换了一趟火车；社会主义和共产主义的路线是错误的，他们变成了资本主义路线或弗洛伊德主义路线或某种精炼的马克

468

思主义路线，或者是三者的复杂混合。相反，奥登成为了基督徒；也就是说，他完全脱离了历史的轨道。我不知道斯蒂芬·斯彭德断言"祈祷符合他最深的需要"是否正确——我怀疑他最深的需要仅仅是写诗——但我有理由确信，他的理智，照亮他所有作品（他的散文和书评）的伟大理智，在很大程度上要归功于正统信仰的保护。它那既不能被理性证明也不能被理性否定的历史悠久的连贯意义，为他提供了一个智力上令人满意、情感上相当舒适的避难所，以抵御他所谓的"垃圾"，即这个时代无数的愚蠢的冲击。

按时间顺序重读奥登的诗，回想起他生命的最后几年，痛苦和不幸变得越来越难以忍受，然而，这丝毫没有触动其神圣的天赋或天赋的异禀，我比以往任何时候都更加确信，他"被伤害成诗"，甚至比叶芝更甚："疯狂的爱尔兰把你伤害成诗。"尽管奥登对同情心很敏感，但公共政治环境并没有将其伤害成诗歌的必要。使他成为诗人的是他非凡的语言天赋和对文字的热爱，但使他成为伟大诗人的是他义无反顾地屈服于脆弱的"诅咒"，屈从于人类存在的各个层面上的"人性的失败"——屈从于欲望的扭曲，屈从于内心的不忠，屈从于世界的不公正。

> 跟着走，诗人，跟着走
> 直到黑夜的尽头，
> 用你无拘无束的声音
> 仍劝我们欢喜；
>
> 用一首诗的耕作
> 用诅咒造葡萄园，
> 歌唱人类的失败
> 在痛苦的狂喜中；
>
> 在心灵的沙漠里
> 让治愈之泉开始，
> 在他的监狱里

教导自由的人如何赞美。

赞美是这些诗句的关键词，但是赞美并非对"最好的可能世界"的赞美——就好像要由诗人（或哲学家）来证明上帝的创造是正当的似的——而是足以对这个世界上、在人类境况中最不令人满意的东西相抗衡的最强者的赞美，并以此从伤口中汲取自己的力量：不知何故，就像古希腊的吟游诗人一样，相信神把不幸和邪恶的事情转嫁给人类，就是为了让人类可以讲出故事并唱出歌来。

> 我可以（你却不能）
> 足够快地找到理由
> 去面对天空并愤怒地
> 咆哮，我绝望于
> 正在发生的事情
> 要求它道出应受责难之人：
> 天空只是等待
> 直到我耗尽气息，
> 然后重申
> ——像是我不在那里——
> 我不理解的唯一的命令：
> 祝福存在的一切，
> 那必须服从的，
> 还有那些我为其而生的，
> 同意或是反对？

个人的胜利在于，伟大诗人的声音从来没有使纯粹理智的声音沉默，这种声音虽小但却具有穿透性，而这种声音的丧失常常是为获得神圣的礼物而付出的代价。奥登从不允许自己失去理智，也就是说，在由此产生的"狂喜"中失去"痛苦"：

缅怀于 1973 年 9 月 28 日晚去世的威斯坦 · H.奥登

没有隐喻,记住,可以表达

真实的历史不幸;

如果你的眼泪使我们快乐,那它就有价值;

啊,快乐的悲伤! 是所有悲伤的诗句都能说出来。

　　当然,年轻的奥登在决定要成为一名伟大诗人的时候,似乎不太可能知道他要付出的代价。我认为,完全有可能的是,到最后——不是他强烈的感情,也不是把它们转化为赞美的天赋,而是在承受它们并与之共存的纯粹的心灵力量逐渐消失的时候——他认为代价太高了。无论如何,我们——他的观众、读者和听众——只能感激他为英语的永恒荣耀付出了最后一分钱。他的朋友们可能会从他超越死亡的巧妙玩笑中得到一些安慰——正如斯彭德所说,出于不止一个原因,"他明智的无意识的自我选择了一个美好的日子死去"。知道"何时生,何时死"的智慧并不是凡人所能获得的,但人们愿意认为,威斯坦可能已经得到了它,这是残酷的诗歌之神授予最听话的仆人的最高奖赏。

1975 年

译 后 记

死后依然有作品出版，这是一位思想家仍具有当代意义的标志。阿伦特就是这样一位仍具有当代影响力的思想家，她的《无扶手的思考：理解集（1953—1975）》是最近由杰罗姆·科恩编辑出版的论文集，收录了她从 1953 年起直至去世的论文、演讲、访谈、发言、纪念文章等，其中既有深刻的理论思考，也有鲜活的现实关切，生动展现了阿伦特在美国成名后的思想生活，因而对我们理解她在这一时期的运思历程具有不可或缺的重要意义。

文集的中文翻译是一项合作的成果。我们三个人平等协作，各自承担大体相当的篇幅，具体分工如下：开头至"总体主义"部分由陈高华翻译，"文化与政治"至"美国本质上是一个暴力的社会吗？"部分由许罗兰翻译，"《群魔》"至"缅怀于 1973 年 9 月 28 日晚去世的威世坦·H.奥登"部分由石国辉翻译，书中重要术语译名则由我们三位译者共同商定。

这里特别要说明一下的是有关 totalitarianism 一词的翻译。关于这个词，中文世界习惯译为"极权主义"且已深入人心，甚至有人认为这个译法一看就懂。然而，熟知常常并非真知，而习以为常也多半是误以为真。为此，我们决定把 totalitarianism 译为"总体主义"，以恢复它的原本真意和深远意蕴。因为，从词源和西方哲学传统来看，totalitarianism 一词与 totality 等相关术语有明显的关联，后者是整个西方哲学传统对"一"的追求的显然表征。比如阿伦特同时代的哲学家、同样受到纳粹迫害的犹太人列维纳斯就把西方传统的存在论哲学视为"总体哲学"并加以批判，有著名的 *Totalité et infini* 一书，英文译名为 *Totality and Infinity*，中文译名为《总体与无限》（朱刚译，北京大学出版社 2016 年版）。实际上，阿伦特正是在整个西方哲学传统中反思"总体主义"的，并把它看作整个西方哲学传统的"追求"的一种可能结果。把 totalitarianism 翻译为"极权主义"，确实看起来就对 20

世纪这种万劫不复的政治现象有一种"恶狠狠的厌恶感",其实却丢失了对这一政治现象深远的西方哲学传统的批判性反思,从而也漏掉了阿伦特运思的深度关怀。因此,把 totalitarianism 翻译为"总体主义",一方面保持了这个术语的词源本义,另一方面恢复且申论了阿伦特反思这一政治现象的哲学背景和深远思虑,同时也显示阿伦特之所以强调"复多性"(plurality)、推崇行动的哲学基础。只有这样,我们才能恰当地理解阿伦特在整个西方哲学史上的地位,看到她以及她的思想在"时间中的轨迹",而不仅仅把她定位为一位"时代的思想家"。

最后,我们要感谢编辑于力平兄,他的认真负责和对译者的体贴关心令我们动容,我们也期待有更多的译作通过他进入中文世界。

图书在版编目(CIP)数据

无扶手的思考：理解集：1953—1975 / （美）汉娜
·阿伦特(Hannah Arendt)著 ；（美）杰罗姆·科恩
(Jerome Kohn)编 ；石国辉，许罗兰，陈高华译.
上海 ：上海人民出版社，2024. -- （阿伦特作品集）.
ISBN 978-7-208-18985-0

Ⅰ. D0-53

中国国家版本馆 CIP 数据核字第 2024QH3525 号

责任编辑 于力平
装帧设计 @Mlimt_Design

阿伦特作品集

无扶手的思考：理解集（1953—1975）
［美］汉娜·阿伦特 著
［美］杰罗姆·科恩 编
石国辉 许罗兰 陈高华 译

出　　版　上海人民出版社
　　　　　（201101 上海市闵行区号景路 159 弄 C 座）
发　　行　上海人民出版社发行中心
印　　刷　苏州工业园区美柯乐制版印务有限责任公司
开　　本　635×965 1/16
印　　张　31.75
插　　页　4
字　　数　464,000
版　　次　2024 年 9 月第 1 版
印　　次　2024 年 9 月第 1 次印刷
ISBN 978-7-208-18985-0/B·1762
定　　价　128.00 元

阿伦特作品集

《无扶手的思考：理解集（1953—1975）》

　　　　　　　　　　　[美]汉娜·阿伦特 著

　　　　　　　　　　　[美]杰罗姆·科恩 编　石国辉、许罗兰、陈高华 译

《人的境况》（第二版）　[美]汉娜·阿伦特 著　王寅丽 译

《政治的应许》　　　　　[美]汉娜·阿伦特 著

　　　　　　　　　　　[美]杰罗姆·科恩 编　张　琳 译

《理解集（1930—1954）》[美]汉娜·阿伦特 著

　　　　　　　　　　　[美]杰罗姆·科恩 编　陈高华 译（即出）